Allegria

Der Autor

Anton Stangl, selbständiger Psychologe, war bekannt durch zahlreiche Publikationen. In seiner langjährigen Tätigkeit als Seminarleiter hat er die Kunst auf den Punkt gebracht, schwierige Zusammenhänge souverän und klar darzulegen. Er leitete über Jahrzehnte in eigenen Übungsräumen Seminare über Eutonie, Zen-Meditation und geistiges Heilen.

Hinweis:

Anton Stangl gab bis noch ins Jahr 2013 Pendelkurse. Im Jahr 2014 ist er im hohen Alter von 96 Jahren verstorben. Auf seinen Wunsch hin führt Michael Koch seine radiästhetische Arbeit fort. Anton Stangl wollte einen geistigen Erben, damit sein Werk nicht verloren geht. Er übertrug Michael Koch die Aufgabe, dafür zu sorgen, dass sein Wissen in Pendel- und Rutenkursen weiterhin vermittelt wird und seine zahlreichen Bücher für den interessierten Leser erhältlich bleiben. Hierzu gehören insbesondere: »Der Schwingpendel als Energiesensor«, »Urschöpfungskraft und Freie Energie«, »Heilen mit kosmischer Energie«, »Lebenskraft« und »Buddhismus«.

Weitere Infos erhalten Sie unter folgender Anschrift:

MHO Koch Radiästhesie – Pendel & Ruten & Kurse
Die original Energiespirale nach Dr. Anton Stangl
Güttersbacher Str. 36, 64689 Grasellenbach
Tel.: 06207/2033510 oder 0171/3441065
E-Mail: info@naturkristall.de
www.naturkristall.de

Anton Stangl

DAS GROSSE PENDELBUCH

Persönlichkeit, Gesundheit
und erfülltes Leben

Mit 84 Pendeltafeln

Besuchen Sie uns im Internet:
www.ullstein-taschenbuch.de

Allegria im Ullstein Taschenbuch

MIX
Papier aus verantwortungsvollen Quellen
FSC® C083411

Neuausgabe im Ullstein Taschenbuch
Ullstein Taschenbuch ist ein Verlag der Ullstein-Buchverlage GmbH
1. Auflage April 2007
6. Auflage 2017

Umschlaggestaltung: FranklDesign, München
Titelabbildung: www.leeladhar.com
Gesetzt aus der Bembo
Satz: hanseatenSatz-bremen, Bremen
Druck und Bindearbeiten: CPI books GmbH, Leck
Printed in Germany
ISBN 978-3-548-74385-1

Inhalt

Die praktisch-technische Seite: Wie geht das Pendeln vor sich?

Psychologisches Pendeln

Lebenspraktisches Pendeln

Alter und Alterungsprozess

Lebenserfüllung

Erpendeln von geopathischen Störfeldern und von Orten der Kraft

Bewährte Hilfen zur Selbsthilfe

Einführung

»Habe den Mut, von deinem eigenen Verstand
Gebrauch zu machen.«
Immanuel Kant (1724–1804)

»Sapere aude!« – »Wage zu denken!«
Horaz (65–8 v. Chr.)

Vor zwanzig Jahren erschien mein erstes Pendelbuch, das bis zum heutigen Tag eine Auflage nach der anderen erfuhr. Ihm folgte mein zweites, das sich vor allem den Hintergründen der Gesunderhaltung und der Lebenserfüllung widmet.

Immer wieder bekomme ich geradezu begeisterte Zuschriften über den reichen Inhalt und die vielen Anregungen dieser beiden Bücher in allen ihren Arbeitsbereichen. Oft wird von ganz unerwarteten Hilfen berichtet, die sie sowohl Neulingen als auch alten und erfahrenen Pendlern bei vielen Lebensproblemen gegeben haben. Und in den Pendelkursen, die ich in dieser Zeit abhalten konnte, erlebte ich die oft tiefe innere Bewegung der Teilnehmerinnen über die Erkenntnisse, die sich ihnen durch den verantwortungsvollen Gebrauch dieses so einfachen Werkzeuges auftaten.

Und was steht hinter allem? Letztlich die Öffnung für die Erkenntnis, *dass in unserer Welt alles und jedes schwingende, fließende Energie ist.* Dabei ist kein Unterschied, ob es um »handfeste« rein materiell-körperliche Dinge geht oder um seelische, geistige oder spirituelle Zusammenhänge. Die moderne Kernphysik, die Biochemie und alle Wissenschaften, die sich mit den atomaren und subatomaren Vorgängen beschäftigen, beweisen das unwiderleglich. Asiatische und westliche Philosophen haben das schon vor einigen tausend Jahren geistig-intuitiv erfahren.

Die Naturwissenschaft von morgen baut sich im Wesentlichen auf den Erkenntnissen der Kernphysik und des atomaren Geschehens im Inneren der vermeintlich »toten« Materie und der lebenden Zellen aller Organismen auf. Das wird schon heute immer deutlicher erkennbar. Sie beginnt ihre selbstgesetzten materiellen Grenzen von gestern im gleichen Maß zu überschreiten, wie sie sich der Welt der alles bewegenden, geheimnisvollen – weil unergründlichen – Energie öffnet, die als die Schöpfungs- und Erhaltungskraft des ganzen Universums zugleich Grundlage von Materie und Geist ist. So sind wir im Begriff, Natur- und Geisteswissenschaften wieder in eins zusammenfließen zu sehen, so wie sie auch schon in früheren Zeiten eins gewesen waren. Ein Kronzeuge dieser Entwicklung war der große Naturwissenschaftler Max Planck, der unmissverständlich formulierte: »Materie an sich gibt es nicht. Es gibt nur den belebenden, unsichtbaren, unsterblichen Geist als Urgrund der Materie, den ich mich nicht scheue, Gott zu nennen.«

Die sich deutlich abzeichnende Entwicklung der Medizin von der nur den Körper und das rational Fassbare sehenden »Schulmedizin« – ein Begriff, der mehr und mehr negativen Gehalt bekommt – hin zur Ganzheitsmedizin ist ein deutliches Zeichen. Diese sieht den ganzen Menschen und erkennt immer eindringlicher die Rolle von Seele-Geist, die die rein körperlichen Vorgänge in hohem Maße beherrscht und steuert.

Jetzt sind wir schon mitten im Problem der *Radiästhesie:* Auch Rutengehen und Pendeln, mit dem sich dieses Buch vor allem beschäftigt, sind Erscheinungsformen der schwingenden Energie. Das seit Jahrtausenden bekannte und genutzte Phänomen hat jetzt seine Erklärung gefunden.

Der Mensch ist ein perfektes, unerhört empfindsames Messinstrument. Das stellte schon Goethe fest. Nehmen Sie nur unser Auge bzw. das Sehzentrum: Alle menschlichen Gesichter sind gleich »konstruiert«, und doch gleicht nicht eines exakt dem anderen, und unter vielen hundert Gesichtern können wir in Augenblickslänge das eine erkennen, das wir suchen. Das ist uns so selbstverständlich, dass wir über das Wunder gar nicht nachdenken, das darin liegt, diese allerfeinsten Unterschiede in den Gesichtszügen mit unbestechlicher Präzision auf der Stelle wahrnehmen und geistig auswerten zu können. Spielt das bewusste Denken hierbei nicht nur eine ganz nebensächliche Rolle?

Da liegt schon die Problematik des Pendelns vor uns: *Der Mensch selber ist das Aufnahmegerät der unendlich vielfältigen allerfeinsten Schwingungen,* in die unser Leben eingebettet ist. Genauso wie wir umhüllt sind von den unendlichen Variationen der Funk-, Radio- und Fernsehwellen, die wir mit unseren beschränkten Sinnen nicht spüren, die wir heute aber mit technischen Mitteln sicht- und hörbar machen. So zeigt auch der Pendel im Sinn des Carpenter-Effekts ja nur an, wie unser Nervensystem auf die allgegenwärtigen ganz spezifischen ultrafeinen Schwingungen bis hinein in die des geheimnisvollen Zellgeschehens reagiert.

Unser bewusstes Denken nimmt davon nichts wahr. Um das jedoch zu erreichen, braucht sich unser Geist nur ganz einzustellen auf eine besondere Frage, und das

1. im Zustand der inneren Harmonie,
2. in tiefer innerer Sammlung sowie
3. ohne egoistisch-materielle Absicht.

Nur wenige Menschen sind sich ihrer fast unglaublichen Sensibilität bewusst. Zumeist entdecken sie sie nur durch Zufall. Aber nahezu jeder hat diese Fähigkeit und damit auch die Gabe des Pendelns in sich. Das ist keine Sache von »besonders begabten« oder gar »begnadeten« Personen. Im folgenden einleitenden und grundsätzlichen Teil dieses Buches werde ich darauf genauer eingehen.

Wer im Interesse seines bestmöglichen Ergebnisses verantwortlich pendelt, der erkennt bald die Notwendigkeit, *an seiner eigenen Persönlichkeit und ihrer weiteren Reifung zu arbeiten.* Denn das oft zauberhaft erscheinende Pendelergebnis bringt ihn immer wieder von neuem in Berührung mit den Kräften, die hinter oder über dem Pendel stehen, zur alles und jedes schaffenden und erhaltenden, unausgesetzt schwingenden und fließenden Urenergie, zu dem Numinosen, zum Göttlichen. Und dessen Aufforderung an seine grundlegende innere Einstellung, sein Denken über die irdischen Dinge, über seine Aufgabe in dieser Welt, über seine Lebensführung kann er nun nicht mehr so leicht überhören, wie das viele Menschen tun. Sein Leben wird sich in einer von ihm auch nicht entfernt erwarteten Weise bereichern und ihm zu tiefen und weitreichenden Einblicken verhelfen.

Das vorliegende Buch soll nicht einfach ein weiteres Pendelbuch sein. Es fasst den Inhalt meiner beiden früheren Veröffentlichungen übersichtlich zusammen. Das erleichtert die praktische Arbeit damit ganz wesentlich. Zusätzlich habe ich eine Reihe weiterer Punkte und Kapitel eingefügt, die seinen Inhalt noch abrunden bzw. erweitern.

Aufgrund meiner lebenslangen *psychologischen* Arbeit soll dieses Buch vor allem die außerordentlich weitgreifenden Möglichkeiten aufzeigen, die uns der Pendel für das Erkennen des Menschen in seiner Wesensart, seinen Motiven und ebenso seiner so entscheidend wichtigen Gesundheit vermittelt, bzw. es soll entsprechende Anregungen geben.

Gleich hier noch ein Wort zum Thema Gesundheit, Ärzte und Pendeln. Viel mehr Ärzte, als man annehmen möchte – von Heilpraktikern ganz zu schweigen –, beschäftigen sich schon heute intensiv mit dem Pendeln. Ich brauche da nur an die Teilnehmer meiner Pendelkurse aus 20 Jahren zu denken. Die es im richtigen Sinn tun, haben damit oft unwahrscheinliche Erfolge; besonders bei solchen gesundheitlichen Problemen von Patienten, bei denen auch die heutige Medizin mit ihren Errungenschaften hilflos ist. Denken Sie nur an das Beispiel der Allergien, die aus gutem Grund in unserer Zeit eine fast explosionsartige Ausbreitung erfahren. Natürlich sind sich gerade diese Mediziner darüber klar, dass das Pendeln absolut keine unfehlbare Methode ist. Dazu hängen seine Ergebnisse zu sehr von der Einstellung des Pendlers ab. Das ändert aber nichts daran, dass es bei Beachtung seiner Gesetzlichkeit oft überraschend treffsichere Ergebnisse bringt. Bei alldem hat der medizinische Laie allen Grund, seine persönlichen Pendelaussagen gerade in Gesundheitsfragen nicht einseitig überzubewerten und sich schon gar nicht von ihnen abhängig zu machen.

Wer aus seinem Vorurteil heraus das Pendeln von vornherein als »unwissenschaftlich« oder gar als Unsinn ablehnt, obwohl es sich in allen soeben aufgezählten Bereichen in der Realität des Lebens vieltausendfach bestätigt und bewährt hat, der möge es auch weiterhin tun. Es ist seine Sache. Kein anderer als er selbst ist es, der die Folgen der unnötigen Selbstbeschränkung seines Denkens und seiner Persönlichkeit zu tragen hat. Wie hat ein japanischer Zen-Meister diese Art des Denkens einmal so schlicht und treffend charakterisiert? »Die Sonne ist nicht schuld daran, wenn der Blinde seinen Weg nicht sieht!«

Schon gar nichts hat verantwortungsvolles Pendeln mit Okkultismus zu tun. Ganz im Gegenteil ist es die durch und durch realistische Auseinandersetzung und Auswertung der – wie schon gesagt – heute unbezweifelbaren Tatsache, dass alles Existierende – ob lebende Wesen oder vermeintlich tote Materie, ob Gefühle oder Gedanken –

schwingende, fließende Energie ist. Die unbegrenzten Auswirkungen dieser Tatsache haben offensichtlich jetzt erst wenige Menschen wirklich begriffen, weil eben das an der Materie klebende Weltbild der engen Naturwissenschaft von gestern heute noch weitgehend vorherrscht.

Natürlich lässt sich auch das Pendeln missbrauchen, wie das bei allen materiellen und geistigen Werkzeugen zu allen Zeiten der Fall war und immer der Fall sein wird. Es deshalb in Bausch und Bogen zu verdammen oder es gar als Teufelswerk zu bezeichnen, spricht gewiss nicht für den Weitblick derer, die das tun. Das trifft auch für so genannte Autoritäten zu, die den Mut haben, im Namen Gottes zu sprechen. Da ist gewiss nicht der Teufel am Werk, sondern ein Naturgesetz, wenn Ihnen der Pendel zum Beispiel an jeder Frucht und an jedem Gegenstand die negative und die positive Polung der beiden Seiten beziehungsweise Enden untrüglich anzeigt!

Den gleichen Fehler, nur im umgekehrten Sinn, machen bekanntlich diejenigen, die *das Pendeln so einseitig unkritisch und maßlos überschätzen,* dass sie im Notfall jegliche ärztliche Hilfe verweigern und dafür nicht selten mit lebenslangen ernsten Beschwernissen bezahlen. Tatsächlich habe ich auch von solchen Fällen nicht nur einmal gehört.

Grundsätzlich trägt jeder die Fähigkeit des Pendelns (ebenso wie des Rutengehens) *in sich.* Für die Beschränkungen des Einzelnen gibt es nur zwei Ursachen. *Zum Ersten muss es erlernt werden.* Es bedarf wie jede Begabung der Entwicklung und Ausbildung. »Aus der Fähigkeit muss die Fertigkeit werden« (Goethe). Das braucht seine Zeit und erfordert einige Geduld. Es gilt, ganz einfach anzufangen mit der praktischen Arbeit und sich Schritt für Schritt von einfachen kleineren Aufgaben zu den schwierigeren hinaufzuarbeiten. Es ist noch nie ein Meister vom Himmel gefallen. Wir müssen uns in dieser Welt alles mehr oder minder mühsam erarbeiten. Denn es wird uns nichts geschenkt. Die Warnung vor allzu forschem Vorgehen und Erfolge-haben-Wollen ist gerade hier nur zu berechtigt.

Und *zum Zweiten liegen Fehlergebnisse und Fehlentwicklungen* nur in der Wesensart, im Charakter des Pendelnden selbst begründet. Dieses im Kern so einfache Handwerkszeug des Pendels kann uns weite, ja weiteste geistige Bereiche zugänglich machen, die man zuvor höchstens erahnen kann. Diese neue, nahezu unbegrenzte Welt der Erkenntnis eröffnet sich aber nur dem »geistig Reinen«, der aus reinem, egofreiem Herzen heraus nur um der guten Sache willen, im Wesentlichen im Dienst für andere, den Pendel bemüht. Und das ist ausschließlich eine Frage der inneren Entwicklung des Einzelnen. Dieser innere Zusammenhang, der unserem nüchternen Verstand zunächst nicht einleuchten will, wird sich für den, der das Buch ernsthaft durcharbeitet, demnächst weitgehend aufhellen.

Durch die Radiästhesie und vor allem durch das Pendeln eröffnet sich uns eine neue Welt. Ich habe in den vergangenen Jahrzehnten genug kritische Menschen kennengelernt, die das frei aussprechen. Sie wurden durch den Pendel immer wieder zur lebendig erlebten Erkenntnis gebracht, dass unser kleiner Menschenverstand die unendliche und allgegenwärtige Welt des Geistes, der alles schaffenden und uns unbegreiflichen Schöpferkraft nicht zu fassen vermag. Sie haben gelernt, hinter manche äußere Fassade dieser Welt zu blicken, ja gar manches Geheimnis des Lebens zu durchschauen.

Sie wissen, dass das unserem Verstand Unerklärliche unbezweifelbare Tatsache ist. Denn sie erleben, dass das alles nicht von ungefähr kommen kann, sondern seine Gesetzlichkeit in sich tragen muss. Dadurch sind sie in tiefer Weise innerlich bereichert worden. Je mehr man in die Hintergründe des Pendelns eindringt, um so häufiger kann einen das Staunen über das rätselhafte Wesen Mensch und die Schöpfung geradezu überwältigen.

Ich verspreche gewiss keine leichten Ergebnisse. Ich weiß, dass ich dem ernsthaft Strebenden nur Arbeit an sich selbst verspreche, die nicht immer leicht ist. Aber ich weiß, dass eben dieser über die Zeit hinweg ein ungleich erfüllteres Leben leben wird. Kann es etwas Beglückenderes in dieser Welt geben?

Anton Stangl

Einige Fälle aus der Pendelpraxis

Hier den folgenden Ausführungen voraus nur einige wenige Fälle aus der täglichen Pendelpraxis. Sie zeigen die erstaunliche, ja die geradezu faszinierende Treffsicherheit und Weisheit der Pendelkundgebungen – wie ich es in den einführenden Worten soeben einmal formuliert habe –, mögen sie unserem kritischen Verstand zunächst noch so unerklärlich sein. Das ist es, was uns zu dem Erstaunen bringen kann, das am Anfang jeden vertieften philosophischen Denkens steht, wie es der große Platon (427–347 v. Chr.) einmal ausgedrückt hat. Denn dieses Erstaunen vor dem unbegreiflich Erscheinenden nötigt den niemals ruhenden Erkenntnistrieb des wachen Menschen zu unablässigem Forschen nach der Wahrheit, so sehr seinem ständigen Mühen von der Weisheit der großen Ordnung offensichtlich auch klare Grenzen gesetzt sein mögen.

1. *Suche nach einer Heilpflanze in der freien Natur:*
Eines Tages brauchten wir für einen besonderen Zweck eine ganz bestimmte Heilpflanze, die es laut Auskunft von alten Ortsansässigen »in unserer Gegend nicht gibt«. Der Pendel sagt nach längerem Zögern das Gegenteil. Bei der Suche auf dem Messtischblatt (Maßstab 1:25 000) verweist er dann in unserer waldreichen Landschaft auf die nordöstliche Ecke einer langgezogenen Lichtung, etwa eine halbe Wegstunde von unserem Haus entfernt. Und genau dort standen in der Tat einige wenige kräftige Exemplare eben dieser seltenen Pflanze.

2. *Ursache von Wassereinbruch im Hausfundament:*
Nach Errichtung eines großen Anbaus dicht unterhalb eines Wohngebäudes, das auf einem Hang steht, gab es in der Grube einer Abwasserpumpe ständig Wassereinbruch. Bei starkem Regen mussten zeitweise bis zu 40 Eimer Wasser pro Tag weggetragen werden, um ein Überlaufen der Grube mit Zerstörung von über 100 m^2 Teppichboden zu verhindern. Dann übernahm eine automatische Pumpe die Arbeit. Fast 2 Jahre lang blieben alle Abdichtungsversuche aller Fachleute an der nahe gelegenen Außenwand mit ihrem Fundament vergeblich, durch die bzw. unter der das Wasser aus der außerhalb befindlichen Erdaufschüttung eigentlich nur eindringen konnte. Zum Erstaunen aller zeigte dann der zu Hilfe genommene Pendel auf dem Grundriss der Baulichkeiten eine ganz andere Richtung an: Von der Anhöhe her unterhalb des schon lange stehenden Wohnhauses und seinem Fundament hindurch! Das Aufgraben an der genau bezeichneten Stelle erwies die Richtigkeit, und daraufhin oberhalb des Wohnhauses vorgenommene Abdichtungen behoben das Übel sofort bis zum heutigen Tag.

3. *Erkennen der rätselhaften Erkrankung eines Kindes:*
Ein dem Pendler persönlich unbekannter fünfjähriger Junge erkrankte rätselhaft und sehr lästig in seinem Bauchraum. Alle medizinischen Bemühungen, auch solche von hervorragenden Fachleuten, blieben ergebnislos. Der dem Pendler gut bekannte Vater klagte diesem am Telefon (Entfernung 150 km) sein Leid und stellte sich auf dessen Weisung hin sofort ganz auf seinen Jungen ein. Der Pendel gab einen entzündlichen Prozess im Dünndarm an. Die erneuten diagnostischen Bemühungen speziell in dieser Richtung bestätigten den Pendelbefund mit der exakten medizinischen Festlegung der Ursache: Nach wenigen Wochen war das Kind wieder in vollem Umfang wohlauf.

4. *Auffinden des besten Ausbildungsplatzes:*
Die in der Oberstufe des Gymnasiums angekommene Tochter musste sich im Hinblick auf das spätere Abitur für ein bestimmtes Leistungskursfach entscheiden. Sie neigte zur Biologie, weil

sie sich da am stärksten glaubte, war sich aber nicht sicher, weil für sie zunächst noch zwei andere Fächer, nämlich Deutsch und Physik, in Betracht kamen. Auf einer Übersicht mit sämtlichen überhaupt in Frage kommenden Fächern ermittelte der Pendel als das Günstigste hinsichtlich Freude am Unterricht, Wert für das Leben und Aussicht auf gute Noten zur Verblüffung der Schülerin Erdkunde. Für sie sprach nichts dafür: weder das augenblickliche Interesse noch die wenig geschätzte, »sture« Lehrkraft. Nach langem Zögern entschied sie sich doch dafür. Kurz darauf wurde eine neue Lehrkraft eingesetzt, die das Thema höchst interessant gestaltete, viel Freude am hervorragenden Unterricht vermittelte, und am Ende stand die beste Benotung.

5. *Reparatur einer antiken Uhr:*
Eine Standuhr aus Burgund von etwa 1860 mit nicht verwindungssteifem Gehäuse des Uhrwerks blieb ständig stehen, weil sich trotz monatelangen Experimentierens mit dem Unterlegen der flachen Hartholzkeilchen unter die 4 Ecken des Gehäuses dessen richtige Fundierung nicht einstellen wollte und dadurch die Lager des Uhrwerks zuviel Reibungswiderstand bekamen. Der Pendel gab auf Befragen an, die vordere linke Ecke um etwa $^{3}/_{10}$ mm anzuheben, die vordere rechte Ecke um etwa $^{6}/_{10}$ mm zu senken und die beiden hinteren Ecken wie jetzt zu belassen. Die präzise Anordnung wurde befolgt, und die Uhr lief monatelang einwandfrei, bis mit dem Eintreten des nächsten Winters und das dadurch bewirkte leichte Verziehen des hohen Holzgehäuses eine neue Justierung nötig wurde.

6. *Ermittlung von Tiefe und Schüttung eines Brunnens:*
Der Pendler nahm an einem Rutengängerkursus speziell für die Ermittlung von Wasserläufen und allen damit verbundenen Problemen teil. Bei der praktischen Arbeit im Gelände wurde vom Kursusleiter die Aufgabe gestellt, einen besonders ergiebigen Brunnen zu untersuchen und den zu ihm führenden Wasserlauf und die Schüttung (die Ergiebigkeit des Brunnens) so genau wie möglich zu ermitteln. Der pendelnde Teilnehmer war, da in dieser

Hinsicht unbegabt, völlig hilflos, das nach den Rutenausschlägen in der gelehrten physikalisch-mathematischen Methode zu erfassen und zu berechnen. Er entsann sich seines mitgeführten Pendels und fertigte sich rasch auf einem Stück Papier eine behelfsmäßige 100 %-Skala. Der befragte Pendel gab 2 Wasserläufe an: der eine in 40 m Tiefe mit einer Schüttung von 30 l pro Sekunde und der andere in 30 m Tiefe mit 25 l pro Sekunde, zusammen also 55 l pro Sekunde. Dieses auf mentalem Weg erzielte Ergebnis erwies sich als exakt richtig und ging mit der höchstmöglichen Punktzahl in die Erfolgsstatistik des Kursusleiters ein.

7. *Erfassen einer gefährlichen geopathischen Störung und der Abhilfe:*
Ein dem Pendler persönlich bekannter, hochbelasteter Geschäftsmann (fast 400 km entfernt wohnhaft) konnte bald nach Umzug in sein neues Haus nicht mehr richtig schlafen. Die Schlaflosigkeit verschlimmerte sich trotz aller üblichen Maßnahmen immer mehr. Der übersandte Hausgrundriss wurde mit dem Pendel überprüft und das globale Gitternetz (Hartmann-Gitter) eingezeichnet. Direkt unter dem Bett (Oberkörper) stellte sich die Kreuzung einer Doppelzone mit einer einfachen magnetischen Spannungslinie und unter dem Kopf zusätzlich eine wasserführende leichte Verwerfung heraus. Das Bett wurde auf die genau angegebene störungsfreie Stelle verschoben. Schon nach wenigen Nächten wurde der Schlaf beträchtlich besser, und nach einigen Wochen war er völlig störungsfrei und gesund. Nach einiger Zeit konnte ein erfahrener Rutengänger das Schlafzimmer direkt überprüfen: Er bestätigte ohne Kenntnis des Vorgangs das Pendelergebnis in vollem Umfang.

Auf alle diese Fälle werde ich in den folgenden Ausführungen zurückkommen und dabei aufzeigen, wie von der grundsätzlichen ebenso wie von der ganz praktischen Seite in jedem einzelnen Fall vorgegangen wurde, um das beschriebene Ergebnis zu erzielen.

Warum kann man pendeln?

Das Geheimnis
hinter dem Phänomen

»Es gibt keine unnatürlichen oder
übernatürlichen Phänomene, sondern nur große
Lücken in unserem Wissen über die Natur.«
Der Astronaut Edgar D. Mitchell

Die energetische Grundlage: Alles ist schwingende, fließende Energie

»Materie an sich gibt es nicht,
es gibt nur den belebenden, unsichtbaren, unsterblichen Geist
als Urgrund der Materie …,
den ich mich nicht scheue, Gott zu nennen.«
Max Planck (1858–1947)

Alles ist schwingende, fließende Energie: Gleich zu Beginn dieses Buches habe ich diese unbestreitbare und fundamentale Tatsache betont. Sie ist der Ausgangspunkt zu unseren Überlegungen. Als Erstes muss man in seiner ganzen, so gut wie grenzenlosen Bedeutung verstehen, dass tatsächlich alle möglichen Lebensprozesse energetischer Natur, also die Auswirkung von unermüdlich fließender Energie sind.[1] Denn allem liegt das unaufhörliche Schwingen der atomaren Prozesse zugrunde. Je nach dem Aggregatzustand der einzelnen Stoffe stehen die Atome in verschiedenartigen dynamischen Wechselbeziehungen zueinander. Alles schwingt und fließt. Wir Menschen können es nur nicht wahrnehmen.

Nicht die Materie ist das Beständige und der Mensch das Vergängliche – wie die nur materialistisch orientierte »enge« Naturwissenschaft von gestern heute noch viele Menschen glauben lässt –, sondern Materie und Mensch sind gleicherweise nur Erscheinungsformen der allgegenwärtigen Urenergie. Sie bietet sich uns in vielerlei Gestalt dar und *ist in ihrem Ursprung noch immer rätselhaft.* Wie Max Planck sagte: »Im letzten Grund gibt es keine Materie. Sie erscheint uns Menschen nur als solche, da wir in der streng begrenzten Welt unserer fünf Sinne leben und kein Organ haben, ihre wahre Natur direkt zu erkennen. In Wahrheit gibt es nur energetische Schwingungszustände von verschiedensten Frequenzen und unterschiedlichster Dichte. Aus ihnen ›machen‹ unsere Sinne für unser Bewusstsein die Welt, so wie wir sie kennen.«

Überall, wo Leben ist, fließen lebendige Kräfte in Gestalt energetischer Abläufe. Ohne sie gibt es in der Tat kein Leben! Es ist weit mehr als die bloße Summe von chemischen Abläufen: Es ist allerfeinstes Geschehen unaufhörlicher elektronischer Vorgänge in und zwischen den verschiedenartigsten Zellverbänden. Alle Prozesse des Lebens spielen sich in einer Mikrowelt von Schwingungen ab und in vielfältigen Frequenzen. Ob wir nun von bioelektrischen oder von bioplasmatischen Strahlungen sprechen, von den Mikrokraftwerken der einzelnen Zellen, von den Biophotonen (den Trägern des Informationsflusses von Zelle zu Zelle), von den so genannten Nervenimpulsen oder von den Ionen (den Transporteuren der spezifischen elektrischen Ladungen), immer begegnen uns die Körperzellen als Träger der offensichtlich universellen Lebensenergie, die Schwingungs- oder Strahlungsimpulse ebenso abgeben wie empfangen.

Diese Phänomene gehören zu den elementarsten Voraussetzungen aller biologischen Systeme. Ohne sie gibt es keine Übermittlung von Nervenimpulsen, keine Ernährung, kein Wachstum, keine Bewegung. Was würden dem Körper auch alle seine Aufbaustoffe nützen, wenn er nicht die Energie hätte, sie im Sinn seiner organischen Bedürfnisse nutzbringend zu verarbeiten und zu verwerten? Demnach liegen allen Lebensvorgängen energetische Organisationsmuster zugrunde, die ihre natürliche Schwingung und Ausstrahlung haben. Die strukturierende Lebenskraft ist also das letztlich Wesentliche und nicht die materielle Verkörperung mit ihren Zellen als den bloßen Bausteinen der lebenden Natur.

Weil es sich hier um die Grundlage auch für das so genannte *geistige oder energetische Heilen* handelt, habe ich den wesentlichen Rahmen dafür in enger Anlehnung an die Erkenntnisse der heutigen Naturwissenschaft schon in unseren Büchern dargelegt, die diesem Thema gewidmet sind.[2]

Diese alles schaffende und alles steuernde Lebenskraft hatte zu allen Zeiten und in allen Völkern einen eigenen Namen: *die »Seele«.* Auch ihre ständig pulsierende Wechselwirkung mit dem Körper, die für den Gegenstand dieses Buches so wichtig ist, erklärt sich so von ganz allein: dass zum Beispiel psychische Vorgänge wie etwa Liebe oder Hass elektrophysikalische Phänomene bewirken und hochgradig beeinflussen und steuern. Das EKG (Elektrokardiogramm: Aufzeichnung der Aktionsströme des Herzens), das EEG (Elektroenzephalogramm: Aufzeichnung der Gehirnströme), die Kirlian-Fotographie (Sichtbarmachung des äußeren Schwingungsfeldes des feinstofflichen Leibes oder der Aura des Körpers) beweisen es neben anderen Möglichkeiten absolut zweifelsfrei.

Der wesentliche Kern des Menschen kann also nicht sein materieller Körper sein, sondern nur das, was diesem in seiner Materie vergänglichen Körper das Leben verleiht: die Lebensenergie, die den Körper mit vielfältigen Energieströmen durchpulst, eben seine »Seele«. Schon nach dem unumstößlichen Gesetz von der Erhaltung der Energie kann sich diese seine Lebensenergie nicht in nichts auflösen. Wo kommt sie vor der Geburt her, wo geht sie nach dem Tod hin? Das Wesentliche an uns, also unser menschliches »Wesen«, muss schon vor der Geburt dagewesen sein und muss nach dem körperlichen Tod in einer energetisch greifbaren Form weiterbestehen. Ist das, wenn man es in aller Ruhe bedenkt, nicht eine geradezu zwingende Überlegung?

Der große Arzt Rudolf Virchow (1821–1902), dem die moderne naturwissenschaftliche Medizin Außerordentliches verdankt, wies gerne daraufhin, er habe schon Tausende von menschlichen Körpern seziert, aber nirgendwo ein Organ namens »Seele« angetroffen. Also gäbe es keine Seele! Ist das nicht ein geradezu schlagender Beweis für die krasse Begrenztheit der noch gestern modernen, in Wahrheit geistig engen Naturwissenschaft, die von dem unerhört lebendigen Spiel der lebensspendenden Energie im bioelektrischen, subatomaren Bereich einer jeden Zelle unseres Körpers noch nichts wissen konnte? Und wie viele von den Medizinern, die sich noch immer auf diese eng begrenzte Naturwissenschaft berufen (»Ich als Naturwissenschaftler …«) weigern sich noch heute, die auf der Hand liegenden Schlussfolgerungen aus den umwälzenden Forschungsergebnissen der Zellforschung und ihrer Bioenergie zu ziehen! Wie sagt Goethe im Faust: »Er spottet seiner selbst und weiß nicht wie«!

Wenn nun der Mensch sein Leben – wie besprochen – seiner »Seele« verdankt, *was ist dann der »Geist«?* Viele verwechseln ihn heute mit dem bloßen »Verstand«, also der Fähigkeit des logischen, kritischen, sich um Objektivität bemühenden Denkens. Nicht der Geist, wie sie sagen, sondern bloß der Verstand ist für sie der Gegenstand der Gehirnforschung. Die Enge dieses Denkens kann uns sogleich klarwerden, wenn wir uns an den Geistbegriff der alten Griechen *(logos)* erinnern. Für sie umfasste er sowohl das Verstandesdenken in seinem engeren Sinn als auch den Geist in seinem allerweitesten Sinn, des Ur- und Schöpfungsgeistes. Ohne ihn ist nichts gemacht, was da in der unendlichen Schöpfung, im

Universum mit seinen ungezählten Galaxien existiert. Und jede Galaxie weist Milliarden von Sternen auf, so auch den winzigen Planeten, auf dem wir leben. Und diesen empfinden wir kleine Geschöpfchen als so groß, und ein jeder von uns sieht sich selbst im Gefängnis seiner fünf Sinne als den Mittelpunkt von allem an.[3] Also spazieren heute auf unserem Sternchen sechs Milliarden Mittelpunkte der Welt herum!

Machen wir uns das ganz klar: *Der Verstand ist doch nur das* an unseren Körper und hier an unser Gehirn gebundene *Werkzeug des Geistes,* um es so auszudrücken, ohne das der Geist in unserer Erdenwelt nicht wirksam sein könnte. Nun hat sich aber unser Verstand ganz einseitig entwickelt und uns zugleich mit den bewundernswerten, großartigen Fortschritten der Technik auch die Abhängigkeit von ihr beschert, um nicht zu sagen: die immer sklavenhafter werdenden Abhängigkeiten. Denn wir sind nicht mehr in der Lage, Herr der Technik und aller ihrer Errungenschaften zu sein und sie etwa nur in dem Sinn zu nutzen, wie es für uns Menschen gut ist.

Und der Grund? Wir haben *vergessen, dass wir viel mehr sind als nur Verstand.* Statt unseren Geist herrschen zu lassen, haben wir uns freiwillig in die Knechtschaft seines Dieners: des Verstandes begeben. So haben wir den Knecht zum Meister gemacht. Und dafür müssen wir büßen, müssen wir Tag für Tag mit vielfältigen Nöten bezahlen, die immer größer werden, wenn wir den wahren Zusammenhang nicht in letzter Stunde erkennen und die Schlussfolgerungen in unserem Tun zu ziehen verstehen. Freilich sieht es so aus, als ob der »modernen« Menschheit dieser Schritt aus vielerlei Gründen unmöglich sei.

Zurück zum »Geist«: Nicht umsonst ist *das griechische Wort für das Ordnungsprinzip des Geistes, »Kosmos«,* zum Begriff des gewaltigen Universums geworden. Albert Einstein – ebenso wie viele andere große Naturwissenschaftler – bekannte freimütig seine demütige Bewunderung dieser Ordnungsgesetzlichkeit des Weltalls, deren

Ursprung unserem begrenzten Denken verborgen bleiben muss. Ohne sie gäbe es nur das totale Chaos. So gesehen ist unser Verstand doch bloß das an Körper und Gehirn des Menschen gebundene Werkzeug des Geistes, das uns die Bewältigung unseres Lebens ermöglicht. Vergessen wir nicht: Wie das EEG beweist, ist auch das Denken nur eine Erscheinungsform der schwingenden, fließenden Energie. So wie jedes Gefühl, dessen geringste Veränderung sich sofort in den Gehirnschwingungen zeigt.

Was ist das nun für eine gigantische, uns Menschen absolut rätselhafte Kraft, die diesen für uns unermesslichen Kosmos geschaffen hat und noch weiter schafft, ihn steuert und lenkt? Wir können dieser uns unfassbaren Allgewalt und Schöpfungskraft, angesichts derer unser Denken und unser Herz nur mit äußerster Ehrfurcht und Demut erfüllt sein kann, viele Namen geben. Wir können sie bezeichnen:

- naturwissenschaftlich ausgedrückt als kosmische, als Schöpfungsenergie oder als die »Urenergie«,
- vom religiösen Standpunkt aus als die höchste Schöpferkraft, als göttliche Kraft oder schlicht als »Gott«,
- intellektuell gesehen als die gewaltige geistige Ordnungskraft, die hinter und über dieser Schöpfung stehen muss, oder ganz einfach als »Geist«,
- psychologisch empfunden als »das höchste Bewusstsein«, das alles Existierende umschließt.

Ich füge an: Für einige indianische Stämme ist »Gott« der große Geist, der in allem lebt und wirkt. Für mein Gefühl ist das in ihrer Schlichtheit und Klarheit eine geradezu großartige Bezeichnung.

Welche Begriffe wir auch wählen: *Es sind doch immer nur andere Worte für das einzig Wesentliche,* nämlich die uns in ihrem letzten Grund rätselhaft bleibende allgewaltige Schöpfungskraft. Sie ist immer ein und dieselbe, wie wir sie auch nennen. Sie ist wie die Unendlichkeit des Kosmos so unendlich erhaben über alle formalen Religionen unserer kleinen Welt. Und das, obwohl diese alle letztlich meinen, sie in besonderer Weise speziell für sich beanspruchen zu können. – Wird jetzt das eingangs dieses Kapitels von mir zitierte Wort des großen Naturwissenschaftlers Max Planck nicht absolut verständlich? An anderer Stelle, in einem 1929 in Berlin gehaltenen Vortrag, formulierte er: »Nicht die sichtbare und vergängliche Materie ist das Reale, Wirkliche, Wahre – denn die Materie bestünde ohne diesen Geist überhaupt nicht –, sondern der unsichtbare, unsterbliche Geist ist das Wahre.«[4]

Jetzt liegt auch die Antwort auf die Frage vor uns, *woher denn unsere »Seele« oder unsere Lebensenergie ihre Kraft beziehen mag.* Wenn alles Existierende, die in ihrer atomaren Kraft schwingende vermeintlich tote Materie ebenso wie die gleicherweise nach dem atomaren Prinzip »konstruierten« Lebewesen, im Kern nur eine Mannigfaltigkeit von Erscheinungsformen der allgegenwärtig schwingenden, fließenden Energie ist, dann kann das, was uns das Leben gibt, nur Ausfluss sein eben dieser »Urenergie« oder des »Gottes« oder »Geistes«. Um es an diesem treffenden Vergleich deutlich zu machen: So ist die individuelle Seele des einzelnen Menschen nur der Tropfen Wasser aus dem unendlichen Ozean des Geistes.

Jetzt haben wir ein klares Bild vom Menschen und seinen Grundgegebenheiten: dem vergänglichen Körper, der unvergänglichen Seele und dem großen Geist, von dem unsere Seele gleichsam nur Leihgabe ist. Und jetzt verstehen wir auch den tiefen Sinn des Begriffs Seele-Geist, die beide ja nicht voneinander getrennt sein können, weil sie im letzten Grund wesenseins sind.

Und die *Naturwissenschaft? Ihre »großen« Vertreter* sind mit der geistigen Beherrschung des Atoms schon zurückgekehrt zum Weltbild der alten Griechen, als sich die Wissenschaft noch nicht aufgespalten hatte in Natur- und Geisteswissenschaft. Sie wissen wiederum von der Einheit des Kosmos und alles Seienden in ihrem letzten Ursprung. Und *ihre vielen »kleinen« Vertreter* werden ihnen in dieser Erkenntnis in den kommenden Jahrzehnten wie immer bei grundlegend »neuen« Erkenntnissen ganz einfach nachfolgen. Wie Max Planck einmal so treffend formulierte: »Irrlehren der Wissenschaft brauchen 50 Jahre, bis sie durch neue Erkenntnisse abgelöst werden, weil nicht nur die alten Professoren, sondern auch deren Schüler aussterben müssen.«

Bedeutung für alle Lebensprozesse

Was bedeuten diese grundsätzlichen Betrachtungen für die Praxis unseres alltäglichen Lebens? Sie leiten sich doch alle aus der fundamentalen Tatsache ab, dass alles und jedes, was da existiert, nur immer wieder eine andere Erscheinungsform der fließenden, schwingenden Energie ist. Das in seiner ganzen Bedeutung zu erkennen, ist an dieser Stelle wesentlich. Deshalb soll nun noch anhand von praktischen Beispielen aufgezeigt werden, in wie vielfältiger Weise sich das auswirkt in nahezu allen Bereichen des Lebens:

- *Ein Mensch, der spricht,* erzeugt mit den Stimmbändern in seiner Kehle Schwingungen (von 16 pro Sekunde bis zu 20 000), die die Ohren aufnehmen und die Nerven ins Gehirn weiterleiten. Hier entstehen dann die Töne, die wir hören.
- *Was wir sehen,* wiederum in unserem Gehirn, ist das Ergebnis der ultrakurzen Schwingungen von etwa $^{4}/_{10\,000}$ bis etwa $^{7}/_{10\,000}$ mm Wellenlänge, die unsere Augen aufnehmen können, um sie durch die Sehnerven in die zuständigen Gehirnpartien weiterzuleiten. Das gesamte Farbspektrum, das wir sehen können, liegt in diesem winzigen Bereich. Für die unendlichen Schwingungen darüber und darunter sind wir blind!
- Die Entwicklungsmöglichkeiten für das neugeborene Kind werden bereits *vor der Geburt im Mutterleib* weitgehend beeinflusst[5] aufgrund der besonderen Schwingungen in ihm, denen das Kind hundertprozentig ausgeliefert ist. Sind sich etwa alle Mütter und auch die Väter klar darüber, was das bedeutet?
- Die Glasfasertechnik, die die *Nachrichtenübermittlung* revolutio-

nierte, übermittelt mit einem einzigen Lichtwellenleiter oder Lichtfaserkabel durch Ausnutzung der verschiedenen Schwingungen der Lichtquanten oder Photonen gleichzeitig bis zu 10 000 Ferngespräche oder andere Informationen. Mit je mehr Schwingungen der in einer Leitung dieser Art fließende Strom beschickt wird, um so mehr Informationen lassen sich dabei übertragen.

- *Haie und andere Knorpelfische* wie Rochen orientieren sich im Nahbereich an den Schwingungen von äußerst schwachen elektromagnetischen Feldern, die sie mit empfindlichsten Sinneszellen im Bereich des Mauls wahrnehmen. Sie reagieren schon auf einen Spannungsunterschied von $1/_{5000}$ Mikrovolt/cm.[6] Für unsere vergleichsweise plumpen Sinnesorgane unvorstellbar.
- *Fledermäuse* haben bekanntlich ein sehr fein arbeitendes Radargerät: Bei einer Fluggeschwindigkeit von 30 m/sec orientieren sie sich in dunkler Nacht und erhaschen ihre Beute aufgrund der besonderen Schwingungen, die sie 90-mal in der Sekunde aussenden und die selbst vom kleinsten Insekt so zurückgeworfen werden, dass sie ihre ständig wechselnde Entfernung dazu exakt bestimmen und ihren Weiterflug dadurch unaufhörlich korrigieren können.
- *Zum so genannten Instinkt der Tiere:* Ihr feines und feinstes Gefühl für Schwingungen wird nicht wie bei uns Menschen durch den Intellekt gleichsam »abgewürgt«. Besonders die uns Menschen nahestehenden Hunde, vor allem die noch naturnahen und unverdorbenen, geben oft prächtige Beispiele für den so genannten sechsten Sinn, um den es sich hier im Grunde ja auch handelt. Der zusammen mit seiner noch jungen Herrin allein im tiefen Wald wandernde Hund spürt sofort bei der Begegnung mit einigen Männern, ob diese beim Anblick des hübschen jungen Mädchens freundliche oder vielleicht bösartige Gedanken haben, und er verhält sich entsprechend. Als Flieger im letzten Krieg konnten wir immer wieder die Instinktsicherheit eines Schäferhundes und eines Zwergdackels beobachten, die bei der rasch hintereinander erfolgenden Landung von

20–40 Flugzeugen von allem Anfang an mit absoluter Sicherheit wussten, in welcher Maschine ihr geliebter Herr saß: Sie liefen sofort nach deren Aufsetzen auf diese und keine andere zu und rannten, ihre Hundefreude zeigend, bis zum Abstellen des Motors nebenher. Berühmt geworden ist der Berliner Hund, der schon am späten Nachmittag genau wusste, dass ein nächtlicher Bombenangriff folgen würde und durch sein aufgeregtes Verhalten seine Familie und die anderen Hausbewohner und Nachbarn warnte: Er hat sich nie getäuscht. Was anders als das absolut unverfälschte Organ für die Aufnahme von feinsten, schon »in der Luft liegenden« speziellen Energieschwingungen kann es sein, das diese und so viele, viele Zeugnisse des »Instinkts« überzeugend erklärt?

- *Elektrische Felder beherrschen unseren Organismus,* ohne dass es für uns wahrnehmbar wäre. Die Erde ist eine riesige, elektrisch geladene Kugel, an deren Oberfläche sich ihr elektrisches »Umfeld« aufgrund verschiedener Einflüsse verschieden gestaltet, z. B. in Tälern und auf Höhen, aufgrund von Tages- und Jahreszeit, Mondeinfluss usw. Einen anderen überaus wichtigen Einfluss üben die radioaktiven Strahlen aus, die wir mit unseren Sinnen ebenfalls nicht wahrnehmen können. Auch sie hängen von vielerlei Faktoren ab, wie Höhenlage, Wasserflächen, Wasseradern, Bodenbeschaffenheit, Baumaterialien usw.[7]
- *Ultraschallwellen* haben bekanntlich vielerlei Auswirkungen, segensreiche und bösartige, wie zum Beispiel gesundheitliche Schädigungen, die bis zum Tod von Tieren reichen oder Verhinderung des Wachstums bei Pflanzen. Seit Jahren bekannt ist ferner, dass disharmonische Tonschwingungen die Lebensfunktionen von Mensch und Tier schwer beeinträchtigen können. Musik ist ja nichts anderes als Wellen, also als schwingende Energie.[8] Vielfach nachgewiesen ist, wie sehr gerade auch das Wachstum von Pflanzen durch gewisse disharmonische Musik gestört, durch harmonische jedoch beträchtlich gefordert werden kann.
- *Das völlige Erlöschen der Gehirntätigkeit* in Gestalt des totalen Ausbleibens von Schwingungen im EEG ist für die heutige

Medizin das sicherste Zeichen des eingetretenen Todes. Wohl stellt die medizinische Wissenschaft das fest, sie fragt aber noch kaum nach dem Gesamtzusammenhang, der hinter diesem »Symptom« steckt.

- *Versuche mit Sterbenden* haben schon 1974 die dann so genannte »PSI-Energie« nachgewiesen, die im atomaren Bereich wirksam wird und den körperlichen Tod überdauert.[9] Wo ist sie, und was bewirkt sie nach diesem »Tod«?
- *Die gesamte Schöpfung ist ausnahmslos erfüllt von schwingender Energie.* Mit ihrer unaufhörlichen Bewegung, die ihre selbsttätigen Steuerungsmechanismen in sich trägt. Wir bezeichnen sie als die Naturgesetze. So entwickelt sich alles, was lebt, nach dem ihm innewohnenden Gesetz unaufhaltsam weiter. In diesen Regulierungsmechanismen oder Gesetzen, denen alles unterworfen ist, können wir getrost den Willen Gottes als der – wie wir gesehen haben – über aller Schöpfung stehenden Kraft sehen. – Sie stellen ja nicht etwa ein von Philosophen oder Theologen zusammengedachtes Denkgebäude dar, sie sind absolute, lebendige und allgegenwärtige Realität! Mag uns diese Realität zuweilen erschrecken: Was wissen wir schon von der uns unausdenkbaren Allgewalt, die über allem steht, was da existiert, ob es unseren Sinnen erkenntlich wird oder nicht?
- *Unsere gesamte Lebensumgebung ist eingehüllt von Wellen,* das heißt von schwingender Energie aller möglichen Art. Auch unser Körper ist von ihr in vielfältiger Weise durchlebt. Von alldem merken wir nur nichts, weil uns die Empfangsorgane dafür fehlen. Merken wir etwa von den Rundfunk- oder Fernsehwellen verschiedenster Art, die uns allerorten umgeben, irgendetwas? Und doch sind sie unbestreitbar vorhanden und üben gewiss ihren Einfluss auf uns aus. Heute sind sie unbestreitbar. Vor 100 Jahren wäre man bei der Feststellung ihrer Existenz noch für verrückt gehalten und in ein Irrenhaus gesteckt, noch früher im Namen Gottes auf dem Scheiterhaufen verbrannt worden. Warum lernen so viele Menschen aus diesem und vielen anderen gleichgearteten Beispielen nichts, wenn sie sofort alles ablehnen, was sie im Augenblick nicht begreifen mögen?

Diese wenigen soeben aufgeführten Beispiele ließen sich endlos vermehren. Sie können jeden, der nicht selbst starre Kulissen vor seinem Blick aufbaut, in ihrer unbestreitbaren Realität *von der Richtigkeit unserer Überlegungen überzeugen.* Es ist ja ein großer und oft der entscheidende Unterschied, ob wir etwas in unserem vergleichsweise oberflächlichen Verstand gleichsam nur im Vorübergehen »verstehen«, also neben vielem anderen in seiner Richtigkeit anerkennen, oder ob wir in unserem unterbewussten Gefühl davon »überzeugt«, uns dessen also in der Tiefe unserer Persönlichkeit wirklich sicher sind. In diesem Sinn können wir uns ganz gewiss sein,

- dass in unserer Welt in der Tat – und nicht bloß nach Ansicht oder im Gehirn gewisser Forscher oder Wissenschaftler – alles, was existiert, nach dem atomaren Prinzip aufgebaut, also im Kern nichts anderes ist als *unaufhörlich schwingende, fließende Energie.* Und
- dass wir Menschen in der Tat – und nicht bloß nach Ansicht oder im Gehirn gewisser Forscher oder Wissenschaftler – *im begrenzten Bereich unserer Sinne leben.* Die wirkliche, wahre Welt, die viel, viel größer und weiter und »tiefer« sein muss als die uns bekannte, ist uns Menschen offensichtlich mehr oder weniger verschlossen. Wir können mit unseren beschränkten Sinnesorganen bei weitem nicht so viel aufnehmen und somit zunächst auch nicht verstehen, was in der uns nicht sicht- oder hör- oder fühlbaren Welt tatsächlich existiert. Erst wenn wir das in seiner ganzen Bedeutung erkennen, sind wir dazu aufbereitet, einiges von den Geheimnissen dieser unermesslichen Welt des Makro- wie des Mikrokosmos, der Welt im Großen wie der Welt im Kleinen, zu erfassen. Erst dann verschließen wir uns nicht mehr unbezweifelbaren Tatsachen etwa nur deshalb, weil wir sie nicht oder vorerst nicht erklären können. Und eben das ist ja gegenüber dem Pendeln bei so vielen Menschen der Fall. Entscheidend sollte doch immer das Faktum sein und nicht seine zunächst zweitrangige Erklärung!

An dieser Stelle eröffnet sich uns *noch eine weitere höchst bedeutungsvolle Erkenntnis,* die für viele Menschen neu ist, weil sie sich nicht ohne weiteres mit unserem einseitig materialistischen Weltbild vereinbaren lässt. Wir sind ja alle in dieses einseitige Weltbild zunächst noch hineingewachsen, ohne uns dessen nur bewusst zu sein. Es ist *die Tatsache des individuellen Schwingungsfeldes der Aura.* Alles, was lebt, ist von ihr umgeben. So auch der Mensch. Die Aura ist nur ein besonderes Wort für die Ausstrahlung der schwingenden Energie, die – wie wir gesehen haben – der Kern des Lebens ist. Der uns geläufige Heiligenschein hat sich aus ihr entwickelt. Sehr sensible Kinder können in ihrer ersten Pubertätsphase die Aura anderer zuweilen sehen, was auch außerordentlich selten noch bei Erwachsenen der Fall ist.

Der letzte Zweifel an ihrer Existenz ist mit der inzwischen weltbekannten Kirlianschen *Hochfrequenzfotografie* beseitigt (benannt nach dem russischen Physikerehepaar, das 1936 zum ersten Mal die geheimnisvolle Ausstrahlung eines Blattes fotographisch festhalten konnte). Heute kann jedermann mit relativ bescheidenem Kostenaufwand selbst solche Aufnahmen machen, die ihn je nachdem mit ihren gleißenden Lichterstrahlen und leuchtenden Farben beim höchstlebendigen Menschen oder mit deren Dämpfung und Trübung beim Niedergedrückten in größtes Erstaunen versetzen können.

Die Aura lässt sich im Wesentlichen *in 3 Schichten aufgliedern:* die dem Leib verhältnismäßig enganliegende »körperliche«, die ihrem Wesen nach dem Leiblichen am nächsten kommt, die seelische und die bei seelisch-geistig hochentwickelten Menschen bis weit über einen Meter in den Raum hinausstrahlende geistige. Diese 3 Schichten oder Hüllen des feinstofflichen Körpers werden mit dem grobstofflichen durch die Schwingungsstrahlung zusammengehalten. Die besondere Artung der Aura hinsichtlich Farben, Ausdehnung usw. ist nichts anderes als der vollendete Wesensausdruck der betreffenden Persönlichkeit.

Weitere Betrachtungen dazu würden hier entschieden zu weit führen.[10] Für uns ist an dieser Stelle wichtig zu wissen, dass der geübte Radiästhet mit Rute, Pendel und Energiesensor (darüber im letzten Kapitel) die Aura in ihrer Ausdehnung beim einzelnen Menschen recht genau feststellen kann ebenso wie ihre Störungen, die körperliche Krankheit anzeigen. Wir werden uns später mit den Schwingungen der Aura noch genauer befassen.

Folgerungen für das Pendelphänomen

Wer den bisherigen Ausführungen aufmerksam folgte, hat die Grundlage für das eigenartige Pendelphänomen erkannt. Das so genannte Geheimnis darum wird vollends durchschaubar, wenn wir uns die folgenden Tatsachen klarmachen, die nichts anderes als unmittelbare Auswirkungen dieser Grundlagen sind.

Wie schon gesagt, *ist auch jeder Gedanke und jedes Gefühl in uns schwingende Energie.* Der erfahrene EEG-Fachmann kann aus den besonderen mikroelektrischen Gehirnschwingungen treffend ablesen, welche Erlebniszustände in dem beobachteten Menschen gerade vorherrschen. Das in der gesamten Naturwissenschaft unbestrittene *Gesetz von der Erhaltung der Energie* besagt eindeutig, dass Energie nicht vergehen, sich nicht in nichts auflösen kann, dass sie zwar ihre Erscheinungsform wechselt, dabei aber unvergänglich ist. Das bedeutet zum einen, dass unsere Lebensenergie, unsere »Seele«, mit der Auflösung des Körpers nicht auch spurlos verschwinden kann. Und zum anderen – und das ist für das Pendeln von größter Bedeutung –, dass unsere spezifischen Gedanken- und Gefühlsenergien auch unvergänglich sein müssen. Das wiederum bedeutet, dass diese allerfeinsten Schwingungen, die unsere Gefühle und Gedanken ausmachen, *fort und fort schwingen.* Zwei höchst bedeutungsvolle Konsequenzen sind die Folge:

1. *Diese allerfeinsten Schwingungen schwingen bis in unbegrenzte Fernen.* Das erklärt

- Phänomene wie Gedankenübertragung (Telepathie) und »Fernheilung«. Bei ihr wird heilende Energie zu kranken Menschen oder Tieren manchmal über weite Entfernungen geschickt, um ihnen zu helfen[11];
- das mehrfach bewiesene echte Hellsehen von gleichzeitig anderswo sich vollziehenden, stark gefühlsintensiven Ereignissen, meist von Katastrophencharakter;
- das ebenfalls mehrfach bewiesene Erkennen von zukünftigen, ebenfalls stark gefühlsintensiven Ereignissen (Präkognition), wenn sie in ihren Ursachen schon auf uns zukommen;
- die so rasch wie sonst einsetzenden Bewegungen des Pendels auch bei noch so weit in die Ferne greifenden Pendelfragen.

Wenn jemand die bewegende Kraft dieser feinsten Energieströmungen noch immer bezweifelt, so möge er sich daran erinnern, wie oft er ganz überraschend und spontan einen Menschen anschaut, dessen Blicke auf ihn geheftet sind oder umgekehrt. Oder wie oft er zur gleichen Zeit den gleichen Gedanken hat wie ein ihm geistig nahestehender, noch so entfernt befindlicher Mensch, was der sofortige Griff zum Telefon oder dessen sofortiger Anruf oft auf der Stelle bestätigt.

2. *Diese allerfeinsten Schwingungen bleiben über die Zeiten hinweg erhalten.* Denn sie können sich nicht in nichts auflösen. Das erklärt

- die alte asiatische Überzeugung von der »Akasha-Chronik«, wörtlich: die Chronik der »ursprünglichen Substanz«, d. h. des Geistes im oben dargelegten Sinn oder auch: der dem Geist innewohnenden Energie. Schließlich ist alle Materie nur Geist oder Energie, die in einer niedrigeren Frequenz schwingt, also gleichsam nur deren Gerinnungsmasse. Im Prinzip wird das durch die moderne Kernphysik ja exakt bestätigt. Im Kern ist das das Gleiche wie der universale Geist der Metaphysiker, das universale Natur- oder Weltgedächtnis. – Und die westlich-christliche Bibel spricht mehrfach vom »Buch des Lebens«, vom »Buch Gottes«, in dem alles und jedes verzeichnet ist, was ein Mensch denkt und tut. Im Sinne der vom altjüdisch-christlichen Glauben her verbreiteten Furcht des Herrn in Gestalt der Feststellung und Warnung »Gott sieht alles, Gott hört alles«. Das ist nichts anderes als die asiatische Akasha-Chronik;

- auch hier die so rasch wie sonst einsetzenden Bewegungen des Pendels bei noch so weit in die Vergangenheit zurückgreifenden Pendelfragen. Die Energiewellen schwingen fort und fort mindestens im Rahmen dessen, was für uns kurzlebige Menschen lange Zeitläufe sind.

Ist das alles etwa »fantastischer« oder schwerer verständlich als die uns heute selbstverständlichen Radio- und Fernsehwellen, als die atomaren Prozesse, als Röntgenstrahlung oder – um beim Menschen zu bleiben – die Gedächtnisspuren (Engramme) in unserem Nervensystem und Gehirn oder die uns noch immer hochgradig rätselhaften Vorgänge in unserem Körper, die unser Leben in so vielfältigen Details und in geradezu wunderbar ineinandergreifender Weise steuern? Die Schlussfolgerung für den besonderen Gegenstand unserer Betrachtung: Wenn das alles so ist, dann kann kein Zweifel mehr daran sein, dass es für den erfahrenen (und bei alldem ausgesprochen kritischen) Pendler weder im Raum – wie wir schon zuvor gesehen haben – noch in der Vergangenheit, in der Zeit Grenzen zu geben braucht.

Dass wir hier dicht an der geistigen Grundlage der *Lehre von Karma und Wiedergeburt* sind, liegt auf der Hand. Sich mit ihr auseinanderzusetzen, ist für gewisse Pendelaussagen recht wertvoll, wenn nicht notwendig. An dieser Stelle kann ich das als hier zu weitgehend unterlassen. Die intensive Beschäftigung damit lohnt sich für jeden kritischen und weiterschauenden Menschen. Dabei geht es um das Gesetz von Ursache und Wirkung, um das Gesetz von der Wiederherstellung der gestörten Harmonie, in der Folge um die absolute Gerechtigkeit für jeden Menschen über die Zeit hinweg. In zwei anderen Veröffentlichungen habe ich diese Lehre und ihre Geschichte genauer dargestellt.

Auch von unserer engen naturwissenschaftlichen Betrachtung her wird das alles verständlicher, wenn wir daran denken, dass *die Natur keinerlei Störung ihres Gleichgewichts duldet.* Sie zeigt uns das heute deutlich und gnadenlos. Auch hier muss jede Störung der Harmonie wiedergutgemacht werden.

»Unser Unbewusstes weiß alles«, sagte die weltweit bekannte Sterbeforscherin Dr. Elisabeth Kübler-Ross gerne. Unsere Seele, die seit Urzeiten die Akasha-Chronik in sich trägt, ist in der Tat so etwas Ähnliches wie allwissend. Je entwickelter sie geistig ist, um so mehr. Wir können fast von einem im Unbewussten verankerten Supersinn sprechen: Er weiß unendlich viel mehr als unser bewusst denkender Verstand. Er existiert sozusagen jenseits von Raum und Zeit und ist doch allgegenwärtig. Die vielzitierte Intuition ist sein Ausfluss. Auch die Archetypen von C. G. Jung gehören hierher ebenso wie die heute viel zitierten »Gedächtnisfelder« des englischen Forschers Rupert Sheldrake.

Dem Pendler bleibt nichts verborgen, wenn er sich nur ungeteilt in Herz und Kopf auf eine bestimmte Frage einstellen kann: Wenn er sich also auf die gefragte Schwingung, auf die besondere Frequenz ihrer Vibration feinfühlig einzustimmen weiß, indem er sein Bewusstsein unverwandt sammelt auf den gefragten Gegenstand und dabei leer, d. h. völlig wertneutral bleibt. Sehr deutlich zeigt sich das zum Beispiel beim psychologischen Pendeln: Hier werden die ganz spezifischen Schwingungen einer Seele in kürzester Frist offenkundig, wo sonst oft endloses Suchen und Forschen keine wirkliche Klarheit bringt. Wie eben schon erwähnt, spielen Entfernungen oder vergangene Zeiträume dabei so gut wie keine Rolle.

Wie oft habe ich das in meinen Seminaren erlebt: Ein noch so erfahrener und kritischer Arzt, Psychotherapeut, Professor oder

Lehrer stellt einen für ihn besonders schwer durchschaubaren Fall aus seiner Praxis zum Auspendeln zur Debatte. *Das richtige »Spielen« mit den Tabellen,* d. h. ihr volles Ausschöpfen bringt die Wurzel der Störung, den Kern des Problems bald ans Tageslicht, sodass nur noch Staunen und Verblüffung die einleuchtende Lösung des oft lange vergeblich bearbeiteten Problems kennzeichnen. Um dieses volle Ausschöpfen leichter lernen zu können, werde ich später an zuständiger Stelle mehrere praktische Leitlinien dafür darlegen.

So wie unser Fernsehapparat aus einer Unzahl von Wellen, die durch die Luft schwirren und von denen wir Menschen nur nichts merken, exakt die von uns eingestellte Wellenfrequenz aussondert und daraus in Augenblickslänge Bild und Ton eines bestimmten Senders aufbaut, so wirkt die gezielte menschliche Geisteskraft. Alles und jedes ist schwingende Energie! Jedes Wesen und jedes Ding bis hin zu jedem Stein strahlt die ihm eigene Energiefrequenz aus, auf die wir dann in der richtigen Weise eingestellt sind. Da wir in einem Meer von Energie und Energieschwingungen gleichsam schwimmen – ohne es zu spüren und zu wissen –, kann uns beim richtig verstandenen Pendeln in der Tat die ganze Welt offenstehen.

An dieser Stelle möchte ich nun doch nach langem Zögern *ein als ausgesprochen intim empfundenes Erlebnis* berichten, das mich tief bewegte und es noch immer tut. Es war die Zeit, da ich mich im Zusammenhang mit dem Problem des Geistigen Heilens intensiv mit dem geheimnisvollen Phänomen der Schwingung beschäftigte, ohne noch hinreichende Klarheit zu haben. Ich lag nachts in gesundem Schlaf im Bett und drehte mich kurzfristig halbwach von einer Seite auf die andere. Da hörte ich plötzlich eine laute, helle, ganz klare Stimme in gestochenem Hochdeutsch den Satz sprechen: *»Allerfeinste Schwingungen, die von der Grundsubstanz ausgehen, bewirken die Steuerung der groben Elemente, Materie und Massen.«* Augenblicklich war ich hellwach, griff im Dunkeln nach dem stets bereitliegenden Schreibblock mit Bleistift und stenografierte den Satz auf. Bis ich den ersten Teil im Dunkeln niedergeschrieben hatte, hatte ich den zweiten Teil nicht mehr gegenwärtig und erschrak darüber. Da hörte ich diesen Satz ein zweites Mal in genau der gleichen ruhigen und klaren Weise, sodass ich meine Notiz vollenden konnte.

Ich war überwältigt von diesem Erlebnis und dieser Stimme, mein Schlaf war dahin. Ich spürte sofort: *Das ist ein Grundgesetz der Natur.* Das ist der Schlüssel zur Enträtselung gar mancher Geheimnisse unserer Welt und unseres Lebens. Und von Anfang an wusste ich: Das ist das homöopathische Prinzip! Und: Das Problem liegt vor allem in dem Nebensatz »die von der Grundsubstanz ausgehen«. Was ist die Grundsubstanz des Menschen? Der vergängliche Körper mitsamt all seinen Organen kann es kaum sein. Die Grundsubstanz kann nur das Unvergängliche in uns, nämlich Seele-Geist sein. Wenn Seele-Geist in totaler innerer Sammlung auf etwas ganz Bestimmtes ausgerichtet ist (darüber später), dann gehen jene allerfeinsten Schwingungen davon aus, die die Steuerung der groben Elemente, Materie und Massen bewirken. – Übrigens: Noch jeder einschlägig versierte Fachmann und Wissenschaftler, dem ich diesen Satz in vertrautem Gespräch sagte, bestätigte mir seither seine unbedingte Richtigkeit.

Wie die Pendelschwingungen zustande kommen

Weil die wenigsten Menschen sich über die weittragende Bedeutung dieser Tatsache klar sind, habe ich schon in der Einführung zu diesem Buch am Beispiel des Auges und des Erkennens menschlicher Gesichter auf die unerhörte Sensibilität unserer Sinne hingewiesen. Wie dort bereits gesagt, ist in der Tat *der Mensch selber das Aufnahmegerät der unendlich vielfältigen allerfeinsten Schwingungen,* von denen inzwischen schon so viel die Rede war. Das ist uns im Allgemeinen nur nicht bewusst. Das Instrument des Pendels zeigt über die Leib-Seele-Einheit des lebenden Organismus nur an, was die höchst empfindsame, uns nicht bewusste Seele an

Eindrücken aufgenommen hat. Genauso wie der Tachometer in Ihrem Auto die Geschwindigkeit nur anzeigt, die nicht er, sondern der Motor erzeugt hat. *Nicht der Pendel ist also das »Zauberinstrument«,* wie nicht wenige glauben, sondern der Mensch selber. Übrigens hat – wie bereits erwähnt – schon der feinsinnige Geist Goethes darauf hingewiesen, dass das höchstentwickelte physikalische Gerät der Mensch sei!

Wie ist diese Übertragung der allerfeinsten Empfindungen unserer unbewussten Seele in die Bewegungen des Pendels hinein möglich? Und wie ist zu erklären, dass diese mikroelektrischen Schwingungsvorgänge in ganz bestimmte Pendelbewegungen einfließen und sich so kundtun? Die eben erwähnte Leib-Seele-Einheit gibt uns den Schlüssel dazu, wenn auch manches Detail dieses psychophysischen Zusammenhangs »wissenschaftlich« nicht voll geklärt erscheint. Die noch so feinen mikroelektrischen Schwingungen nimmt unser Organismus als die absolute Einheit von Seele-Geist und Körper auf. Das EEG beweist das ja eindeutig, wo sich jede noch so leichte »seelische« Gefühlsänderung sofort in der veränderten »körperlichen« Schwingung in den Gehirnzellen kundtut. Tatsächlich ist es ein und derselbe Vorgang. Von Natur aus ist uns die Einheit von Gehirnstrom-Nervenimpulsen-Muskeln zu eigen, und so sind die Seele und ihre Impulse zugleich im Körper. Das Leben hat ja letztlich seine leibliche Grundlage in jeder der Abermilliarden von Körperzellen.

Der englische Physiologe W. B. Carpenter hat erstmals 1873 klar aufgewiesen, dass jede Bewegungswahrnehmung und -vorstellung den Antrieb in sich trägt, diese Bewegung tatsächlich motorisch zu vollziehen, und zwar ohne jede Beteiligung des bewussten Willens. Es treten nämlich sogleich feine Aktionsströme in der betreffenden Muskulatur auf. Seither spricht man *vom Carpenter-Effekt und von der Ideomotorik.* Sicherlich auch darauf aufbauend, hat der Begründer der Ausdruckspsychologie, Ludwig Klages, um die vorletzte Jahrhundertwende seine Ausdrucksgesetze geprägt. Eine seiner Formulierungen lautet schlicht: »Jede seelische Bewegung ist aufs engste verbunden mit einer körperlichen Bewegung.« Und eine andere: »Jede körperliche Bewegung ist in ihrem Antrieb auf das Ziel des seelischen Erlebnisses gerichtet.« Was uns die mit jeder Gefühlsregung eines lebhaften Gesprächsführers oder Redners einhergehende Mimik und Gestik überzeugend vorführt, ist nichts anderes als das, worum es hier geht.[12]

Selbstverständlich ist auch *die menschliche Hand als die zauberhafteste Bewegungsapparatur,* die die Natur in der gesamten Schöpfung geschaffen hat, von diesen feinsten Schwingungen, diesen feinsten Nervenimpulsen ergriffen. Sie sind nur so fein, dass wir sie mit den vergleichsweise schwerfälligen leiblichen Sinnen nicht mehr wahrnehmen können, etwa im Gegensatz zum Zittern der Hand einer erregten Person. Diese ganz feinen Nervenerregungen und Bewegungsimpulse von Hand und Fingern bewirken dann je nach der Richtung des von innen kommenden Impulses das beginnende und stärker werdende Aufschwingen der Pendelbewegung. Es erfolgt in der jeweils gleichen ganz bestimmten Weise (senkrechtes oder waagerechtes Schwingen, Rechts- oder Linksdrehung). Diese präzise Pendelantwort wird dann bestimmt von dem »Ziel des seelischen Erlebnisses« (das eben zitierte Ausdrucksgesetz), das der gefragten Antwort innewohnt. Das ist die nahezu zwingende Erklärung des besprochenen radiästhetischen Problems, das beim Energiesensor (Schwingpendel) und der Rute im Prinzip nicht anders ist.

Alles Existierende sendet aufgrund seiner atomaren Grundkonstruktion und deren feinsten mikroelektrischen Vorgänge *seine ganz spezifische Strahlung aus,* die von Mensch zu Mensch, von Ort zu Ort, von Gegenstand zu Gegenstand verschieden ist. Wie wir gesehen haben, wirken sich so ja auch die Strahlungen oder Schwingungen aus ferner Zeit und aus fernen Räumen noch heute und hier aus. Ein einfaches Beispiel: Halten Sie Ihren Pendel mit äußerst ruhiger Hand über einen Magneten oder einen noch so kleinen Kompass, und beobachten Sie, wie er alsbald eine ganz bestimmte eigenartige Abfolge von verschiedenen Bewegungen in ständiger

Wiederholung vorführt. Das wird jeden Zweifel in Ihnen über das Wirken dieser bewegenden Kräfte schwinden lassen.

Offensichtlich sind in diesen vermeintlich geheimnisvollen Bewegungen *physikalische, also Naturgesetze* wirksam, die wir ach so klugen Menschen von heute nur noch nicht kennen. So wie wir den elektrischen Strom, dessen »Wesen« bis heute kein noch so großer Gelehrter hat »erklären« können, in den Faden der Glühbirne oder in die Wicklung des Motors hineinschicken, und die Glühbirne strahlt und der Motor dreht sich! Ist die Bewegung des Pendels etwa geheimnisvoller oder wunderbarer oder weniger »erklärlich«? Hier wie dort »wissen« wir nichts von der treibenden Kraft und ihrem Geheimnis. Wir kennen aber ihre Gesetzlichkeiten, die für unsere Praxis wichtig sind, und halten uns daran. Ist das nicht genug?

Erinnern Sie sich an das Wort des amerikanischen Astronauten Mitchell, es gäbe keine übernatürlichen Phänomene, sondern nur große Lücken in unserem Wissen über die Natur? Ich erlaube mir die Frage: Weshalb dann die Überheblichkeit so mancher »Wissenschaftler«, die gleich alles ablehnen, ja als Unsinn abtun, nur weil sie es nicht verstehen und erklären können?

Die Arbeit mit dem Pendel

»Wissenschaftliche Beweisbarkeit ist eine solch komplexe Frage, langweilen Sie mich nicht damit!«
Albert Einstein

Wenn wir den Pendel zu Hilfe nehmen und befragen wollen, dann geht es in der Regel darum, *aus der Unzahl von Schwingungen,* die unseren Organismus treffen, die ihn sozusagen einhüllen und in ihm ihre Wirkung tun – ohne dass wir etwas davon merken würden –, *eine einzige davon herauszufiltern,* weil eben nur sie die Grundlage für die gesuchte Antwort in sich trägt. Alle die ungezählten anderen Strahlungen und Energieschwingungen gilt es jetzt auszuschalten.

Es ist ganz ähnlich, nur noch viel, viel feiner, wie die Einstellung des Radiogerätes auf die ganz besondere Wellenlänge der gesuchten Sendung. Hier wie dort geht es nur darum, die ganz exakte Schwingungsfrequenz ohne Störungen durch Nachbarfrequenzen zu erfassen und voll aufzunehmen. Ganz zu schweigen von dem groben Fehler, irrtümlich in einer anderen Frequenz zu landen und sie auch noch für die richtige zu halten. Jetzt sind wir mit unseren Betrachtungen schon mitten in der ganz persönlichen praktischen Pendelarbeit.

Individuelle Pendelfähigkeit und ihre drei Grundvoraussetzungen

Natürlich fragt sich jeder am Pendel Interessierte von allem Anfang an: Wie steht es um meine eigene Pendelfähigkeit? Nach der bisherigen aufmerksamen Lektüre wird Sie die folgende Feststellung nicht überraschen. Sie führt uns sofort in den Kern dieses Problems.

Die persönliche Pendelfähigkeit steht in enger Beziehung zur individuellen seelisch-geistigen Entwicklungsstufe. Sie wird immer höher, die

Pendelkraft wird immer stärker, je mehr sich einer geöffnet hat für die höher angesiedelten geistigen und spirituellen Werte und Energien, für die feineren Schwingungsbereiche, die sich von den grob materiellen Dingen abgehoben haben. Wer sich diesen höheren Schwingungen nicht öffnet, der bleibt in seinem Denken und Tun immer abhängig von seinen im Materiellen gebundenen Sinnen. Ja, er bleibt geradezu ihr Sklave. Wer sich ihnen aber öffnet, der spürt – je mehr, um so stärker –, wie sein Inneres (Seele-Geist) und sein Äußeres (der Körper) und das Werkzeug des Pendels gleichsam eins werden. Sie schwingen in mehr oder minder voller Harmonie. Seelisch-geistig wirklich hochentwickelte Menschen kennen kaum Grenzen ihrer Pendelkraft. Ihre Seele, ihr Unbewusstes weiß alles, und sie brauchen es mit Hilfe des richtigen Pendelns nur abzurufen.

So hängt die Pendelfähigkeit von der Seinsebene ab, auf der man lebt, in die hinein der Einzelne sich entwickelt hat. Unser verborgener Lebenskern wird nun einmal getragen von der ewigen Quelle allen Seins und allen Lebens. Je mehr wir uns dessen bewusst sind und in innerer Verbindung mit dieser Lebensquelle stehen, um so höher müssen sich Bewusstseins- und Seinsebene erheben. Um so mehr stellt sich auch das tiefinnere Gleichgewicht ein, das am Ende kaum noch etwas erschüttern kann. Denn man weiß sich zutiefst geborgen. Jeder Mensch kann diese Lebensquelle für sich erschließen. Er benötigt keinen Vermittler dazu, wie immer der sich auch nennen mag. Es liegt nur an dem Einzelnen selber. Wem freilich seine persönliche Bequemlichkeit und sein eigenes Ich über alles geht, wird sich schwerlich aus dessen Niederungen herausarbeiten können.

Das bedeutet innere Reifung im echt geistigen Sinn. Sie ist immer verbunden mit tief begründeter Ehrfurcht vor der unendlichen über uns stehenden Kraft, die wir die göttliche Kraft oder »Gott« als den Inbegriff des uns Unfassbaren zu nennen pflegen. Mit einer religiösen Konfession hat das überhaupt nichts zu tun. *Die natürliche Begleiterin dieser Ehrfurcht ist die Demut,* die im Erkennen der eigenen Kleinheit angesichts dieser uns unbegreiflichen schöpferischen Allgewalt liegt. Sie ist die echte Religiosität. Da gibt es auch keinerlei überhebliches Vergleichen mit weniger pendelkräftigen, mit weniger weit entwickelten Menschen. Denn ein jeder trägt den göttlichen Funken in sich: der Christ so wie der Buddhist seine Buddhanatur oder der so genannte Atheist seine Schicksalsgläubigkeit, das heißt seinen Glauben an »den Großen Geist, der in allem lebt und wirkt«. Und jeder hat das Recht, da zu sein, wo er ist. Es ist nicht meine Sache, darüber zu urteilen.

Von dieser höheren Warte aus gesehen, möchte ich *die Grundvoraussetzungen für wirklich erfolgreiches Pendeln* übersichtlich in drei Stichworten zusammenfassen:

1. Der vorwaltende innere Zustand von Harmonie, Ausgeglichenheit, Gleichmut: Das ergibt sich zwingend aus den soeben dargelegten Gedanken. Wer in diesem Sinn nicht wenigstens vorwiegend »bei sich«, also mit sich selbst im Reinen ist, getragen von tiefinnerem Gleichgewicht, kann schwerlich gute Pendelergebnisse erwarten. Gar zu oft »außer sich« zu sein, die innere Ruhe, ein festes Fundament unter seinen Füßen verloren zu haben, bedeutet zwangsläufig innere Unruhe, Nervosität, Abhängigkeit von den stetig wechselnden äußeren Eindrücken, bedeutet klaren Persönlichkeitsverlust. Auch der vorwiegend in sich Ruhende gerät gelegentlich in eine solche Stimmung – dann weiß er, dass er jetzt keinen Pendel anfasst, dass er damit besser wartet, bis er sich wieder in voller innerer Ruhe und Harmonie gefunden hat.

2. Die totale Sammlung des Bewusstseins, des Geistes einzig und allein auf die eine gestellte Frage, auf die bezogene Person oder die entsprechenden Umstände: Bewusst spreche ich von »Sammlung« und *nicht von »Konzentration«.* Denn die Letztere betont entschieden mehr die bloß Verstandes- und willensmäßig bewirkte Zusammenraffung der inneren Kräfte. Diese willensmäßige Verspanntheit baut Barrieren im Energiefluss auf, die die freien Energieschwingungen blockieren. Die Energie muss frei fließen können! Im Gegensatz dazu »sammelt« sich der ganze Mensch in Kopf *und*

Gefühl fast spielerisch, innerlich gelöst und geöffnet. Die in sich geschlossene Einheit von Intellekt und Gefühlsunterschichten muss mit der ganz persönlichen Kraft aktiviert sein in der Aufnahmebereitschaft für die Antwort.

Sie ist nur dann gegeben, wenn außer der totalen Sammlung auf das besondere Pendelproblem nichts im Denken da ist, *auch nicht der geringste jetzt nebensächliche und damit störende Nebengedanke.* Das setzt natürlich den eben besprochenen Punkt 1: »Wahrhafte innere Ruhe und Harmonie« voraus. Ohne jede innere Verspannung auf nur eine Sache eingestellt, zielgerichtet voll darauf »gesammelt« zu sein, ist von größter Wichtigkeit. Ein hoher Prozentsatz der Fehlschläge liegt hier verursacht. Zum Pendeln braucht man absolute innere Ruhe und Zeit: Jeder Zeitdruck, jede Ungeduld stört das Ergebnis. – Betrachten Sie ein ganz in sein Spiel versunkenes – wie wir gerne sagen: »unschuldiges« – Kleinkind, und Sie haben die vollendete innere Sammlung lebendig vor Augen!

Hinter dieser Forderung steht die ständige Selbsterziehung zur Achtsamkeit: Im Alltag von morgens bis abends jeden Gedanken achtsam erleben, jeden Handgriff achtsam, also ganz bewusst tun. Das führt uns im Laufe der Zeit zur inneren Geschlossenheit der echten Persönlichkeit. Nicht umsonst ist das ein Kernstück der lebensnahen buddhistischen Lehre.[13]

Diese absolute innere Sammlung wird zur möglichst totalen »Leere«, wenn wir auf die Antwort des Pendels warten. Da dürfen wir keinerlei Störgedanken Raum geben. Sonst ist die Sammlung dahin, und falscher Selbstbeeinflussung und falschen, einströmenden Schwingungen wird Tür und Tor geöffnet. Wiederum muss ich sagen: die Wurzel eines hohen Prozentsatzes der Fehlschläge. Wegen ihrer großen Bedeutung werde ich die Hilfen dagegen später bei der Behandlung der ganz praktischen Seite des Pendelns gesondert aufführen.

3. Das hochgradige Freisein von Egoismus, Überwindung des Egos mit seinem Drang nach materiellem Gewinn, Anerkennung, Geltung und Macht in allen ihren offenkundigen und subtilen Formen. Wie könnte man sich ohne diese Voraussetzung wirklich ungeteilt einstellen auf ein sachliches Problem (bei dem letztlich fast immer eine persönliche Seite mitschwingt) oder gar sich anderen Menschen oder Wesen vorurteilsfrei zuwenden? Der gute Pendler darf nichts anderes wollen und anstreben als

- aus seinem echten Erkenntnistrieb heraus die Wahrheit zu finden, nur um der Wahrheit willen;
- aus seiner echt liebevollen Zuwendung zum anderen Menschen oder Wesen diesem selbstlos zu helfen, um der Liebe zum Nächsten willen.

Es geht immer um das reine Motiv, nicht um das egoistische. Der aufrichtig Helfende hilft um der Schwierigkeiten und Nöte des Nächsten willen und nicht, um sein Ich zu pflegen. Es geht nicht um den eigenen Geldbeutel, nicht um äußeren Verdienst oder Anerkennung, nicht um Aufsehen oder eitle Bewunderung, schon gar nicht um Macht über andere. Da ist auch kein Versuch, eine Fähigkeit missbräuchlich einzusetzen etwa für das Gewinnen des großen Loses, eines Preisrätsels oder Lotto/Totogewinns. Der Versuch würde gewiss falsche Ergebnisse bringen und der Pendelkraft Abbruch tun. Denn weder echter Erkenntnistrieb stünde dahinter noch echtes Verlangen, dem Nächsten in Bescheidenheit hilfreich zu sein. Wie ich über die Jahre hörte, hat es noch nie den ersehnten Erfolg gebracht.

Die Eigensucht ist eine so sehr von niedrigen Schwingungen getragene Triebfeder, dass sich die hinter dem Pendel stehenden positiven Kräfte dem Fragenden hier offensichtlich verweigern. Sie geben dann nicht selten falsche Antworten, ja sie können den aus seinem ICH geleiteten Pendler geradezu konsequent an der Nase herumführen – sicherlich, um ihm eine Lehre zu erteilen. Erfahrene Pendler aus allen Ländern berichten von solchen Fällen, und auch ich habe das schon beobachtet.

Jesus hat uns in der Bergpredigt die dreifache Grundforderung hinterlassen:

- Liebe Gott, das heißt, fühle immer diese allgewaltige Schöpferkraft über dir, die auch dich geschaffen hat, die dich von allen Seiten umgibt (Psalm 139,5), in Demut und Ehrfurcht.
- Liebe dich selbst, das heißt, danke für dein Dasein und vergiss nicht die andere Seite: Trage alles, was damit zusammenhängt, ohne Murren, ja in Dankbarkeit, denn nichts ist ohne Grund, nichts ist sinnlos, nichts ist umsonst.
- Liebe deinen Nächsten wie dich selbst, das heißt, du bist nicht allein, du bist für den anderen genauso zuständig und verantwortlich wie für dich selbst.

Dieses Gebot ist nach seinen eigenen Worten der tiefste Sinn der Botschaft Jesu, wie Sie bei Matthäus 22,39 selbst lesen können.[16]

Und wenn die 4 Grundtugenden des Buddhismus lauten: liebevolle Güte, Mitleid, Mitfreude und Gleichmut, ist da in der Einstellung zum Nächsten, zum Mitmenschen, nicht genau das Gleiche gefordert?

Abschließend möchte ich noch einmal ganz klar herausstellen: *Werden Sie unter keinen Umständen aus dem EGO heraus tätig,* etwa um eines materiellen Vorteils willen, welcher Art auch immer, oder bloßer Neugier halber. Sondern ausschließlich, um der Wahrheit zu dienen, zum Beispiel an Erkenntnissen und Erfahrungen zu gewinnen, um diese dann selbstlos zu gebrauchen, und vor allem, um Ihren Mitmenschen zu dienen, ihnen zu helfen, um der Linderung ihrer Not, ihrer Schmerzen oder Schwierigkeiten willen. Wer gegen diese allerwichtigste Forderung verstößt, wird bald seine Pendelkraft in Frage stellen, sie schwächen oder gar verlieren. Oder noch schlimmer: Niedere, negative, auf Macht erpichte Geister werden sich seiner bedienen, ihm vermeintliche Erfolge für den Augenblick bescheren und ihn vom guten, richtigen Weg abzubringen versuchen. Wer so handelt, setzt sich mit seiner weiteren Entwicklung schwerer Gefährdung aus. Dafür habe ich im Laufe der Jahre leider eine kleine Reihe wirklich böser Beispiele beobachten müssen.

Diese drei wesentlichen Voraussetzungen eines dauerhaft guten Pendelergebnisses tragen die hohe Pendelkraft hauptsächlich in sich. Es gilt, sich das Pendeln nur in völliger innerer Ruhe und Ausgewogenheit, mit totaler Sammlung seines Geistes auf die eine Frage bei Außerachtlassung jeglicher selbstsüchtiger Gefühle und Gedanken sozusagen zur zweiten Natur werden zu lassen. Dann kann der in dieser Weise stets achtsame Pendler mit Hilfe seines einfachen Instruments überall hingehen, wo er mit der richtigen Einstellung nur hingehen will.

Zum Abschluss dieses Zwischenkapitels noch ein Wort zu einer Frage, die von Pendlern gelegentlich offen aufgeworfen wird: Können die *oft geradezu unglaublich treffenden Pendelaussagen* in ihrer verblüffenden Richtigkeit letztlich *nicht von höheren geistigen Kräften, von jenseitigen Wesenheiten eingegeben* oder gesteuert sein? Natürlich nur dann, wenn der Pendler aus reinem Herzen heraus demütig und inständig um Hilfe bittet. Jetzt sind wir mitten in der Problematik von Leben und Sterben, von Karma und Wiedergeburt, von der Unsterblichkeit der Seele, vom Wiedereingehen in die rein geistige Welt, als zwangsläufige Folge davon von geistigen Wesen oder Engeln oder Geisthelfern. Wir sind bei dem Vervollkommnungsgesetz, das über uns Menschen steht und uns mit steigender Reifung die höhere geistige oder »spirituelle« Welt öffnet und schließlich zur Wirklichkeit werden lässt. Wer solche Hilfen immer wieder erlebt, besonders wenn ihn eine quälende Sorge verfolgt, aus der er sich in wirklich wunderbar anmutender Weise plötzlich befreit sieht, der kann gar nicht verhindern, vom Wirken solcher helfenden Wesenheiten tief überzeugt zu werden. Er weiß sich ihnen bald in Demut in der Tiefe seines Wesens verbunden. Freilich: »Wenn ihr's nicht fühlt, ihr werdet's nicht erjagen« (Goethe).

Hier ist nicht der Platz, noch genauer auf dieses weitgespannte Gebiet einzugehen. Nur so viel sei gesagt: Die seit Jahrzehnten *so aktiv gewordene Sterbeforschung* und die aus allen Teilen der Welt, aus allen Völkern und Bevölkerungsschichten kommenden zahlreichen Zeugnisse über Äußerungen und Kundgebungen aus der jenseitigen, der geistigen Welt stimmen in den wesentlichen Punkten überraschend überein. Das in der Tat in so hohem Maß, dass auch der kritische, zunächst von seinem einseitig geschulten Denken her ablehnende Verstand bald seine Ablehnung aufzugeben bereit ist, wenn er erst einmal von den anerzogenen Vorurteilen zu lassen gelernt hat. Heute gibt es schon eine reiche Literatur dazu, aus der sich der interessierte Leser im Einzelnen informieren kann.

Leider muss ich noch einen Schritt weitergehen. Aus der traurigen Erfahrung von Jahren weiß ich – was andere erfahrene Pendler auch offen berichten –, *welch große Gefahr sich in solchen Fällen auftut:* Niedere Geister, die sich nach ihrem körperlichen Ableben ihrer durch und durch materiellen Einstellung wegen nicht von der materiellen Welt lösen, die z. B. nicht auf die Ausübung von Macht über andere Menschen verzichten können, haben es jetzt leicht, sich als vermeintliche Helfer besonders dem zu forsch vorgehenden Pendler zuzugesellen und ihm »zu verblüffenden Ergebnissen zu verhelfen«. Für diesen bringt das große geistige Gefahren mit sich, aus denen er sich später nur schwer wieder herausarbeiten kann. Da ist oft wahrhaftig als teuflisch zu bezeichnender Trug, da ist schwarze Magie am Werk. Nicht nur der Pendler selbst, sondern die von ihm allzu schnell und unkritisch überzeugten, leichtgläubigen Seelen werden dann zusätzlich sein Opfer. Der Gefahr, durch *Umgang mit niedrigen Geistern* um egoistischer Vorteile willen solche Schuld auf sich zu laden, darf sich niemand aussetzen. Es wäre unverantwortlich von mir, wenn ich auf diese Gefahr nicht nachdrücklich hinweisen und eindringlich vor ihr warnen würde.

Aber übersehen Sie dabei eines nicht: Das Pendeln ist wie viele andere materielle und geistige »Werkzeuge« wahrhaftig eine echte Hilfe für den Menschen, solange er es in rechtem Sinn und zum rechten Zweck gebraucht. Tut er das nicht, dann ist nicht das Pendeln eine üble Sache, sondern der Charakter des Menschen, der es in übler Weise einsetzt.

Die persönliche Entwicklung der Pendelkraft

Sehen wir von der Tatsache ab, dass jeder ernsthafte Pendler schon nach relativ kurzer Zeit seine Pendelfähigkeit allein durch sein Üben um 10–20 % steigern kann. Das ist nach meiner Erfahrung kein Problem. Hier geht es nun um die Frage, die Sie nach der bisherigen Lektüre kaum überraschen wird: *Wie kann ich mich weiterentwickeln zum reifen Menschentum und somit meine Pendelkraft erhöhen?* Hier den eigenartigen Aufbau des Menschen zu wiederholen, aus dem sich eine Fülle von wichtigen Erkenntnissen auch und gerade für seine Weiterentwicklung gewinnen lässt, würde zu weit führen. Sie können das an anderer Stelle sicherlich mit Gewinn nachlesen.[14] Alle bisherigen Ausführungen sprechen ebenso von der Notwendigkeit dieser Weiterentwicklung wie auch von den Schwierigkeiten dabei. Wir sind ja alle nur schwache Menschen, die in diese Welt gestellt sind: Hier müssen wir, um in der äußeren Welt existenzfähig zu sein, uns erhalten, behaupten und durchzusetzen lernen.

Das bedeutet erst einmal, *unser ICH aufzubauen* und zu stärken. Und zugleich müssen wir in der inneren Welt, in der echten religio, das heißt in der Wiederverbindung mit der besprochenen unendlichen, göttlichen Weite, uns demütig bescheiden lernen, uns in der richtigen Weise geistig einordnen innerhalb dieser gewaltigen Schöpfung. Und das bedeutet dann, *unser ICH abzubauen*, es vergessen zu lernen. In diesem Gegensatz dürfen wir uns nicht zerreiben lassen. Das ist wahrhaftig nicht leicht. Die Verantwortung dafür, hier den rechten Weg zu finden, kann nur bei jedem Einzelnen von uns liegen. Denn jeder hat seinen persönlichen Anteil der geistigen Kraft und ihrer uns eingeborenen Stimme des Wahren, des Schönen und des Rechten oder Guten.

Dieser Stimme Gehör zu schenken, dieses uns vorgegebene ideale Bild nach Kräften zu verwirklichen, ist letztlich *Auftrag und Sinn unseres Daseins* in dieser unvollkommenen Welt der Schwierigkeiten und des Leidens. Wie das Samenkorn den Kern des vollendeten Wachstums trägt, so tragen auch wir Menschen den geistigen Keim zur vollen Entwicklung unserer geistigen Fähigkeiten und Kräfte in uns. Sie zu entwickeln, ist unsere Bestimmung. Sie kann sich, richtig verstanden, wiederum nur beziehen auf die Ganzheit unseres Wesens in Körper, Seele und Geist. Demgemäß bezieht sich auch das Pendeln auf diese 3 Bereiche unserer Natur.

Dieses geistige Wachstum vollzieht sich nicht anders als das in der Natur langsam. Für unsere Ungeduld zu langsam. Auch hier müssen wir uns zu bescheiden lernen. Es vollzieht sich aber unaufhaltsam. Seine Richtung bestimmen nur wir selbst: ob sie zur stetigen Stärkung des ICH oder zum beständigen Wachsen unseres SELBST führt, das heißt unserer inneren zur Reifung aufgerufenen Persönlichkeit. Da lassen sich keine gewaltsamen Sprünge machen, denn dieses Wachsen geht still und leise im Verborgenen, in der Tiefe unseres Wesens vor sich. *Es ist unabhängig vom bloßen Intellekt* (der unserer wahren Persönlichkeit ja nur aufgepfropft ist, siehe Anmerkung[12]) und von formaler Bildung oder äußerer Position. Die echte Bildung ist die Herzensbildung, die unabhängig von Schulbildung und Angelerntem aus der echten inneren Verarbeitung der Summe aller Erlebnisse und Erfahrungen von kleinst auf erwächst.

Vor der großen, der göttlichen Kraft *sind gewiss alle Menschen gleich,* seien sie mächtig oder schwach, hoch oder niedrig, reich oder arm, in irgendeiner der offiziellen »Konfessionen« oder formal »religionslos«. Denn da kann allein der Mensch in seiner Innerlichkeit zählen, wieweit er das Gesetz seines Daseins in dieser Welt sieht und ihm gehorcht. Dieses geistige Wachstum ist gewiss auch unabhängig vom äußeren Lebensalltag oder dem bloßen Alter, denn Seele-Geist kennen nach ihrer Gesetzlichkeit kaum ein irdisches Zeitmaß. Kann doch ein an Jahren junger Mensch viel reifer sein als gar mancher zu hohem Alter herangewachsener!

Nach der Lehre der Wiedergeburt und der absoluten Gerechtigkeit, die sie in sich trägt, sind wir so lange von der großen Ordnung zur körperlichen Wiederkehr in dieser Welt der Bewährung genötigt, bis wir im Sinn unserer Lebensgesetzlichkeit durch entsprechende seelisch-geistige Entwicklung in der rein geistigen Welt verbleiben und aus dem Leiden dieser materiellen Welt erlöst sein können. Wie viele Wiederverkörperungen oder Inkarnationen dazu nötig sind, hängt nur von uns selbst ab. Unsere unsterbliche, die Erdenkörper überdauernde Geist-Seele nimmt ihre persönliche Schwingung und mit ihr den jeweils erreichten Entwicklungsgrad mit hinüber in die für uns jenseitige Welt, bis sie sich erneut in dem für sie geeigneten Körper inkarnieren kann. So geht, sofern wir uns durch eigene Schuld nicht um die Früchte unseres Tuns bringen, nichts von dem verloren, was wir durch unsere ständige Bemühung an innerer Entwicklung errungen haben.

In dieser Weise können wir unsere Aufgabe in der Welt erfüllen: *Das Ziel liegt vor uns, den Weg dorthin kennen wir.* Erinnern Sie sich an das Bibelwort »Das Himmelreich ist in euch«? Natürlich auch das, was wir die Hölle zu nennen uns angewöhnt haben. Liegt in dieser Erkenntnis der wirklich absoluten Gerechtigkeit, des ständigen Gerichts, das wir über uns selbst halten, ohne uns dessen im bewussten Denken nur klar zu sein, nicht die Weisheit der göttlichen Ordnung vor uns?

Von Natur aus hat jeder Mensch die Veranlagung zum Pendeln (und zur Radiästhesie überhaupt) in sich. Wie jede Begabung bedarf sie nur der gründlichen Ausbildung und Einübung. Jeder Pendler muss sich selbst »einüben« durch von Selbstkritik geleitetes ständiges Arbeiten. Er wird dabei von einfachen zu schwierigen Aufgaben fortschreiten. Dann lässt sich seine in ihm schlummernde Fähigkeit bis zum jeweils erreichbaren Höchstmaß steigern.

Es hängt nur ab vom *Grad seiner inneren Reifung.* Die Pendelfähigkeit steigt also nur im Einklang mit der steigenden inneren Entwicklung, mit der Reifung im tiefen geistigen Sinn. Sie meint das Einswerden der in Körper und Seele-Geist eins gewordenen Persönlichkeit mit der Welt und ihren inneren Gesetzen, in der sie lebt, das Einswerden mit allem Existierenden an vermeintlich toter Materie und lebender Substanz, das Einswerden mit dem Kosmos, das Durchflossen- und Durchströmtwerden von den allgegenwärtig schwingenden Kräften, ohne deren schöpferisches Wirken nichts existieren kann. Sagen wir also getrost: Es geht um die innere Vereinigung mit dem Göttlichen, so unvollkommen sie uns unvollkommenen Menschen in dieser unvollkommen-materiellen Welt immer nur gelingen mag. Aber: Wieviel ist schon das vielleicht nur kurze, aber tiefe Erfassen dieses großen Einsseins und die Bemühung darum, es nicht wieder zu verlieren!

An dieser Stelle sei darauf hingewiesen, dass *sich auffallend viele Menschen heute in der ganzen Welt mehr und mehr* vom bloß rational-materiell orientierten Denken ab- und *dem übergeordneten ganzheitlichen Denken zuwenden.* Das ist gewiss kein Zufall. In der jüngsten Zeit hat sich diese Entwicklung fast sprunghaft verstärkt, was die offensichtlich nicht vermeidbaren Auswüchse, Fehlentwicklungen und Geschäftemachereien auf diesem Gebiet deutlich machen. Der festbegründete, starke Charakter ist gefeit gegen dieses Abgleiten in egoistische Zwecke, denn er weiß, dass diese Fortentwicklung zur geistigen Welt hin im Grunde nur *die Rückkehr zum Ursprung aller Dinge,* zur letzten Befreiung des Menschen aus seiner Not ist. Deshalb wird er nur um so mehr bestrebt sein, dabei weiter voranzukommen und alles egohafte Treiben unterlassen, was diesen seinen Weg doch nur blockieren würde.

Missbrauch des Pendels

Wie alles auf der Welt, so lässt sich selbstverständlich auch der Pendel zu unerfreulichen, wenn nicht zu üblen Zwecken benützen. Alle diese missbräuchlichen Anwendungen möchte ich der Klarheit halber in der folgenden Übersicht zusammenstellen.

1. *»Schwarze Magie«:* Wer sich negativer, niedriger, auf Macht erpichter Geister zu bedienen bemüht ist, um vermeintliche Erfolge für den Augenblick zu erzielen oder gar anderen Menschen gesundheitlichen, seelischen oder wirtschaftlichen Schaden zuzufügen, setzt sich mit seiner weiteren Entwicklung schwerer Gefährdung aus. Auch bei so genannten schwarzen Messen, im Satanskult und ähnlichen Gepflogenheiten soll der Pendel gelegentlich eine Rolle spielen. Alle, die derartiges tun, wird das Gesetz der ausgleichenden Gerechtigkeit (Karma) unausweichlich treffen. Leider habe ich im Laufe der Zeit von einer kleinen Reihe wirklich böser Beispiele hören müssen.

2. *Das spiritistische Pendeln* will jenseitige Kräfte für diesseitige und bei weitem nicht immer reine Zwecke einspannen. Davon abgesehen, dass sich hier üblem Humbug Tür und Tor öffnet, kann es sich bei den dabei »herbeigerufenen« Geistern – wenn überhaupt – nur um relativ niedrige Seelen handeln. Sie konnten sich von der Materie dieser Welt noch nicht lösen. Entsprechend ist ihre Geisteshaltung. Ich kann die Aussage anderer kritischer und erfahrener Beobachter und Pendler nur unterstreichen, dass sie noch keinen einzigen geistig hochstehenden Spiritisten hätten finden können. Als ob sich hochentwickelte Geister profanen oder gar niedrigen Zwecken öffnen würden und sich dazu missbrauchen ließen!

3. *Die Befriedigung rein persönlicher Neugier,* die aus einer Mischung von Sensationsverlangen und ethisch unsauberer eigener Befriedigung bemüht ist, in mehr oder weniger höchstpersönlich-intime seelische Erlebnisse oder Prozesse anderer Menschen einzudrin-

gen. Ich bin mir so gut wie sicher, dass die Kräfte, die den Pendel bewegen, diesen Leuten ihre Dienste verweigern und sie gegebenenfalls an der Nase herumfuhren.

4. *Pendeln in die Zukunft:* Die Verlockung dazu ist sicherlich nicht gering. Fallen Sie ihr nicht zum Opfer! Die Zukunft ist uns Menschen gewiss aus höherer Einsicht heraus verschlossen. Wie grausam, wenn es nicht so wäre! Wem ganz ausnahmsweise ein Blick in Zukünftiges beschieden sein soll, dem wird es in einer ihn zutiefst ergreifenden Weise zuteil, über die er sich kaum je äußert. Dem *Neugierigen* bleibt die Zukunft verschlossen. Möglicherweise provoziert er ungute Geister, die ihren Schabernack mit ihm treiben oder noch Schlimmeres, um ihm eine Lehre zu erteilen.

Ein trauriges Beispiel aus vergangenen Jahren: Da pendeln Menschen, um angeblich bevorstehende kriegerische Ereignisse zu erfahren, verfallen den sich bereitwillig einstellenden Warnungen, verkaufen Hab und Gut, gehen ins angeblich sichere Ausland und geraten in schwere innere Not und äußere Schwierigkeiten. Der böse Feind aber kam gar nicht!

5. *Anderen etwas vorpendeln, zeigen, »was man kann«:* Das bringt gar nichts ein, nur Verunsicherung. Warum sollten Sie sich »testen« lassen? Wie viele aus bloßer Neugier und seichter Sensationslust, wenn nicht aus negativen Gedanken geborene Schwingungen sind da im Raum! Nachher haben Sie einen schlechten Geschmack auf der Zunge. (Einzige Ausnahme: Ein wirklich ernsthaft Strebender möchte aus lauterer Gesinnung etwas über das Pendeln lernen, um innerlich weiterzukommen.) Und geben Sie Ihren Pendel keinem in die Hand, der »es nur mal so versuchen will«, besonders wenn er schon von Unsinn, Schwindel oder Unwissenschaftlichkeit gesprochen hatte.

6. *Meiden Sie jede Öffentlichkeit, arbeiten Sie ganz allein für sich* in der Abgeschiedenheit der Stille. Bewahren Sie Pendelergebnisse, die Sie stark bewegen, für sich, um sie in Ihrem Inneren ausreifen

zu lassen. Warum überhaupt darüber sprechen, dass Sie pendeln? »In der Stille liegt alle Kraft« (Bernhard von Clairvaux). Erst wenn Sie eine beachtliche Sicherheit im Vorgehen und die innere Demut vor dem Wirken der großen Kraft in Ihrer Person entwickelt haben, gehen Sie vorsichtig daran, für andere zu pendeln, die davon wissen.

7. *Zweifelhafte »Pendel-Experten«* verkünden zuweilen, sie könnten über alles pendeln und hätten in jedem Fall die garantiert richtige Antwort. Wie weit entfernt sind sie in ihrer Überheblichkeit in Wahrheit von dem, was sie glauben oder zu glauben vorgeben!

8. *Der Glaube an eigene unfehlbare Ergebnisse* steht ausnahmslos auf wackeligen Füßen. Gerade der erfahrene Könner weiß, wie störbar und verletzlich das Zusammenspiel der feinen und feinsten Schwingungen ist, die den Pendel ausschlagen lassen. Gelegentlich höre ich im Brustton der Überzeugung jemanden sagen: »Das habe ich gependelt, das stimmt.« Soweit ich das überprüfen konnte, hatte ich fast immer guten Grund zum Zweifeln, ob »das stimmt«.

9. *Über sich selbst pendeln* ist immer mehr oder minder heikel. Wer auf dieser Welt könnte schon von sich behaupten, er hätte zu sich selbst den nötigen weiten Abstand? Oder er sei so hinreichend frei von jeglichem auch unbewusstem eigenen Gefühl, von Voreingenommenheiten oder irgendwelchen an das eigene ICH gebundenen Interessen, dass er wirklich ganz neutral, ganz »leer« sein könnte? Pendeln Sie also nur mit Zurückhaltung und schärfster Kritik über sich selbst!

10. *Zu schnell »Erfolge« sehen wollen:* Die Versuchung liegt für den strebenden Menschen immer nahe – diese Gefahr ergibt sich aus seiner Natur –, nicht rasch genug zu greifbaren »Erfolgen« kommen zu können. Wer mit dem Pendeln erst beginnt, mutet sich nur zu gern schon bald Aufgaben zu, die ganz einfach über seinem derzeitigen Niveau liegen. Er ist ihnen noch nicht gewach-

sen. Da bricht nur zu leicht das EGO durch, das Erfolge sehen und dann möglichst noch von anderen bewundert werden möchte.

11. *Über jede Lappalie im Lebensalltag pendeln:* Eine gewisse Versuchung dazu ist für den überzeugten Pendler sicher da, sich auch kleine Entscheidungen bequemerweise denkbar leicht zu machen. Wer sich das im Grunde aus Entscheidungsangst angewöhnt, der gibt doch seine eigene Verantwortlichkeit, ein Kernstück seiner Persönlichkeit, auf und begibt sich in eine Abhängigkeit, ja eine Art von Sklaverei gegenüber einem ansonsten so wertvollen Werkzeug. Der Pendel soll uns helfen und dienen und uns nicht beherrschen. Hieße es nicht geradezu, einen Teil unserer Menschenwürde einfach aufzugeben? Davon abgesehen, dass man sich – zu Recht – geradezu lächerlich macht, wenn man bei jeder Gelegenheit den Pendel aus seiner Tasche hervorholt.

Zum Abschluss dieses Kapitels kann ich mir eine Anmerkung nicht versagen. Einige der bedauernswerten, aber offensichtlich nicht vermeidbaren Missbräuche des Pendels veranlassen gewisse einseitige Sittenwächter zu *einem Feldzug gegen das Pendeln als solches.* Das sind insbesondere die traurigen Fälle der Schwarzen Magie und des spiritistischen Pendelns in dem von mir beschriebenen Sinn. Das Pendeln wird dann in einem Atemzug genannt und auf eine Stufe gestellt mit *Okkultismus,* mit allerlei schwarzmagischen Dingen wie schwarzen Messen, Satanskult in jeder Form, Kartenlegen, Zukunftsdeuterei. Es wird in Zusammenhang gebracht mit Jugendverführung, unmoralisch übler Geschäftemacherei und Menschenausbeutung und was noch alles sonst, bis hin zu seiner Verurteilung als »Teufelswerk«!

Da erlaube ich mir die Feststellung: Wie viele übelste Verbrechen sind schon mit Hilfe von Autos begangen worden, und wie viele menschliche Schädel sind schon durch Hammerschläge zertrümmert worden! *Sind Autos und Hämmer deshalb »Teufelswerk«?* Und ist das Fahren eines Autos, ist die Benützung eines Hammers deshalb unmoralisch, sittenwidrig oder »okkult« (d. h. in geistiger Dunkelheit begründet)? Die Einfältigkeit dieser Behauptung würde gewiss keiner bezweifeln. Ist alles, was die so Denkenden nicht verstehen können, deshalb »Teufelswerk«? Leben wir noch in der geistigen Ebene der Inquisition und der Scheiterhaufen?

Solange das Pendeln im richtigen Sinn und zum rechten Zweck gebraucht wird, ist es eine großartige Hilfe für den Menschen. Es dient der Wahrheit und dem Leidenden. Es kann uns dazu verhelfen, von unserem kleinen Menschsein her den geheimnisvollen und unendlichen Schöpfungskräften näher zu kommen. Wenn das Pendeln aber nicht in diesem rechten, sondern in einem üblen Sinn gebraucht wird, dann ist nicht dieses Werkzeug schlecht, sondern einzig und allein der Mensch, der es missbraucht. Ist es so schwer, diesen Unterschied zu erkennen?

Zum praktischen Arbeiten mit dem Pendel

Wenn Sie sich in das faszinierende geistige Pendeln ernsthaft einarbeiten bzw. darin weitere Fortschritte machen wollen, werden die folgenden Punkte für Sie in der Praxis immer wieder aktuell werden. Ihre Beachtung wird Sie gar manchen Fehlschlag vermeiden lassen und Ihnen gleichbleibend gute Pendelergebnisse sichern helfen.

1. *Das Pendeln verlangt den ungeteilten Menschen in seiner Ganzheit:* Die innere Sammlung darf durch nichts gestört sein. Weil die ungeteilte Bemühung absolute Voraussetzung für das gute Gelingen ist, unterlässt auch und gerade der Erfahrene das Pendeln, wenn er sich nicht wohl fühlt, wenn irgendeine hintergründige Verstimmung in ihm arbeitet, mit anderen Worten: wenn er nicht ganz »bei sich ist«. Wer auf gute Ergebnisse Wert legt, wird sich immer daran halten.

2. *Die Kunst des richtigen Fragens* ist von größter Bedeutung, wenn man die praktisch kaum begrenzten Pendelmöglichkeiten voll ausschöpfen will. Nur eine absolut klare Frage kann zu einer wirklich klaren Antwort führen. Daher:

- Nur eine ganz exakte und unmissverständliche Formulierung wählen.
- Die Antwort muss ausnahmslos in jedem Fall ein klares Ja oder ein klares Nein sein können. Ausnahmen: die klare Entweder-Oder-Frage (mehr dazu später).
- Keine Frage, die auch nur möglicherweise verschieden ausgelegt werden kann.
- Bei einer notwendigen Folge von Fragen diese immer in der logischen Folge vom Allgemeinen zum Besonderen hin aufbauen.
- Übung und Erfahrung wird jedem ernsthaft Bemühten helfen, diesen Schlüssel zum Erfolg in den Griff zu bekommen.

Hüten Sie sich dabei vor (Selbst-)Täuschung, besonders wenn Sie für andere pendeln! Jeder Wortbegriff und jede durch ihn ausgedrückte Eigenschaft baut auf ganz bestimmten Gefühlen und inneren Einstellungen auf. Diese sind von Mensch zu Mensch verschieden, je nach der gesamten und immer verschiedenen Lebensgeschichte. Jedermann sieht die Welt und hört die Worte mit ihrem besonderen Inhalt, wie er sie in sich trägt und erlebt. Außerdem spielt immer das bewusste oder unbewusste Motiv mit, das hinter den Worten und Ansichten steckt. Nur selten kennt man es. Hier liegt die Ursache für viele, viele Missverständnisse im Gespräch:

- Jeder Mensch macht sich selbst seine eigene Welt.
- Sich im Zweifelsfall immer fragen: Welchen besonderen subjektiven Wortgehalt habe ich vor mir?
- Den anderen offen zur Klärung ermuntern: »Was verstehen Sie unter …?«, »Wie haben Sie das gemeint?«

3. Zur inneren Sammlung: Wie mit Störgedanken fertig werden, wie »leer« werden? »Leersein« heißt: mit keinerlei anderem Gedankeninhalt als allenfalls der Frage, also absolut wertneutral nur auf die Antwort warten. Auf diesen Punkt von allergrößter Bedeutung für den Pendelerfolg werde ich aus gutem Grund noch ausführlicher zurückkommen. Hier nur die Schlagworte:

- Nur in ausgeglichenem, harmonischem Gemütszustand pendeln.
- Keinerlei Voreingenommenheit oder Wunschvorstellung über das Ergebnis. Völlige innere »Leere«.
- Totale Sammlung auf die Frage und die kommende Antwort.
- Aufkommende Störgedanken auf der Stelle fallenlassen und sofort zurückkehren zur inneren Sammlung.
- Im Zweifelsfall eine absolut wertneutrale geistige Krücke zur völlig harmlosen »Beschäftigung« des Denkens benützen, z. B.: lebhafte Vorstellung des einfachen Balkenkreuzes mit seinem Mittelpunkt unter der Pendelspitze. Oder: Die Pendelfrage immer wieder wohlformuliert vor sich hin flüstern. Oder: Ganz achtsam, ganz bewusst, angemessen langsam und rhythmisch ein- und ausatmen durch die Nase.
- Hindernisse für das Leersein: Erregung, tiefergehende Störungen neurotischer Art, Abhängigkeit von Alkohol, Drogen oder starken Beruhigungsmitteln, möglicherweise auch schwere Erkrankung.

4. *Die Pendelbewegung abwarten können:* Zuweilen dauert es einige Zeit, bis sie einsetzt. Besonders wenn bei einem schwierigen Zusammenhang viele Aspekte bedeutsam sind. Nicht ungeduldig werden: Auch die geistigen Kräfte brauchen ihre Zeit. Sie selbst können auch weniger gut gesammelt sein, deshalb erst recht totale Einstellung auf die Frage! Aber: kein Ergebnis erzwingen wollen, es würde nur verfälscht. Es im Zweifelsfall ein anderes Mal erneut versuchen.

5. *Wenn Sie Ermüdung spüren, hören Sie auf!* Pendeln ist am Anfang und für manche Menschen lange Zeit anstrengend. Später wird das zumeist bald besser. Wiederum gilt: nichts erzwingen wollen. Das blockiert den Energiefluss und bringt falsche Antworten.

6. *Pendelergebnisse gelten nur für hier und jetzt,* vor allem natürlich bei gesundheitlichen Fragen. Nichts ist beständig. Unser Leben verwandelt sich von einer Sekunde zur anderen (»anicca«: die erste der drei buddhistischen Kennzeichen des Seins). Was heute, ja was in diesem Augenblick richtig ist, kann schon morgen, ja schon nach wenigen Minuten falsch sein. Das gilt besonders für die Einnahme von Medikamenten oder Ähnlichem. Daher ganz konsequent:

7. *Grundsätzlich den Zeitpunkt von Pendelergebnissen festlegen.* Vor allem bei längerfristigen Beobachtungen ist das sehr wichtig. Bei späterer Rückschau oder Kontrolle merkt man, wie sehr sich die kleine Mühe lohnt. Daher immer das genaue Datum, ggf. auch die Stunde aufschreiben, zu dem man die Frage gestellt und die Antwort erhalten hat.

Der erfahrene Pendler kann auch am Telefon über jede Entfernung hinweg mit seinem Partner verbunden sein, für den er pendelt: Da ist kein Unterschied zum normalen Vorgehen, nur dass sich der Fragende an einem entfernten Ort befindet. Für die schwingende Energie gibt es – wie früher schon betont – keine Entfernung. Beweis: die Funkwellen aller Art und erfolgreiche Gedankenübertragung über Meere und Kontinente hinweg.

Pendeln über eine Mittelsperson, auch am Telefon: Diese muss einem gut bekannt sein, sodass man sie sich als Pendler ganz lebendig vorstellen, geistig vor sich sehen kann. Die Mittelsperson (z. B. ein Elternteil) stellt sich ihrerseits ganz gesammelt auf den Menschen (z. B. ein Kind) ein, über den (z. B. wegen einer plötzlichen Erkrankung) gependelt werden soll. Die Mittelsperson ist also die Brücke. Sie muss ihrerseits frei von Voreingenommenheit, also »leer« sein. Das ist die Schwierigkeit! Dieser ihrer Fähigkeit muss sich der Pendler sicher sein, sonst sollte er das Pendeln unterlassen. Da sind immer wache Kritik und Vorsicht angezeigt.

Im Zweifelsfall fragen Sie den Pendel mehrfach zu verschiedener Zeit: Wenn Sie sich eines Ergebnisses nicht sicher sein können oder es einfach nicht glauben, nicht akzeptieren können, dann fragen Sie zu späterer Stunde oder nach einigen Tagen nochmals oder gar mehrfach. Achten Sie dann ganz besonders auf innere Ausgeglichenheit und Ruhe, auf völlige »Leere«. Nicht selten verspürt man in Erwartung eines solchen »kritischen« Pendelns unvermittelt Lust, es zu tun – dann pendeln Sie! Diese Lust zeigt, dass in Ihnen alles aufbereitet oder vorformiert ist für die richtige Bewältigung dieser Schwierigkeit.

In diesem Sinne sind auch Kontrollfragen sehr wertvoll, gleich nach dem Erpendeln eines wichtigen Punktes oder später. Und denken Sie in wichtigen Zusammenhängen sofort an gewisse *Kontroll- oder Ergänzungsmöglichkeiten,* die uns das praktische Leben in vielen Fällen zur Verfügung stellt: Bevor wir eine Entscheidung treffen oder einem anderen Menschen einen für ihn wichtigen und von ihm erbetenen Rat geben, dürfen wir als denkende und kritische Menschen nichts von Bedeutung außer Acht lassen und uns etwa nur auf eine Erkenntnisquelle wie den Pendel verlassen, wenn wir noch weitere ausschöpfen können.

Zum Schluss die deutliche Warnung: Muten Sie sich als Anfänger oder nur mäßig Fortgeschrittener nicht Aufgaben zu, die ganz einfach über Ihrem derzeitigen Niveau liegen. Bleiben Sie innerhalb der Grenzen dessen, was Sie beherrschen. Dann können Sie von niederen Einflüssen nicht missbraucht werden. Nur zu leicht bricht unser Ego durch, das recht bald »etwas sehen« und sich daran ergötzen möchte. Das ist nur zu menschlich. Bei richtigem Arbeiten wächst die Pendelkraft langsam, aber stetig. Ist es nicht schön, ja beglückend, eine lockend neue Welt vor sich zu wissen, in die man demütig-vertrauensvoll hineinwachsen darf, wenn man nur auf dem rechten Weg bleibt?

Muss ich jetzt am Schluss dieses einleitenden Teils noch besonders begründen, was ich schon in der Einführung zu diesem Buch deutlich anklingen ließ? Der kritische, verantwortungsvolle Umgang mit dem Pendel lässt uns immer wieder die geheimnisvolle, uns unergründliche allgewaltige Kraft in ihrem Wirken erkennen. Das Staunen darüber wird gar manchen jetzt noch Ungläubigen im Lauf der Zeit dahin bringen, dass auch er diese Kraft in der Unendlichkeit ihrer Ausstrahlungen über Menschen, Entfernungen und Zeiten hinweg zu erleben lernt. So kann uns der Pendel entscheidend dazu verhelfen, diese göttliche Kraft von unserem kleinen Menschsein her besser zu erfassen und ihr näherzukommen, damit wir von ihrer Hilfe in Ehrfurcht und in Demut Gebrauch machen, um der Wahrheit und dem leidenden Mitmenschen zu dienen.

Die praktisch-technische Seite: Wie geht das Pendeln vor sich?

Pendel, Handhabung und übliche Fehlerquellen

»Lass deine Augen offen sein,
geschlossen deinen Mund
und wandle still: so werden dir
geheime Dinge kund.«
Hermann Löns (1866–1914)

Im ersten Teil dieses Buches haben wir uns mit den geistigen Hintergründen des Pendelns auseinandergesetzt, das den meisten Menschen rätselhaft und manchem sehr zu Unrecht unheimlich vorkommt. Von jetzt ab wenden wir uns der ganz praktischen Seite zu. Dabei lege ich den größten Wert darauf, nur das zu behandeln, was uns im praktischen Leben helfen und weiterbringen kann. Ich werde es unterlassen, auf Streitfragen einzugehen, die unter Fachleuten aufgekommen sind. Wohl werde ich da, wo es dem Pendler von Nutzen sein kann – sei er Anfänger oder schon erfahren –, bedeutungsvolle Meinungsverschiedenheiten aufzeigen. Denn in nicht wenigen Fällen lässt sich eine einzig richtige Antwort auf eine Streitfrage in diesem Bereich gar nicht geben, weil die Menschen, ihre Motive und individuellen Ansatzpunkte zu verschieden sind.

Der Pendel und seine Handhabung

Übung macht den Meister.
Altes Sprichwort

Der Pendel als Werkzeug, seine Handhabung und Bewegungsaussagen

Zum Pendel als Werkzeug: Sie erinnern sich, dass nicht der Pendel, sondern der Mensch selbst das Instrument ist, das die feinen Schwingungen aufnimmt. *Der Pendel ist sozusagen nur die Anzeigenadel,* die sich auf der Skala des Instruments hin- und herbewegt. Aus diesem Grund ist es nach meiner Ansicht und Erfahrung gleichgültig, welche Art von Pendel Sie benutzen, ob konische, birnenförmige oder als Kugel oder Spirale ausgebildete, ob aus Eisen, Messing, Kupfer, Silber oder Gold, ob aus Bernstein oder Bergkristall, ob an einem feinen Kettchen oder an einem kräftigen, zwirnartigen Seiden- und Leinenfaden befestigt. Ich selbst habe jahrelang mit einem Silberspiralpendel gearbeitet und bin dann wegen seiner mechanischen Empfindlichkeit zu einem selbstgebauten, ganz einfachen Eisenpendel übergegangen, der mir nun seit Jahren die gleichen guten Dienste leistet.

Probieren Sie anfangs selbst: *Sie können mit allem pendeln,* von einigen Gramm bis etwa 20 Gramm oder noch mehr Gewicht, zum Beispiel einem Ring, einem zugespitzten Stück Kork, einem alten Nagel oder einem dicken Drahtende, was immer es sei. Ich habe den Eindruck, dass sich viele Pendler unbewusst selbst etwas vormachen, wenn sie auf eine ganz besondere Ausführung schwören als angeblich »optimal geeignet für sensible Menschen«, »mit x-fach verstärktem Ausschlag«, »besonders für spirituelle Aufgaben geeignet«, »von höchstem Wert gerade für feinstoffliche Ansprechungen« usw. Von den Preisen und dem dahinterstehenden Geschäft nicht zu reden. Wer indessen des festen Glaubens ist, ein solcher Pendel würde ihm bessere Ergebnisse liefern, der möge sich getrost mit einem solchen an die Arbeit machen. Denn das Vertrauen zu seinem Arbeitsgerät ist wesentlich, um in sich selbst unnötige Barrieren zu vermeiden. Wichtig für Ihren Arbeitspendel ist, dass er am Ende zugespitzt ist, damit Sie über Tabellen sauber ablesen können.

Wenn Sie bastlerisch etwas geschickt sind, können Sie mit der Eisensäge einen 4–6 mm starken Zimmermannsnagel von seiner Spitze weg auf etwa 3–4 cm Länge abschneiden (Gewicht ungefähr 8–15 Gramm), die Sägekante mit der Feile glätten und dann mit Hilfe eines guten Klebers zwei kräftige Zwirnsfäden durch straffes Umwickeln am dicken Ende sicher befestigen. Genau über der Mitte des Nagels werden die beiden Fäden verknotet. Machen Sie alle 2–3 cm ein weiteres Knötchen und knoten Sie am oberen Ende ein etwa 8 mm langes Stückchen von einem Zündholz ein (wobei Sie die Verknotung wiederum mit dem Kleber sichern) oder eine kleine gelochte Perle. Dann kann Ihnen der Pendel bei der notwendigen lockeren Haltung zwischen Daumen und Zeigefinger durch sein eigenes Gewicht nicht überraschend herunterfallen, was natürlich sehr störend ist. Mit einem solchen Pendel arbeite ich jetzt seit Jahren ohne jede Schwierigkeit und desgleichen viele von mir Unterrichtete.

Die Länge des Fadens (bzw. des Kettchens, wenn Sie ein solches bevorzugen) sollte im Allgemeinen je nach Ihrem Geschmack und Ihrer persönlichen Einübung 12–16 cm betragen. Bei meinem Pendel ist sie 14 cm. Sie können auch eine kürzere oder längere Ausführung wählen. Bei schwereren Pendeln muss der Faden im Allgemeinen länger sein, bis zu etwa 25 cm. Probieren Sie das in der Praxis aus, und wählen Sie, was Ihnen am besten erscheint! Probieren Sie dann mit Hilfe der kleinen Knötchen in der Länge des Doppelfadens auch, ob Sie bei bestimmten Aufgaben mit einem kürzeren oder längeren Griff bessere Ergebnisse bekommen, was manche erfahrene Pendler behaupten. Ich kann das von meiner Person aus nicht bestätigen.

Umgang mit dem Pendel: Er gibt Ihnen die Verbindung zu allerfeinsten Schwingungen, wenn Sie wollen: zu jenseitigen Kräften. Er ist etwas höchst Individuelles, und seine Schwingung sollte ganz auf Ihre und nur auf Ihre Person eingestimmt sein. Deshalb geben Sie ihn normalerweise nicht in fremde Hände, und behandeln Sie ihn achtsam. Denn auf seine Weise ist er etwas Kostbares. Der gute Pendler wirft ihn niemals achtlos herum – was ich leider gelegentlich bei einer auf ihr Pendeln zu Unrecht stolzen Person beobachten musste –, sondern behandelt ihn sorgsam wie ein Stück von sich selbst. Wer die aus dem Herzen kommende Achtsamkeit, die immer mit echter innerer Sammlung verschwistert ist, in seinem Tun, in seiner Persönlichkeit noch nicht entwickelt hat, der möge sich zunächst darum bemühen, bevor er mit dem Pendeln beginnt. Seine ganze Persönlichkeit wird reichen Nutzen daraus ziehen.

Der praktische Gebrauch des Pendels: Die einfachste und gebräuchlichste Art, beim Pendeln vorzugehen, ist das lockere Festhalten des Pendelfadens an seinem oberen Ende zwischen Daumen und Zeigefinger so, dass das Querhölzchen auf der oberen Seite der beiden Finger ganz leicht eingeklemmt ist. Die Hand hängt dabei im Handgelenk, mit nur wenig Spannung festgehalten, nach unten durch. Der Ellbogen ruht fest auf dem Tisch bzw. auf einer festen Unterlage, etwa beim Pendeln im Stehen auf einem entsprechend hohen Möbel oder dergleichen. Rechtshänder mögen mit der rechten, Linkshänder mit der linken Hand arbeiten. Die unbeteiligten Finger der Pendelhand können Sie getrost ganz zwanglos und locker halten. Es empfiehlt sich, auch die andere Hand mit Ellbogen und Unterarm auf der Unterlage fest ruhen zu lassen, damit der Oberkörper insgesamt und mit ihm die Pendelhand so ruhig wie nur möglich gehalten werden können. Oberkörper und Rücken sind aufrecht gehalten, die Fußsohlen haben vollständig Bodenkontakt. Das ist wesentlich. Ich selbst habe mir angewöhnt, meine linke Hand in dieser Position ganz locker geöffnet mit der Handfläche in Richtung auf den 10–20 cm entfernten Pendel hin zu halten. Das ist aber nicht notwendig. Alsbald komme ich darauf zurück.

Wesentlich ist vor allem auch, dass im Körper keinerlei unnötige Spannung ist, denn jede Spannung, die über die goldene Mitte von Spannung und Lösung hinausgeht, bewirkt noch so feines Zittern im Körper und bedeutet Verspannung im Körper und Seele-Geist, wenn nicht eine gewisse Blockade der Energieströme.[15] Das ist die Ursache von vielen Fehlschlägen, über die sich gar mancher ansonsten auch erfahrene Pendler nicht klar ist. Übrigens können einige wenige ruhige und tiefe Atemzüge helfen, einen Rest von Spannung im Schulter- und Nackenbereich rasch loszuwerden und die Gefahr eines noch irgendwie steifen Armes auszuschalten. Bei der beschriebenen Haltung ist das Pendelobjekt bzw. eine Tabelle etwa 20–40 cm von Ihrem Oberkörper entfernt.

Wollen Sie gelegentlich unmittelbar über dem Fußboden oder der Erde pendeln, z. B. bei der Suche bzw. der Nachkontrolle geopathischer Störungen, dann legen Sie sich getrost flach auf den Boden, stützen beide Ellbogen auf den Boden auf, nehmen (beim Rechtshänder) den Pendel wie gewohnt in die rechte Hand und stützen diese gleichzeitig in Ihnen bequemer Weise mit der linken etwa von oben her, sodass sie auch in dieser Lage völlig ruhig gehalten werden kann. Oder etwas bequemer: Sie setzen sich mit entsprechend gespreizten Beinen auf den Boden, lehnen die Ellbogen dicht unterhalb der bequem herangezogenen Knie fest auf und halten den Pendel mit beiden Händen, wie eben beschrieben.

Über das bisher Gesagte hinausgehende *Ratschläge über nebensächliche Details,* aus denen zuweilen subjektive Ansichten reichlich künstlich zu Problemen aufgebauscht werden, empfehle ich Ihnen zu vergessen. Das betrifft besonders Anweisungen etwa über eine bestimmte Haltung der unbeteiligten Finger, der Pendelhand oder der anderen Hand oder Beachtung von Fingerpolarität oder Entodung von Unterlagen, Objekt, Händen, Körper, Entfernung von metallischen Gegenständen vom Körper und aus der ganzen Umgebung, Himmelsrichtung, Aufenthalt in welchem Zimmerteil, Stand des Mondes, bestimmte Tag- oder Nachtzeiten usw.

Alles das ist normalerweise unnötige Belastung und allenfalls die Quelle von zuviel Bewusstheit und damit Verkrampfung. Sie werden im Laufe der Zeit in Anlehnung an die Hinweise dieses Buches sicherlich Ihre eigene Methode entwickeln, die aufgrund Ihrer Erfahrung die für Sie in der Tat beste ist. Ich habe kaum einen Zweifel, dass sie sich in jedem Fall im Rahmen der wesentlichen hier gegebenen Ratschläge halten wird.

Wenn Sie nach dem Stellen der Frage noch vor Beginn der eigentlichen Pendelbewegung *ganz kurze, ungeordnete Bewegungen des herunterhängenden Pendels* beobachten, so haben diese nichts zu bedeuten. Denn sie kommen von ganz feinen »Zuckungen« Ihrer Hand, wie sie bei sensiblen Menschen gern auftreten. Beim regelmäßig schwingenden Pendel gehen diese feinsten ruckartigen Bewegungen in den ungleich kräftigeren des Pendels völlig unter, sie werden gleichsam unbemerkt »aufgesaugt«.

Pendelbewegungen: Die Pendelbewegungen oder Pendelfiguren sind individuell verschieden. Es liegt in der Natur des Pendels, dass er nur wenige wirklich klare Bewegungen machen kann, nämlich von oben gesehen:

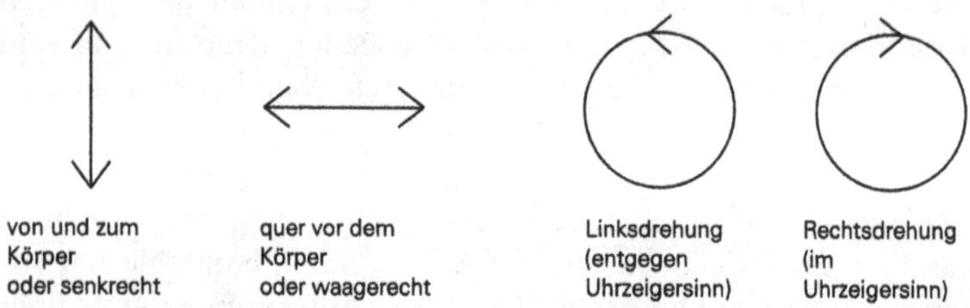

Manche Pendler arbeiten mit Pendelfiguren in stehender und/oder liegender Ellipsenform oder auch mit schräg nach links oder rechts vom Körper weg und wieder auf ihn zuführenden, also diagonal verlaufenden Strichbewegungen. Solche Figuren sind nicht immer ganz klar abzulesen, sie können gelegentlich missdeutet werden. Außerdem: Je größer ihre Zahl, um so leichter stellt sich ein Irrtum ein. Daher sind die aufgezeichneten, ganz einfachen und klaren Pendelbewegungen günstiger. Absolute Klarheit ist durch nichts zu ersetzen.

Jeder Pendler muss als Allererstes feststellen, welche Bewegungen bei ihm was bedeuten. Nehmen Sie also Ihren Pendel wie beschrieben in die Hand, und fragen Sie ihn:

- »Wenn mir der Pendel auf eine Frage mit Ja antworten will, welche Bewegung macht er dann?«
- »Wenn mir der Pendel auf eine Frage mit Nein antworten will, welche Bewegung macht er dann?«
- »Wenn mir der Pendel sagen will: Kann ich nicht beantworten (weil die Fragestellung unklar ist oder dergleichen), welche Bewegung macht er dann?«

Sie können den Pendel auch bitten (»Ich bitte darum, dass ...«), dass er Ihnen *ein für allemal in einer bestimmten Weise,* die Ihnen persönlich besonders liegt, antwortet, z. B. bei Ja mit senkrechten, bei Nein mit waagerechten Schwingungen, bei »Kann ich nicht beantworten« mit Linksdrehung und bei »Will ich nicht beantworten« (weil es die höhere Einsicht meiner Seele für besser hält, mich das nicht wissen zu lassen) mit Rechtsdrehung. Jetzt habe ich Ihnen meine persönlichen Antwortfiguren verraten. Bei Ihnen muss das durchaus nicht so sein. Bei vielen bedeutet Rechtsdrehung Ja, Linksdrehung Nein. Was andere Figuren aussagen, müssen Sie mit dem Pendel klären, bis Sie durch Fragen »Bedeutet diese Figur ... das und das ...?« die Bestätigung haben, die Sie durch spätere Kontrollfragen (siehe demnächst) dann noch erhärten.

Wenn Sie mit dem Pendel in der einen oder der anderen Weise die Bedeutung der Pendelfiguren abklären, dann treffen Sie *gleichsam eine Abmachung mit Ihrer unbewussten Seele* und dem, was dahintersteht. Dann spielt sich dieser psycho-physische Mechanismus im Sinne des erworbenen Reflexes in Ihrem Gehirn und

Nervensystem so ein, dass für immer Klarheit herrscht. Erinnern Sie sich an die absolute Einheit von Seele-Geist und Körper und an dessen Steuerung durch die feinsten Schwingungen, die aus der unbewussten Seele kommen!

Bei Linkshändern kann es vorkommen, dass die Antworten des Pendels auf die soeben aufgeführten Fragen genau umgekehrt sind. Dann bedeutet also senkrechtes Schwingen bzw. Rechtsdrehung Nein und waagerechtes Schwingen bzw. Linksdrehung Ja. Offensichtlich sind solche Menschen also sozusagen umgepolt. Ich habe das die ganzen Jahre über nur ganz selten erlebt und habe den Eindruck, dass es sich hier gewissermaßen um extreme Fälle handelt. Die meisten, die sich als Linkshänder fühlten, hatten auch nur die »normalen« Pendelbewegungen. Es mag natürlich sein, dass sich dabei die früher und zum Teil auch heute noch eindeutige Bevorzugung der Rechtshändigkeit mit allen ihren erzieherischen Begleiterscheinungen entsprechend auswirkt. Natürlich kann bei alldem auch die soeben erwähnte persönliche Abmachung mit dem Pendel eine Rolle spielen, d. h. die Programmierung der unbewussten Steuervorgänge in unserem Nervensystem.

Im Lauf der Zeit werden Sie wahrscheinlich feststellen, dass *die Weite der Ausschläge, in die sich der Pendel hineinschwingt* (oder auch nicht), ihre Bedeutung hat: Je weiter und intensiver er schwingt, desto stärker und nachhaltiger ist die Antwort Ja oder Nein und umgekehrt. Ein schwaches Ja oder Nein schwingt nach jeder Seite nur wenige Millimeter. Aber achten Sie darauf, dass es ein echtes Schwingen ist und nicht vielleicht von Ihrer gerade unruhigen Hand verursacht wird! Ein starkes Schwingen kann (bei der Pendelfadenlänge von 14 cm) bis zu 5 cm und noch etwas mehr nach jeder Seite reichen. Dann bin ich immer erstaunt über die Kraft, die den Pendel so weit »treiben« kann.

Wenn das Einsetzen der Pendelbewegungen seine Zeit braucht, beunruhigen Sie sich bitte nicht. Darüber demnächst Genaueres. Ich habe einmal einen »Pendellehrer« beobachtet, der seinen Pendel auf der Stelle ohne auch nur eine Sekunde Zwischenzeit zum kräftigen Ausschlagen brachte. Bei scharfem Zusehen war unverkennbar, dass er ihn durch kurze, kräftige und doch kaum bemerkbare Handbewegung selbst in Schwung brachte. Alle, die ihre Zeit brauchten, verurteilte er sofort als pendelunfähig. Als ob die geistigen Kräfte Automaten wären! Bewahren Sie Ihre stete innere Sammlung – dann kommt die Antwort!

Eine andere Methode, *die Intensität der Pendelaussage* festzustellen, ist das sorgfältige Abzählen der Schwingungen bzw. Drehungen, bis der Pendel wieder zur Ruhe kommt. Verständlicherweise ist das sehr zeitraubend und mühsam, denn bei nur etwas nachlassender Konzentration kann man sich mit der Zeit doch leicht verzählen. Wenn die Intensität bei der Fragebeantwortung eine Rolle spielt, ist es viel einfacher, sie mittels der 100 %-Skala (die Sie bald kennenlernen) festzustellen: Man setzt das denkbare Höchstmaß gleich hundert und erfragt dann das tatsächlich gegebene Maß im Verhältnis dazu.

Einige Experimente zur Einführung

1. *Zur Gefahr der Beeinflussung des Pendels durch Sie selbst:* Sorgen Sie für normale ungestörte Arbeitsbedingungen, und halten Sie Ihren Pendel in seiner Arbeitsstellung. Stellen Sie sich ganz lebendig vor, dass er aus seiner Ruhelage heraus in eine rechtsdrehende Kreisbewegung übergeht. Sie können Ihre innere Sammlung darauf notfalls dadurch unterstützen, dass Sie dies leise (oder nur in Gedanken) vor sich hin flüstern. Sie können als Anfänger notfalls den Pendel bewusst in Unruhe, z. B. nur wenige Millimeter in senkrechte Schwingung versetzen. Damit erleichtern Sie das Ausschwingen aus der totalen Ruhelage. Ob Sie das tun oder nicht: Der Pendel wird nach kurzer Zeit in eine lebhafte nach rechts drehende Kreisbewegung eintreten. Dann stellen Sie sich vor, dass er zum Stillstand kommt. Nach wenigen Sekunden wird er immer langsamer schwingen, bis er tatsächlich stillsteht. Das Gleiche wie-

derholen Sie nun mit einer linksdrehenden Kreisbewegung. Der Pendel befolgt auch diese Weisung sogleich. Selbstverständlich halten Sie die ganze Zeit über Ihre Pendelhand peinlich ruhig und bewegungslos.

Gegebenenfalls wiederholen Sie das Ganze noch einmal ohne die erwähnten Hilfen, indem Sie innerlich ganz darauf gesammelt nur an die einzelnen Bewegungen denken. Spätestens nach wenigen Versuchen wird Ihr Pendel diese Weisungen genau befolgen. Verordnen Sie ihm nun senkrechtes, dann waagerechtes Schwingen: Er wird es sofort tun. Jetzt wissen Sie:

a) dass Sie pendeln können und
b) wie wichtig die innere Leere ist, damit Sie sich nicht selbst an der Nase herumführen, indem Sie Ihren Pendel aus einer bewussten oder geheimen Wunschvorstellung heraus beeinflussen!

2. *Zur Ermittlung der gesetzmäßigen Polarität:* Legen Sie einen Apfel mit dem Stiel nach oben, eine Orange mit der Seite des früheren Stiels nach oben oder eine Birne oder Banane auf den Tisch und halten Sie Ihren Pendel über die Stelle, an der die Frucht früher am Baum oder der Staude hing. Hier war sie in mittelbarer Verbindung mit der negativ gepolten Erde. Ihr Pendel wird unweigerlich anfangen, sich nach links, also gegen den Uhrzeigersinn, zu drehen: Da haben Sie die negativ gepolte Seite der Frucht ermittelt. Legen Sie den Apfel oder die Orange nun umgekehrt mit der gegenüberliegenden Seite der noch vorhandenen oder früher dagewesenen Blüte nach oben und halten Sie Ihren Pendel jetzt darüber bzw. über das dem Stiel entgegengesetzte Ende. Jetzt wird Ihr Pendel sofort anfangen, sich langsam und dann schneller fortlaufend nach rechts hin, also im Uhrzeigersinn, zu drehen: Der positive Pol wird angezeigt.

Bitten Sie jetzt irgendeinen Menschen, er möge Ihnen *seine rechte Handfläche entgegenstrecken,* und halten Sie Ihren Pendel darüber. Er wird sich sogleich rechtsherum drehen: Die rechte Hand ist positiv gepolt. Bei Wiederholung des Experimentes mit der linken Hand geht der Pendel in die Linksdrehung: Sie ist negativ gepolt. Überprüfen Sie einen Bleistift oder Kugelschreiber, eine Bürste oder Schere oder sonst irgendeinen Gegenstand, indem Sie Ihren Pendel jeweils über das eine und dann über das andere Ende halten: Immer werden Sie die Schwingungen der beiden einander entgegengesetzten Pole erleben, die doch erst gemeinsam das Ganze kennzeichnen (»Bipolarität«). So ist in jedem Atom das positive Proton und das negative Elektron. So hat auch die Erde den negativen Nordpol und den positiven Südpol.

3. *Das Magnetismus-Experiment:* Legen Sie einen beliebigen Möbelschnäpper (den kleinen Magneten zum Festhalten der geschlossenen Möbeltür) oder einen noch so kleinen Kompass mit seiner Magnetnadel auf den Tisch, und halten Sie Ihren Pendel in äußerster Ruhestellung (mit aufgestützten Ellbogen und zusätzlicher Stütze der Pendelhand durch die andere) in beliebiger Höhe darüber. Der Magnetismus wird Ihren Pendel nach kurzer Zeit folgende Bewegungen machen lassen: zuerst senkrechte Schwingungen, dann Linksdrehung, dann Übergang zu Rechtsdrehung und wieder senkrechte Schwingungen, dann wieder Linksdrehung, Rechtsdrehung, senkrechte Schwingungen und immer so fort. Bei einem größeren Magneten, mit ausreichendem Abstand der beiden Pole voneinander, halten Sie den Pendel nur über den Nordpol – er dreht links, dann nur über den Südpol – er dreht rechts. Die eigenartige und so beeindruckende Abfolge der Pendelbewegung: auf und ab, linksdrehen, rechtsdrehen, auf und ab in ständiger Wiederholung ist einfach auf die Energie zurückzuführen. Und wegen der fortdauernden magnetischen Ausstrahlung geht das immer so fort. Weil das von dem heute weltbekannten Dr. med. Ernst Hartmann entdeckte Globale Gitternetz (auch Hartmann-Gitter genannt) magnetischer Natur ist, zeigen sich auch auf die Dauer gesundheitsgefährdende Strahlungslinien durch die gleiche eigenartige Abfolge der Pendelbewegungen. Übrigens ist sie beim Energiesensor, dem Schwingpendel, ebenfalls gleich.

Seien Sie sich als noch nicht ausreichend gefestigter Pendler immer bewusst: Wenn Skepsis, Bedenken, Angst vor Fehlschlägen, vorwiegend negativ gefärbte Kritik und die Kraft, die alldem innewohnt, stärker sind als die Kraft des Vertrauens, des vertrauensvollen Herangehens an die Aufgabe, dann kann die Energie in Ihren Nervenbahnen und Ihrem gesamten Organismus nicht wirklich frei fließen. Dann kann auch eine ungehinderte Bewegung des Pendels kaum zustande kommen.

Die geistige Einstellung beim Pendeln

Sie ist von der allergrößten Bedeutung. *Hier liegen die meisten Schwierigkeiten* für den Anfänger allemal, aber auch noch für den Fortgeschrittenen und langjährig Erfahrenen. Denn die immer wieder neu geforderte ungestörte Erwartungshaltung fliegt auch ihm als lebendigem und von seinen Gefühlen geleitetem Wesen nicht ohne weiteres zu. Es geht dabei hauptsächlich um 3 Gesichtspunkte: Sie sind Ihnen bei unseren grundsätzlichen Überlegungen alle schon begegnet. Hier geht es jetzt um die ganz praktische Seite beim direkten Pendeln.

1. *Keinerlei Voreingenommenheit:* Keinerlei vorgefasste Gedanken oder Meinungen, keinerlei Wunschvorstellung hinsichtlich der Reaktion oder Antwort des Pendels, also totale Neutralität, ja (die mir bestgeeignete Beschreibung dieses Zustands) *völlige innere Leere.* Als ob einen das Ergebnis absolut nicht berühre, so warte man wie ein uninteressierter Zuschauer eines sportlichen Ereignisses auf die Bewegung des Pendels. Körper und Geist sind dabei in völliger Ruhe. Das setzt in jedem Fall einen ausgeglichenen, *harmonischen Gemütszustand* voraus. Keinerlei Hast oder rasches »Nur-mal-so«! – Schleichen sich in das Gehirn noch so schwach ausgeprägte Wunschvorstellungen ein, so lösen diese sofort mikroelektrische Schwingungen mit gewissen Reflexen im Nervensystem aus, die das Instrument des Pendels sogleich in die erhoffte Bewegung zu bringen versuchen und es oft genug auch bewir-

ken. Die Ergebnisse der Gehirnforschung lassen an dieser Feststellung keinen Zweifel.

2. *Keinerlei störende Nebengedanken:* Also *totale innere Sammlung* auf das, was kommt, und nichts anderes! Es liegt in der Natur unseres Gehirns und Denkens begründet, dass in der soeben beschriebenen Erwartungshaltung aus dem Unbewussten heraus immer wieder Gedanken irgendwelcher Art blitzartig aufleuchten, die uns nachhaltig stören oder geradezu belästigen. Diese ständig akute Störungsquelle auszuschalten, ist *die Schwierigkeit schlechthin.* Es sind *»die tanzenden Affen der Gedanken«* – wie man im Zen dazu sagt –, die loszuwerden kaum jemals in vollem Umfang gelingen mag. Zen lehrt und stellt unter Beweis, dass diese totale innere Sammlung für die echte Persönlichkeitsschulung und -entwicklung das Wichtigste überhaupt ist. »Wer seinen Geist auf einen Punkt zu sammeln weiß, dem ist kein Ding unmöglich«, so sagt Buddha. Und wenn Jesus immer wieder vom Glauben spricht (»Nicht ich habe dich geheilt, dein Glaube hat dir geholfen«, »Der Glaube kann Berge versetzen«), so geht es genauso um nichts anderes als um diese totale Erfülltheit einer Menschenseele von nur einem einzigen Inhalt. Das zu erreichen, also diese ständig aufkommenden störenden Gedanken loszuwerden, ist auch beim Pendeln eine absolute Vorbedingung für den Erfolg.

Zu 1. und 2.: Mit keinerlei Voreingenommenheit und keinerlei störenden Gedanken setzen beide *im Idealfall* das voraus, was ich bereits als *völlige innere Leere* bezeichnete. Nochmals: Hier sind wir in der Tat bei dem, was im Mittelpunkt des Zen steht.[16] Aus diesem Grund ist Zazen (das Sitzen in der Zen-Meditation) nicht nur, wie soeben gesagt, als Schulung und Einübung der totalen inneren Sammlung und damit jeder tiefgehenden Persönlichkeitsschulung eine so hervorragende Hilfe, sondern zugleich eine ebenso wirksame Schulung für das Pendeln. Dort wie hier geht es um innere Leere, um inneres Gleichgewicht, um ausgeglichenes Gefühlsleben, um beherrschte Gedankenführung und geistige Disziplin. Dort wie hier gibt es ohne das kaum einen Fortschritt.

Ganz ähnlich ist es bei Eutonieübungen, wo das bewusste Denken ja unablässig in dem Körperteil gesammelt ist, den man gerade durcharbeitet. Und auch dabei gilt es, jegliche Nebengedanken auszuschalten.

Um diese innere Leere zu erreichen, brauchen wir im Zazen wie beim Pendeln *eine geistige Krücke,* die es uns leichter macht. Ist es dort z. B. das ständige Atemzählen bis zur Zahl 10 als sozusagen harmlose Beschäftigung unseres bewussten Denkens und zugleich als Schulung unserer inneren Sammlung (»Konzentration«), so möchte ich Ihnen für das Pendeln eine der beiden Hilfen empfehlen, die mir persönlich immer wieder viel helfen. Natürlich können Sie auch Ihre eigene, Ihnen vielleicht noch wertvollere geistige Krücke entwickeln. Die eine dieser beiden Hilfen: Wenn ich die Frage gestellt habe (darüber sofort anschließend) und mit den Augen auf der Pendelspitze ruhe, *dann stelle ich mir ein einfaches Kreuz vor* in der Form des »Roten Kreuzes« oder wie in der Schweizer Flagge enthalten, dessen Mittelpunkt unter der Pendelspitze liegt. Innerhalb dieses Kreuzes kann der Pendel jetzt jede seiner Antwortbewegungen ausführen, und ich vermeide dabei, an nur eine davon zu denken.

Die andere dieser Hilfen: Ich wies vorhin darauf hin, dass ich beim Pendeln meine linke Hand gerne locker geöffnet ungefähr 10–20 cm etwas links vor dem Pendel liegen habe. Hier ist der Grund: Ich stelle mir jetzt in diesen kritischen Momenten vor, wie aus meinen beiden Handflächen, aus den in ihrem reichen Nervengewebe enthaltenen Energiezentren (Nebenchakren) Schwingungen ausgehen, die helfen, den Pendel in die für die Antwort richtige Bewegung eintreten zu lassen.

Bei jeder dieser Hilfen ist mein bewusstes Denken in völlig harmloser Weise voll beschäftigt, und zwar so, dass weder eine vom Wunsch getragene Voreingenommenheit noch störende Nebengedanken aufkommen können. Dabei steht die in tiefer Sammlung ausgesprochene Frage mit der Bitte um Antwort sozusagen über allem. Kommt doch ein Störgedanke auf, wird er (wie im Zazen) sofort fallengelassen und auf der Stelle zu der beschriebenen geistigen Krücke zurückgekehrt.

Und noch der Hinweis: Wenn Sie *die Pendelfrage* nicht nur denken, sondern sie *wohlformuliert langsam und leise vor sich hin sprechen oder flüstern,* vielleicht auch nur in Gedanken, so trägt das nach aller meiner Erfahrung ganz wesentlich zur ungestörten inneren Sammlung bei.

Glauben Sie bitte nicht, ich hätte um diese beiden Punkte unnötig viel Worte gemacht. Es geht hier in der Tat um den Kernpunkt des Pendelerfolgs. Pendeln Sie, und Sie werden es erfahren!

3. *Abwarten können:* Sie halten den Pendel in aller Ruhe über den zentralen Punkt einer Pendeltabelle oder über die Mitte eines Objekts und haben Ihre Augen auf die Pendelspitze gerichtet. Die Frage haben Sie gestellt und warten jetzt auf die Antwort in Gestalt der Pendelbewegung. Da kann es zuweilen einige Zeit dauern, bis diese einsetzt. Die Zeit erscheint Ihnen gewiss länger, als sie tatsächlich ist. Besonders bei schwierigen Fragen, wo viele Aspekte eine Rolle spielen, ist das öfter der Fall. Werden Sie jetzt nicht ungeduldig! Die geistigen Kräfte und ihre Schwingungen brauchen auch ihre Zeit, bis sie sich auf alles eingespielt haben. Haben Sie Vertrauen: Das Ergebnis kommt schon! Angst, dass es nicht käme, oder gar Misstrauen lösen ebenso wie das erzwungene Denken »Jetzt muss ich ein Ergebnis haben« Ihre innere Sammlung und die geistige Verbindung mit den wirkenden Kräften auf und machen so ein Ergebnis unmöglich oder lassen es vielleicht total verfälschen.

Noch eine Warnung zu dieser Phase des Wartens auf ein Ergebnis: *Verstärken Sie nicht die allerersten Schwingungen* durch eine noch so feine Handbewegung, was unbewusst leicht geschehen kann und bei manchem Pendler öfter geschieht. Gar nicht selten schwingt sich nämlich der Pendel aus dieser Phase der ersten Erregung und des Suchens (besonders bei einer umfangreichen Tabelle) erst nach kurzer Zeit anders und dann sich nicht mehr verändernd ein. Erst jetzt haben Sie die richtige Antwort vor sich.

Und: *Pendeln Sie vor allem am Anfang immer allein,* also ohne jeden Zeugen und schon gar nicht vor mehreren Personen. Dadurch ist jede direkte oder indirekte Beeinflussung durch diese ausgeschlossen. Wenn viele Menschen beisammen sind, können sich vielfältige Schwingungen kreuz und quer überschneiden und zu schiefen oder falschen Ergebnissen führen. (Das ist fast typisch bei Pendelkursen für Pendelschüler mit noch ungenügenden Fortschritten, die sich aber dann zu Hause beim Pendeln allein ohne Zeugen rasch einstellen!)

Wenn Sie später nach hinreichender Erfahrung *in besonderen Ausnahmefällen* jemanden neben sich sitzen haben, für den Sie als Ratsuchenden etwas auspendeln, dann weisen Sie ihn darauf hin, dass er sich einzig und allein auf sein Problem, auf seine Frage einstellen und an nichts anderes denken möge, schon gar nicht an ein bestimmtes Ergebnis.

Und vergessen Sie nicht: Pendeln ist am Anfang und bei manchen Menschen für lange Zeit recht anstrengend. Später, mit steigender Übung wird das im Allgemeinen bald besser. Ausnahmslos gültige Regel: *Wenn Sie die Ermüdung spüren, hören Sie auf.* Denn Sie können von da an kein treffendes Ergebnis mehr erwarten.

Richtiges Fragen

Die Kunst des richtigen Fragens ist für die volle Ausschöpfung der praktisch kaum begrenzten Pendelmöglichkeiten von der allergrößten Bedeutung. Sie werden in diesem Buch viele Tabellen finden, die ich mir in jahrelanger Arbeit zusammengestellt und immer weiter bis zum heutigen Stand verbessert habe. Nur wenn Sie mit *der richtigen Fragetechnik vom Allgemeinen zum Besonderen* in der sich anbietenden logischen Folge der Gedankenführung vorgehen, werden Sie die zur Verfügung stehenden reichen Erkenntnismöglichkeiten ausschöpfen können. Dann indessen oft und oft in einem zuvor gar nicht zu erwartenden Maß, das Sie und gegebenenfalls betroffene Menschen immer wieder zu höchstem Erstaunen veranlassen mag. Dann mag auch Sie wahrhaftig die Faszination des Pendelns ergreifen!

Entscheidend ist bei jeder Frage, die Sie stellen, *die ganz exakte und unmissverständliche Formulierung.* Es ist leicht einzusehen, dass eine nicht klar gestellte Frage keine klare Antwort zulässt. Jede falsche oder schief gestellte Frage muss folgerichtig zu falscher oder schiefer Antwort führen. Pendeln darf kein Ratespiel sein. Da muss ganz präzise vorgegangen werden. Es wäre an dieser Stelle entschieden zu früh, schon auf Einzelheiten einzugehen, weil wir das sinnvoll nur anhand der jeweils abzufragenden Tabellen und Übersichten tun können. An den dafür geeigneten Stellen unserer weiteren Betrachtungen werde ich anhand von Beispielen das Schema des richtigen Vorgehens aufzeigen. Das wird das, worum es hier geht, eindeutig klarlegen. Jeder, der sich hinreichend bemüht, kann nach einiger Übung die Technik des richtigen Fragens sicher in den Griff bekommen.

Noch am Anfang des wichtigen Kapitels »Zum praktischen Arbeiten mit dem Pendel« habe ich die Einzelheiten zur Kunst des richtigen Fragens übersichtlich zusammengefasst. Sie sollten für jeden Pendler selbstverständlich sein. Lesen Sie sie gelegentlich nach, damit sie Ihnen sozusagen zur zweiten Natur werden. Daneben gibt uns die Fragetechnik noch eine oft wertvolle Korrekturmöglichkeit an die Hand, worauf ich sogleich hinweisen möchte.

Ständige Kontrollfragen sind für den gewissenhaft arbeitenden Pendler unumgänglich: »Ist das Ergebnis ... richtig?« oder »Ist das in der Tat die beste Lösung für ...?« oder »Gibt es ein anderes, noch besseres Verfahren, um ... zu erreichen?« oder Ähnliches. Bei vielen einzelnen Schritten muss nicht unbedingt jeder einzelne Schritt nochmals mit der Frage, ob das Ergebnis richtig ist, nachkontrolliert werden. Nach mehreren Schritten kann hier das seither erzielte Resultat stichwortartig zusammengefasst und so auf seine gesamte Richtigkeit nochmals abgefragt werden. Sagt der Pendel auf diese Kontrollfrage hin Nein, dann hat man einen Fehler gemacht (wie sie in der besonderen Übersicht ① aufgeführt sind, die sogleich besprochen werden wird). Dem gilt es dann selbstverständlich nachzuforschen und sich entsprechend zu verhalten. Klugerweise können Sie solche Kontrollfragen auch erst nach einigen Stunden oder am nächsten Tag stellen oder wiederholen, was bei wichtigen Dingen recht beruhigend ist.

Arbeiten mit Pendeltafeln, Notizzetteln und ohne Unterlagen

Unter dem Begriff Pendeltafel können wir die verschiedenen Übersichten, Schemata, Tabellen oder Aufstellungen zusammenfassen. Sie finden in diesem Buch eine ganze Reihe davon. Wenn Sie genauer hinsehen, werden Sie immer feststellen, dass es sich dabei um komplexe, also vielschichtige, weitgreifende, viele Einzelheiten in sich tragende Zusammenhänge handelt. Solche kann man auch bei bestem Gedächtnis nicht in jedem Augenblick und in allen Details geistig beherrschen und gegenwärtig haben. Da geht es nicht ohne solche detaillierte Übersichten, die die Sicherheit geben, dass man nichts Wichtiges vergessen kann. In derartigen komplizierteren Bereichen sind sie unentbehrlich. Das werden Sie sicherlich bald selbst feststellen.

Der Pendel wird ganz einfach auf den Mittelpunkt des Strichschemas gehalten. Auf die Frage »Was ist die beste Lösung?« oder eine sinngemäß ähnliche Formulierung schwingt er sich dann auf eine der vorgegebenen Möglichkeiten ein. Manche dieser Tafeln mag im Lauf der Zeit überflüssig werden, wenn Sie den betreffenden Zusammenhang durch dauerndes Arbeiten damit voll und ganz in den Griff bekommen. Das ändert aber grundsätzlich nichts an ihrer Notwendigkeit. Bei den vielen im Kern einfachen Alltagsfragen ist es jedoch weder notwendig noch wünschenswert, dass wir uns von vorgegebenen Übersichten abhängig machen. Denn der Pendler soll seine innere Freiheit nicht ohne Not aufgeben.

Gehen Sie bitte auch mit diesen Übersichten achtsam um! Sie dienen uns auf ihre Weise, sie werden gleichsam unser Freund, von dem wir in gewissem Sinn abhängig sind. Auch sie entwickeln *eine Art geistiges Fluidum,* wenn Sie wollen: eine gewisse Aura, die immer dichter wird, je mehr wir mit ihnen arbeiten. Unser Pendel, der von uns geleitet auf sie eingestellt ist, dankt uns diese Einstellung durch rasches und leichtes Reagieren.

Arbeiten mit Notizzetteln: Bei einfachen, unkomplizierten Zusammenhängen, die leicht überschaubar sind, brauchen wir natürlich keine umständlichen Tabellen. Sie würden bald an solchen ersticken. Da genügt ein ganz *einfaches, rasch niedergeschriebenes Strichschema auf einem Notizzettel.* Der Geübte braucht auch bald keine besonderen Striche mehr zu machen: Er hält den Pendel in die Mitte der sinnvoll verteilten Worte und rückt mit seiner ihn haltenden Hand ganz einfach nach, wenn der Pendel in bestimmter Weise in eine bestimmte Richtung schwingt, wo sich wieder mehrere Möglichkeiten öffnen. So gewinnen Sie erneut einen eindeutigen Ausgangspunkt für den nächsten Pendelschritt.

Ein anderes Verfahren: Wenn man aus 5 Möglichkeiten eine als die beste auszuwählen hat, kann man die 5 Möglichkeiten auch jeweils im Stichwort auf einen Zettel schreiben, den Pendel über jedes einzelne Stichwort halten und dabei nach der besten Lösung fragen. Bei ihr wird er mit Ja antworten. Genauso lässt sich die zweitbeste Lösung ermitteln. Im Allgemeinen ist ein einfaches Strichschema jedoch weniger umständlich und zeitraubend.

Sie können die vorher wohlüberlegten Antwortmöglichkeiten in Stichworten auch *einfach untereinanderschreiben.* Das natürlich nur, wenn die Liste nicht gar zu lang ist. Der Pendel wird dann mit ausreichendem Abstand danebengehalten.

Übrigens ist es ratsam, einer solchen Aufstellung *grundsätzlich das Wort »Sonstiges« anzufügen:* Haben wir einen bedeutungsvollen Punkt vergessen, deutet der Pendel darauf. Er nötigt uns so zu vertieftem Nachdenken, damit wir doch die bestmögliche Antwort bekommen können, an die wir zunächst nur nicht gedacht hatten. Diese noch bessere Möglichkeit müssen wir aber schon selber finden. Der Pendel kann uns schließlich nur Ja oder Nein auf eine präzise Frage antworten bzw. auf die ihm vorgegebenen Antwortmöglichkeiten hindeuten.

Arbeiten ohne schriftliche Unterlagen nur in Gedanken: Der Geübte braucht sich bei einfachen Zusammenhängen die Mühe des Aufschreibens gar nicht zu machen. Er sieht im Geist etwa die vier Antwortmöglichkeiten von ganz links bis nach ganz rechts vor sich und befragt den Pendel nach der richtigen Antwort. Dieser schwenkt dann in die Richtung ein, wo im gedanklichen Schema die Antwort steht. – Und selbstverständlich kann man jede Ja- oder Nein-Frage ohne jegliche schriftliche Fixierung stellen: Der Pendel gibt uns unsere individuell gewohnte Antwortfigur, sei sie geradlinig oder kreisend.

Bei richtiger Fragetechnik kommt man damit auch *bei einer Folge von Fragen,* die nur folgerichtig vom Allgemeinen zum Besonderen hin aufgebaut sein müssen, zu einem klaren Ergebnis ohne jeden äußeren Aufwand. Beim Arbeiten mit einer Reihe von Übersichten, die hintereinanderweg befragt werden, ergeben sich *oft Zwischenfragen* klärender oder das bisherige Ergebnis bestätigender Art, die auf die gleiche Weise gestellt und beantwortet werden. – Genauso gehen Sie vor, wenn Sie Ihre Unterlagen nicht dabei haben und die Thematik hinreichend beherrschen.

Pendeln über Fotos, Handschriften, Landkarten, Grundrissen und dergleichen: Darüber wird später an der jeweils zuständigen Stelle Genaueres ausgeführt.

Die vier zentralen Pendeltafeln für alle Bereiche

»Die Menschen verdrießt's,
dass alles Große so einfach ist.«
Goethe

Bis jetzt haben wir uns alle Voraussetzungen und die damit verbundenen Einzelheiten für das erfolgreiche Pendeln erarbeitet. Nun kommen wir zu dem unerlässlichen Hilfsmittel der vielen Pendeltafeln, die diesem Buch für die praktische Arbeit beigegeben sind. Noch geht es nicht um die einzelnen Gebiete, die in den folgenden Teilen behandelt werden sollen. Zuerst muss ich an dieser Stelle auf vier besondere Übersichten oder Tafeln zu sprechen kommen, die ganz allgemeine Bedeutung haben, weil sie in allen sonst noch so verschiedenen Pendelgebieten immer wieder gebraucht werden.

Die Fehlerquellen beim Pendeln ①

Sie ergeben sich zum großen Teil aus den obigen Ausführungen. Ihrer Wichtigkeit halber habe ich sie auf einer eigenen Übersicht so zusammengestellt,[17] dass Sie sie im Bedarfsfall, nämlich *bei einem fehler- oder zweifelhaften Ergebnis,* dort *sofort nachfragen* können. Daher erübrigen sich weitere Worte an dieser Stelle. Übersehen Sie dabei nur eines nicht: In einem solchen Fall hat nicht der Pendel einen Fehler gemacht, sondern ich als der Pendelnde habe ihn gemacht! Bewusst setze ich diese Tafel an die erste Stelle.

Auch wenn es hart klingen mag, so führt doch kein Weg daran vorbei, *dass jeder Pendler innerhalb seiner Grenzen bleiben soll.* Solange der Anfänger und der weniger oder mehr Fortgeschrittene die Kräfte, mit denen er arbeitet, noch nicht in ihrem vollem Umfang erfasst und sie zu meistern gelernt hat, so lange muss er auf der Hut sein, sich von jenseitigen Einflüssen niederer Art nicht missbrauchen zu lassen. Und wer von uns könnte schon sagen, dass er diese Kräfte voll bemeistert? Jeder erfahrene Pendler weiß, wie sehr die Angst vor etwas und genauso die geheime Erwartung von etwas und erst recht der persönliche Glaube daran sich des Pendels gleichsam bemächtigt: Er reagiert dann im Sinn dieser Angst bzw. der Erwartung oder des Glaubens. Wem das passiert, der muss erkennen, dass er nicht leer genug war: die Fehler-Pendeltafel sagt es ihm.

Obwohl ich im Kapitel »Missbrauch des Pendelns« *die Warnung vor dem spiritistischen Pendeln* schon deutlich ausgesprochen habe, möchte ich sie an dieser Stelle ganz bewusst nochmals wiederholen. Aus gutem Grund scheint mir das in unseren Tagen nötig, weil nicht wenige Menschen darin eine Art Religion finden. Es geht hier um – wie schon einmal betont – aus dieser unserer Welt abgeschiedene Seelen, also »verstorbene Menschen«, die sich in ihrem Materialismus, ihrer Herrschsucht oder aus ähnlichem egoistischen Motiv nicht von der Materie dieser Welt lösen und in die rein geistige Welt eingehen können.[18] Sie wissen von der wahren Welt der hochentwickelten Geister noch nichts. Sie haben noch einen viel weiteren Weg der inneren Entwicklung und Vervollkommnung vor sich wie gar mancher der diesseitigen Menschen, die an sich zu arbeiten gelernt haben. Sich auf solche niederen Geister einzulassen, bringt schwere Gefahren für das »Opfer«, weil sie es mit Sicherheit von der rechten Bahn abbringen. Spiritistische Sitzungen nehmen den Beteiligten starke Kräfte für am Ende niedere Zwecke.

Die 100 %-Skala ②

Diese Skala (die ich aus gutem Grund bis zu 200 % ergänzt habe) ist in der Tat *für jeden Pendler unentbehrlich.* Wie vielfältig sie einsetzbar und notwendig ist, werden Sie schon bald erleben, wenn wir dauernd mit ihr arbeiten müssen. Hier möchte ich nur die grundsätzliche Handhabung kurz erklären, alles Weitere wird sich später von allein ergeben.

Wir gehen immer von 100 % als von der theoretisch höchstmöglichen Fähigkeit aus, von der – grundsätzlich gesehen – maximal möglichen Fähigkeit, vom menschlichen Optimum, wie immer Sie das ausdrücken wollen. Das bedeutet, dass diese maximale oder optimale Ausprägung in der Praxis des Lebens sicher nur ganz selten vorkommt. Sie ist zugleich das theoretische Endziel, das für die allermeisten Menschen leider unerreichbar bleibt, wie es auch bei nahezu allen Idealen der Fall ist. Dieses denkbare Höchstmaß gibt uns aber den festen Maßstab, den wir nun einmal für eine klare Festlegung brauchen. Am anderen Ende der Skala befindet sich selbstverständlich *der absolute Nullpunkt,* das heißt der totale Mangel an dieser Fähigkeit oder Eigenschaft oder Gegebenheit. Auch er ist in der Praxis des Lebens recht selten. Denn ein noch so bescheidenes Mindestmaß ist nahezu immer da oder im Menschen mindestens grundgelegt. Der Bezug auf das totale Fehlen von 0 % und auf das mögliche Höchstmaß von 100 % erlaubt es nun dem Pendel und uns, das dazu in Beziehung gebrachte individuelle Maß, das wir erfragen, in eine messbare und vergleichbare Größe von klarer Aussagekraft zu bringen.

Wir können auch einen beliebigen Zustand zu einem bestimmten Zeitpunkt gleich 100 setzen und dann nach der inzwischen eingetretenen Entwicklung fragen. Ein praktisches Beispiel: Sie fragen ganz konkret »Ich bitte um Auskunft: Wenn meine körperliche Störung beim ersten Auftreten vor einer Woche gleich 100 % war, wie groß ist diese körperliche Störung jetzt im Verhältnis zu den 100 % vor einer Woche?« Wenn der Pendel nun z. B. auf 60 oder auf 120 geht, dann wissen Sie, dass sich Ihr Zustand ganz erheblich gebessert, aber noch lange nicht bereinigt hat bzw., dass er sich noch ein Stück verschlimmert hat. – Jetzt verstehen Sie auch, warum ich die Skala in vereinfachter Form noch bis 200 % erweitert habe.

Auch das Problem der persönlichen Pendelfähigkeit oder Pendelkraft können wir sofort als praktisches Beispiel aufgreifen. Es hat verständlicherweise für jeden Leser und für jeden Übenden eine geradezu zentrale Bedeutung. *100 %,* also die höchste oder vollendete Pendelkraft, haben gewiss nur wenige Menschen, die wir getrost vom Geistigen her gesehen als nahezu vollendete Menschen bezeichnen dürfen. *Ab 80 %* ist das echt geistige Pendeln möglich, also die Fähigkeit, aus der niederen und höheren Geisteswelt (siehe Pendeltafel ⑥) treffende Antworten zu bekommen. In dieser Hinsicht gleichen sich die Erfahrungen und Ansichten nahezu aller diesbezüglich erfahrenen Pendler. Ebenso, dass sich *ab annähernd 30 %* schon Persönlichkeitsfehler und -schwierigkeiten sowie vielfach praktische Dinge ermitteln lassen, die einen schon komplizierteren Hintergrund haben, während *20–25 %* schon ausreichen für persönliche Eigenschaften und *15–20 %* für rein materielle Zusammenhänge auch körperlicher Art, also Krankheiten. Nehmen Sie das bitte nur als groben Anhalt. Diese Zahlen sind absolute Mindestwerte, die selbstverständlich die perfekte Beherrschung des betreffenden Gebiets nicht gewährleisten können.

Die Pendelfähigkeit lässt sich nach aller Erfahrung bei jedem Menschen, der sich ernsthaft bemüht, allein durch persönliche Übung und damit sich einstellende Erfahrung *beträchtlich steigern,* und zwar in den meisten Fällen um etwa 10–15 %, in nicht wenigen, im Seelisch-Geistigen unbewusst dafür schon aufbereiteten Fällen um vieles mehr. Im ersten Buchteil habe ich ausreichend dargelegt, dass die Pendelkraft eine unmittelbare Begleiterscheinung der seelisch-geistigen Entwicklungsstufe (über diese bald Genaueres!) ist, die der Einzelne erreicht hat. Wer seine Pendelfähigkeit über das durch bloße Übung zu steigernde Maß hinaus verbessern will, kann das nur durch die richtige Arbeit an seiner Persönlichkeit im Sinn der dort dargelegten drei wesentlichen Voraussetzungen erreichen. Entwickelt er sich ein Stück weiter vom ICH zum DU, vom Habenwollen zum Sein (das heißt zum Erkennen seiner Seinswurzeln), so wird sich sofort auch seine Pendelkraft entsprechend steigern.

Das Erfragen der derzeitigen Pendelfähigkeit ist einfach: Der Pendel wird über den Mittelpunkt der 100 %-Skala gehalten und in der erforderlichen Weise befragt: »(Ich bitte um Auskunft:) Wie hoch ist meine persönliche Pendelfähigkeit in dieser Zeit?« Es empfiehlt sich, diese Frage nach einiger Zeit zur Kontrolle noch einmal zu stellen, aber – selbstverständlich – immer bei Beachtung der erläuterten wesentlichen Gesichtspunkte. Vor allem *dann, wenn Sie gerade »Lust« zum Pendeln verspüren,* sollten Sie das auch tun. Denn diese »Lust dazu« zeigt an, dass Sie im Unbewussten dazu gut aufbereitet sind. Dieser innere Drang darf jedoch nicht aus Neugier genährt werden. Er muss sich aus dem Bedürfnis nach wahrheitsgemäßer Erkenntnis – hier über die eigene Persönlichkeit – von allein einstellen.

Das A-B-Schema ③

Dies ist *eine weitere so vielfältig anwendbare Hilfe,* dass ich es auch an dieser Stelle schon vorstellen muss. Es handelt sich um zwei gegenläufige 100 %-Skalen. Die Zahlenreihen sind der Übersicht halber stark vereinfacht, dabei aber klar ablesbar. A und B sind jeweils die Anfangs- bzw. Endpunkte, also 0 ebenso wie 100. Dieses Schema erspart dem Pendler viele Zwischenfragen.

In ganz einfacher Weise lässt es die Entweder-Oder-Frage zu, von der im Allgemeinen gesagt wird, dass sie nicht pendelfähig sei. Mit seiner Hilfe kann sie sehr wohl gestellt werden nach dem Muster: »(Ich bitte um Auskunft:) Ist es in Anbetracht aller Umstände, die dabei von Bedeutung sind, besser für mich (bzw. jemand anders), mich für die Möglichkeit 1 … zu entscheiden = A (ist gleich A) oder für die andere Möglichkeit 2 … = B (ist gleich B)? Ich wiederhole: Was ist günstiger: Möglichkeit 1 … = A oder Möglichkeit 2 … = B? Das bitte ich entsprechend anzuzeigen.« Natürlich ist dieser Wortlaut vielfältig variierbar, er muss nur das Wesentliche klar enthalten:

- *Die ganz klare und zweifelsfreie Formulierung* der beiden Möglichkeiten. Sie können auch noch eine dritte einbauen und die Antwort auf die Mitte (Zahl 50, wo Sie das Wort »gemischt«

finden) erbitten, das aber nur dann, wenn es keinerlei Zwischenlösung oder Kompromiss zwischen A und B geben kann.

- Möglichst, um keinen Zweifel zu lassen, anschließend nochmals *die Wiederholung in knappster Form.*
- *Immer gut: Aussprechen der Bitte,* die bei ganz wichtigen, vielleicht für das Leben irgendwie entscheidenden Fragen ganz aufrichtig auch formuliert werden kann: »Ich bitte demütig und inständig um Auskunft: ...«
- *Immer gut:* Am Schluss nach erteilter Auskunft *die Kontrollfrage stellen,* wobei der Pendel je nachdem über A oder B gehalten wird, etwa mit dem Wortlaut: »Kontrollfrage: Ist A (oder B) in Anbetracht aller dabei wichtigen Umstände wirklich die beste Lösung?«, woraufhin der Pendel zumeist Ja sagt. Sagt er Nein, dann habe ich einen Fehler gemacht und muss mich, wie oben dargelegt, verhalten: ihn zu erforschen suchen (Tafel ①) und ein anderes Mal erneut pendeln.
- *Immer gut:* Bei unübersichtlichen Zusammenhängen in die Frage *einbauen »in Anbetracht aller Umstände«,* vielleicht noch dazu »auch solcher, die mir nicht bekannt sind«. Es ist erstaunlich, wie weise Pendelmitteilungen sind, was wir kurzsichtige Verstandesmenschen dann oft erst später ganz begreifen können.
- *Ganz zum Schluss nicht vergessen, sich zu bedanken.* Nur der Egoist ist undankbar. Unsere unbewussten bzw. die höheren Kräfte öffnen sich uns ganz gewiss umso lieber und leichter, wenn sie diese einzig richtige Einstellung von uns verspüren.
- Merken Sie sich bitte: Alle diese Punkte sind für das Pendeln *ganz allgemein* – nicht nur beim A-B-Schema – *von großer Bedeutung* und sollten den Pendlern ganz selbstverständlich werden und sein.

Wozu die in beiden Richtungen angegebenen Prozentsätze zwischen A und B? Durch das Wort »gemischt«, das sich in der Mitte über der Zahl 50 befindet, wird der Sinn deutlich. Wo unmittelbar nach dem Verhältnis von A zu B gefragt wird, z. B. bei einem bestimmten Menschen das Verhältnis von Idealismus (A) zu Egoismus (B), gibt der Pendel auf diese Weise die klare Antwort; z. B.

in Richtung B auf 70/30 deutend: Der Betreffende ist zu 70 % durch Egoismus und zum Restbetrag von 30 % durch Idealismus gekennzeichnet. *Das Überwiegende ist immer in der Richtung, in die der Pendel zeigt.* Die Differenz zu 100 auf der angezeigten Seite ist dann der Wert für die Gegenseite.

Anderes Beispiel: »Ist es in Anbetracht aller Umstände besser, meinen Urlaub in den Bergen = A oder am Meer = B zu verbringen?« Die Antwort liege bei 60/40 in Richtung B: Rund 60 % der Gesichtspunkte sprechen für das Meer und nur 40 % für die Berge. Die nächste Frage könnte jetzt sein: Wo am Meer, hier oder dort? Direkt am Strand oder in gewisser Entfernung in schöner Landschaft? und dergleichen.

Die in diesem Schema zusätzlich aufgeführten Zahlen 0 bis 10 sind nur der Handlichkeit halber hier aufgenommen, weil in diesem Zahlenbereich oft abgefragt wird. Auch 0,5 lässt sich hier noch gut erkennen. Wenn es um Zehntel geht, z. B. um Zehntel Millimeter, braucht man nur zu sagen: »Die Zahlenreihe von 0 bis 10 bitte ich als Zehntel Millimeter zu nehmen …«, und die Antwort wird entsprechend ausfallen.

Schema: Das rechte Maß (a oder i) ④

Diese Tafel ist wiederum ganz besonders wichtig, weil sie es so leicht macht, *die rechte Mitte, den harmonischen Zustand zwischen den jeweiligen beiden Extremen zu erkennen.* Wenn Sie das Schema ④ genauer betrachten, sehen Sie sofort, dass es auf der 100 %-Skala aufgebaut ist, welche Sie gleich zweimal, jedoch mit gemeinsamer Null-Linie vorfinden. So können Sie überall da, wo eine Polarität vorliegt, oder noch allgemeiner gesagt: *wo ein Zuviel oder ein Zuwenig gegeben sein kann,* mit dem Pendel das jeweils gegebene Maß ablesen. Das rechte Maß liegt immer in der Mitte, im Ausgleich. Die Natur duldet nun einmal keinerlei Störung des Gleichgewichts: Die Erhaltung der Harmonie ist eines ihrer fundamentalen und ausnahmslos gültigen Grundgesetze.

Ein Blick genügt, und Sie sehen mit Hilfe dieser so vielseitig anwendbaren Tafel auf der Stelle, *wie weit Sie* von dieser Harmonie, *von diesem rechten Maß entfernt sind,* sei es nach oben oder nach unten: Ob es sich um seelisch-geistige Zusammenhänge dreht oder ob vielfältige körperliche und gesundheitliche Vorgänge zur Frage stehen. In den folgenden Buchteilen werden Sie mehrere deutlich ausgearbeitete Beispiele aus der Praxis vorfinden, die Ihnen den großen Wert gerade dieser Pendeltafel am besten aufzeigen können.

Hier nur so viel: Nehmen Sie diese Tafel ④ jetzt vor allem in dem ganz allgemeinen Zusammenhang: *Zuviel – richtig – zuwenig,* den Sie innerhalb der Tabelle vorfinden. Die reichhaltigen Anwendungen auf ganz verschiedenen Gebieten werden – wie gesagt – demnächst an den dafür jeweils zuständigen Stellen dargestellt werden.

Hier nur ein einziges Beispiel: »Ich nehme seither täglich 8 Tropfen des Medikaments X ein; ich bitte anzuzeigen, ob und gegebenenfalls wieviel ich dabei für ein bestmögliches Ergebnis zu viel oder zu wenig einnehme.« Zeigt der Pendel jetzt auf die Zahl 50 auf der rechten, als auf der Seite Zuwenig, dann soll ich von jetzt an 50 % mehr von 8, also 4 mehr = 12 Tropfen täglich einnehmen.

Hier begegnet uns *das unerbittliche Naturgesetz des rechten Maßes,* dessen fast ständige Missachtung im täglichen Leben von so vielen Menschen gnadenlos teuer »bezahlt« werden muss. Denn – ich sage es bewusst nochmals – die Natur duldet keinerlei Störung des Gleichgewichts.

Bei systematischen Untersuchungen ist *ein ebenso einfaches wie klares Festhalten der einzelnen Pendelergebnisse* zweckmäßig. Das werden Sie selbst bald sehen und verstehen. Es erspart Zeit, sorgt für klare Übersicht und erleichtert die Aufrechterhaltung der »Konzentration« (besser: der »inneren Sammlung«) über eine längere Pendelarbeit hinweg. Bei allen praktischen Anwendungen dieser Übersicht »Das rechte Maß« auf den verschiedensten Gebieten hat es sich bewährt, hinter die gependelte Prozentzahl einfach

- ein kleines a für Yang, Zuviel oder Spannung oder
- ein kleines i für Yin, Zuwenig oder Lösung
  zu setzen: zum Beispiel 10 a = 10 % auf der Seite Zuviel oder 20 i = 20 % auf der Seite Zuwenig. Über diese soeben genannten Begriffe zu gegebener Zeit Genaueres.

Auf der Basis der 4 bis jetzt erarbeiteten Pendeltafeln können wir uns von jetzt an den besonderen Arbeitsgebieten zuwenden, wo uns der Pendel zur unersetzlichen Hilfe werden kann.

Psychologisches Pendeln

Erfassen der menschlichen Persönlichkeit

»Wir wollen das Geheimnis einer
Persönlichkeit mit Achtung behandeln.
Rennet doch nicht ehrfurchtslos in eines
Menschen innerstes Heiligtum.«
Thomas Carlyle (1795–1881)

Nachdem wir uns nun die 100 %-Skala, das damit verwandte A-B-Schema sowie das Schema »Das rechte Maß« in der Handhabung klargemacht haben, können wir uns jetzt ihren vielfältigen praktischen Anwendungen zuwenden. In diesem jetzt beginnenden Buchteil soll uns in erster Linie die psychologische Seite beschäftigen. Wir wollen also ganz konkret der Frage nachgehen, wie uns der Pendel helfen kann, uns selbst ebenso wie die anderen Menschen, mit denen wir zu tun haben, treffsicherer zu erkennen und sie demgemäß besser als bisher im Sinn der großen Ordnung anpacken und beeinflussen zu können. Also nicht, wie im einleitenden Teil schon dargelegt, um uns selbst mit ihrer Hilfe mehr Vorteile zu verschaffen, sondern zu dem Zweck, ihnen zu einer weiteren positiven Entwicklung zu verhelfen. Durch dieses »Dienen« an unserem Nächsten werden wir, ohne dass wir uns darum zu sorgen brauchen, auch all das »verdienen« können, was für uns selbst nötig und gut ist.

Nehmen Sie sich dabei immer das Wort von Thomas Carlyle, dieses tiefsinnigen Menschen, zu Herzen, das ich ganz bewusst diesen Ausführungen vorangestellt habe. Kaum etwas ist widerwärtiger (und spricht von recht geringer Lebenskultur), als einem Dritten gegenüber über Dinge zu sprechen, die in den höchstpersönlichen, *in den intimen Bereich eines anderen Menschen* gehören. Sein Inneres ist in der Tat so etwas Ähnliches wie ein Heiligtum, das ganz und gar nur ihm selbst gehört. In ihm vollzieht sich seine Zwiesprache mit der allgewaltigen, der »göttlichen« Kraft, die über uns allen steht. Von der jeder von uns – wie weiter oben gesagt – doch nur der Tropfen aus dem unendlichen Ozean ist. Da ist nichts anderes am Platz als nur Achtung und Ehrfurcht.

Und wenn uns zu unserer eigenen Weiterentwicklung und manchmal zu unserer eigenen Läuterung ein Einblick in dieses Innere eines anderen gewährt wird, dann sei das unser Geheimnis, das wir zu bewahren wissen. Gar abfällig über ihn zu reden oder auch nur zu denken, würde in der darin steckenden Überhebung und dem zugrunde liegenden Hochmut nur unsere eigene Unreife deutlich machen und uns den Weg zu weiterem Fortschritt versperren. Jeder hat das Recht, da zu sein, wo er sich befindet, auch das Recht auf seine eigenen Fehler und Unzulänglichkeiten. Bin ich selbst etwa fehlerlos? Seien wir also tief dankbar für jegliches Tieferschürfen in die Geheimnisse der menschlichen Natur, das uns geschenkt wird und – schweigen wir darüber im Bewusstsein unserer Verantwortung für die Mitmenschen, deren Inneres sich uns öffnet!

Lebenskraft (LK) ②

Beginnen wir unsere praktische Arbeit mit der Bemühung, genauer und ganz präzis ein Bild zu gewinnen über die fundamentale Kraft, aus der wir unser Leben beziehen, für die es viele Namen gibt. Bleiben wir beim schlichtesten Begriff von unmittelbarer Aussage: die Lebenskraft oder Lebensenergie. Sie ist in unserer

Welt *die am meisten missverstandene Kraft,* wird sie doch durchweg als ganz selbstverständlich betrachtet! Dabei hängen Wesensart und Schicksal des Einzelnen in hohem Maß von ihrer Stärke oder Schwäche, also von dem Maß ab, in dem sie ihn belebt. An anderer Stelle habe ich *ihre verschiedenen Erscheinungsformen,* die alle für das tägliche Leben von größter Bedeutung sind, recht ausführlich dargelegt.[19] Ich kann sie hier verständlicherweise nicht wiederholen. Wir werden ihnen später, wenn auch dann nur in knapper Form, wieder begegnen.

Sie gewinnen sofort einen tiefen Einblick in die besondere Wesensart eines Menschen, wenn Sie unterscheiden:

a) *Das Maß seiner ursprünglichen, ihm in die Wiege hineingelegten Lebenskraft,* die ihm optimal zur Verfügung steht und nur zur Verfügung stehen kann, weil dieses Maß die oberste Grenze ihrer Verfügbarkeit anzeigt. Der eine hat viel, der andere weniger davon, und jeder ist dem schicksalhaft unterworfen, ob es ihm gefällt oder nicht, ob er es anders haben möchte oder nicht.

b) *Das Maß seiner ihm derzeit verfügbaren Lebenskraft,* das in Grenzen mehr oder weniger schwanken mag, das in aller Regel aber unter dem der ursprünglichen Lebensenergie liegt. Warum? Weil nur der innerlich ganz freie Mensch nicht unter Hemmungen oder inneren Nöten welcher Art auch immer leidet und daher von seiner ursprünglichen Lebenskraft auch restlosen Gebrauch machen kann. Aber: Wer von uns ist schon innerlich völlig frei von ihn belastenden Hemmungen und Einschränkungen? – Je höher dieses Maß, um so größer die seelische Belastbarkeit und die Disposition zu körperlicher Gesundheit. Denn beide hängen im höchsten Grad von nichts anderem ab als eben von der verfügbaren Lebenskraft.

Zum Erpendeln der Lebenskraft: Nehmen Sie also das theoretisch absolute Höchstmaß an Lebenskraft gleich 100 Prozent, das nur ganz wenigen Menschen gegeben ist, und fragen Sie Ihren Pendel in der früher beschriebenen Weise über der 100 %-Skala zur Klärung von a) etwa: »(Ich bitte um Auskunft:) Wie hoch ist die ursprüngliche, durch nichts getrübte, Herrn oder Frau X in die Wiege gelegte Lebenskraft?« Dabei stellen Sie sich wie immer, wenn Sie über andere Menschen pendeln, den betreffenden Herrn oder Frau X ganz lebendig vor: Sie sehen ihn/sie ganz klar vor Ihrem geistigen Auge. Sie werden die Antwort erhalten, die im Allgemeinen zwischen 60 (schwach) und 95 % (ungewöhnlich stark) liegt. Die durchschnittliche Stärke können Sie bei etwa 65 % ansetzen. Dann fragen Sie in der gleichen Weise nach b), also seiner derzeit zur Verfügung stehenden Lebenskraft.

Je größer der Unterschied zwischen a und b ist, um so innerlich unfreier, gehemmter muss der betreffende Mensch sein, um so mehr leidet er an ihn belastender Not. In manchen Fällen mag das bis zu 20 oder noch mehr Punkten gehen. Und je geringer dieser Unterschied, um so unkomplizierter, um so freier und ungehemmter ist er. Aber auch hier werden 5 % nur selten unterschritten. Ein praktisches Beispiel: Wenn Sie über bekannte Politiker oder andere im Blickpunkt der Öffentlichkeit stehende Menschen diesbezüglich pendeln, werden Sie immer hohe ursprüngliche Lebenskraft und nicht viel darunter liegende derzeit verfügbare feststellen können. Denn die individuelle Lebenskraft gibt zum einen zugleich das Maß an Belastbarkeit an, und zum andern verträgt sich mit der für den Politiker lebensnotwendigen Robustheit nur ein bescheidenes Maß an Hemmungen, an »Auf-sich-selbst-Zurückgeworfensein«.

Frage: Dürfen Sie über Politiker, historische Gestalten, Künstler und dergleichen überhaupt pendeln? Warum nicht, wenn Sie es nicht aus Neugier tun oder gar, um sich vor anderen damit interessant zu machen (die es doch zum großen Teil für Blödsinn halten würden!), sondern nur, um an echter innerer Erkenntnis zu gewinnen und sich dadurch selbst in irgendeiner Form weiterbilden zu wollen? Dann werden Sie über das Ergebnis schweigen: Ihre Erkenntnis für sich behalten und im Herzen dankbar Ihr Verständnis für die Welt, ihre Menschen und ihr Geschick ein wenig vertieft haben. Kein Vorhaben kann legitimer, moralisch sauberer sein!

Möglichst einfache und klare Notizen über die erpendelten Ergebnisse sind immer zweckmäßig, wenn Sie über die Zeit hinweg an Einsichten gewinnen wollen und hinreichend selbstkritisch sind, nicht jedes Ergebnis als unbedingt perfekt zu betrachten. Das gilt besonders dann, wenn Sie über dieselbe Person eine Reihe von Fragen stellen (darüber noch später) oder wenn Sie den Fortgang ihrer Entwicklung über längere Zeit beobachten, oder wenn Sie durch Vergleich mit anderen Menschen an Erkenntnis und Einsicht gewinnen wollen. Ich empfehle Ihnen ganz allgemein knappste und ganz eindeutige Notizen durch ganz einfache Kurzzeichen, in unserem Fall z. B.:

LK 90/75

LK steht selbstverständlich für Lebenskraft, die erste Zahl für die ursprüngliche und die zweite, durch Schrägstrich getrennte für die jetzt verfügbare. Dieses Verhältnis würde einen überdurchschnittlich vitalstarken Menschen zum Ausdruck bringen, der in seiner freien Entfaltung beträchtlich gehemmt ist, vermutlich durch widrige, ihn erheblich belastende Umstände irgendwelcher Art. Schon diese Erkenntnis kann der Schlüssel zum Verständnis seiner Persönlichkeit sein.

Zum Begriff der Sexualkraft noch ein Wort: Viele Menschen denken nur an sie, wenn sie von Vitalkraft (von Lebenskraft) sprechen oder hören. Dabei ist die Sexualkraft doch nur eine Erscheinungsform (von vielen anderen!) der allgemeinen Vitalkraft und bei weitem nicht gleichbedeutend mit ihr, so sehr ihre Stärke oder Schwäche in aller Regel mit ihr übereinstimmt, weil sie ja von ihr bestimmt wird. Eine andere Frage ist natürlich, wie weit der einzelne Mensch diese seine Sexualkraft vom übergeordneten Geist her beherrscht oder ihr versklavt ist! Auch das wird gern von denen übersehen, die sich nur am äußeren Bild und Betragen eines Menschen orientieren.

Gefühlstiefe (GT) ②

Eine zweite fundamentale Grundgegebenheit der menschlichen Natur ist ihre Gefühlstiefe, das heißt *die Flachheit oder Tiefe des Gefühlslebens.* Anders ausgedrückt: Es geht um *die Verankerung der Gefühle*[20] *in den Tiefenschichten.* Oberflächlich-flüchtigen Menschen fehlt es an dieser Tiefe, was natürlich zu weitreichenden Folgen führt, die die gesamte Persönlichkeit und ihr gesamtes Verhalten erfassen. Der scharfsinnige Denker und Menschenbeobachter Ludwig Klages hat schon als junger Mann den so wichtigen Gesichtspunkt herausgestellt, dass *jedes Gefühl eine Antriebs- und eine Stimmungsseite hat.*[21] Die Antriebsseite kennzeichnet die Stärke oder Intensität eines Gefühls (Quantität); sie herrscht beispielsweise bei Wut oder Zorn entschieden vor und schwemmt dann gleichsam jedes ruhige Denken nahezu gewaltsam weg. »Eingestimmt« ist der wütige, der zornige Mensch ganz auf den Angriff gegen den Verursacher seiner Gefühlswallung. Und die Stimmungsseite liegt in der besonderen Färbung, eben in der besonderen Stimmung eines Gefühls (Qualität); sie ist das Wesentliche beispielsweise beim Erleben eines ungewöhnlich packenden Sonnenuntergangs oder ganz einfach bei der Nähe eines geliebten Menschen, wenn beide Herzen im gleichen Rhythmus schwingen und nahezu eins sind. Der innere Antrieb ist jetzt auf ein Minimum gesunken oder nur in Gestalt einer Antriebs- oder Bewegungshemmung vorhanden.

Von dieser Betrachtung her werden Sie sofort erkennen, welche *in der Tat große Bedeutung seine Gefühlstiefe für einen Menschen hat. Je tiefer ein Gefühl,* um so nachhaltiger und zählebiger muss es sein: Um so schwerer ist es auszuräumen oder zu überwinden, was von seiner Seite aus einen bedeutenden, oft den entscheidenden Beitrag leistet für Beharrungsvermögen, Beständigkeit, Ausdauer, Gründlichkeit, Widerstandskraft, Treue usw., was auf der anderen Seite natürlich auch verbunden ist mit gewisser Schwerfälligkeit, Langsamkeit oder »Sturheit«. *Der Gefühlsflache* dagegen muss zum schnelleren Wechsel in seinem Gefühlserleben neigen: Ist er auf der einen Seite ungleich rascher im Aufnehmen und Reagieren auf Eindrücke, also lebhafter, fixer, gewandter, so auf der anderen oberflächlicher, fahriger, weniger gründlich, mehr auf wechselnde Eindrücke bedacht, und er kapituliert entschieden rascher vor ernsthaften Widerständen.

Um bei dem vor kurzem gebrachten *Beispiel des Politikers* zu bleiben: Weist dieser eine hohe Lebenskraft und zugleich echte Gefühlstiefe auf, so wissen Sie, dass er sich durch Gründlichkeit und Beständigkeit in seinem Denken und Tun auszeichnet, dass Sie sich auf ihn verlassen können. Hat er etwas als richtig erkannt, dann bringt ihn nicht so leicht etwas davon ab. Die bedeutenden Warner vor einer großen, von den meisten übersehenen Gefahr, die sich über Jahre hinweg nicht täuschen lassen (z. B. Churchill vor dem 2. Weltkrieg: Warnung vor Hitler, Bismarck 20 Jahre lang nach 1871: Warnung vor einem Zweifrontenkrieg), gehören durchweg in diese Gruppe (die häufig vergeblich ihre warnende Stimme wieder und wieder hören lässt). Es sind niemals diejenigen, die ihre Fahne nach dem Wind hängen, die ihre Ansichten von heute auf morgen wie ihr Hemd wechseln, die sich jeweils nach der augenblicklichen Tagessituation und dem lautstarken Geschrei starker Interessentengruppen richten. Das ist Sache der echt Gefühlsflachen, die im Grunde keine in der Tiefe ihrer Persönlichkeit verankerte Überzeugung haben.

Wie können Sie die Gefühlstiefe erpendeln?
Am einfachsten wiederum mit Hilfe der 100 %-Skala und im Prinzip genauso wie vor kurzem bei Ermittlung der Lebenskraft beschrieben. Nur dass Sie jetzt eben nach der Gefühlstiefe fragen. Die dort angeführten Werte zwischen 60 (schwach) und 95 (ungewöhnlich stark) können Sie als Arbeitsgrundlage auch hier übernehmen. Und das Ergebnis können Sie auch hier nach dem dort gegebenen und denkbar einfachen System festhalten, z. B.:

GT 75

GT steht für Gefühlstiefe und 75 zeigt an, dass diese schon ein gutes Stück über dem menschlichen Durchschnitt liegt, den Sie hier ebenfalls bei 65 ansetzen können. Bedenken Sie bitte, dass die Gefühlstiefe ebenso wie die Lebenskraft immer einen beachtlichen Grundwert aufweisen muss, wenn der Mensch überhaupt einigermaßen lebenstüchtig sein soll. Das liegt in der Natur seines seelisch-körperlichen Lebens begründet. Daher liegt der Anfangswert relativ hoch bei etwa 50, und das als das vielleicht äußerste Minimum!

Geistig-spirituelle Erkenntnis (GE) ②

Die Frage nach der geistig-spirituellen Erkenntnis zielt nicht auf die Erkenntnisfähigkeit des Verstandes, der sich um logisch-kritisch-objektives Vorgehen bemüht. Dieser ist in unserem Geist eine deutliche Ebene unterhalb der höheren Geistigkeit angesiedelt. Diese Frage zielt vielmehr auf die *Erkenntnisfähigkeit dieser höheren Geistigkeit,* die sich verbunden weiß mit der großen, gewaltigen Kraft des Geistes, die alles steuert, was geschaffen ist (und die sich in unserer materiellen Welt z. B. als Naturgesetze kundtut). Es ist der Unterschied oder Gegensatz zwischen ICH und SELBST – oder mit den alten Griechen gesprochen vom Logos im engeren Sinn, also vom menschlichen Verstand, zum Logos im weiten Sinn, dem über allem stehenden und alles bewegenden und steuernden Geist oder Urgeist. Um bei dem schon früher gebrauchten Vergleich zu bleiben: Wie weit hat der einzelne Mensch als kleines Tröpfchen Wasser aus dem unendlichen Ozean des Geistes teil an dessen unerschütterlicher Gesetzlichkeit? Wie weit ist er also diesem großen Geist in seinen Erkenntnismöglichkeiten geöffnet?

Im Einzelnen bedeutet das seine Einsicht, seine Fähigkeit oder Kraft des Urteils hinsichtlich der Werte der über uns allen stehenden, echt geistigen oder »göttlichen« Ordnung im Gegensatz zur menschlichen Ordnung mit allen ihren Fehlern und Täuschungsmöglichkeiten. Dabei geht es um Wahrheit oder Schein, um wahres Recht oder Unrecht, um das sittlich Gute oder Wertwidrige, um das echt Geistige oder Nur-Materielle, um substanziellen Gehalt oder bloß äußere Erscheinung.

Diese Fragen können Sie stellen hauptsächlich bezüglich einer Persönlichkeit als Ganzem, in speziellen Fällen auch hinsichtlich einer besonderen Tat oder Leistung oder der Kundgabe eines in bedeutender Position stehenden Menschen und dergleichen. Sie lautet dann über der 100 %-Skala (0 % ist wie immer absolute Abwesenheit und 100 % das theoretisch mögliche Höchstmaß. Der Durchschnitt liegt dann durchweg bei 50 %.) z. B. etwa:

- »Wie hoch ist die geistig-spirituelle Erkenntnisfähigkeit von X?«
- »Wie weit ist die geistig-spirituelle Erkenntnis von X in dem KunstwerkY bzw. in seiner gestrigen Rede zum Problem Z enthalten?«

Sie können dasselbe auch *mittels des A-B-Schemas* erfragen, was Sie vielleicht als noch einfacher und klarer empfinden, weil hier die Entweder-Oder-Frage möglich ist, z. B.:

- »Wie weit hat in der gestrigen Rede von Herrn X in Berlin zum ProblemY geistig-spirituelle Erkenntnis mitgewirkt = A und wie weit egoistisch-materielle Interessen = B? Ich wiederhole: Echte spirituelle Erkenntnis bitte bei A, eigensüchtige Interessen bei B anzeigen bzw. das Verhältnis oder die Mischung aus diesen beiden gemäß der Prozentskala.«
- Geht der Pendel jetzt in Richtung A auf 60/40, dann waren die Ausführungen zu 60 % oder 3/5 von höherer geistiger Einsicht und zu 40 % oder 2/5 noch immer von im Grunde eigensüchtigen Hintergedanken getragen. Erinnern Sie sich bitte: Der größere Anteil ist immer auf der Seite, auf die der Pendel hinzielt (hier A), und der kleinere Anteil trifft dann auf die Gegenseite zu, obwohl sie weiter entfernt ist (hier B).

Haben Sie einmal einen Zweifel über die richtige Gewichtung, dann stellen Sie die Kontrollfrage mit dem Pendel über A gehalten: »Kontrollfrage: Ist es richtig, dass zu 60 % höhere geistige Einsicht im Spiel war?«, und Ihre Zweifel werden sich sofort beheben. Die Notiz lautet in diesem Fall ganz einfach:

GE 60

Alle hier aufgeführten Fragen stehen in enger Nachbarschaft zur seelisch-geistigen Entwicklungsstufe, mit der wir uns demnächst noch genauer beschäftigen werden. Sie sind zugleich eine Kontrollmöglichkeit für das dort erpendelte Ergebnis oder umgekehrt. Der erfahrene Pendler weiß von der Notwendigkeit von Kontrollfragen und nimmt sie stets gerne wahr.

Geistiger Wert (GW) ②

Verwandt mit der soeben behandelten Frage nach der geistig-spirituellen Erkenntnis(fähigkeit) ist die Frage nach dem geistigen Wert. Der in der Praxis wohl wichtigste Unterschied zwischen beiden: Bei der erstgenannten Frage steht *die Erkenntnisfähigkeit an sich* (bei einem bestimmten Menschen) zur Diskussion, während es bei der zweiten um *den geistigen Wert eines bestimmten Zusammenhangs,* eines bestimmten Vorhabens, eines bestimmten Buches, eines Erlebnisses *usw. für mich oder für eine andere Person* geht. Die erste Frage zielt mehr auf die objektive Gegebenheit, die zweite auf den subjektiven, mehr oder minder persönlichen Wert oder Nutzen für jemanden, zumeist wohl für mich selbst. Wir könnten übrigens statt »geistiger« auch »seelischer Wert« dazu sagen.

Wenn Sie – was Ihnen wahrscheinlich bald zur Gewohnheit werden wird – etwa den *geistigen Wert eines Buches, einer Darbietung oder einer anderen Bildungsmöglichkeit* für sich erpendeln, so wissen Sie von vorneherein, was Sie davon zu erwarten haben. Sie fragen dann nach dem Wert des Buches oder sonstigen Werkes und nicht nach dem des Verfassers oder Herstellers. Das ist ein wichtiger Unterschied. Denn auch ein ansonsten fehlerhafter Mensch kann etwas Ausgezeichnetes schaffen, oder auch der beste Mensch kann Minderwertiges zuwege bringen. Das sollte man klar auseinanderhalten. Nach meiner Erfahrung aus Jahren lohnt sich für einen kritischen und an sich arbeitenden Menschen nur dann die gründliche Lektüre und Auswertung eines Buches und dergleichen, wenn ihm dieses einen geistigen Wert von wenigstens 85 % bietet.

Die Frage danach mit dem Pendel über der 100 %-Skala ist wiederum sehr einfach, nachdem Sie ihn bei aller innerer Sammlung darauf eine kurze Zeit, z. B. über das fragliche Buch, gehalten haben: »Wie hoch ist der geistige Wert dieses Buches für mich, für X?« Manche erfahrene Pendler halten dabei ihre linke Hand ganz dicht über das Buch oder legen sie darauf bzw. halten das nervenreiche Gewebe der Fingerbeere des linken Mittelfingers über eine ganz bestimmte Stelle, ebenso einer Anzeige, einer Handschrift, einer Fotographie oder legen die Fingerspitze darauf. So stellen sie nach ihrer Überzeugung eine noch engere Verbindung zu dem befragten Gegenstand her und sind sich dann des Ergebnisses um so sicherer. Genauso können Sie natürlich den geistigen Wert eines Vortrages, einer Veranstaltung und dergleichen erfragen.

Es ist ratsam, das Ergebnis z. B. bei einem Buch ganz vorne auf der blinden Seite (noch vor dem Titel) mit der kurzen Notiz festzuhalten:

GW 85.

Später kann das oft wertvolle Aufschlüsse geben, z. B. wenn sich der Wert für einen selbst dann verändert.

Männlichkeit und Weiblichkeit (M, W) ②

Wohl jeder kennt im Leben irgendwo einen »weibischen Mann« oder das Gegenstück »ein Mannweib«. Bei solchen Menschen sind *die geschlechtstypischen Wesensmerkmale* nicht im normalempfundenen Verhältnis ausgeprägt, sondern die typisch gegengeschlechtlichen relativ stark vorhanden. Leider halten manche Mann und Frau in ihrer Wesensart für insgesamt verschieden, so wie andere jede typische Verschiedenheit der beiden abstreiten. Das eine ist so unrichtig wie das andere. An dieser Stelle ist nicht der Ort, auf diese Streitfrage genauer einzugehen. Hier nur so viel:

Nach meiner tiefen und wohlbegründeten Überzeugung können wir in Wahrheit davon ausgehen, dass normalerweise jedes Geschlecht etwa 25 % so genannte typische Eigenschaften auch des anderen Geschlechts in sich hat, wenn auch nicht so stark ausgeprägt wie in diesem. So überschneiden sich die Wesensarten beider, wie das folgende Schema ebenso einfach wie klar aufzeigt:

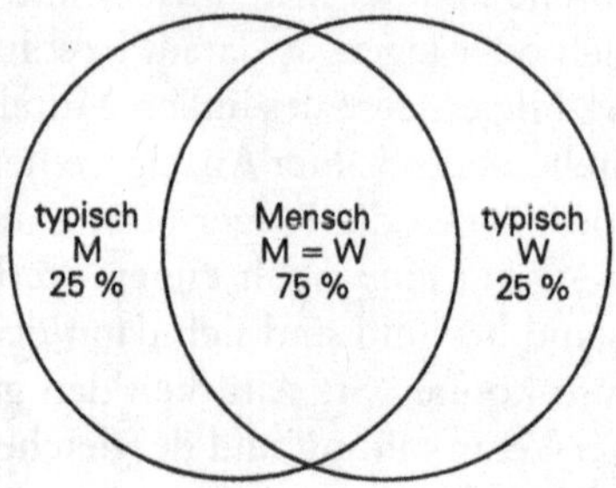

Von der Bedeutung der geschlechtstypischen seelischen Polarisation weiß jeder, der viel mit Menschen zu tun hat. Wenn ein körperlicher Mann mit einer zwar körperlich weiblichen, wesensmäßig aber männlichen Frau verheiratet ist, so kann das auf Dauer ebensowenig gutgehen wie der umgekehrte Fall. Es sei denn, der Mann habe einen ungewöhnlichen Anteil typisch weiblicher Wesensart und entsprechend im umgekehrten Fall. Denn der täglichen Reibungspunkte sind zu viele, und es fehlt die wechselseitige Ergänzung. Auch gar manches eigenartige und sonst kaum erklärbare Verhalten von Mann oder Frau ebenso wie gar manche Erscheinung von Sympathie oder Antipathie werden von einer gestörten geschlechtstypischen Polarisierung her verständlich. Daher lohnt es sich in nicht wenigen Fällen der Frage nachzugehen, in welchem Maß typische Männlichkeit oder Weiblichkeit in einem bestimmten Fall vorherrscht.

Das Erfragen mit dem Pendel ist mit Hilfe der 100 %-Skala wiederum ganz einfach. »Wieviel Prozent von typisch männlicher bzw. weiblicher Wesensart liegt bei X vor?« Die Kontrollfrage nach der gegengeschlechtlichen Seite ergibt dann genau die Differenz zu 100. Natürlich können Sie auch – noch einfacher – hier *mit dem A-B-Schema* arbeiten, z. B.: »Wie verteilen sich bei Frau X die typisch männlichen und die typisch weiblichen Wesenszüge, wenn A die typisch männlichen und B die typisch weiblichen Eigenschaften darstellen?« Zeigt der Pendel jetzt etwa auf die Mitte zwischen 60/40 und 50 in der Richtung zu A, so bedeutet das, dass Frau X seelisch-geistig zu 55 % typisch männliche Züge und nur 45 % typisch weibliche Züge aufweist. – Die einfache Notiz im Rahmen etwa einer größeren Untersuchung:

M55.

So ist im Grunde das Wesentliche festgehalten: Frau X ist innerlich mehr Mann als Frau mit allen Folgerungen, die sich daraus ergeben.

An dieser Stelle könnte ich wegen der inneren Beziehung zum eben gebrachten Kapitel gleich das Problem *der ehelichen bzw. der partnerschaftlichen Übereinstimmung* anschließen. Ich werde es jedoch später in einem dafür lebensnäheren Zusammenhang bringen.

Weitere Anwendungen der 100 %-Skala ②

Die bis jetzt genauer aufgeführten Beispiele dürften vollauf genügen, um die unbegrenzten Anwendungsmöglichkeiten der 100 %-Skala und ihre praktische Auswertung deutlich zu machen. Auch später werden wir in anderem Zusammenhang noch wiederholt auf sie zurückkommen. Nur als Anregung möchte ich noch gewisse Hinweise geben, die Sie je nach Ihren besonderen Interessen und Bedürfnissen aufgreifen können. Wenn Ihnen die präzise Auswertung noch unklar sein sollte, dann fragen Sie den Pendel: Sie werden sogleich die erforderliche Klarheit bekommen.

- Sie können *den Intelligenz-Index (II)* eines Menschen erpendeln: seine Fähigkeit des logischen, kritischen und objektiven Denkens, also der Folgerichtigkeit, Unterscheidungsschärfe und unverfälschten Wirklichkeitsnähe seines Denkens, das sich auf die lebenspraktische Seite bezieht. Dabei dürfen Sie nur nicht übersehen, dass es verschiedenartige Denkrichtungen oder »Denkgleise« gibt, wie mehr abstrakt oder konkret, mehr theoretisch oder praktisch, mehr anschauungsfernes oder anschaulich-plastisch-bildhaftes Denken, von denen jedes seinen besonderen Wert für das Leben hat. Ganz allgemein gesehen liegt der durchschnittliche Intelligenz-Index (II) etwa bei 65 %.
- Wer wie der Verfasser von Karma und Wiedergeburt überzeugt ist, kann man mit großem Gewinn nach *der karmischen Belastung (KB) oder Schuld* fragen. Ihre Erkenntnis kann viel Leid und Not verstehen lassen, die sonst unerklärlich sind. Nach dem eisernen Gesetz von Ursache und Wirkung kommt nichts von ungefähr, nicht für den Einzelnen, nicht für eine Familie, ein Dorf, ein Volk oder einen Staat. Denn immer sind es die Menschen, die im Rahmen ihrer Willensfreiheit ihr Leben gestalten und so durch ihr Tun Karma schaffen.
- Sie können nach teilweise verborgenen, *im Stillen schlummernden Eigenschaften fragen, wie weit sie entwicklungsfähig sind,* um sie dann wecken bzw. weiterentwickeln zu können, z. B. auch nach der Fähigkeit zu geistigem oder energetischem Heilen.
- Ebenso nach *der Ausprägung besonderer Kräfte,* die Ihnen begegnen, die gern als »magisch« bezeichnet werden, z. B. Schwarze Magie, die durch besondere Sammlung der Energie negative, schädliche oder bösartige Kräfte in Bewegung setzt.
- Sie können dem *Ablauf gewisser Ereignisse,* z. B. von Krankheiten (darüber später mehr), von Zusammenarbeit, von Freundschaften oder Ehen usw. folgen, indem Sie durch Gleichsetzen einer bestimmten Situation oder Gegebenheit oder eines bestimmten Zeitpunktes mit der Bezugsgröße 100 den weiteren Verlauf in Bezug darauf angezeigt bekommen.
- Zuweilen ist es wertvoll, nach der *Ausstrahlungskraft einer Per-*

sönlichkeit (PA = Persönlichkeitsausstrahlung) zu forschen, sowohl in positiver wie in negativer Richtung, was oft wertvolle Schlüsse zulässt. Sie lässt sich beim menschlichen Durchschnitt bei etwa 50 % ansetzen.

- Bei irgendwelchen Arbeiten oder Bemühungen lässt sich die *Intensität* erfragen, mit der der Betreffende am Werk ist usw.

Das sind alles nur Beispiele, die sich der unendlichen Vielfältigkeit des Lebens entsprechend beliebig vermehren ließen. An dieser Stelle – es kann nicht oft genug gesagt werden – nochmals der ungeschminkte Hinweis: Das Motiv für Pendeln dieser Art muss absolut sauber und frei von eigensüchtigen Zwecken sein. Das Ergebnis bewahren wir im Herzen und schweigen. So werden uns »geheime Dinge kund« (Hermann Löns), sehr zum inneren Gewinn und zu unserer weiteren Entwicklung und Reifung.

Das rechte Maß: Spannungszustand der Lebenskraft oder Yin-Yang (a oder i) ④

Am Ende des letzten Buchteils haben wir das Schema »Das rechte Maß« ④ in seiner großen allgemeinen Bedeutung kennengelernt. Hier nun einige Beispiele für *seine vielfache Anwendung in seelisch-geistigen, in psychologischen Zusammenhängen,* wo es eben um dieses rechte Maß oder die Entfernung davon geht wie:

- *die Sensibilität* (mit der rechten Mitte zwischen Aufgeschlossenheit und Stumpfheit),
- *das Temperament* (mit der rechten Mitte zwischen Lebhaftigkeit und eher in Gelassenheit einsetzender Reaktion),
- *die Erweckung unserer Chakren oder Energiezentren* (zu wenig oder zu viel), auch im wünschenswert harmonischen Verhältnis zueinander,
- oder ob *vielfältige körperliche Vorgänge* zur Frage stehen, worauf

im Vorgriff auf den nächsten Buchteil schon jetzt hingewiesen sei.

Eine für die tägliche Praxis des psychologischen Pendlers besonders wichtige Anwendung beruht auf *der Lehre vom rechten Spannungszustand*. Hier ist nicht der Ort, sie im Einzelnen darzulegen. Die alten Chinesen haben sie in Gestalt der Yin-Yang-Erkenntnis (das heißt der Erkenntnis vom naturgegebenen rhythmischen Wechsel von Lösung und Spannung der Lebensenergie) schon vor Tausenden von Jahren in ihrer so weit tragenden Bedeutung für uns Menschen erfasst und dargestellt. An anderer Stelle habe ich diese Lehre von ihrer Wurzel her und in ihren reichen Folgerungen ausführlich behandelt.[22] Jeder Mensch, der an sich selbst und mit anderen arbeitet, sollte diese wahrhaft fundamentalen Zusammenhänge im Griff haben. Das muss hier aus verständlichen Gründen vorausgesetzt werden.

Ähnlich wie wir bei der Betrachtung der Lebenskraft rasch einen tiefen Einblick in die besondere Wesensart gewinnen konnten, indem wir lernten, die ursprünglich in die Wiege gelegte Lebenskraft zu unterscheiden von der jeweils bloß verfügbaren (siehe das 1. Kapitel dieses Buchteils), so ist es auch hier hinsichtlich *ihres besonderen Spannungszustandes.* Auch hier ist diese Unterscheidung von größtem Wert. Denn mit ihrer Hilfe können wir rasch zur Wurzel von Störungen durchstoßen.

Fragen Sie Ihren Pendel, indem Sie ihn auf den Mittelpunkt der Skala halten, etwa: »(Ich bitte um Auskunft:) In welchem Spannungszustand (oder: An welcher Stelle zwischen Yang und Yin) befindet sich die Lebenskraft von X seiner (ihrer) ursprünglichen Konstitution nach?« Die Antwort möge bei 10 % auf der Yang- oder Spannungsseite liegen.

Dann folgt Ihre 2. Frage: »Und wie ist der Spannungszustand der Lebenskraft von X heute?« Es mag sein, dass der Pendel dann auf die 20 % oder noch mehr der Yin- oder Lösungsseite zeigt. Dann wissen Sie sofort: Es ist ein Persönlichkeitsproblem erster Ordnung für X, seine Kräfte wieder stärker zu spannen, das heißt, sich weniger gehenzulassen, seine Kräfte mit bewusster geistiger Steuerung (»Wille«) auch bei solchen Arbeiten und Aufgaben gezielt einzusetzen, wo es ihm gerade nicht leicht fällt, etwa im echten Zen-Stil zu meditieren usw. Wie man wieder in die Mitte kommen kann, das ist besonders in dem Buch nachzulesen, auf die die letzte Anmerkung 15 speziell hinweist.

Es bleibt noch *das klare und einfache Festhalten des Pendelergebnisses* vor allem im Rahmen einer systematischen Untersuchung zu klären. Bei der zuletzt behandelten Frage des ursprünglichen und des jetzigen Spannungszustandes der Lebenskraft brauchen Sie nur zu notieren:

10a/20i.

a steht dann immer für Yang oder Spannung und i für Yin oder Lösung. Die an erster Stelle stehende Zahl ist immer der ursprüngliche, die hinter dem Schrägstrich stehende der jetzige Zustand. Sie können etwa bei der Nachforschung einer schweren Störung, die sich in Jahren entwickelt hat, auch nach jedem dafür interessanten Zeitpunkt fragen und dann entsprechend einfach notieren, z. B.:

15i/1.78:20i/1.82:25i/1.85:30i/35i.

Das würde besagen: Spannungszustand gemäß der ursprünglichen Konstitution 15 % auf der Yin- oder Lösungsseite, Steigerung im Januar 1978 auf 20, im Januar 1982 auf 25, im Januar 1985 auf 30 und heute auf 35 %. Das könnte etwa für die Entwicklung eines lebensuntüchtigen, jede konzentrierte Arbeit scheuenden, ansonsten vielleicht liebenswerten Menschen typisch sein.

Vier prinzipielle Menschentypen (I-IV) ⑤

Jetzt wollen wir uns dem so wichtigen Problem zuwenden, wie wir die im ersten Buchteil deutlich gewordene *innere Entwicklung eines Menschen erfassen* können; wie wir also erkennen, wo er in der weiten Skala vom geistig Primitiven bis zum geistig Höchstfortgeschrittenen steht. Eine ganz einfache Aufstellung kann uns dazu verhelfen, das zunächst grob und dabei das Wesentliche doch recht klar zu erfassen.[23] Von jetzt an werden wir für ganz besondere Zwecke vorwiegend mit speziellen Tabellen oder Schemata arbeiten. Die 100 %-Skala kann uns dann zur Kontrolle noch immer hilfreich sein.

Die Übersicht ⑤ zeigt das Wesentliche auf und bedarf hier keiner weiteren Erläuterung. Natürlich sind wie in allen Typologien auch bei dieser Betrachtung *die 4 reinen Typen im konkreten Leben relativ selten.* Denn sie sind ja nichts anderes als das Ergebnis von Betrachtungen, die unter einem bestimmten abstrakten Vorzeichen stehen, während die Menschen des konkreten Lebens in ihrer unendlichen Vielfältigkeit tausendfach verschiedene Übergänge und Überschneidungen dieser prinzipiellen Einteilungen aufweisen. Das ändert aber nichts am Wert einer solchen Betrachtung, der gerade in der treffenden Vereinfachung liegt. Die punktierten Linien machen es im Schema ⑤ leichter, genauer zu erfassen, wo der befragte Mensch zwischen zwei verschiedenen dieser 4 Grundtypen angesiedelt ist.

Wenn Sie geübter sind, brauchen Sie den Pendel auch nur zu fragen, *von welchem bis zu welchem Bereich des Schemas* sich seine Wesensart erstreckt. Bitten Sie ihn darum. Dann kann es sein, dass er etwa von der gepunkteten Linie zwischen I und II bis über die gepunktete Linie zwischen II und III hinaus langsam ständig hin und her pendelt und sich dabei schon dem durchgezogenen Strich III nähert. Dann haben Sie die besondere Mischung dieses Befragten noch klarer vor sich. Grundsätzlich gilt dieses besondere Fragen für die Auswertung aller derartigen Tabellen und hat nicht nur hier seinen Wert.

Hinweis: Die 100 %-Skala ② oder noch besser das A-B-Schema ③ kann Ihnen jetzt noch *zur Kontrolle und für gewisse Präzisierung* dienen. Sie brauchen etwa nur auf die Position von X zwischen grobem Materialismus (A) und vollendeter Geistigkeit (B) zu fragen.

Zum Schluss die Frage des einfachsten Festhaltens des Ergebnisses bei systematischen Untersuchungen. Sie haben z. B. nur zu notieren:

II/III oder I/II – AIII (= Anfang III),

dann haben Sie die im vorletzten Absatz beschriebene Überschneidung schon ein für allemal klar vor sich.

Seelisch-geistige Entwicklungsstufen (ES) ⑥

Von noch größerer Bedeutung in dieser Aufzählung der Pendelhilfen für das Erfassen der menschlichen Persönlichkeit, das ganz in ihre Tiefe hineinreicht und deshalb von vielen Menschen gar nicht gesehen wird, ist das Erkennen ihrer seelisch-geistigen Entwicklungsstufe. Auch hierzu brauchen wir zweckmäßigerweise *ein eigenes Schema* ⑥, das uns die möglichen Stufen und Fortschritte klarer aufzeigt, als es die soeben behandelte Tabelle ⑤, die 100 %-Skala oder das A-B-Schema tun würden.[24]

Dieses Schema hält sich an eine altbewährte Methode, die sich auf der Zahl Sieben aufbaut, die in weiten Kulturbereichen unserer Erde als so etwas Ähnliches wie eine heilige Zahl gilt. In 5 × 7 Entwicklungsstufen lässt sich der Grund des Fortschreitens in unserer inneren Entwicklung oder Reifung oder Vervollkommnung relativ klar erkenntlich machen, wobei für uns in dieser materiellen Welt, in der wir nun einmal leben, von ganz seltenen Ausnahmen abgesehen, nur die ersten 3 × 7 Stufen von praktischer Bedeutung sind. Die letzten 2 Gruppen von je 7 Stufen habe ich in dieses Schema trotzdem aufgenommen, obgleich sie sich nahezu ausschließlich nur in der reinen Geisteswelt vollziehen können: zum Ersten, weil sie uns ständig mahnen, an unsere eigene Unvollkommenheit zu denken und es uns auf diese Weise leichter machen, uns vor Hochmut zu hüten und in Demut vor der unendlichen, über allem stehenden Kraft zu verharren. Und zum Zweiten aus dem ganz praktischen Grund, der besonders für den noch weniger Geübten seine Bedeutung hat, dass das richtige Ablesen der Hin- und Herbewegungen des Pendels hier wegen der fast voll erhaltenen Halbkreisform leichter und sicherer ist. Zudem gewinnen wir so eine klar und leicht abzulesende Zahlenskala in dem oft gebrauchten Bereich von 1–35.

Wenn Sie den ersten Teil dieses Buches aufmerksam gelesen und ihn geistig verarbeitet haben, dann wird Ihnen die Übersicht in diesem Schema bald ganz selbstverständlich sein, weil Sie tief von *seinem geistigen Hintergrund* überzeugt sein können. Dann befreien Sie sich von der so oberflächlichen Betrachtung dieser Welt und unseres geheimnisvoll in sie hineingestellten Lebens, die die Welt und das Leben nur als materielles Geschehen sieht und aus bloßer Bequemlichkeit und Trägheit des Denkens nicht nach den Hintergründen und der wahren Quelle allen Seins fragen will. Die innere oder geistige Entwicklung vollzieht sich in der Regel in kleinen Schritten, die den ernsthaft Strebenden langsam, aber sicher in seiner Reifung nach oben führen. Es wird uns Menschen in dieser Welt nichts geschenkt, und wir müssen uns Stufe für Stufe emporarbeiten.

Betrachten Sie nun das Schema ⑥. Es zeigt *die entscheidenden Teilabschnitte dieses langen Weges* deutlich auf. Hier zum besseren Verständnis noch der Hinweis auf die darin aus Platzgründen nicht aufgeführten Stufen oder Übergänge:
3–4: Das Erwachen zur geistigen Welt.
10–12: Hier können echt geistige Erlebnisse in uns einsetzen.
14/15: Der Übergang zur Erkenntnis der wahren geistigen Welt, das »Tor zur Weisheit« (Mlaker).
Ab der 18. Stufe beginnt die Möglichkeit der »unio mystica« der christlichen Mystiker, von Satori im Zen, Samadhi der Inder, in unserer Sprache zumeist Erleuchtung genannt: die innere Vereinigung mit »Gott«, die Erkenntnis der All-Einheit allen Seins.
21: Die in dieser Welt höchst erreichbare Vollkommenheit.

Und über allem steht das Gebot der Achtsamkeit: die unausgesetzte Aufforderung zum rechten Denken und Tun.

Jeder von uns steht in diesem Leben irgendwo zwischen 1 und 21. Ganz selten mögen ungewöhnlich hochentwickelte Menschen schon in unserer stofflichen Welt noch etwas darüber stehen. Im Allgemeinen mag es unserer Geist-Seele in einer Inkarnation bei unserer Bemühung um das Wahre, Rechte und Schöne gegeben sein, eine – vielleicht auch zwei – Stufen weiterzukommen. Bei ganz besonderer Bemühung um ständige Vervollkommnung und Reifung, wie im einleitenden Buchteil beschrieben, mögen es auch mehrere sein.

Aber jeder muss auf der Hut sein, im Sinn des eben betonten Gebotes der Achtsamkeit, dass er nicht den Versuchungen der materiellen Welt erliegt und auf seinem Weg nach oben erneut nach unten fällt. Wenn Sie in aller Stille mit Ihrem Pendel den Weg von Machtmenschen in dieser Welt verfolgen, dann wird Ihnen gar manches kund und bewusst. Auch und gerade dann, wenn diese Machtmenschen in ihrer Sprache ständig den Namen Gottes im Munde führen, vielleicht selbst in früherer Zeit ihres Lebens durch aufrichtiges Bemühen eine recht hohe Stufe erklommen haben und viele Gefolgsleute hinter sich scharen konnten, um dann ihre Macht über ihre Anhänger bzw. die ihnen ergebenen Volksmassen zu spüren und ihr zu erliegen. Jedem von uns droht in seinem kleinen und bescheidenen äußeren Rahmen das Gleiche, wenn wir nicht in unaufhörlicher Achtsamkeit unseren Lebensweg gehen.

Dabei kann uns der Pendel ein unersetzliches Hilfsmittel werden. Und wir lernen, gar manches den Augen Unsichtbare zu sehen und zu schweigen. Denn das Reden darüber wäre eine Entweihung des Innersten, es sei denn in einer ganz besonderen Stunde einem gleichgesinnten, aufrecht suchenden Menschen gegenüber.

Nichts ist einfacher, als *das präzise Ergebnis festzuhalten,* z. B.
ES 12,12/13, A 12 (= Anfang 12), E 12 (= Ende 12), also die Stufe, wo etwa echtes geistiges Leben in Anfängen einsetzt.

Das selten in seiner ganz tiefen Bedeutung verstandene Wort der Bibel »Was nützt es dem Menschen, wenn er die ganze Welt gewinnt, an seiner Seele aber Schaden leidet?« (Matth. 16, 26) sagt das Wesentliche ungeschminkt.

»Das Reich Gottes ist inwendig in euch« (Lukas 17, 21) und nicht irgendwo in der Welt oder in den Lüften: Es liegt nur an uns selbst, es uns zu erdienen. »Tretet ein durch die enge Pforte! Denn weit ist die Pforte und breit der Weg, der ins Verderben führt, und viele wandeln auf ihm. Wie eng ist die Pforte und wie schmal der Weg, der zum Leben führt, und nur wenige sind es, die ihn finden!« (Bergpredigt, Matth. 7, 13). Ist in diesem Wort nicht alles gesagt? Übrigens ganz im Sinne der mehrjahrtausendealten Lehre von Karma und Wiedergeburt?

Praktischer Nachtrag: Die ganz sauber abzulesende Aufreihung der Zahlen von 1–35 kann überall da ausgenutzt werden, wo es auf eine ganz klare Zahlenangabe ankommt, auch wenn es nicht um die seelisch-geistige Entwicklungsstufe geht. Das ist in der Praxis oft der Fall.

Auswertung von Träumen und Visionen ⑦

Heute gibt es fast eine Flut von Büchern allein über Traumdeutung. Es ist bezeichnend, dass sie nicht immer die gleichen Ansichten vertreten. In der Tat kann aber kein Zweifel sein, dass *unsere Träume eine große Bedeutung für uns haben.* Was der Stuhlgang für unseren Körper, nämlich die Ausscheidung der nicht verwertbaren oder der ausgewerteten Stoffe, das sind die Träume für unsere Seele: die Einordnung der sonst nicht einordnungsfähigen

Eindrücke, die wir in der heutigen Reizüberflutung an einem einzigen Tag wahrhaft zahllos in unsere unterbewussten Schichten bekommen, aus denen heraus unser Gedächtnis und unser Denken gespeist werden. Aufgrund vieler Experimente steht fest, dass die Träume lebenswichtig sind. Ihre Unterbindung führt nach relativ kurzer Zeit zu geistiger Störung. Übrigens: Jeder Mensch träumt. Wer das Gegenteil von sich behauptet, hat nach dem Aufwachen seine Träume schon wieder vergessen. Das ist im Zeitalter der heutigen Schlaf- und Traumüberwachung per EEG vieltausendfach bewiesen.

Aber nicht alle unsere Träume sind gleich wichtig. Wir müssen unterscheiden zwischen der Unzahl von oberflächlichen, rasch verfliegenden und einer relativ kleinen Zahl von *aus der Tiefe kommenden Träumen,* die sich anzeigen:

- durch ganz besondere Intensität: ihre packende Lebendigkeit, die uns innerlich tief bewegt und aufrührt, sodass sie uns, wenn wir darüber aufwachen, noch lange »nachgehen« können;
- durch ihre Wiederholung, sei es nach vorübergehendem Aufwachen noch in der gleichen Nacht oder in späteren Nächten;
- durch einen zwar flüchtig gesehen verschiedenen Inhalt, der jedoch in der Traumfolge stets auf das Gleiche hinweist.

In jedem dieser Fälle sollten wir *den wesentlichen Verlauf,* oft auch in bemerkenswerten Kleinigkeiten, *sofort aufschreiben* und uns nicht mit dem guten Vorsatz begnügen: »Das muss ich mir merken.« Denn in der großen Mehrzahl der Fälle bleibt am Morgen davon nur noch wenig oder gar nichts mehr übrig, was für uns verwertbar wäre (Papier und Bleistift am Bett liegen haben!). Manche Traumdeuter meinen, speziell die Morgenträume seien besonders wichtig: Dem kann ich mich nicht anschließen, es sei denn, einer der eben aufgeführten Fälle träfe auch für sie zu.

Dann gibt es natürlich auch *»Tagträume«,* vor allem spontan aus unserer unbewussten Tiefe aufsteigende Bilder von starker Intensität, mit häufigerer Wiederholung bzw. gleichen Hinweisen, die sich bei mehr oder minder vollem Bewusstsein einstellen. Sie werden zuweilen als *Visionen* bezeichnet, besonders wenn sich Bilder auf Zukünftiges oder Vergangenes oder auf räumlich entfernte gleichzeitige Ereignisse beziehen. Auch sie gehören mit in unsere Betrachtung.

Träume dieser Art kommen im Allgemeinen unmittelbar aus den unterbewussten Tiefen, aus den geheimen Steuerungszentren unseres unbewussten Wesens, unseres tiefverankerten SELBST (im Gegensatz zum bloß verstandesmäßigen ICH). Darin liegt ihr großer Wert für uns als Kundgabe von ganz entscheidenden Hinweisen, die wir nur richtig »lesen« und verstehen müssen. Gerade für den, der sich um geistige Weiterentwicklung bewusst bemüht, erweist sich ihre Auswertung oft als wichtige Hilfe. – Fragen: Aus welcher Grundhaltung besonderer Art heraus hat sich dieser Traum entwickelt und: Welches Grundgefühl habe ich nach dem Erwachen?

Die Sprache aller Träume ist die Sprache der Symbole. Sich in sie richtig einzuleben, erfordert viel Feingefühl, Geduld und Erfahrung. Auch das beste Symbollexikon kann nur in beschränkter Weise helfen, weil die Symbolsprache des einzelnen Menschen je nach seiner höchstpersönlichen Art und seinem höchstpersönlichen Erlebnis- und Erfahrungsschatz immer wieder verschieden ist, ja verschieden sein muss. Das liegt in der Natur der Sache.

Nur ganz selten erfolgen in diesen aus der Tiefe kommenden Träumen *direkte Kundgaben in klarer Sprache,* die die davon betroffenen Menschen zu allen Zeiten als strikte Weisungen für sich oder als Schlüsselmitteilungen für die Lösung von schweren Problemen empfunden haben. In ihnen direkte Äußerungen der uns umgebenden geistigen Helfer zu sehen, ist für diese Menschen von zumeist relativ hoher Entwicklungsstufe fast selbstverständlich. Sie haben das in der Tiefe ihres Wesens in solcher Klarheit und Eindringlichkeit erlebt, dass für ihren bewussten Verstand nicht der geringste Zweifel daran herrschen kann. Nicht umsonst wird in den »heiligen Büchern« aller Religionen auf der ganzen Erde immer wieder von solchen Kundgaben berichtet.

Für die Auswertung der Träume ist der Pendel wiederum eine geradezu großartige Hilfe, die nur mit entsprechendem Verständnis und auch hier nicht ohne Selbstkritik benutzt werden darf. Die beiden Tabellen ⑦ brauchen über diese Feststellung hinaus wohl keiner besonderen Erläuterung mehr. Es versteht sich wohl von selbst, dass als Erstes die Frage zu stellen ist: »Wie ist der Traum zu verstehen?«, an den man sich jetzt mit höchster Lebendigkeit zurückerinnert, bevor man sich der zweiten Frage zuwendet: »Was bedeutet der Traum?«

Kennworte für Meditation und Selbstbeeinflussung ⑧

Eine weitere große Hilfe für den geistig weiterstrebenden Menschen ist der Pendel dann, wenn es darum geht, die Richtung im Einzelnen festzulegen, in der *die Arbeit an sich selbst* für längere Zeit erfolgen soll. Das trifft besonders für den zu, der sich die bewährte Methode eines Meditations-Kennworts ausgewählt hat, um seine unbewussten Schichten wirkungsvoll zu beeinflussen.[25] In ihnen sitzen ja die Hemmnisse, die uns ständig beengen und an unserer freien Entfaltung und so auch an unserer positiven Weiterentwicklung hindern. Der Pendel, der aus dem Unbewussten schöpft, erfasst diese unsere geheimsten Wünsche und Sehnsüchte und macht sie uns sichtbar.

Auch jeder, der sich genauer mit der richtigen *Technik der gezielten Selbstbeeinflussung* (Autosuggestion) beschäftigt hat,[26] findet durch den Pendel in gleicher Weise *die präzise Zielrichtung* für seine Bemühungen. Ihm wird es ebenso wie dem Meditierenden leichtgemacht, im ständigen Fortschreiten seiner Bemühungen dann, wenn es wieder an der Zeit ist, für den nächsten Arbeitsabschnitt das dann optimale Kennwort bzw. die spezielle Zielvorgabe zu finden.

Nehmen Sie die Kennworte der Tabelle ⑧ *nicht als vollständige Aufzählung* aller möglichen. Nehmen Sie sie nur als Anregung für Ihr spezielles Problem, wenngleich sie die häufigsten inneren Schwierigkeiten und Störungen abdecken dürften. Hat sich das in ihrer praktischen Anwendung auch gezeigt, so muss es doch nicht immer so sein. Überlegen Sie sich also weitere Worte. – Übrigens: »Namu Amida Butsu« in Tabelle ⑧ (aus dem japanisch-buddhistischen Amida-Kult) bedeutet – frei in unsere Denkweise übersetzt – etwa »Ich baue auf die Allmacht und Güte Gottes«.

Eheliche bzw. partnerschaftliche Übereinstimmung (EÜ, PÜ) ② ⑨

Erinnern Sie sich an die Ausführungen, die ich im Rahmen der vielen praktischen Anwendungen der 100 %-Skala ② über *die Männlichkeit und Weiblichkeit des Charakters* machte? Sie sind gewissermaßen eine Einführung zu dem jetzt behandelten Thema. Im konkreten Fall einer Überprüfung können Sie Ihnen auch hier zuweilen gewiss recht hilfreich sein.

Die eheliche bzw. partnerschaftliche Übereinstimmung ist durchaus nicht so sehr ein Geheimnis oder ein stets vorhandenes Risiko, wie manche Menschen meinen. Das gedeihliche Zusammenleben bzw. Zusammenarbeiten von zwei Menschen verlangt auf gewissen Gebieten ausreichende Gleichartigkeit und auf anderen wechselseitige Ergänzung. Das gilt nicht nur für Mann und Frau, sondern auch für Personen des gleichen Geschlechts, die etwa beruflich oder geschäftlich oder auf einem besonderen Hobbygebiet auf enge Zusammenarbeit angewiesen sind. Mir begegnete dieses Problem in der Wirtschaft vor allem in vielen Büros und in hohen Führungspositionen. Übrigens kann diese Betrachtung auch für das Lehrer-Schüler-Verhältnis, besonders (aber nicht nur) im Erwachsenenbereich, im Hinblick auf den erstrebten Lernerfolg manchmal wertvolle Hinweise geben.

Die hierher gehörige Pendeltafel ⑨ führt sieben Beurteilungspunkte übersichtlich auf, nach denen ich seit über 40 Jahren unzählige Partnerschaftsgespräche ehelicher oder berufsmäßiger Art geführt habe. Bei jedem Punkt finden Sie der Klarheit halber gleich das nötige Stichwort zur Kennzeichnung der wünschenswerten oder erforderlichen Gleichartigkeit bzw. Ergänzung angefügt. Insoweit brauche ich das nicht zu wiederholen. Ich möchte hier nur einige ergänzende Hinweise geben, die mir wichtig erscheinen.

1. *Das allgemeine Kultur- und Geistesniveau* soll so sein, dass beide etwa »in den gleichen Welten leben«. Das gilt besonders auch für die Ausbildung der charakterlichen Seite, d. h., wie weit die innere Ausrichtung der beiden Menschen von den Werten geprägt ist, die für sie bestimmend sind. Die erwähnten »gleichen Welten« hängen viel weniger von der genossenen Schulbildung ab als von den brennenden Interessen, diese Welt in ihren vielen Aspekten sich geistig zu erobern. Schulmäßig zurückliegende Partner, besonders zusätzlich als Spätentwickler, können bei dieser Voraussetzung oft in erstaunlich kurzer Zeit einen hier vorausliegenden Partner ein- oder gar überholen. Bezüglich des Wertes der durchlaufenen Bildungsstätten verweise ich auf meine Darlegungen zur »Bildung« im Kapitel über den Lebenssinn.

2. *Intelligenz, als Verstand im engeren Sinn:* Das einigermaßen ausgeglichene Gesamtniveau schließt nicht aus, ja macht es wünschenswert, dass in der Intelligenz eine gewisse Ergänzung gegeben ist. Auch wenn extreme Gleichheitsfanatiker das nicht wahrhaben wollen: *Das Denken der durchschnittlichen Frau* ist eher konkret, am Denkgegenstand haftend, also mehr lebenspraktisch-realistisch, während das Denken *des durchschnittlichen Mannes* mehr abstrakt ist, also in seiner Gedankenfolge eher in die Ferne schweifend (und sich dort möglicherweise verlierend), folgerichtiger, prinzipieller. Die Frau denkt und handelt viel mehr aus ihrer stärkeren persönlichen Ausrichtung, der Mann mehr aus der sachgebundenen. Der Frau geht es mehr um das tatsächliche Leben, dem Mann mehr um das Prinzip als solches.

Der Volksmund lässt den Mann oft zu einer Frau sagen: »Du mit deinem kurzen Verstand!« und die Frau einem Mann gegenüber: »Du mit deiner langen Leitung.« Dem liegt ein wahrer Kern zugrunde: Es ist die Minusseite der vorwiegend positiven Ausrichtung. Aber bitte: Nicht jeder Mann und jede Frau ist typisch, außerdem korrigiert die heute gleichwertige geistige Ausbildung der Frau dieses Bild zu einem Teil. Diese gewisse wechselseitige Ergänzung ist in der Lebenspraxis oft ein wichtiges Korrektiv für beide Teile. Das ändert aber nichts daran, dass das Intelligenzniveau insgesamt einigermaßen ausgewogen sein sollte.

3. *Das Temperament* ist der Grad der inneren Erregbarkeit: Zwei Hitzköpfe müssen sich über Gebühr oft »in die Haare kriegen«, zwei ausgesprochen Ruhig-Bedächtige drohen in Langeweile zu ersticken. Das ist natürlich überformuliert. Das ausgesprochen lebhafte und das ruhige Temperament ergänzen sich am besten.

4. *Bei der Willensartung* ist das ähnlich: Der mehr aktiv zupackende Wille verträgt sich auf die Dauer am besten mit einem mehr ruhig-geduldig-beständigen Willenseinsatz.[27]

5. *Ein Mindestmaß an echter seelischer Hingabefähigkeit,* also in der vollen Öffnung dem anderen Teil gegenüber, ist unerlässlich. Der allzusehr in der Behauptung seines ICHs Befangene macht das Leben für den anderen Teil auf die Dauer unerträglich.

6. *Speziell im sexuell-intimen Bereich* sollten die Triebkräfte beider etwa ausgeglichen sein. Hier lauert immer die zusätzliche Gefahr, dass ausgeprägte Sexualkraft als Begleiterscheinung einer besonderen Vitalstärke in Konflikt kommt mit ausgeprägter Empfindsamkeit/Empfindlichkeit der anderen Seite.

7. *Die Liebe* ist unberechenbar: Ist sie relativ oberflächlich oder wirklich tief? Nur die wirklich tiefe Liebe mit viel Verständnis für den anderen (Ziffer 5!) kann starke Spannungen auf die Dauer verkraften und ausgleichen.

– Hier noch ein Wort zu anfänglich starker Antipathie zwischen zwei Menschen, weniger hinsichtlich ehelicher als der partnerschaftlichen Verbindung: Ist sie allzusehr wesensmäßig bedingt, wird sie sich kaum je überwinden lassen. Ist sie genau besehen mehr situationsbedingt, wie nicht selten im Berufs- oder Geschäftsleben, lässt sie sich bei hinreichender Gesinnungs- und Lebenskultur beider im Laufe der Zeit zuweilen total ausräumen. Dafür gibt es viele Beispiele.

Auch hier ist *das Erfragen der ehelichen bzw. partnerschaftlichen Übereinstimmung* mit der 100 %-Skala einfach: »Wie hoch ist sie bei den beiden Partnern X und Y?« 100 % wäre ein Optimum, das sicher nur in ganz seltenen Fällen vorliegen kann. Und 50 % ist das absolute Minimum, bei dem man immerhin schon aufeinander zuzugehen beginnt. Denn die beiden verschiedenen Menschen sollen ja über ihre normale Zweiheit und Verschiedenheit hinaus gedeihlich zusammenleben. Bei einem Ergebnis unter 50 % kann demnach von wesentlicher Übereinstimmung, selbst in ausreichenden Teilbereichen, kaum die Rede sein. Bei 75 % können wir schon von einer durchschnittlich guten Ehe sprechen, in der es ja immer wieder einmal mehr oder minder starke Spannungen gibt, die aber von beiden Teilen so verkraftet werden, dass sie sich dann doch wieder erträglich zusammenfinden. Nicht umsonst hat der Volksmund das treffliche Wort »zusammenraufen« entstehen lassen. Erst ab 76 % (ganz schematisch gesehen) ehelicher Übereinstimmung beginnen dann die wirklich überdurchschnittlich guten Ehen. Für die Kurzform von Notizen empfiehlt sich ganz einfach z. B.

EU 85 oder PÜ 55.

Diese Zahlen besagen also eine überdurchschnittlich gute Ehe bzw. ein gerade noch erträgliches Zusammenarbeiten, das immer wieder durch allerlei Spannungen beträchtlich getrübt wird.

Wie können Sie mit der Pendeltafel ⑨ arbeiten? Zur Anregung einige Beispiele, auch für daraus folgende weitere Pendelfragen:

- »Bei welchem der hier aufgeführten sieben Kriterien herrscht in meiner Ehe, in der Partnerschaft von X und Y, die beste, die zweitbeste, die geringste, die zweitgeringste Übereinstimmung?«
- »Bei welchem besonderen Punkt soll ich, soll X in der Partnerschaft mit Y, wegen akuter Gefährdung besonders aufpassen, besonders bedachtsam sein?«
- Dann und bei einem Schwachpunkt: »Sind die Differenzen so, dass sie noch eine realisierbare Möglichkeit der Überbrückung haben, ja oder nein?«
- Bei einer konkreten Störung: »In welchem Bereich der sieben aufgeführten Punkte liegt die Ursache dieser Störung unserer Übereinstimmung?«
- Auf dem A-B-Schema ③: »Liegt die Ursache dieser Störung vorwiegend auf der männlichen Seite = A oder auf der weiblichen Seite = B oder außerhalb der beiden (z. B. Arbeitsplatz, weitere Familie, Freunde, Wohnort usw.) – dann bitte direkt auf mich zuschwingen –?« (Eine solche Dreierfrage ist auf diesem Schema immer möglich, solange nicht Zwischenwerte zwischen A und B gefragt werden.)
- Im Anschluss können Sie etwa den letztgenannten dritten Fall durch weitere Fragen vertiefen oder auch auf der 100 %-Skala ② nach dem Prozentsatz der Ursachenbeteiligung fragen.

Die menschlichen Bedürfnisse und Antriebskräfte (Interessen) ⑩

Für diese beiden Begriffe in der Überschrift sagen wir heute zumeist *Wünsche und Interessen.* Wir können auch von den Motiven für unser Denken und Tun sprechen. Schiller lässt Wallenstein das Wort sprechen:.

> »Hab' ich des Menschen Kern erst untersucht,
> so weiß ich auch sein Wollen und sein Handeln.«

Des Menschen Kern sind seine Interessen, es ist nicht der Verstand. Denn dieser arbeitet immer nur im Sinn der »Antriebskräfte« des Menschen, eben seiner Interessen, die ihn ja in der Tat »antreiben«. Denn das Interesse macht die Energie unmittelbar wirksam.

So ist *das Geheimnis der seit Jahren vielbesprochenen Motivation,* bei dem zu motivierenden Menschen ein ihn belebendes Interesse zu finden, das sich bei seinem täglichen Tun befriedigen lässt. Findet es sich, dann ist er schon weitgehend dafür gewonnen. Findet es sich nicht, wird der allenfalls einsetzende »Wille«, das heißt die bloß verstandesmäßig einsetzende Bemühung baldigst verbraucht sein, sofern sie überhaupt eine Anfangsanstrengung bewirkt haben sollte. Ein starkes Interesse erreicht bei nur durchschnittlicher Begabung weit mehr als die beste Begabung bei nur mäßigem oder gar fehlendem Interesse. Die Interessen, also die Triebkräfte, sind unser Motor. Verstand, Wille und Fähigkeiten sind immer nur deren Diener, deren Gehilfen, deren ausführende Organe. Nach diesen Interessen gilt es also zu fragen und zu forschen. Wie viele sonst noch so gescheite Menschen sind sich über diesen *»Primat der Interessen«* nicht im Klaren mit allen verderblichen Folgen ihrer falschen Menschenbehandlung![28]

Eine zwar auf die psychologischen Kernpunkte beschränkte, für den Alltag aber ausreichende Übersicht über die menschlichen Interessen finden Sie hier in der Übersicht ⑩. Sie hilft Ihnen, diesen so zentral wichtigen Punkt im Leben eines jeden Menschen zu klären. Es gibt natürlich viele Betrachtungsweisen und viele Möglichkeiten, die einzelnen Punkte dieser Tafel ⑩ zu gliedern und einzuordnen. Ich habe diese Form gewählt, die sich pendlerisch leicht auswerten lässt. Sie baut auf der psychologischen Tiefe des menschlichen Wesens auf. Das zu wissen, macht es leicht, dann die vielfachen Erscheinungsformen dieser einzelnen Kernbegriffe in Gestalt der mehr oberflächlichen »Eigenschaften« zu erkennen.

Das pendlerische Vorgehen ist einfach: Fragen Sie nach dem am stärksten, am zweitstärksten ..., am schwächsten ausgeprägten Punkt. Die 100 %-Skala ② kann Ihnen das exakte Maß angeben. – Oder fragen Sie auf der Zahlenreihe 0–10 auf dem A-B-Schema ③ die Reihenfolge der Gewichtung der einzelnen Punkte ab. Dazu sammeln Sie sich ganz auf einen nach dem anderen und bitten den Pendel jeweils, er möge Ihnen den genauen Stellenwert in der Ausprägung des zur Debatte stehenden Menschen aufzeigen. – Ein besonderer Hinweis auf bestimmte Kurzzeichen zum Festhalten des Ergebnisses erübrigt sich hier.

Die Hintergründe der so genannten Leistungsfähigkeit ⑪

Die Leistungsfähigkeit im allgemeinen Sinn des Wortes ist nicht, wie die meisten Menschen glauben, eine Eigenschaft, die man eben hat oder nicht hat. Sie ist vielmehr eine typische Folgeeigenschaft, d. h., sie ist die Folge einer Reihe von anderen »Eigenschaften« und verschiedenartigen Lebensumständen. Deshalb ist sie Schwankungen oder Änderungen unterworfen, beim einen mehr, beim anderen weniger. Sie kommen teils aus dem betroffenen Menschen selbst, teils von außen in Gestalt vielfältiger Beeinflussungs- und Störungsmöglichkeiten durch andere Menschen und alle möglichen sachlichen Umstände. Weil die Leistungsfähigkeit in unserer Leistungsgesellschaft eine so große Rolle spielt, möchte ich sozusagen ihre verborgenen Wurzeln in dieser Übersicht ⑪ ins Helle rücken. In über 30-jähriger aktiver Arbeit in der Wirtschaft habe ich mir diese Hintergründe aus der praktischen Alltagssicht erarbeitet, und der Einsatz dieser Kriterien in nicht wenigen erfolgreichen Unternehmen hat ihre Richtigkeit immer wieder bestätigt.

Ich kann mich hier verständlicherweise nicht in die vielen Details einlassen. Das ist an anderer Stelle geschehen, wo Sie es nachlesen können.[29] Hier nur *wichtigste Stichworte zur Pendeltafel* ⑪. Die aufgeführten Punkte können übrigens zugleich als Kontrollliste für die Beurteilung einer Persönlichkeit ganz allgemein dienen:

Hauptinteressen: Noch einmal gesagt: Die Interessen sind des Menschen Kern, nicht der Verstand! Nehmen Sie das, was ich bei Besprechung der Pendeltafel ⑩ dazu sagte, mit in den Alltag Ihres Lebens.

Fachkönnen und Bildung: Darin bleiben die meisten Überprüfungen hängen, als ob das Erbringen guter Leistungen nur darin begründet wäre! Den Begriff der »Bildung« wollen Sie bitte so sehen, wie in dem Kapitel über den Lebenssinn (57) dargestellt.

Charakter im engeren Sinn: Wer will schon mit einem in der Vertrauenswürdigkeit zweifelhaften, gar unanständigen Menschen zu tun haben? Wer das vergisst, darf in der Regel teuer dafür »bezahlen«.

Intelligenz / Verstand: Unterscheiden Sie bitte scharf zwischen Wissen und Denken. Der wirklich Denkende kann fehlendes Wissen rasch erwerben, der nicht denkende Vielwisser (der nur ein gutes Gedächtnis hat) kann nie wirklich produktiv sein.

Vitalkraft: Auch die eminente Bedeutung der Lebenskraft, der Nervenenergie wird vielfach gar nicht gesehen. Sie ist die am meisten missachtete Kraft. Dabei geschieht ohne sie nichts.[30] Keine größere Belastbarkeit, keine tiefe Fundierung der Gesundheit ohne ihre entsprechende Stärke!

Selbstbewusstsein, Selbstgefühl: Über diese vielschichtige Problematik gleich im Anschluss die Pendeltafeln ⑫ und ⑬ sowie die Ausführungen im Kapitel Lebensgrundlage (55).

Die restlichen Punkte der Tabelle ⑪ dürften hier für sich selbst sprechen.

Die Auswertung dieser Übersicht mit dem Pendel erfolgt in der gleichen Weise wie bei der Pendeltafel ⑩.

Selbstgefühl oder Selbstbewusstsein und seine Störungen ⑫ ⑬

Das Selbstgefühl oder das Selbstbewusstsein ist für jeden Menschen von ganz zentraler Bedeutung. Es hat großen Einfluss auf die Gesamtpersönlichkeit und die innere Sicherheit und all ihr Tun. Ein gestörtes Selbstgefühl beeinträchtigt die gesamte innere und äußere Entfaltung. Nur wenn es weitgehend ungestört ist, kann man von seinen Fähigkeiten Gebrauch machen. Natürlich wirkt sich das auch auf den Gesundheitszustand aus. Ich brauche nur den lebensfrohen, selbstsicheren Menschen dem Depressiven, Lebensverunsicherten gegenüberzustellen: Der erste strotzt oft vor Gesundheit, und der zweite füllt die Arztpraxen.

Nicht umsonst werde ich im Kapitel über *die seelisch-geistigen Störungen* darauf hinweisen, dass uns die Begriffe der seelischen oder inneren Konflikte, der Komplexe und dergleichen bei diesen Betrachtungen über das Selbstgefühl und seine besonderen Störungen dort wieder begegnen. Da gibt es nun einmal keine klare Trennungslinie.

Ich bevorzuge als *Oberbegriff das Wort »Selbstgefühl«,* obwohl im Lebensalltag auch gern vom Selbstbewusstsein gesprochen wird. Der Grund ist einfach: Der letztere Begriff ist doppeldeutig. Einmal meint er Selbstbewusstsein im weiteren Sinn und das andere Mal nur Selbstvertrauen. Darüber sogleich:

Betrachten Sie die Übersicht ⑫. Sie öffnet Ihnen den Blick auf die *zwei Säulen, auf denen sich das individuelle Selbstgefühl (oder Selbstbewusstsein im weiteren Sinn) aufbaut.* Diese Grundeigenschaft unserer Wesensart ist naturgemäß komplex und schwierig zu durchschauen. Jetzt hellt sie sich sofort auf. Auf der einen Seite steht das Selbstwertgefühl, die Basis unseres Selbstvertrauens, das »selbstbewussten« Menschen zu eigen ist. Jetzt haben Sie das Selbstbewusstsein im engeren Sinn vor sich. Und jetzt verstehen Sie sofort, warum dieser Begriff unserer Alltagssprache in sich unklar ist: Er meint einmal den umfassenden Selbstgefühlskomplex und das andere Mal nur die eine Säule, auf der sich das Ganze aufbaut. Das müssen wir kritisch erkennen. Sonst bekommen wir keine Klarheit.

Die linke Säule der Tabelle ⑫ ist – wie gesagt – *das Selbstwertgefühl.* Das ist die jedem Menschen innewohnende Instanz für die eigene Bewertung. Das Entscheidende, im Gegensatz zur rechts dargestellten Säule, ist, dass es keine Triebfeder, kein Interesse (das immer befriedigt sein möchte), also keine Antriebskraft ist. Wir haben viel oder wenig Selbstvertrauen. So ist es – und damit sind wir zufrieden. Haben wir gar zuviel davon, dann sind wir (wie immer bei Übermaß einer noch so guten Sache) auf der negativen Seite der Selbstüberschätzung in allen ihren unerfreulichen Erscheinungsformen wie Selbstgerechtigkeit, Selbstherrlichkeit und Anmaßung.

Ganz anders liegen die Dinge bei der anderen Säule unseres Selbstgefühls, *dem rechts dargestellten Selbstbestätigungsverlangen oder Selbstschätzungstrieb.* Beachten Sie, dass hier immer wieder die Worte auftauchen: Verlangen, Bedürfnis, Trieb, ... Geiz. Sie zeigen ganz klar an, dass wir hier stets angetrieben sind, dass uns ständig der in uns steckende Stachel reizt, immer noch mehr Selbstbestätigung und Selbstschätzung zu bekommen. Diese uns dauernd auf Trab haltende Triebkraft ist der wesentliche Unterschied zur linken Seite der Tabelle, zur anderen Säule unseres Selbstgefühls.

Es verbietet sich, hier weiter in die so bedeutsamen und im praktischen Leben oft so rätselhaften, zuweilen widersprüchlich erscheinenden Äußerungsformen des Selbstgefühls hineinzuleuchten. Jeder, der viel mit Menschen zu tun hat, sollte es tun. Ich bin mir sicher, er wird reichen Nutzen daraus ziehen. In meinem Buch »Die vergessene Welt der Gefühle« können Sie alle in diesem knappen Kapitel hier nur angeschnittenen Zusammenhänge genauer auf sich wirken lassen.[31] Nur einen Ausschnitt daraus möchte ich sogleich folgen lassen, weil er unmittelbar die lebenspraktische Seite des Schemas ⑫ ganz plastisch macht.

Das menschliche Alltagsverhalten ist geprägt durch die folgenden Stichworte

bei vorwiegendem Selbstwertgefühl:	*bei vorwiegendem Selbstschätzungstrieb:*
eher unauffällig und still	eher auffällig und laut
mehr sein als scheinen	mehr scheinen als sein: etwas sein wollen
natürlich und echt	wenig ursprünglich, unecht, gemacht
innerlich unabhängig	abhängig von anderen
in sich ruhend	ständiges Schielen nach den anderen
wenig empfindlich, selbst bei ungerechter Kritik, da man seinen Wert in sich selbst trägt	empfindlich gegenüber Lob und besonders Tadel, da man Bestätigung von außen braucht

Betrachten Sie daraufhin kritisch die Menschen Ihrer Lebensumgebung! Sie werden sofort den großen Wert dieser Übersicht ⑫ für Ihre Menschenbeurteilung erkennen. Aber vergessen Sie nicht die Kritik auch sich selbst gegenüber: Wer von uns unvollkommenen Menschen könnte von sich behaupten, er sei frei von Fehlern!

Das Vorgehen mit dem Pendel ist einfach: Sie fragen zuerst, welche der beiden Seiten – und in welchem Maß – stärker ausgeprägt ist. Die markierten Maßstriche geben Ihnen die gleiche Einteilung wie beim A-B-Schema ③: 0, 20, 40, 60, 80, 100 %, abzulesen in beide Richtungen. Auch hier gilt: Das Überwiegende ist immer in der angezeigten Richtung, der verbleibende Rest gilt dann folgerichtig für die Gegenseite. Und wenn Sie das jeweils vorherrschende Plus oder Minus der jeweils betroffenen Seite ermitteln wollen, anders ausgedrückt: das summarisch-durchschnittliche Überwiegen der einen oder anderen Seite, dann setzen Sie den Pendel nochmals im jeweils betroffenen äußeren Punkt an und fragen danach. – Sie werden bald erkennen, dass Ihnen auch diese

Tabelle sozusagen zu einer kaum zu ersetzenden Schlüsselerkenntnis verhelfen kann.

Eine zweite psychologische Betrachtung ist in diesem Zusammenhang von der größten Bedeutung: Es geht um *den Aufbau bzw. die Zerrüttung des Selbstwertgefühls und damit auch der ganzen Persönlichkeit.* Die Übersicht ⑬ weist Ihnen einen – wie ich getrost sagen darf – »psychologischen Mechanismus« auf, der mit der gleichen Sicherheit wie ein gut konstruiertes Räderwerk abläuft. Ohne fundiertes Selbstvertrauen mit dazugehöriger Selbstsicherheit kann es keine ungehemmte positive Entfaltung eines Kindes oder eines Erwachsenen, kein wirklich eigenständiges Handeln und damit keine Steigerung der Leistung geben. Ebenso wie besonders auf der negativen Seite des Selbstschätzungstriebes in der Tabelle ⑫ haben wir auch hier auf der rechten Seite die Quelle von ungezählten inneren Konflikten und »Komplexen«. Nur der Mensch, der in diesem Fundament seiner Persönlichkeit mehr oder minder ungestört ist, kann seine Kräfte und Fähigkeiten im praktischen Lebensalltag sinnvoll und nachhaltig einsetzen. Hier liegt die Wurzel für die Lebenstragik von ungezählten Millionen Menschen vor uns.

Die in dieser Übersicht ⑬ aufgezeigte psychologische Gesetzlichkeit spricht für sich. Sie bedarf hier bei der notwendigerweise knappen Darstellung keiner weiteren Erläuterung. In dem bereits erwähnten Werk[31] finden Sie die für die Lebenspraxis so wichtige Ersatzbefriedigung des in seinem Selbstwertgefühl zerrütteten Menschen behandelt, ebenso wie die Situation des Klein- und des heranwachsenden Kindes. Das Kostbarste an ihm ist seine ganz naive Selbstsicherheit als Äußerung seines noch naiv-unbewussten Selbstvertrauens. Dieses Urvertrauen zu bewahren und es nicht zu zerrütten und zu zerstören, ist in den frühen Lebensjahren mit das Wichtigste in der Erziehung. Nur so können schwere und schwerste Beeinträchtigungen und Schäden für das ganze Leben vermieden werden.

Das Arbeiten mit dem Pendel ist hier völlig unproblematisch. Die pendlerische Situation entspricht ganz genau der Übersicht ⑫ mit den dortigen Hinweisen.

Nun bleibt mir noch eine dritte psychologische Gesetzlichkeit darzulegen: *die Überkompensation von Persönlichkeitsschwächen, z. B. des viel zitierten Minderwertigkeitskomplexes.* In der Übersicht ⑫ finden Sie diesen Begriff der Überkompensation auf der rechten Seite unter der Überschrift »Geltungsbedürfnis« schon verzeichnet. Was geht hier vor, wie läuft dieser verborgene »psychologische Mechanismus« ab? Trotz aller äußeren Verschiedenheiten, die die unendliche Vielfalt der Lebensverhältnisse mit sich bringt, läuft er im Prinzip ausnahmslos nach dem folgenden Vier-Stufen-Schema ab:

(Erste Stufe) Minderwertigkeitsgefühl oder Gefühl einer Unzulänglichkeit im Vergleich mit anderen, vor allem solchen, an denen man ganz unbewusst seinen eigenen Wert »misst«.

(Zweite Stufe) Verdrängung: Die bewusste Erkenntnis der Schwäche, der Unterlegenheit gegenüber dem Überlegenen ist dem Selbstschätzungsverlangen, der eigenen Eitelkeit, dem eigenen Bedeutungsbedürfnis, dem ICH nur schwer oder gar nicht erträglich. Also darf das für uns nicht wahr sein. Wir verdrängen es durch:

(Dritte Stufe) Selbsttäuschung: Am einfachsten durch eine glaubhafte Entschuldigung, z. B. im Sinne der Fabel »Die Trauben sind ja doch zu sauer« oder »Morgen wird die Gelegenheit sowieso besser sein« usw. Wir gaukeln uns und dann auch anderen eine angebliche Tatsache vor, die uns entlastet und glaubhaft erscheint. In diesen Gedanken retten wir uns und glauben ihn dann bald auch selbst.

(Vierte Stufe) Überkompensation (»Übermäßiger Ausgleich«): Noch besser für unsere Selbstschätzung, wenn wir uns über den in Wahrheit Überlegenen oder gegenüber dem uns unerreichbaren Ziel noch überhöhen dürfen. Dann sind wir ja sogar die Überlege-

nen! Daher die stets anzutreffende offene oder versteckte Überhebung/Überheblichkeit (Arroganz):

- entweder durch ein irgendwie geartetes Herunterreißen des tatsächlich Überlegenen oder Beneideten (z. B. schon in der primitiven, aber doch wirkungsvollen Form: »Dieser Idiot kann das natürlich nicht begreifen.«)
- oder durch unechtes Sich-selbst-Herausstellen (Angeberei oder Renommiergehabe in irgendwelcher Form, z. B. »Da habe ich aber etwas ganz anderes zu bieten ...«).

Ich habe an der bereits erwähnten Stelle[31] eine ganze Reihe von praktischen Beispielen aus der Vielfalt des Lebens aufgeführt, wo sich in jedem Fall dieses Vier-Stufen-Schema erkennen lässt. Diesen typischen Ablauf zu erfassen, *zu lernen, ihn immer wieder durch die noch so verschiedenen Lebensumstände hindurchschimmern zu sehen* trotz der immer wieder anders gearteten äußeren Situation: Das bedeutet, einen großen Schritt vorwärts zu machen in der Schärfung seiner Menschenkenntnis. Es gilt dabei immer wieder, den kritischen Augenblick zu erfassen. Da ist einer bemüht, einen anderen irgendwie kleiner zu machen, gar herunterzureißen, ihm etwas Negatives anzuhängen oder sich selbst irgendwie herauszustellen, sich bedeutender zu machen, sich aufzuspielen. Jetzt sofort fragen: Warum? Welche eigene Schwäche dem anderen gegenüber will er überspielen und damit verbergen? Worin ist ihm der Herabgesetzte überlegen und warum? Das ist immer der gleiche Schlüssel, um die Tür der Erkenntnis zu öffnen.

Ein nicht unwichtiger Nachsatz: Mit der nötigen Achtsamkeit und Kritik uns selbst gegenüber können wir manchmal das gleiche Vier-Stufen-Schema an Äußerungen von uns selbst erkennen. Luther: »Wir sind allzumal Sünder!«

Kompensation und Überkompensation: Kompensation bedeutet Ausgleich, im vorliegenden Fall Ausgleich für die Rettung unserer Selbstschätzung nach dem Muster: »Auf dem Gebiet ist er eindeutig besser als ich, aber auf jenem bin ich besser als er. Also bin ich, sind wir gleichwertig.« Da bleibt kein verborgenes Bedürfnis nach unechter Überhöhung zurück. Da bleibt das Selbstgefühl gesund. Ganz anders natürlich bei der künstlich aufgesetzten Überkompensation, der übertriebenen Überhöhung.

Ein letztes Wort zur Arroganz: In der Tabelle ⑫ steht sie auf beiden Seiten. Die Arroganz aus Überkompensation von eigener Schwäche ist ungleich häufiger anzutreffen als die aus übersteigertem Selbstwertgefühl, die die berechtigten Interessen anderer einfach vom Tisch wischt. Beide Formen werden zumeist in einen Topf geworfen, nicht unterschieden. Wer es lernt, sie auseinanderzuhalten, weil sie ganz andere Wurzeln haben, der wird bald viel schärfer und treffender in seine Mitmenschen hineinschauen können. Gewiss nicht, um sich ihrerseits über sie zu erheben. Er versteht die Menschen und die Welt nur besser. Er wächst an seinen neuen Erkenntnissen. Er wird reicher in seinem Inneren, und sein Leben wird erfüllter.

Wie kann Ihnen der Pendel dabei helfen? Fragen Sie auf der 100 %-Skala ②:

- ganz allgemein: »Wie weit verfalle ich, verfällt X, im Durchschnitt des Lebensalltags in den seelischen Prozess der Überkompensation, bezogen auf die 100 % der totalen Selbsttäuschung?«
- im besonderen Fall: »Wie weit verfiel ich, verfiel X, in dem Erlebnis von vorhin in den seelischen Prozess … (wie soeben)?«
- im besonderen Fall auf dem A-B-Schema ③: »War das überhebliche, das arrogante Verhalten von mir, von X, Arroganz aus Selbstüberschätzung, aus überspannter Selbstsicherheit = A oder aus Überkompensation einer Schwäche = B?«

Für das einfache Festhalten Ihres Pendelergebnisses brauchen Sie nur die sinnvollen Abkürzungen »Swg« für Selbstwertgefühl und »Sstr« für Selbstschätzungstrieb zu benützen und die jeweils angegebenen Prozentzahlen anzufügen.

Der ganzheitliche Mensch in seinen Kerneigenschaften (KE) ⑭

Für das klare Erfassen und die treffende Beurteilung eines Menschen gilt es im konkreten Fall, die unendliche Vielfältigkeit und sonst unüberblickbare Zahl von menschlichen Eigenschaften und Verhaltensweisen durchschaubar zu machen und sie klar in den Griff zu bekommen. Dabei kann man von den wesentlichen Grundgegebenheiten ausgehen, ohne sich in Einzelheiten zu verlieren. Dazu gibt es bis heute kaum eine bessere Hilfe als die von Ludwig Klages entwickelten *6 Stammbegriffe der menschlichen Persönlichkeit.*[32] Sie müssen zweckmäßigerweise nur durch 5 zusätzliche Grundeigenschaften erweitert werden, dann haben wir den Kern einer jeden Persönlichkeit in ihrer noch so ausgeprägten Verschiedenheit recht klar vor uns. Deshalb nenne ich diese Eigenschaften gern die »Kerneigenschaften«.

Der Wert dieser Betrachtungsweise liegt darin, dass sie für den praktischen Lebensalltag und für jegliche Menschenbetrachtung und Menschenbeurteilung alle Momente aufweist, *die erst in der Summe ein wirklich umfassendes Persönlichkeitsbild ausmachen.* Es fehlt nicht ein einziger Wesenszug, der wesentlich ist. So bleibt die Betrachtung nicht, wie so oft, nur Stückwerk. Man kann sich darauf verlassen, dass man so vor späteren Überraschungen bewahrt bleibt, natürlich sofern man korrekt mit dieser Übersicht arbeitet. Es ist ja hier die Schwierigkeit und die Gefahr – der viele zum Opfer fallen –, dass nur irgendwelche besonders auffallenden Teilaspekte einer Persönlichkeit erfasst und ausgeleuchtet werden. Und das, ohne der Frage nachzugehen: Sind diese oberflächlicher oder wirklich tief begründeter Natur, und sind sie tatsächlich *wesentlich* für den Menschen, um den es geht? Damit sind wir bei dem Problem: *Was sind eigentlich die wesentlichen Grundzüge eines Menschen,* sodass auch nicht einer fehlt? Denn darin liegt die Wurzel für oft bittere und teuer bezahlte spätere Enttäuschungen.

Damit habe ich *das Problem der meisten Typologien* angesprochen, von denen es eine beachtliche Menge gibt. Im vorliegenden Zusammenhang scheint mir der Klarheit wegen ein Wort dazu ratsam. Sie gehen nicht wirklich in die Tiefe der Persönlichkeit. Sie verallgemeinern einen besonders hervorstechenden Zug und konstruieren dann den mit Nummern gezeichneten »Typ«: »Das ist der Typ 1«, und dem wird alles untergeordnet. Den einfachen Grund habe ich eben schon angesprochen: Oberflächliche Schichtungen werden überschätzt, und die tiefen Quellen, aus denen heraus die Persönlichkeit genährt wird, werden nicht oder kaum bedacht. Um es so auszudrücken: Eine Folgeeigenschaft wird als eine Kerneigenschaft betrachtet, obwohl sie ja nur die Folge von einer oder mehreren Kerneigenschaften ist. Und diese existieren für diese Typologien oft gar nicht! Folge: Wenn der betroffene »Typ 1« nun in andere Lebensumstände kommt, dann verliert er rätselhafterweise seine alte und entwickelt eine »neue Wesensart« und wandelt sich eben zum »Typ 4«. So einfach ist das!

Als ob ein Mensch seine wahre Wesensart verändern und noch dazu so rasch verändern könnte! Der in seinem Wesen zum Beispiel wirklich charakterstarke oder vorausschauende Mensch ist in allen Lebenslagen, den angenehmsten und den schlimmsten, immer charakterstark oder vorausschauend. Das kann er gar nicht ändern oder er wäre es von vornherein nicht. Und schließlich noch das Problem der Typologien: Als ob man etwa die unendliche Vielfalt des Menschen in z. B. neun Typenmuster hineinzwingen könnte! Wo bleibt bei dieser noch so interessant erscheinenden Gedankenspielerei das wirklich umfassende Persönlichkeitsbild? Wo wirklich nichts Wesentliches fehlt, ob es zum jetzigen Zeitpunkt gerade aufscheint oder auch nicht?

In diesem Zusammenhang weise ich Sie auf das Kapitel »Die Hintergründe der so genannten Leistungsfähigkeit« ⑪ hin. Hier haben Sie *ein schönes Beispiel,* wie die bloße Folgeeigenschaft *»Leistungsfähigkeit«* zurückgeführt wird auf die ihr zugrunde liegenden Kerneigenschaften. Viele Menschen sind auf einem bestimmten

Gebiet (nicht nur wegen ihres Fachkönnens!) sehr leistungsfähig und werden daher als allgemein tüchtig beurteilt. Ändern sich bestimmte Lebensumstände, sind sie es auf einmal gar nicht mehr! Das Leben bietet genug Beispiele dafür.

Bei einer Betrachtung, die von den Kerneigenschaften des Menschen ausgeht, kann es keine rätselhaften »Charakteränderungen« geben. Hier gibt es nur die Reaktionen der im Kern immer gleichen Wesensart auf die geänderten Umweltanforderungen. Das Problem ist nur: Was sind denn solche Kerneigenschaften? Wie ich schon in meinem ersten Pendelbuch schrieb, kenne ich dafür keinen besseren Ausgangspunkt als die sechs »Stammbegriffe« der menschlichen Persönlichkeit von Ludwig Klages. Die Betrachtung geht von der »Grundkonstruktion« ausnahmslos eines jeden Menschen aus: Zum Ersten sind wir ein die Welt mehr passiv aufnehmendes »sensorisches« oder »rezeptorisches« und zugleich ein die Welt aktiv gestaltendes »motorisches« Wesen. Und zum anderen leben wir in den drei Ebenen Leib, Seele und Geist. In jeder dieser Ebenen müssen sich die erstgenannten Seiten des Aufnehmens und des Gestaltens kundtun. In diesen sechs Stammbegriffen ist der ganze Mensch in seiner Grundnatur enthalten.

Betrachten Sie nun die Pendeltafel »Der ganzheitliche Mensch in seinen Kerneigenschaften« ⑭. Dann finden Sie *im unteren Bereich* eben diese sechs Stammbegriffe zusammen mit einigen klärenden Bezeichnungen aufgeführt. *Links unten* finden Sie die vital-leibliche Ebene in ihrer sensorischen und motorischen Seite und darüber die ihr entschieden mehr zugeordnete geistige Ebene in Gestalt des bewussten Zweckwillens. Und *rechts unten* befindet sich die vitalseelische Ebene wiederum in ihrer sensorischen und motorischen Seite und darüber die ihr entschieden mehr zugeordnete geistige Ebene in Gestalt des begrifflichen Denkens, also unserer menschlichen Ratio, unseres Verstandes.

Um das sofort an dieser Stelle zu klären: *Unsere geistig-spirituelle Seite,* also unsere Verbindung zur großen, allgewaltigen Kraft über uns, steht über allem. Sie ist nicht nur in unserem Denken lebendig, sondern sie erfasst genauso Seele und Leib. Denn in diesem Sinn sind wir als ganze Menschen in allen unseren Ebenen »durchgeistet«. Erinnern Sie sich an das Stichwort: »Der Tropfen aus dem Ozean der Ur- oder göttlichen Kraft: Alles ist uns rätselhafte schwingende, fließende Energie!«

Die zusätzlichen fünf Begriffe im oberen Teil haben sich mir in den Jahrzehnten meiner Ausbildungstätigkeit in Unternehmen sozusagen aufgedrängt. Wohl sind sie in den sechs Stammbegriffen versteckt enthalten, aber eben nur versteckt. Weil sie jedoch für die Erfassung der Wesenszüge eines Menschen von entscheidender Bedeutung sind, habe ich sie diesen sechs noch hinzugefügt und kam so auf die Gesamtzahl elf der Kerneigenschaften. Sie beinhalten ganz lebenspraktisch gesehen in der Tat den ganzen Menschen. Ich darf getrost anfügen, dass sich diese Betrachtung seit langem in der Praxis hervorragend bewährt, und das in der Hand vieler verantwortungsbewusster Menschen.

Zum Selbstgefühl: Ich erinnere an die besonderen Ausführungen zu diesem schillernden, anfänglich schwer durchschaubaren Begriff im vorausgehenden Kapitel.

Beachten Sie bitte bei den Begriffen Antrieb und Ausdruck den klaren Unterschied: Beim starken Antrieb mit seinem Aktivitäts- und Tatendrang geht es um die Befriedigung dieser fundamentalen Antriebskraft um ihrer selbst willen. Das ist die Antriebskraft an sich. Sie ist da und muss sich ausleben. Da gibt es kein besonderes Ziel, auf das sie sich etwa richten würde. Und eben das, aus der seelischen Wurzel kommend, kennzeichnet den Schaffensdrang, das Gestaltungsbedürfnis des »Ausdrucks«.

Wenn Sie sich mit den 6 Stammbegriffen in der unteren Schemenhälfte mit ihrem Zusammenspiel und dem Verhältnis aller aufgeführten Kerneigenschaften zueinander genauer vertraut machen, werden Sie bald merken, was Sie damit für *ein hervorragendes*

Werkzeug zum Erfassen der wesentlichen Züge einer menschlichen Persönlichkeit vor sich haben. Und je mehr Sie auf diese Weise in die seelischen Grundlagen des Menschen eindringen, um so leichter wird es für Sie werden, dann entsprechende Folgerungen zu ziehen aus dem Ineinanderwirken dessen, was da und was nicht da ist. Sie können oft in verblüffend erscheinende Einzelheiten hineingehen.

Pendelhinweise besonderer Art brauche ich hier wohl nicht zu geben. Das Vorgehen ist hier nicht anders als bei allen anderen ähnlich aufgebauten Pendeltafeln. Nur einige Bemerkungen dazu:

- Im Vordergrund steht die Frage: Welcher der aufgeführten Gesichtspunkte bestimmt das Wesen dieses Menschen X am stärksten, welcher am zweit-(oder dritt-)stärksten, welcher am wenigsten, am zweitwenigsten?
- Dann ist die Frage auf der 100 %-Skala ② oft sehr ergiebig: Wie viel Prozent der Gesamtpersönlichkeit werden durch diesen Punkt geprägt? Das ist bitte kein bloß quantitatives Zahlenspiel: Der einfühlsame Betrachter kann es leicht und treffend sozusagen auf die qualitative Seite des Wesens übertragen.
- Das Schema »Das rechte Maß« ④ gibt, wenn Sie seine Benützung für ratsam halten, für jeden befragten Punkt das genaue Maß von Viel oder Zuviel, von Wenig oder Zuwenig genauso wie das richtige Mittel- oder Durchschnittsmaß an.
- Für die Aufzeichnungen über das Pendelergebnis halte ich hier besondere Abkürzungen nicht für zweckmäßig, es sind zu viele Gesichtspunkte. Deshalb sind knappe Notizen nach dem persönlichen Geschmack immer noch das Beste.

Die Chakren als Zentren der Lebenskraft (CH) ⑮

»Die Dinge des Lebens können nicht
auf den Seziertisch unseres beschränkten
Verstandes gelegt werden.«
Daisetz T. Suzuki

Wer sich mit der jahrtausendealten Chakrenlehre ausreichend beschäftigt hat, der weiß von *ihrem Wert für die Erkennung des inneren Menschen* und von den Ausstrahlungen dieser Energiezentren in den Körper hinein. Auch hier begegnet uns wieder die Einheit von Seele und Körper. Nicht umsonst entdecken auch ernsthafte westliche Mediziner mehr und mehr ihre Bedeutung. (In dem einleitenden Teil des Buches meiner Frau, »Die Welt der Chakren – Praktische Übungen zur Seinserfahrung«, finden Sie knapp und übersichtlich alles Wesentliche darüber.)[33]

Wer sich diese so bedeutungsvolle Lehre einmal erarbeitet hat, dem öffnen sich *vielfache Einsichten über die unserem Bewusstsein normalerweise verborgenen Zusammenhänge* in der Ganzheit unseres Organismus. Denn die Ganzheit von Körper und Seele-Geist begegnet uns bei der Betrachtung der Chakren auf Schritt und Tritt. Bestimmen die Funktionen dieser sieben Energiezentren doch in großem Umfang mit ihren körperlichen Auswirkungen auch unsere geistig-spirituelle Einstellung und damit unser ethisch-moralisches Verhalten. Ich kann ihre Gesamtheit getrost als unseren dynamischen Energieleib bezeichnen.

Was sind die Chakren? Sie sind die Aufnahmeorgane für die kosmische (oder göttliche oder geistig-spirituelle) Energie in unserem materiellen Leib, also für unsere individuelle Lebenskraft (oder »Seele«). Sie steuern den Energiefluss in allen Teilen und Organen unseres Organismus und strahlen beim geistig hochentwickelten Menschen diese Energie auf die umgebende Welt aus. Sie sind gekennzeichnet durch ständige Bewegung, durch das ständige Fließen und Schwingen dieser Energie. Beim erwachten Menschen strahlen sie unaufhörlich hellstrahlendes Licht aus und das in lebendiger Farbenpracht. Beim geistig noch nicht Erwachten erscheinen sie gleichsam dumpf und ohne besonderes Leben.

So können wir die Chakren als Energiezentren bezeichnen, die sich relativ dicht entlang dem zentralen Organ der Wirbelsäule (Rückenmark!) befinden, also in dem noch sozusagen materiell ausgerichteten Teil unseres feinstofflichen Energiekörpers, zumeist Aura genannt. Sie sind, wie gesagt, gewissermaßen die Träger unserer individuellen Lebensenergie. Nur wenn sie frei durchgängig sind, kann diese frei und ungehindert in ihnen fließen und von daher unseren ganzen Körper durchfluten und sozusagen in Schwung halten. Die Chakren binden unseren materiellen Körper ein in die gewaltigen Energieschwingungen von Erde und Kosmos: Hier ist die wesensmäßige Einheit allen Lebens und allen Seins mitbegründet.

Von alters her werden sieben dieser Energiezentren unterschieden, die bezeichnenderweise jeweils den körperlichen Steuerorganen, *den endokrinen Drüsen,* zugeordnet sind. Das betrifft ihren lokalen Sitz ebenso wie ihre Funktion für ganz bestimmte körperliche Organe. Das ist es, was die Chakren auch für den Mediziner so interessant macht. Nun hat jedes Chakra im Rahmen des Gesamtchakrenverbandes seinen eigenen Schwingungsbereich. Bei gestörtem, behindertem, blockiertem Energiefluss ist die Tätigkeit der betreffenden Drüse gestört: Körperliche oder seelische Krankheit ist die Folge. Die Energie fließt jetzt nicht mehr harmonisch-gleichmäßig in diesem unserem Chakren-Energieleib, und so fällt der ganze Mensch aus seinem Gleichgewicht.

Was das in der Praxis bedeutet, lässt sich heute oft an der einseitigen Chakrenentwicklung beobachten: Beim *Sexbesessenen* ist das unterste Chakra als das Zentrum für die Sexualkraft vergleichsweise überentwickelt auf Kosten der oberen. Oder es führt umgekehrt das zu frühe einseitige Arbeiten mit den obersten, den geistigen Chakren, zum *Abheben von der Realität dieser Welt,* wie wir das bei manchen falsch gepolten und damit überspannten »Esoterikern« unserer Zeit sehen können. Da fehlt die Harmonie in der Entwicklung aller Energiezentren. Da fehlt der Unterbau der Persönlichkeit. Viele seelische Störungen haben hier ihre Ursache. Zuerst müssen nun einmal die unteren Chakren als das menschliche Fundament mindestens ausreichend entwickelt sein, bevor wir mit den oberen sinnvoll arbeiten können. Kann man ein solides Haus etwa in fließenden Sand hinein bauen? Können wir etwa bei einem noch schwächlichen Kleinkind große geistige Leistungen erwarten?

Betrachten Sie nun bitte aufmerksam die Übersicht ⑮. Im innersten Kreis stehen *die Zahlen von 1 bis* 7 in der seit jeher geübten Anordnung entsprechend der natürlichen Entwicklung vom vitalen Unterbau der Persönlichkeit hin zu ihrem geistigen Überbau, um es so auszudrücken. Viele empfinden die Gewöhnung an den Gebrauch der Ziffern als eine Erleichterung in der praktischen Arbeit mit den einzelnen Chakren.

Im nächsten Kreis folgen *die Farben,* die für jedes Chakra typisch sind: Bezeichnenderweise finden Sie das Farbspektrum des Regenbogens von Rot bis Violett. Wer mit der Chakrenlehre noch nicht vertraut ist, mag zunächst mit *der Farbe Grün für das Herzzentrum* nicht zurechtkommen. Er erwartet analog des vom roten Blut durchpulsten Herzens und im Sinne der traditionellen christlichen Darstellung der Herzen Jesu und Marias dies in roter Farbe. Es bedarf einiger Gewöhnung, bis man die Tatsache erkennt und voll akzeptiert, dass Grün die Farbe des Ausgleichs, der Harmonie ist, die Farbe der Mitte zwischen den Extremen. So wie ja auch das Herzzentrum die Mitte der Chakren darstellt zwischen den Extremen von Wurzel- und Scheitelzentrum. Grün – nicht Rot! – ist die Farbe des Aufblühens und des fließend-harmonischen Lebens in der Natur. Gehen wir einen Schritt tiefer ins Psychologische: Die ich-lose Zuwendung zu Mitmenschen und

Welt, die wir gern »Liebe« nennen, soll ja nicht nur emotional sein. Es geht dabei vielmehr um das ganzheitliche Mitgefühl, um ein sozusagen kühles Wohlwollen allen Wesen und ganz besonders unseren Mitmenschen gegenüber, um diese Güte des Herzens mit der aktiven Hilfsbereitschaft der tätigen Liebe.

Der dann folgende schmale Kreisbogen gibt Ihnen die *üblichen altindischen Sanskritbezeichnungen der sieben Chakren,* die Ihnen bei der Lektüre anderer Quellen hilfreich sein können. Und der daran anschließende breite Gürtel zeigt ihre graphisch herausgestellten *deutschen Bezeichnungen* und gibt zugleich in der knappsten Form *Stichworte für ihr Wesen und ihre Bedeutung.* Haben Sie bitte Verständnis dafür, dass breitere Darlegungen darüber im Rahmen dieses Buches nicht möglich sind. Diese finden Sie in dem eingangs dieses Kapitels erwähnten Werk (Anmerkung 33) und dann eine Folge von praktischen Übungen. Ich werde sogleich darauf zurückkommen.

Nun bleibt mir nur noch der Hinweis auf den äußeren Randstreifen der Tabelle ⑮: Er zeigt den engen Zusammenhang zwischen den sieben Chakren und *den sieben wichtigsten Drüsen des endokrinen Systems.* Die Chakren steuern diese jeweils aufgeführten Drüsen, die ihrerseits mit ihren Hormonausscheidungen die Lebensvorgänge in unserem Körper in einer wunderbar anmutenden Weise regeln. Diese Zusammenhänge sind es, die seit Jahren auch mehr und mehr westliche Mediziner veranlassen, sich intensiv mit der jahrtausendealten Chakrenlehre zu beschäftigen.

Sehr oft sind eines oder mehrere Chakren nicht in ausreichendem Gleichgewicht. Das bedeutet immer mehr oder weniger Disharmonie in der Persönlichkeit mit allen ihren Folgen. Wie das Sprichwort sagt: »Gleich und gleich gesellt sich gern«, so zieht der betreffende Mensch sehr gern eben das an, was er selbst an Schwingung aussendet. Das Ergebnis kann nur der sattsam bekannte Teufelskreis sein, besser gesagt die Teufelsspirale, die das schon vorhandene Übel im Lauf der Zeit unaufhaltsam verstärkt. Deshalb heißt es, ihm Einhalt zu gebieten. Sollte sich nämlich dieser disharmonische Prozess immer weiterentwickeln, sich fort und fort verstärken, muss mit gefährlichen Fixierungen und Verhärtungen gerechnet werden. Entsprechende Persönlichkeitsprobleme bis zu psycho-physischen Erkrankungen können die natürliche Folge sein.

Zurück zu meinem Hinweis auf die praktischen Übungen. Sie können uns eine wesentliche Hilfe bei *der Entwicklung der Chakren in unserem Organismus* sein. Sie sind es seit Jahren bei nicht wenigen Menschen, die ihre Wirksamkeit an sich erlebten und erleben. Selbstverständlich erhebt sich jetzt nach den bisherigen Betrachtungen die Frage, wie wir die Energiezentren in uns entwickeln, sie aufwecken und zu harmonischem Schwingen, zu höchster Aktivität bringen können. Ihre Entfaltung hängt in der Tat von nichts anderem ab als von der geistigen Entwicklung, vom persönlichen Reifungsprozess des Einzelnen. (Bei der Entwicklung der Pendelkraft ist das ja nicht anders!) Das Ziel ist immer das gleichmäßige, das harmonische Erwecken aller sieben Energiezentren. Da sie in unserem dynamischen Energieleib alle miteinander verbunden sind, beeinflusst die Entwicklung eines Einzelnen sicherlich die Entwicklung aller anderen mit.

Das Wichtigste ist die Basis, das solide Fundament, auf dem sich alles aufbaut. Das ist die Standfestigkeit, die ruhevolle Kraft oder die kraftvolle Ruhe, das tief verwurzelte Vertrauen in den Sinn der Schöpfung und allen Geschehens. Auch wenn wir Menschen mit unserem so kleinen Verstand es oft nicht verstehen können. Arbeiten Sie daher in der ersten Zeit vor allem mit den unteren Chakren: dem Wurzel- und Sakralzentrum im Hara-, im Bauch-Becken-Raum. Denn die nach oben hin liegenden, immer geistiger werdenden Zentren brauchen die vitale Energie im soliden Untergrund, um im wirklich guten, positiven Sinn wirken zu können. Genauso wie sie umgekehrt diese vitalen Zentren kontrollieren, sie steuern und sie im Zaum halten müssen. Denn nur dann ist eine hohe, echt geistige Entwicklung und Entfaltung in wirklicher Harmonie möglich.

So bestimmt unsere Lebensführung die innere Entwicklung im Wesentlichen mit: Wie wir uns zu unseren Mitmenschen und Mitgeschöpfen verhalten, ob egoistisch oder in tätiger Zuwendung und Liebe. Ob wir unseren vergänglichen Körper als den Wesenskern unserer Natur betrachten oder die uns belebende Seele, diesen Tropfen Wasser aus dem unendlichen Ozean des unsterblichen Geistes. Ob wir uns aus der Tiefe unseres Wesens vertrauensvoll dieser geistigen, kosmischen, göttlichen, dieser allgewaltigen Schöpfungskraft überlassen können ohne die intellektuelle Zersetzung allen Lebens und Erlebens aus aufgeblähter Kopflastigkeit. Und vergessen wir dabei nicht unsere Lebensumgebung und die ganze Lebensatmosphäre: Wie könnte sich in negativer, spannungsreicher oder gar feindlich gesonnener, in einer sozusagen stickigen Umwelt das Gute leicht entfalten! Aber: Der göttliche Funke, die Buddhanatur, ist in jedem Menschen. Wir müssen sie nur erkennen und ihr Raum geben zu ihrer Entfaltung, zu ihrem Aufblühen. Das dürfen wir bei allem niemals außer Acht lassen.

Nun zu den Pendelbemühungen auf diesem sehr intimen Persönlichkeitsgebiet. Es liegt auf der Hand, dass der Pendler selbst eine ausreichend hohe innere Entwicklung durchlebt haben muss, bevor er hier mit sicheren Ergebnissen rechnen darf. Darauf habe ich ja schon im einleitenden Teil dieses Buches hingewiesen. Wer als Pendler selbst nicht gewissermaßen »über der Sache steht«, sondern in seiner eigenen Problematik befangen bleibt, kann schwerlich damit rechnen, dass er in der Lage ist, diese allerfeinsten Schwingungen aufzunehmen. Der ernsthaft Strebende wird indessen Schritt um Schritt vorwärtskommen und immer treffendere Resultate erzielen. Wenn er nur im richtigen Geist an sich arbeitet und auch im richtigen Geist mit seinem Pendel arbeitet, wird er bald den Fortschritt in seiner eigenen Reifung erfahren und sich in stiller Bescheidenheit darüber freuen können.

Wie gehen Sie hier mit dem Pendel vor? Fragen Sie auf der Übersicht ⑮ die Reihenfolge in der Entwicklung der Chakren ab: »Welches der sieben Chakren ist bei X am stärksten (an zweiter usw. Stelle, am schwächsten) ausgebildet?« Und fragen Sie dann zur genauen Ermittlung der Wertigkeit der einzelnen Energiezentren eines nach dem anderen auf der 100 %-Skala ab, wobei Sie wie üblich für 100 % ausgehen vom höchstmöglichen Entwicklungsgrad. Geht die Antwort über 100 % hinaus, dann liegt (ungesunde) Überentwicklung oder Überfunktion vor.

Um eine einfache, knappe und übersichtlich *klare Notiz* zu bekommen, kennzeichnen Sie die einzelnen Chakren wie allgemein üblich und auch im Schema ⑮ von unten nach oben gemäß Ihrer Zahl von 1 bis 7. Dann kommen Sie etwa zu folgendem Aufschrieb:

Ch 7:1, 1:2, 3:3 usw. oder Ch 1/75, … 7/80
oder Ch 7:1/80, 1:2/75, usw.

Das bedeutet: Chakra 7 ist am meisten ausgebildet zu 80 %, Chakra 1 an zweiter Stelle zu 75 %, usw. Diese von mir hier vorgeschlagene Kennzeichnung mag Sie auf den ersten Blick etwas verwirren. Wenn Sie sich jedoch intensiver mit den so hochinteressanten und lebenswichtigen Chakren beschäftigen, werden Sie rasch merken, dass Sie kaum eine einfachere und zugleich klarere finden können.

Eine andere Methode geht von 100 % als der Summe der Aktivierung aller sieben Chakren aus und fragt, wie viel Prozent davon auf jedes von 1–7 entfällt. Dabei sollten *im Idealfall alle sieben Energiezentren in harmonischem Gleichgewicht* schwingen, also jedes etwa knapp 15 % anzeigen. Natürlich werden so gut wie immer mehr oder minder kleine Differenzen auftreten. Bei größeren Unterschieden jedoch gilt es, das ausgesprochen ernst zu nehmen. Denn es handelt sich hier um eine Kernaussage, die für die ganze Persönlichkeit, für die körperliche Gesundheit ebenso wie für das seelische Wohlbefinden, große Bedeutung hat. Dann gilt es, die noch schwächer entwickelten Chakren mit Hilfe der praktischen Übungen in dem jetzt mehrfach erwähnten Buch anzusprechen und sie systematisch zu stärkerer Entfaltung zu bringen. Auch die zuletzt besprochene geistige Arbeit wird in jedem Fall ein Stück Korrektiv sein können.

Gesundheitliches Pendeln

Erfassen von körperlicher und seelischer Krankheit

»Alle Patienten tragen ihren eigenen Arzt in sich.
Sie kommen zu uns, ohne diese Wahrheit zu kennen.
Wir sind dann am erfolgreichsten,
wenn wir dem Arzt, der in jedem Patienten steckt,
die Chance geben, in Funktion zu treten.«
Albert Schweitzer

Was ist »Gesundheit«? Es gibt viele Definitionen dafür. Die der Weltgesundheitsorganisation (WHO) ist absolut theoretisch: »Ein Zustand vollkommenen körperlichen, geistigen und sozialen Wohlbefindens und nicht allein das Fehlen von Krankheiten und Gebrechen«. Das ist ein Idealzustand, den kaum ein Mensch in sich verwirklichen kann. Ich bevorzuge den Hinweis auf die Quelle der Gesundheit mit dieser Erklärung: Sie ist ein dynamisch-lebendiger Gleichgewichtszustand von Körper, Seele und Geist, wobei das Geistige die Ausgewogenheit von rationalem und von spirituellem Denken und Erleben in sich trägt. Nur bei diesem Gleichgewichtszustand kann dem Fundament der Gesamtpersönlichkeit: den Körperzellen, dem Gefühlsleben sowie Verstand und Intuition die ständig erneuernde Lebenskraft so zufließen, dass kein Raum bleibt für eine ernsthafte gesundheitliche Gefährdung.

In dieser Welt sind wir eine absolute Einheit von Körper und Seele-Geist. Gesund sind wir dann, wenn diese Einheit ungestört ist, wenn wir in der inneren Harmonie, wenn wir eins mit uns selbst sind, wenn unsere Lebensenergie im unablässigen rhythmischen Wechsel ihres Spannungszustandes ungehindert fließen kann. Fallen wir aber aus unserer Mitte heraus, verlieren wir diese Harmonie, die die innere Freiheit in sich trägt, kommt die Angst über uns, bleiben wir nicht in der kosmischen Grundordnung: Dann wird der Energiefluss in unserem Organismus nachhaltig gestört. Dann beginnt *unweigerlich das Kranksein.* Dann sind unsere Abwehrkräfte entscheidend geschwächt. Und erst jetzt können sich die allgegenwärtigen Krankheitserreger, die tausenderlei Viren und Bakterien gegen den zuvor gesunden Organismus durchsetzen und damit die Krankheit »hervorrufen«, in Wirklichkeit nur sichtbar machen. Von der absoluten Gesetzlichkeit, von der Lebensenergie her gesehen kann daran kein Zweifel sein. An anderer Stelle habe ich diese Zusammenhänge in ihren Abläufen im Einzelnen nachgezeichnet.[34] Darauf kann ich hier natürlich nicht genauer eingehen.

Auch in der heutigen, vor allem der psychosomatisch orientierten Medizin setzt sich diese Erkenntnis mehr und mehr durch. Hier spricht man davon, dass ein hoher, wenn nicht *der überwältigende Prozentsatz aller Krankheiten seelisch bedingt ist.* Das bedeutet: Die seelischen Kräfte des körperlich kranken Menschen sind fehlgesteuert. Der Pendel zeigt das unmissverständlich auf. Es gilt, diese seelischen Kräfte in ihrer Aktivität wieder in der für sie richtigen Weise zu steuern.

Moderne Gesundheitsforscher vertreten übereinstimmend mehr und mehr die Ansicht, dass *die Wurzel von körperlicher und seelischer Gesundheit* letztlich in der Überzeugung des Menschen zu sehen ist, dass sein Leben *in einen größeren Zusammenhang eingebettet* ist, dass seine Lebenserfahrungen einen erkennbaren Sinn haben im Rahmen seines Lebensplans, der sich im Laufe der Jahre immer deutlicher abzeichnet.[35] Auf diesen mir fundamental wichtig erscheinenden Punkt werde ich später, wenn es um die mehr seelisch-geistigen Voraussetzungen unserer Gesundheit geht, noch genauer zurückkommen. Die hochgradig übertriebene Verwissenschaftlichung der heutigen Medizin und die damit einhergehende, immer größer werdende Entfernung der Schulmedizin von der Natur reicht für die Bewältigung der heutigen Gesundheitsprobleme und erst recht der von morgen eben nicht mehr aus.

Im Sinn der vorbeugenden Medizin ist der Pendel eine hervorragende Hilfe und von großem praktischen Wert. Denn er zeigt oft schon geraume Zeit vor dem äußerlichen Ausbrechen der Erkrankung jede Energiestörung und damit die akute Gefahr an. Es geht dabei nur darum, die frühzeitig auftretenden feinen Störungen zu erkennen und ernst zu nehmen, was leider häufig nicht geschieht. Wer solche Hinweise jedoch hinreichend wachsam und kritisch aufgreift, der kann eine aufkommende Erkrankung schon in ihrem Vorfeld, noch in der Phase ihrer Entwicklung erkennen und ihr dann entsprechend vorbeugen. Deshalb muss er nicht gleich zum Hypochonder werden, der in ständiger Angst vor möglicher Erkrankung dahinlebt und so ein gutes Stück des besten Menschentums preisgibt.

Wie weit sind präzise medizinische Erkenntnisse für den Pendler erforderlich? Wenn die Möglichkeit einer ernsthaften gesundheitlichen Bedrohung besteht, sind sie selbstverständlich unerlässlich. Daher ist im Zweifelsfall stets ein für die Ganzheit des Menschen aufgeschlossener Arzt oder Heilpraktiker zu Rate zu ziehen. Jedoch wird auch von ärztlicher Seite im Zeichen der Explosion der Krankheitskosten mehr und mehr betont, dass man sich bei den Bagatellkrankheiten des Alltags mit den bewährten alten Hausmitteln selbst gut helfen kann. Nicht selten berichten praktische Ärzte, dass von 100 Patienten allerhöchstens 20 wirklich ärztliche Hilfe benötigen. Das ändert jedoch nichts daran, dass der Rat des erfahrenen medizinischen Fachmanns unentbehrlich ist, um unliebsamen und vielleicht gefährlichen Entwicklungen vorzubeugen. Deshalb wäre es im akuten Gefährdungsfall absolut unverantwortlich, z. B. die großartigen modernen Diagnose- oder chirurgischen Möglichkeiten von heute außer Acht zu lassen.

Und noch ein Punkt, den ich den folgenden, mehr detaillierten Betrachtungen vorausschicken möchte; auch er ist für die gesamten sich in unserem Körper vollziehenden Lebensprozesse von der größten Bedeutung: Die Zellforscher können heute nachweisen, dass *in jeder Sekunde rund 10 Millionen und mehr verbrauchte Zellen abgebaut und durch neue ersetzt werden.* Da wir schätzungsweise 70 bis einige hundert Trillionen Zellen haben, ist diese Zahl gar nicht so gewaltig, wie sie zunächst erscheint. Die Proteine – als wesentliche Grundbausteine unseres Körpers wie jeder lebenden Substanz – werden ständig erneuert. In der Leber ist das schon alle zehn Tage der Fall. In Gehirn, Lunge, Haut und den wichtigsten Muskeln geschieht das längstens alle sechs Monate. Auch die Knochen werden ständig erneuert. Viele Bereiche unseres Körpers werden ständig regeneriert. Setzen Sie sich hinreichend mit der Einheit von Körper und Seele-Geist auseinander, so wächst in Ihnen die fundierte Überzeugung, dass nicht der vergängliche materielle Körper, sondern nur die unvergängliche immaterielle Lebensenergie von Seele-Geist des Menschen Kern sein kann. Und dann wissen Sie, wie Sie mit der Kraft Ihres gesammelten Geistes *diese unaufhörlich sich vollziehende Erneuerung Ihres Körpers zu seiner Gesundung hin steuern* können. Unserer Ungeduld geht es nur zu langsam. Deshalb sind Geduld und Beständigkeit die Voraussetzungen für den Erfolg, selbstverständlich neben der im rechten Sinn wirkungsvollen geistigen Bemühung. Unser Leben entwickelt sich eben von Tag zu Tag unaufhaltsam weiter, und es liegt weitgehend nur an uns selbst, wie es das tut.

Mein Anliegen in diesem Buch ist es, diese für unsere Gesundheit so wesentlichen Zusammenhänge in der ganzen Breite und Vielschichtigkeit möglichst übersichtlich zu erfassen und sie gleichzeitig so darzustellen, dass sie der darum bemühte Leser mit Hilfe seines Pendels in ihrer psychologisch oft weitgespannten Fundierung unschwer erkennen kann.

Erhaltung der Gesundheit

»Gesundheit erflehen die Menschen von
den Göttern. Dass es aber in ihrer eigenen Hand liegt,
sie zu bewahren, daran denken sie nicht.«
Hippokrates (460–370 v. Chr.)

Es liegt in der Natur der Sache, dass die Gesundheit viele Voraussetzungen hat. Das ganz besonders, wenn wir uns an die vor kurzem angeführte Definition der Gesundheit erinnern, die wir der Weltgesundheitsorganisation verdanken. In der Tat könnte sie gar nicht noch weiter gefasst sein. Im Grund spüren wir jedoch wohl alle, dass sie mit der grundsätzlichen Forderung nach »vollkommenem körperlichen, geistigen und sozialen Wohlbefinden« so unrecht nicht hat. Denn wer bei einer solchen Betrachtung nicht vom Idealbild her geleitet ist, kann von Anbeginn nur Stückwerk leisten. Demgemäß können sich die Voraussetzungen der richtig verstandenen Gesundheit keineswegs bloß auf die mehr körperlichen Momente beziehen. Folglich muss ich bei den Betrachtungen dieses Kapitels auch an alle die Gesichtspunkte denken, die in der Summe hier zusammenwirken. Sie greifen zum Teil weit über das enge körperliche Gesundsein hinaus. Neben dieser mehr körperlichen ist das vor allem die mehr seelisch-geistige Seite. Und zusätzlich dürfen wir auf keinen Fall eine Reihe permanenter Gefährdungen übersehen, denen wir heute alle Tag für Tag ausgesetzt sind.

In der kommenden Zeit wird das Schwergewicht in den medizinischen, biologischen, psychologischen und soziologischen Bemühungen *viel mehr auf dem Gebiet der Gesunderhaltung als auf dem der Gesundmachung* liegen müssen. Das gilt gewiss für die Forschung ebenso wie für alle therapeutischen Bereiche direkter und indirekter Art. Der Grund ist so einfach: Wer sich mit bescheidener Mühe und mit geringem Aufwand seine Gesundheit erhält, der braucht sich nicht erst anzustrengen, sie mit bedeutenden, sein Leben oft beträchtlich in Mitleidenschaft ziehenden Mühen und entsprechendem Aufwand wiederherzustellen.

Gerade in diesem Zusammenhang ein Punkt von größter Wichtigkeit: So wie alles Existierende schwingende, fließende Energie ist, so ist auch der Mensch ein von unendlich vielfältigen Energieströmen durchpulstes Wesen. *Wenn noch so feine Energieschwingungen im Organismus ausreichend lange gestört werden,* sind körperliche Probleme in der Folge unvermeidlich. Sie können es als einen Lehrsatz betrachten: Wenn die Seele mit einem entsprechend bedeutungsvollen Problem nicht fertig wird, dann wenden sich die jetzt gestauten und bald nicht mehr beherrschbaren psychischen Energiekräfte gegen den Körper. Die Entstehung und weitere Entwicklung eines Krebsgeschwulstes ist ein geradezu klassisches Beispiel dafür.[36] Natürlich gilt das nicht nur für den Krebs, sondern prinzipiell für jede bedeutendere Erkrankung. Diese Zusammenhänge werden zunehmend auch wissenschaftlich erforscht.

Organerkrankungen

»Die Medizin unserer Zeit hat so gewaltige
Fortschritte gemacht, dass es bald
keine gesunden Menschen mehr gibt.«
Aldous Huxley (1894–1963)

Beim Deutschen Chirurgenkongress in München im April 1994 waren folgende Gedanken zu hören[37]:

- Doktor Jörg Rüdiger Siewert von der Technischen Universität München wies darauf hin, dass sich Zentren für ambulante Operationen und Tageskliniken explosionsartig vermehren, seit *die um das Zehnfache überhöhte Zahl junger Chirurgen* mangels Anstellungsmöglichkeiten in Krankenhäusern in die freie Praxis drängt. Er meinte sarkastisch, man könne sich den Bedarf natürlich immer selbst schaffen.
- Doktor Lutz Jani, Orthopäde in Mannheim, beklagte, *viele Patienten glaubten blind an die Technik.* Während es kaum Mühe

bereite, sie von der Notwendigkeit einer Arthroskopie zu überzeugen, sei es schon schwieriger, von diesem Eingriff abzuraten. – Verwunderlich sei auch, wenn in einer großen orthopädischen Universitätsklinik mit viel Erfahrung auf dem Gebiet der *Laserchirurgie von Bandscheibenvorfällen* innerhalb von zwei Jahren 100 solcher Eingriffe vorgenommen würden, während die Zahl in so genannten Praxiskliniken im gleichen Zeitraum mehr als 20-mal so hoch sei. – Er zitierte eine kürzlich von amerikanischen und Schweizer Kliniken vorgenommene Langzeituntersuchung von Patienten nach Kreuzbandrissen: Die nicht – nach welchem chirurgischen Verfahren auch immer – operativ Behandelten *bekamen seltener eine Arthrose als die Operierten!*

In der Tat sind, wie kritische Ärzte heute selbst feststellen, *viele Operationen unnötig.* Kürzlich las ich von einer Kommission angesehener amerikanischer Mediziner, die feststellte, dass 70 % der in den USA vorgenommenen Operationen genau besehen nicht notwendig gewesen seien. Ob die Zahlen in unserem Land günstiger liegen mögen?

Ein Wort zu den Medikamenten: Die amerikanischen Forscher Gowday und Hamilton stellten fest, dass nur für etwa 10 % aller Krankheiten ein spezifisches Heilmittel existiere. Und nach den Forschern Mainion und Morelli haben 35–45 % aller heute verordneten Medikamente keine spezifischen Wirkungen.[38]

Und die heutige »Apparatemedizin«, ein Begriff, der sich immer mehr einbürgert? Je mehr sie um sich greift, umso mehr droht das schlicht-menschliche Arzt-Patient-Verhältnis zu veröden. Was übrig bleibt, ist der Mensch als Krankenschein-, als Patientennummer. Die typischen Apparatemediziner haben den Sinn für die oft entscheidende Bedeutung der Patientenbeziehung verloren bzw. sie haben ihn von vornherein niemals begriffen. Sie sind ja für die Pflege dieser Beziehung auch nicht ausgebildet!

Warum bringe ich hier alle diese im Kern negativen Fakten? Ich tue es nur, um auch an dieser Stelle, wie schon früher, *die so wesentliche seelische, emotionale Komponente für die Erhaltung bzw. Wiedergewinnung unserer Gesundheit* herauszustellen. Denn wenn es an der richtigen Einstellung zum Leben und zur Erkrankung fehlt, ist am Ende doch alles umsonst: Apparate, Operationen und Medikamente. Und leider ist das heute oft der Fall. Dabei ist doch kein anderer so sehr wie der Arzt dazu berufen, eben diese richtige innere Einstellung seines Patienten zu wecken, sie nach besten Kräften zu stärken und ihr über mögliche Rückschläge hinwegzuhelfen. Nur dann ist ja auch der Boden fruchtbar aufbereitet für alle sinnvollen medizinisch-technischen Bemühungen. Zum Beispiel berichtet uns soeben ein augenkranker Herr, dass ihm sein Augenarzt bei jedem Besuch eindringlich versicherte, dass er demnächst total erblinden würde. Wie einfühlend und hilfreich kann dies wohl für die Wirkung der eigenen Abwehr und Heilungskräfte und die Wirkung der verordneten medizinischen Maßnahmen sein? Ist das aufkommende Wort von *»der reduzierten Medizin«* nicht eine Tatsache?

Mit diesen Bemerkungen möchte ich deutlich machen, *von welch entscheidender Bedeutung eigenständiges Denken und Selbstverantwortung* für die Erhaltung und gegebenenfalls für die Wiederherstellung der Gesundheit sind. Es geht jetzt ganz konkret um die Erkrankungen aller Art, denen wir oder uns nahestehende Menschen ausgesetzt sind. Selbstverständlich geht jeder vernünftige Mensch bei einer hinreichend ernsten Bedrohung seiner Gesundheit zum Arzt seines Vertrauens.

Das schließt aber in keiner Weise aus, dass derjenige, der die nötige Erfahrung in *verantwortungsvollem und selbstkritischem Pendeln* gewonnen hat, auch jetzt dieses Arbeitswerkzeug zu Hilfe nimmt. Nicht selten treffen gesundheitliche Hinweise geradezu verblüffend den Nagel auf den Kopf. Jeder Organismus und jedes Organ hat nun einmal die nur ihm eigene, ganz spezifische Schwingung, die wir in unsere, dem Verstand nicht zugänglichen unbewussten Schichten aufnehmen und die der Pendel uns erkenntlich macht.

Kein aufgeschlossener Arzt wird sich dagegenwenden. Eine steigende Zahl von ihnen nutzt dieses so wertvolle Werkzeug ja selbst in der täglichen Arbeit, und diese Ärzte wissen genau, warum. Darauf habe ich schon in der Einführung zu diesem Buch hingewiesen. Wie dort wiederhole ich aus gutem Grund *die Warnung,* erst recht an die medizinischen Laien, ihre persönlichen Pendelergebnisse nicht überzubewerten und sich von ihnen schon gar nicht einseitig abhängig zu machen. Ganz zu schweigen vom Missbrauch des Pendels, den ich am Ende des ersten Buchteils bereits beschrieben habe.

Das gesundheitliche Pendeln verlangt, um wirklich treffsicher zu sein, absolute Unvoreingenommenheit, selbstverständlich neben der genauen Beachtung aller anderen Voraussetzungen. Hier liegt das größte Problem. Jede noch so leise und völlig unbegründete Vermutung kann durchschlagen und ein falsches Ergebnis bewirken. Die Lebensschwingungen in uns sind ja allerfeinster Natur. Deshalb darf die Selbstkritik beim Pendeln nie aussetzen. Und wer gesundheitlich für einen anderen pendelt, dem ist dringend anzuraten, dass er sich außer dem ganz allgemeinen Hinweis keinerlei, wirklich keinerlei Einzelheit des besonderen Falles sagen lässt. Jahrzehntelange Erfahrung nicht nur von mir selbst, sondern von anderen erfahrenen Pendlern bestätigt, dass sich gerade dann die erwähnten verblüffenden Ergebnisse einstellen. Dass wir sie trotzdem nicht kritiklos gleich als unfehlbar entgegennehmen, ändert nichts an ihrem oft einzigartigen Wert als Hinweis.

Die Vorteile des gesundheitlichen Pendelns bedürfen kaum vieler Worte: Das Verfahren erfordert keinerlei körperliche Eingriffe. Es vollzieht sich rasch und ausgesprochen kostengünstig. Der Kranke muss nicht einmal anwesend sein. Er muss sich nicht selbst äußern können, was bei Sprech- oder geistig Behinderten oder Kleinkindern von Vorteil ist. Es bedarf keines erkennbaren Symptoms einer Erkrankung: Ihre früheste Entwicklungsstufe ist schon mit veränderter Energieschwingung verbunden und somit dem Pendel erkennbar.

Erkennen der Störungsquellen (Diagnose)

Das Pendeln direkt über oder am Körper des Kranken ist weitgehend eine Frage der persönlichen Erfahrung und Einübung: Die besonderen Pendelbewegungen oder -ausschläge können individuell verschieden sein. Deshalb lohnen sich kaum Verallgemeinerungen. Auch wenn der Pendel über gesunden Körperteilen oder Organen im Allgemeinen in kräftige Rechtsdrehung übergeht, also Kreise im Uhrzeigersinn macht, bei gesundheitlichen Störungen Linkskreise (auch Ellipsen oder sonstige Figuren) zeigt oder auch ganz einfach stillsteht, so muss das im einzelnen besonderen Fall durchaus nicht immer sein. Jeder Pendler muss sich die Reaktionen seines Pendels persönlich erarbeiten.

Einfacher ist das Verfahren, den Pendel über die einzelnen Körperteile und Organe zu halten und *im Sinne der Ja- oder Nein-Frage* die Gesundheit, Funktionstüchtigkeit oder Ungestörtheit zu ermitteln. Übrigens wird bei diesem Vorgehen des Öfteren berichtet, dass besonders sensible Pendler dann fast unverzüglich an ihrem eigenen Körperglied oder -organ die Schmerzen oder Störungen des bependelten Kranken verspüren. Die einfache Erklärung: Alles ist schwingende, fließende Energie! Die »schlechte«, aus ihrer Ordnung gefallene Energieschwingung geht sogleich auf den allzu sensiblen Pendler über und »bemächtigt sich« seines entsprechenden Körperteils, welcher das sofort durch Störung oder Schmerzen anzeigt. Sollte Ihnen etwas Derartiges begegnen, so brauchen Sie sich nicht zu beunruhigen. Leiten Sie diese Ihnen zugeflossene Überspannung ganz einfach voll bewusst über Ihre Füße in die Erde ab, und Sie sind das eigenartige Phänomen sofort los!

Hier zeige ich im Folgenden wohlüberlegt einen anderen Weg auf, der nach meiner Überzeugung und aller meiner Erfahrung einfacher und auch sicherer ist. Er hat zudem den Vorteil, dass Sie nicht unmittelbar am Körper des Kranken zu arbeiten brauchen, was manche nicht schätzen und was gelegentlich auch zu Peinlichkeiten führen kann, zudem juristisch mindestens zweifelhaft ist. Außerdem verlangt dieses Verfahren nicht einmal die Anwesenheit des Kranken: Es ist das Gleiche wie bei Fernermittlung von persönlichen Störungen. In jedem Fall sammelt sich der anwesende oder nur durch das Telefon angeschlossene Kranke auf seine persönliche Schwierigkeit, während Sie für ihn pendeln. Ist der Fragesteller eine dritte Person (Ehepartner, Elternteil, Freund), so stellt sich diese ganz auf die Schwierigkeit des ihm wohlbekannten kranken Menschen ein und stellt so die nötige Verbindung zu Ihnen her. Bei dieser Methode wird lediglich mit gründlich erarbeiteten Tafeln (Tabellen, Übersichten oder Schemata) gearbeitet, die sich in der Praxis längst tausendfach bewährt haben, und die Antworten des Pendels sind stets eindeutig klar. Diese Tafeln werde ich eine nach der anderen vorstellen und sie soweit nötig durch Erklärungen in knappster Form ergänzen.

Die Wurzeln des gesundheitlichen Problems finden:

Gesundheitsindex (GI) ②
Die vier prinzipiellen Persönlichkeitsschichten ⑯
Wesentliche Voraussetzungen für die Erhaltung der Gesundheit ⑰

Nun zu der konkreten Frage: *Wie kann mir mein Pendel helfen, die Wurzel des gesundheitlichen Problems zu finden?* Wie immer, wenn wir eine derart wichtige und in sich vielschichtige Frage beantworten wollen, gehen wir ganz methodisch vom Allgemeinen zum Besonderen vor. Daher die folgenden drei wesentlichen Schritte unseres Pendelvorhabens:

1. Schritt: Die Frage nach der Intensität oder dem Gesamtumfang der Störung im Rahmen der betroffenen Persönlichkeit können wir als *das Erfassen des Gesundheitsindex* (Gl) beschreiben. Die 100 %-Skala ② gibt uns die klare Antwort. »Wie hoch ist der Gesundheitsindex von X?« Wie immer ist 100 % das absolute und in der

Praxis sehr seltene Höchstmaß. 65–70 % ist etwa der allgemeine Durchschnittswert. Jedes Maß unterhalb von 50 % kann nur negativ sein, also eine schon hohe Anfälligkeit für Krankheit anzeigen.

Natürlich können Sie *auch umgekehrt vorgehen* und direkt fragen: »Wenn 100 % das Maß an gesundheitlicher Störung darstellt, bei dem der Organismus definitiv nicht mehr lebensfähig ist: Wie groß ist die gesundheitliche Störung bezogen auf dieses Maß bei X?« Sinngemäß gelten jetzt die etwa umgekehrten Werte der ersten Betrachtung. – So ermitteln wir das ganz allgemeine Maß der gesundheitlichen Gestörtheit: der Erkrankung bzw. der Beeinträchtigung.

2. Schritt: Die Frage nach der wahren Störungsursache im Rahmen der fundamentalen Persönlichkeitsschichten ⑯: Auch diese Frage zielt noch auf eine mehr generelle Aussage bzw. Erkenntnis. Sie ist deshalb so bedeutungsvoll, weil sie auf diejenigen Grundschichten oder Ebenen der Persönlichkeit hinzielt, wo die mehr oder minder tiefgreifende Störung ihre letzte Wurzel hat. Die Antwort gibt uns dann schon die Hauptrichtung an, in die die therapeutischen und sonstigen Hilfsmaßnahmen in erster Linie wirken sollten. Es handelt sich dabei um die folgenden vier prinzipiell zu unterscheidenden Schichten der Gesamtpersönlichkeit:

a) Die körperliche oder physische: Die grundlegenden materiell-körperlichen Gegebenheiten, die sich im Fall einer ernsthaften Störung meistens – aber durchaus nicht immer – als leibliche Schmerzen kundtun.
b) Die seelische oder psychische: Gefühlsmäßige Erlebnisse im Sinne der Aufnahme von Eindrücken jeder Art und der Reaktion darauf (Sensibilität und Temperamentsäußerungen). Bei einer ernsthafteren Störung führen sie zu länger dauernder seelischer Belastung.
c) Die verstandesmäßige oder geistig-rationale (zuweilen auch die mentale genannt): Aktive Tätigkeiten unseres mehr begrifflichen

Denkens (im Sinne von Logik, Kritik, Objektivität) in Wort und Bild. Im Fall der nachdrücklichen Störung begegnen sie uns als wiederkehrend unerfreuliche und somit verstandesmäßig belastende Gedanken.

d) Die geistig (im weiten Sinn) -spirituelle: Die innere Eingebundenheit in die kosmischen Zusammenhänge mit ihren Ordnungssystemen, in »die große Ordnung«, mit ihrer Bindung an die ethischen Werte, die letztlich den Lebenssinn bestimmen. Das sind ausgesprochen hohe Bewusstseinsschwingungen. Sind diese ernsthaft gestört, stellen sich z. B. tiefe Lebensunzufriedenheit und wiederholtes quälendes Fragen nach dem Sinn des Ganzen und der eigenen Position im Lebenslauf und ähnliche Gedanken ein.

Nun ist der Mensch eine unteilbare Ganzheit. Daher liegt die Störungsursache oft genug nicht nur in einer, sondern zugleich in mehreren dieser prinzipiell zu unterscheidenden Persönlichkeitsschichten. Entsprechend zeigen sie sich uns auch an: Die 100 %-Skala ② gibt uns dann die prozentuale Aufgliederung an. Das schafft in der Praxis häufig erst die nötige Klarheit. Also die Frage: »Wenn die Gesamtheit der vorhandenen Störung bei X gleich 100 % ist, wie weit ist, bezogen auf dieses Maß, die Störung zurückzuführen auf seine oder ihre (z. B.) geistig-spirituelle (usw.) Persönlichkeitsschicht?« Wenn Sie diese Frage viermal bezogen auf a) bis d) stellen, wird die Addition der einzelnen Antworten die Summe 100 ergeben. – Diese Ergebnisse vermitteln Ihnen – wie gesagt – in den meisten Fällen schon die grundlegenden wichtigen Hinweise für die erforderliche therapeutische Bemühung.

3. Schritt: Frage nach den wesentlichen Voraussetzungen für die Erhaltung der Gesundheit ⑰: Jetzt haben wir die Grundlage dafür, die einzelnen Störungsmomente noch besser in den Rahmen der Gesamtpersönlichkeit einordnen zu können. Wenden wir uns also dieser so wichtigen Übersicht zu. Sie ist, wie Sie sehen, in drei Gruppen aufgegliedert: die mehr körperlichen, die mehr seelisch-geistigen Vorbedingungen für die Erhaltung der Gesundheit und schließlich die Gruppe der permanenten Gefährdungen, denen wir alle ständig ausgesetzt sind, jeder in seiner Weise.

Vielleicht fällt Ihnen auf, dass im Gegensatz zur Tabelle ⑯ *das geistig-spirituelle Moment nicht eigens aufgeführt ist.* In der Tat ist dieses sozusagen unsichtbar eng verknüpft mit den seelisch-geistigen Momenten, die Sie hier im weiten Sinn verstehen wollen. Sie sind sowohl in der seelischen wie in der verstandesmäßigen Persönlichkeitsebene untergründig vorhanden und stets wirksam – oder auch nicht. In vielerlei Hinsicht wirkt das Geistig-Spirituelle ja auch in das Körperliche hinein. Es aus der Gesamtpersönlichkeit des Menschen herauslösen zu wollen, wäre ein rein begriffliches Bemühen. Deshalb erscheint es nicht eigens in dieser Tabelle. Im späteren Hauptkapitel »Lebenserfüllung« wird es hingegen viel stärker durch die dort aufgeführten Vorbedingungen hindurchschimmern. – Diese Bemerkung erscheint mir notwendig, um möglichen Missverständnissen vorzubeugen.

Die Pendelfrage zielt in dieser Übersicht immer in die Richtung: Welche dieser Voraussetzungen für die Gesundheit sind im vorliegenden Fall nicht gegeben oder vernachlässigt, sodass sie (mit-) verantwortlich sind für die aufgetretene Störung? – Man kann jeden Punkt natürlich auch einzeln abfragen, wenn das angezeigt erscheinen sollte.

Dieses Buch ist in erster Linie für das praktische Leben geschrieben. Darin soll ja sein eigentlicher Wert liegen. Deshalb werde ich nun, wenn es mehr um die Einzelheiten geht, alle Tabellen nacheinander so übersichtlich wie möglich aufführen und jeweils die Hinweise zufügen, die dem Leser die Arbeit damit erleichtern und effektiver machen können.

Nutzung der drei 100 %-Skalen ② ③ und ④

Gleich an erster Stelle muss ich Sie an diese wohl wichtigsten Schemata erinnern, die Sie jetzt schon recht gut kennen. Im vorliegenden Zusammenhang weise ich vor allem auf den Einsatz der 100 %-Skala hin für:

a) *Das Erfassen des Gesundheitsindex (GI),* der Ihnen kürzlich schon begegnete. Er bedeutet den Grad der Gesundheit in der allgemeinsten Form: »Wie hoch ist der Gesundheitsindex von X?« 100 % ist wie üblich das theoretisch absolute Höchstmaß, das in der Lebenspraxis sehr selten vorkommt. 65 % ist etwa der durchschnittliche Wert, während das absolute Minimum bei 5 % liegt. Hier endet mit dem geringstmöglichen Maß an Gesundheit auch die Lebensfähigkeit des Menschen.

b) *Das Erkennen der Fehlsteuerung von Lebenskraft (LK:F):* »In welchem Prozentsatz ist die Lebenskraft von X derzeit fehlgesteuert?« Schon ab etwa 10 % liegt eine akute Erkrankungsgefahr vor, der Sie im Sinn der folgenden Ausführungen nachpendeln sollten. Sie können der Fehlsteuerung der Lebenskraft speziell aus der diesseitigen Sicht, also aus der heute allgemein gebräuchlichen Lebensbetrachtung heraus, nachforschen und ebenso aus der geistig-spirituellen Sicht. Wahrscheinlich werden Sie sich über das Ergebnis wundern, es bei genauerem Nachdenken jedoch akzeptieren müssen.

c) *Die Beobachtung des Ablaufs einer Erkrankung (oder irgendeines Geschehens):* Zum Beispiel gibt das wiederholte Erfragen des *Grades der im jetzigen Zeitpunkt zur Verfügung stehenden Lebenskraft* ein klares Bild über das Auf und Ab einer Erkrankung hinsichtlich Verschlechterung, gleichbleibendem Zustand, Besserung, Rückfall, Erholung und dergleichen. (Das Gleiche gilt sinngemäß für den jeweiligen Zustand einer persönlichen oder geschäftlichen Verbindung mit anderen Menschen usw.) Ebenso, wenn Sie *einen ganz bestimmten Krankheitszustand zu einem bestimmten Zeitpunkt gleich 100* setzen und unter Bezug darauf den Grad des jetzt eingetretenen Zustands erfragen: »Wenn die Schwere der Erkrankung von X am … gleich 100 war, wie hoch ist sie bezogen auf diese 100 im jetzigen Zeitpunkt?«

d) *Die jeweilige zeitliche Einordnung im Krankheitsverlauf:* »Wenn der normale Verlauf der Erkrankung von X bis zu ihrer Überwindung insgesamt 100 Zeiteinheiten umfasst, wo steht der Krankheitsverlauf dann im jetzigen Zeitpunkt bezogen auf diese 100 Zeiteinheiten?« Bei Antwort 40 ist also die Hälfte noch nicht erreicht, bei Antwort 75 liegen ¾ der Erkrankungszeiten schon hinter dem Patienten, jedenfalls was den normalen Verlauf anbelangt.

e) *Das Erfassen der bestgeeigneten Methoden aus mehreren Möglichkeiten:* »Wenn das Verfahren A 100 % an Linderung oder Hilfe bietet, wie groß ist die Linderung oder Hilfe, die das Verfahren B bringt, bezogen auf diese 100 %?« – Oder die Anwendung des A-B-Schemas ③: »Welches der beiden Heilverfahren bringt hier rascher eine nennenswerte Linderung: das Verfahren 1 = A oder das Verfahren 2 = B?«

f) *Speziell im gesundheitlichen Bereich ist das Schema »Das rechte Maß«* ④ so vielfältig anwendbar und so wertvoll, dass ich ihm noch ein eigenes Kapitel widmen werde.

Die körperliche Seite

Die verschiedenen Körperbereiche ⑱

Nun noch eine allgemein recht wichtige Übersicht ⑱: *Welcher der wesentlichen Körperbereiche ist gestört?* Die Tabelle spricht für sich und bedarf insoweit keiner weiteren Erläuterung. Da wir klugerweise immer vom Allgemeinen zum Besonderen hin pendeln, befragen Sie diese Tabelle wegen ihres umfassenden Überblicks über den ganzen Organismus am besten gleich zu Beginn Ihrer gesundheitlichen Befragung.

Noch zu den Ziffern ⑦ und ⑧ dieser Übersicht: Von der Funktion des Gehirns her werden unterschieden:

- *das vegetative Nervensystem* (oder *unwillkürliches*, autonomes, automatisches, viszerales – die Eingeweide versorgendes): Es kontrolliert und steuert über Sympathicus und Parasympathicus (oder Vagus) die Funktion der Eingeweide.
- *das animale Nervensystem* (oder somatisches): Diejenigen Teile des peripheren und zentralen Nervensystems, die auf Sinnesreize ansprechen und damit der Regelung der Beziehungen zur Außenwelt dienen. (Es ist übrigens auf allen Ebenen eng gekoppelt mit dem vegetativen Nervensystem.) Ein Teil des animalen ist *das willkürliche Nervensystem.* Es kontrolliert und steuert die dem Willen unterworfenen Funktionen.

Dem Abfragen der Übersicht ⑱ folgt logischerweise *die nächste Pendelfrage:* »Welches besondere Organ im Rahmen dieses angegebenen Bereiches ist gestört?« Das können Sie auf einer der jetzt dafür zuständigen Tabellen ab ⑲ erfragen. Wenn das nicht möglich ist, d. h. die entsprechenden Körperorgane dort nicht verzeichnet sein sollten, fragen Sie – wie immer in solchen Fällen – ganz einfach die beiden Zeichnungen (79) ab. Hier können Sie den genauen Ort und so indirekt das betroffene Organ lokalisieren. Zu diesem Zweck halten Sie Ihren Pendel zuerst zwischen die Unterarme der beiden Zeichnungen von Vorder- und Rückseite des Körpers und gehen dann im Sinne des Schemas »Gesuchtes finden« (47) vor. Sie lernen es demnächst kennen.

Sie können das sinngemäß in gleicher Weise auf den *Darstellungen des menschlichen Körpers* und aller seiner Teile und Organe in einem *umfassenden Anatomiebuch* oder ähnlichen Wiedergaben tun. Es liegt auf der Hand, dass das die Präzisierung der gesuchten Körperstelle sehr erleichtert, besonders wenn die einzelnen Organe klar und im Detail wiedergegeben sind.

Die Erkrankung lässt sich *auch am Körper* direkt feststellen. Hier ist aus ganz praktischen Gründen der Energiesensor (Schwingpendel) dem normalen Pendel entschieden überlegen. Später werde ich darauf zurückkommen.

Wo sind organische Störungen ⑲, und welcher Art sind sie ⑳?

Beim Auftreten irgendeiner Erkrankung oder Störung oder Gefährdung des Organismus geht es zunächst immer um die möglichst genaue Lokalisierung des Übels und um die möglichst genaue Erkennung der besonderen Art der Störung. Das lässt sich mit Hilfe der beiden Übersichten ⑲ und ⑳ leicht klären.

In vielen Fällen genügt *beim Befragen von* ⑲ die Angabe eines einzelnen Organs nicht, weil mehrere in Mitleidenschaft gezogen sind. Daher sollte der ersten Frage: »Wo ist die organische Störung?« eine zweite folgen: »Wirkt sich diese Störung noch in einem anderen Organ bzw. Teilbereich des Körpers aus? Wenn ja, bitte ich sie anzuzeigen.«

Entsprechend sollten Sie *beim Befragen von* ⑳ vorgehen: Stellen Sie zuerst die Frage »Welcher Art ist die organische Störung?« oder: »Welcher der hier aufgeführten Begriffe trifft den Kern dieser Störung am besten?« – und fahren Sie dann fort: »Welcher der anderen hier aufgeführten Begriffe trifft den Kern der Störung auch noch gut?« oder »Ist noch eine andere sprachliche Bezeichnung von Aussagekraft für das Erkennen dieser Störungsart verzeichnet? Wenn ja, bitte anzeigen. Wenn nein, bitte antworten mit (z. B.) Linksdrehung, also der Antwort ›Kann ich nicht beantworten.‹« (Durch diesen pendlerischen Kunstgriff ersparen Sie sich ein mehrfaches Ja-Nein-Fragen!) Oft klärt sich der wahre Sachverhalt erst durch dieses zusätzliche Fragen in vollem Umfang.

Eine andere einfache Möglichkeit – die jedoch schon erhebliche Sicherheit im Pendeln voraussetzt –, wenn es sich um jemanden handelt, von dem Sie *eine Handschrift oder eine Fotographie* zur Verfügung haben: Sie können Ihre linke Hand knapp darüberhalten bzw. lose darauflegen und mit Ihrer rechten den Pendel über eine anatomisch exakte Darstellung des menschlichen Knochensystems, der inneren Organe usw. halten und bei jedem Organ die Ja-Nein-Frage zu seiner einwandfreien Funktion stellen.

Wenn Sie zuerst der einen der jetzt beschriebenen 2 Methoden folgen und nach einiger Zeit, wenn Sie das Ergebnis vergessen haben, der anderen, so werden die beiden Ergebnisse exakt übereinstimmen! Natürlich kann es auch einmal vorkommen, dass Sie Ihr erstes Ergebnis dann noch erweitern, wenn Sie beim ersten Mal etwas übersehen haben sollten.

Die in den Tabellen bei manchen Begriffen angefügte Zahl weist auf die eigene Übersicht zu diesem Fragenkomplex hin. Sie ist dann anschließend natürlich zu Rate zu ziehen.

Erkennen von tiefer liegenden Ursachen ㉑

In den meisten Fällen lohnt es sich, dann sofort nach der tiefer liegenden Ursache für die Erkrankung oder Störung oder Gefährdung zu forschen. Das ist *oft die wichtigste Frage,* um den wahren Grund der Schwierigkeit zu erfassen und nicht bloß in ihrem äußeren Symptom hängenzubleiben. Denn mit dessen Beseitigung ist langfristig gar nichts gewonnen, wenn die wahre Ursache dann nach einiger Zeit zu neuen Krankheitssymptomen oft nur anderer Art führt.

Das Vorgehen ist prinzipiell das gleiche wie soeben bei ⑲ oder ⑳, etwa die Frage: »Ist eine tiefer liegende Ursache für die Erkrankung oder Störung oder Gefährdung gegeben, die bis jetzt noch nicht bekannt ist? Welche im Hintergrund stehende Ursache ist das?« Es folgt sicherheitshalber dann immer das Forschen nach zusätzlichen Erklärungen, wie vor kurzem beschrieben.

Im Übrigen sollten Sie stets nach weiteren Hintergründen oder genaueren Einzelheiten forschen, auch wenn, wie eben gesagt, keine angefügte Zahl auf eine eigene diesbezügliche Übersicht verweist. Z. B. kann und sollte bei der Antwort »schlechte Ausscheidung« sogleich nach allen Möglichkeiten gefragt werden: Ausscheidung über Darm, Nieren, Blase, Lunge, Haut. Schreiben Sie in einem solchen Fall die paar Worte nach Art der vorliegenden Tabellen auf einen Zettel, und fragen Sie diese dann ab.

Skelett, Knochen, Gelenke ㉒
Bauch- und Verdauungsorgane ㉓
Drüsen ㉔
Kopf ㉕

Diese 4 Tafeln bedürfen im Grunde keiner zusätzlichen Erklärung. Wenn auf sie hingewiesen wird, sind sie in der gewohnten Weise abzufragen. Beachten Sie immer:

- Auch hier gilt es, wie schon früher beschrieben, *grundsätzlich nach weiteren Möglichkeiten auf der gleichen Tabelle zu fragen*, um volle Klarheit zu bekommen.
- *Wenn aus Platzgründen bei einem Anzeigepunkt mehrere Möglichkeiten verzeichnet sind*, müssen diese anschließend sofort überprüft werden, z. B. mit der A-B-Frage ③, damit sich der einzig zutreffende Punkt herausstellt. Wenn z. B. in der Tafel ㉒ der Pendel auf »Brustbein, Rippen, Brust-Wirbelsäule« zeigt, ist sofort zu fragen, welche dieser 3 Möglichkeiten zutrifft. Lautet die Antwort etwa »Rippen«, ist die nächste Frage: »Handelt es sich um

eine Rippe auf der rechten oder auf der linken Körperseite?« (A-B-Schema ③). Bei der Antwort »Auf der rechten« folgt die Frage: »Die wievielte Rippe, von oben her gezählt, ist die betroffene?« (Die Zahlenreihe 0–10 in ③ oder die Zahlenreihe 1–35 in ⑥ gibt eine ganz klare Ablesemöglichkeit innerhalb dieser oft befragten Zahlen. Sie kann wie immer in derartigen Fällen ausgenutzt werden.)

- Wenn auf der Übersicht über die Drüsen ㉔ eine Drüse als gestört angegeben wird, sollte *die nächste Frage sofort auf die Feststellung und weitere Präzisierung,* hier von Über- oder Unteraktivität zielen: Das Schema »Das rechte Maß« ④ gibt das im jeweiligen Grad der Über- oder Unterfunktion sofort genau an. Sinngemäß trifft das Gleiche für verschiedene Positionen auf der Übersicht »Bauch- und Verdauungsorgane« ㉓ zu.

Zähne ㉖

Um das exakte Auffinden eines oder mehrerer schmerzender oder sonstwie geschädigter Zähne zu erleichtern, füge ich diese besondere Aufstellung ㉖ bei. Ihre Benutzung dürfte ganz unproblematisch sein.

Nutzung des Schemas »Das rechte Maß« ④

Nicht nur für psychologisches Pendeln, sondern auch für das gesundheitliche ist das Schema vom rechten Maß ④ von der größten Bedeutung. Darauf muss ich in aller Deutlichkeit hinweisen, damit Sie diese so wichtige Hilfe für den hier vorliegenden Zusammenhang nicht außer Acht lassen. Das wäre ein schweres Versäumnis. Ganz besonders gilt *das für alle die Fälle, wo ein Zuviel oder ein Zuwenig gegeben sein mag,* z. B. für

- viele organische Störungen ⑲ (um sowohl ihren besonderen Charakter als auch ihr Ausmaß besser zu erfassen),

- die Tätigkeit der alles steuernden endokrinen Drüsen ㉔ (wo jedes Abweichen von der rechten Mitte, jede Über- oder jede Unterfunktion sofort Störungen nach sich zieht),
- die Hauptnährstoffe ㉗ (wo Mangelerscheinungen ebenso wie Übermaß sogleich sichtbar werden),
- den richtigen Gehalt des Körpers an Vitalstoffen (Vitamine, Spurenelemente, Mineralstoffe) ㉝–㉟,
- die Zahl der roten und weißen Blutkörperchen in unserem Organismus (mit allen ihren weittragenden medizinischen Folgen),
- den Stoffwechsel (in seinem erstrebenswerten, ausgeglichenen Ablauf),
- die Wirkung von chemischen Medikamenten oder natürlichen Heilmitteln (wiederum mit der Frage nach einem Zuviel oder Zuwenig) usw.

Über die praktische Handhabung dieser Tabelle braucht an dieser Stelle wohl nichts mehr gesagt zu werden. Sie dürfte aufgrund der früheren Ausführungen problemlos sein.

Krebs und Herzinfarkt/Schlaganfall (Yin und Yang)

Hier folgt sofort ein weiteres und ganz wichtiges Beispiel für die vielseitige praktische Nutzung dieses Schemas vom rechten Maß ④. Es geht um die Erkenntnisse der Zellforschung in den letzten Jahrzehnten, die für unsere Gesundheit geradezu eine Schlüsselbedeutung haben: um *die Ionenkonzentration in den Zellen unseres Körpers, um ihre Dosierung und ihre Wirkungsfaktoren.* Das entscheidet über Gesundheit und Krankheit. Das Leben ist Energie, und die Energie unterliegt dem Gesetz der Polarität. Gesundheit ist nichts anderes als zellenergetisches Gleichgewicht, als die rechte Mitte zwischen plus- und minuspoliger Energie, also um ihre Ausgeglichenheit, ihre Balance. Und Krankheit tritt ein mit dem Verlust an diesem Gleichgewicht, wenn das Zellenergiepotenzial also durch einseitige Polung geschwächt wird. Dann schwinden die

Abwehrkraft des Organismus, im Extrem bis zur völligen Erschöpfung, und damit selbstverständlich seine selbstheilenden »Mechanismen« mit allen ihren Regenerations- und Aufbaumöglichkeiten.

So mussten nach den ersten amerikanischen *Raumflügen* die Astronauten wegen schwerer gesundheitlicher Störungen wochenlang in Quarantäne gehalten werden, bis man entdeckte, dass ein unscheinbarer *Minus-Ionen-Generator* das zellenergetische Gleichgewicht in kurzer Zeit wieder voll herstellte. Nicht umsonst wird seit einigen Jahren etwa die absolute Notwendigkeit der richtigen Ionisierung der Luft in unseren Lebens- und Arbeitsräumen mehr und mehr herausgestellt.

Übrigens: Der Zustand der Zellenergie darf *auf keinen Fall mit dem pH-Wert verwechselt* werden, der lediglich über das Säure-Basen-Verhältnis Auskunft gibt. Mögen zwischen beiden gewisse Beziehungen bestehen, so müssen sie doch scharf auseinandergehalten werden.

Das Schema vom rechten Maß ④ steht – wie Sie wissen – unter *dem Gesetz von Spannung und Lösung* oder mit den alten Chinesen gesprochen: *von Yang und Yin*. Diese unterschieden die Krankheiten bereits mit großem praktischem Nutzen nach Yang- (oder übermäßigen Spannungs-) und nach Yin- (oder übermäßigen Lösungskrankheiten).[39] So können wir auch heute noch immer von *zwei großen Gruppen von Erkrankungen* sprechen:

Zunächst denen, *die auf Überspannung, also auf Verhärtung, Verkrampfung der Energie beruhen* und zu Stauung, Blockade, zu Muskelkontraktionen (Spasmen), zu Zusammenziehung und damit z. B. zu Gefäßverschlüssen führen. Sie sind für die verschiedenen Formen und Arten von Herzinfarkt und Schlaganfall typisch. Das finden Sie im Schema ④ auf der rechten Seite zum Stichwort Funktionshemmung gehörend. Wenn Sie – was sehr verständlich wäre – jetzt an der hier befindlichen Überschrift YIN, also »Lösung bis

Auflösung der Kraft« Anstoß nehmen, so gedulden Sie sich kurze Zeit: Der vermeintliche Widerspruch wird sich bald auflösen. Das ist *eine* prinzipielle Gruppe von Erkrankungen.

Und die 2. Gruppe ist *die auf übermäßiger Lösung beruhende,* die zum überquellenden, im Extrem unkontrollierten, überschäumend-hemmungslosen Ausströmen der Kraft führt. Sie ist für Ausbreitung und Vermehrung, für das Aufsprießen und Wuchern (Proliferation) und damit z. B. für alle Geschwüre und geschwürartige Erscheinungen, vor allem für die ungesteuert wildwuchernde Krebsgeschwulst so typisch. Im Schema ④ finden Sie das auf der linken Seite mit dem Begriff der Funktionsbeschleunigung verzeichnet. Auch hier werden Sie vermutlich sofort den Widerspruch zur Überschrift YANG, also »Spannung bis Überspannung der Kraft«, empfinden. Das soll sofort geklärt werden.

Die jahrtausendealte und das gesamte Leben umfassende Yin-Yang-Gesetzlichkeit muss entweder ausnahmslos gültig sein, oder sie ist keine Gesetzlichkeit und hat keine Daseinsberechtigung. Daher muss der Tieferschürfende ernsthaft dem hier aufscheinenden Widerspruch nachgehen. Er hat auch mich lange beschäftigt, und ich bin mir heute seiner im Kern einfachen und geradezu zwingenden Erklärung sicher. Voraus nur die Frage: Wenn es um die Erklärung, um die Begründung für eine Erkrankung geht, soll man dann nur das Bild der vollentwickelten Krankheit sehen, oder ist es nicht viel wichtiger, *der Entstehung des erst später aufscheinenden Krankheitsbildes* genau nachzugehen? Ich glaube, diese Frage bedarf gar keiner Beantwortung.

Warum steht die Funktionsbeschleunigung des Krebses auf der Plus-, also auf der YANG-Seite, obwohl der Krebs doch durch die hemmungs- und steuerlose Wucherung der Gewebe eindeutig als Yin-Krankheit erscheint? Die Erklärung: Der Krebskranke zeichnet sich psychologisch durch seine Selbstentfremdung aus, die sich aus seiner zumeist langfristigen und durch Spannung gekennzeichneten Selbstbeherrschung ergibt.[40] Wird diese seine innere Spannkraft und Selbstdisziplin dann durch ein ihn im Inneren tiefgreifendes Ereignis überfordert (starker Stress, schwerer Verlust), dann bricht die schon krampfhaft gewordene Selbstdisziplin zusammen und weicht der nahezu totalen Auflösung der Kraft. Das Gesetz: *»Die Gegensätze ziehen sich an«* tritt in sein Recht, bei Überspannung bricht der Bogen![39] Dann ist die Yin-Krankheit Krebs in ihrer hemmungslosen Wucherung (Proliferation) äußerlich erkennbar ausgebrochen. Krebs ist also in seiner Entstehung eine Spannungs- oder eine YANG-Erkrankung und in den Symptomen des Ausbruchs dann eine typische YIN-Krankheit.

Und warum erscheinen Herzinfarkt und Schlaganfall auf der Minus-, also auf der YIN-Seite, obwohl die ihnen zugrunde liegende Verhärtung, Verkrampfung, Blockade in den Gefäßen doch eindeutig eine YANG-Krankheit ist? Auch hier ist die Erklärung einfach: Der vom plötzlich eintretenden Infarkt bzw. Schlaganfall Betroffene ist in aller Regel ein von seiner Arbeit Besessener, der sich über lange Jahre hinweg (vielleicht von kurzen und vorübergehenden Ermüdungsperioden abgesehen) nicht zu seiner ständigen Aktivität gezwungen hat, wie der oberflächliche äußere Anschein glauben macht. Hier schlägt wieder einmal der fast allseits übersehene Primat der Interessen, das heißt der inneren Antriebskräfte, durch.[41] In Wahrheit ist er seinem unermüdlichen Schaffen, hinter dem natürlich eine hinreichend starke Vitalkraft steht, »verfallen«, ihr ausgeliefert. Der Patient ist ein »Getriebener«, nicht ein von seinem so genannten Willen bewusst gesteuerter »Treibender«. Ähnlich wie der kraftvolle Säufer vom Alkohol oder der Sexsüchtige vom Reiz des anderen Geschlechts ist er nahezu total von der Arbeitssucht gepackt. (In der Praxis stehen ja nicht selten unbefriedigte eheliche oder Familienverhältnisse im Hintergrund, die Selbstentfaltung und Selbstbestätigung dann umso mehr in der Berufsarbeit suchen und finden lassen!). Er ist insoweit also eine YIN-Persönlichkeit (Der alte Fehler: Yin mit Schwäche zu verwechseln, statt es richtig als freigelöste Kraft zu erkennen!), und eines Augenblicks kann der körperliche Organismus in Gestalt der feinsten Gefäße im Herz- und Gehirnbereich der allzu starken kontinuierlichen Belastung nicht mehr standhalten. Er zieht sich gleichsam in sich selbst zurück, indem sich ganz einfach das am meisten anfällige, das bioenergetisch schwächste der überlasteten Gefäße stark zusammenzieht: Der Gefäßverschluss ist eingetreten. Die durch das Blut wegtransportierten Abfallprodukte stauen sich etwa in Gestalt des Thrombus, wie ihn das Röntgenbild aufweist.

Auch hier ist also wiederum das Gesetz wirksam: *Die Gegensätze ziehen sich an.* Dann tritt das äußere Bild der Verkrampfungs-, der Über-YANG-Krankheit in Erscheinung. Infarkt und Schlaganfall sind demnach in ihrer Entstehung eine Lösungs- oder YIN-Erkrankung der zumeist vitalstarken, in jedem Fall an ihrer Aufgabe höchst interessierten und von ihr »aufgefressenen« Persönlichkeit und dann im äußeren Sichtbarwerden des Zusammenbruchs die typische Verkrampfungs- oder YANG-Erscheinung.

Weil das bei der Betrachtung der YIN-YANG- oder Spannungslehre die häufigsten Fehler sind, die dann zu vielen Missverständnissen führen (wie ich aus den Seminaren weiß), möchte ich der Klarheit halber nochmals deutlich herausstellen:

1. *YIN ist nicht Kraftlosigkeit, Schwäche,* sondern beim vitalstarken Menschen sogar sehr kraftvolle, frei gelöste Energieentfaltung, der es »nur« an verstandesmäßig-willensmäßiger Steuerung fehlt. Daher schießen die Kräfte unmittelbar in die unterbewusst gelenkte, von den körperlichen Trieben oder den seelisch-geistigen Interessen beherrschte Entfaltung ein.

2. *Der übermäßig Arbeitende, der »Wühler« oder »Schaffer«, ist das durchaus nicht immer aus Spannung,* praktisch also aus Überspannung (die YANG-Seite), sondern viel häufiger – wie eben gesagt – aus der mehr oder weniger unbeherrschten Antriebsseite: aus den Trieben, Instinkten, Interessen heraus. Stichwort: »Arbeitssucht«!

Und speziell zur hier behandelten Problematik noch der Hinweis: Eine gleichzeitige plus- und minuspolige Ionenkonzentration ist natürlich nicht möglich. Wohl kann in gewissen Fällen bei Stress oder Aufregung die eine Seite und nach dem Abklingen dann die andere Seite übermäßig ausgebildet sein. Dann läge allerdings eine Gefährdung des betreffenden Menschen in beiden Richtungen vor.

Jetzt haben wir die Voraussetzung dafür, dass wir uns wieder dem Schema vom rechten Maß ④ und *dem Zustand der Zellenergie* zuwenden können. Sie dürfen die folgenden Werte getrost als *Faustregel* nehmen, die allerdings noch auf breiter Basis zu verifizieren ist:

a) Wenn die Lebensunfähigkeit, also das Eintreten des *Todes,* sei es auf der Seite der Funktionsbeschleunigung oder der Funktionshemmung, also auf beiden Seiten, bei 100 % liegt,
b) dann ist auf der rechten Seite der Funktionshemmung *ab 75 % mit dem Eintreten von Herzinfarkt oder Schlaganfall* zu rechnen,
c) dann *beginnt* auf beiden Seiten, also bei Funktionsbeschleunigung und -hemmung, *bei etwa 40 % die schwere Erkrankung* sowohl in Richtung Herzinfarkt oder Schlaganfall als auch der bösartigen Geschwulst, während das sichere medizinische Erkennen der Krebsentwicklung in diesem Stadium im Allgemeinen noch nicht möglich ist,
d) dann liegt schließlich *die äußerste Grenze der »Gesundheit«* vom Nullpunkt (Gleichgewicht, Harmonie) weg auf beiden Seiten *bei etwa 25 %.*

Diese Kennzeichnung a) bis d) der genannten Werte finden Sie bereits im Schema ④ eingetragen, sodass Sie sich nur ihre Bedeutung zu merken oder besser in unauffälliger Form in das Schema noch einzutragen haben. Das praktische Arbeiten damit ist wohl mit keinerlei Schwierigkeit mehr verbunden.

Zu unserer Lebensführung

Bis jetzt haben wir uns in Anlehnung an die »Konstruktion« unseres Körpers mit seinen verschiedenen Teilen und Organen beschäftigt. Nun werden wir uns mehr unserer Lebensführung zuwenden und uns im Besonderen mit vier wichtigen Kapiteln auseinandersetzen, denen im Allgemeinen viel zu wenig Aufmerksamkeit geschenkt wird.

Bewegung und Beweglichkeit

Der Mensch ist von der Natur als Bewegungswesen »konstruiert«. Die alte Regel »Täglich eine Stunde flotte Bewegung« ist das Mindestmaß für die Gesunderhaltung von Herz und Kreislauf, dabei täglich wenigstens einmal den Puls auf 120 bis 130 Schläge erhöhen (z. B. durch kurze Morgengymnastik), also bis zum Rand des Außer-Atem-Kommens oder des beginnenden Schwitzens. Ausreichende Bewegung ist die kostenlose Universalmedizin, die einen bis ins hohe Alter fit hält. Vorsicht vor dem falschen »Trimm-dich-Fit!« Grundsatz: langsame und systematische Steigerung. Viele Beispiele zeigen, dass ein »Bewegungsurlaub« mit viel Bergauf und Bergab Schlafschwierigkeiten und Nervosität ohne medikamentöse Hilfe bald verschwinden lässt.

Der etwa faustgroße Zaubermuskel Herz von 200–400 g Eigengewicht schlägt jeden Tag rund 100 000-mal und pumpt dabei etwa 7000 Liter Blut durch rund 2000 km Adern und Kapillaren! Das Bewegungsgesetz unseres Körpers: Was nicht ständig in vernünftigem Maße beansprucht und belastet wird, verrottet unweigerlich: langsam, aber sicher.

Bewegungshilfen: Flottes Gehen, Wandern (Berge!), Laufen, Radfahren, Schwimmen, Tischtennis, Gymnastik, Seilhüpfen, Tanzen, Sportarten verschiedenster Art. – Machen Sie sich eine tabellarische Übersicht, in die Sie alle nur irgendwie Ihnen geeignet erscheinenden Bewegungsarten zur Stärkung von Herz und Kreislauf aufnehmen, und *fragen Sie den Pendel:* »Welche dieser Bewegungsarten ist für mich in Anbetracht aller Umstände (der mir bekannten und der mir nicht bekannten) diejenige, die mir insgesamt am meisten helfen kann?« Sie können die zweitbeste, die am wenigsten geeignete erfragen, die beste durchschnittliche Zeitaufwendung dafür pro Tag und dergleichen.

In gleichem Maße muss ich auf die Beweglichkeit hinweisen. Die Beweglichkeit ist in erster Linie die Beweglichkeit *der Gelenke* und daneben der Muskeln, die unseren Körper bewegen, also ihre Dehnfähigkeit. Fehlende Beweglichkeit können Sie oft bei alten Menschen mit versteiften Gelenken beobachten: Sie können sich nicht mehr richtig bücken, neben den anderen Gelenken ist die ganze Wirbelsäule gleichsam erstarrt. Der Energiefluss dieser versteiften Menschen ist hochgradig behindert. Kann er dann etwa im Bereich des seelischen Erlebens und des Denkens unbehindert sein? Erstarrung des Körpers und Erstarrung von Seele-Geist (»Altersstarrheit«) gehen in aller Regel Hand in Hand.

Die Bewegung allein hält uns also nicht »jugendlich-biegsam« und körperlich wie geistig beweglich. Das zeigen viele körperlich schwer Arbeitende bei aller damit verbundenen Bewegung, wie – auch heute noch – viele ältere Bauern und Bauersfrauen oder Arbeiter/-innen. Ja, *die Beweglichkeit ist vielleicht noch wichtiger als die bloße Bewegung, vor allem für das Verzögern des Alterungsprozesses!* Die Hilfe sind Beweglichkeits- und Dehnübungen aller Art wie Yoga, Aerobik und dergl., von der geistigen Seite her auch die Eutonie. Beobachten Sie Ihre Mitmenschen im täglichen Leben – Sie werden das hier Gesagte auf Schritt und Tritt bestätigt finden.

Zum Pendeln ②, zum Beispiel: »Wenn 100 % das für mich richtige Maß an der notwendigen Beweglichkeit meines Körpers darstellt, wie hoch ist darauf bezogen meine derzeit tatsächlich gegebene Beweglichkeit?«

Atmung

In engem Zusammenhang mit der Bewegung steht für unsere Gesunderhaltung die richtige Atmung. *Viele Menschen sind sich über ihre Bedeutung nicht klar.* Bekommt unser Körper doch durch sie den Sauerstoff zugeführt, der uns das Leben gibt! Wir können – wenn es sein muss – wochenlang auf feste Nahrung, tagelang auf flüssige Nahrung verzichten, aber nur wenige Minuten auf die Atemluft mit der in ihr enthaltenen Lebenskraft für uns. Die normale Atemfrequenz ist 12–16 Atemzüge pro Minute, das sind 17 000–23 000 Atemzüge pro Tag.

Viele Menschen nutzen nur ein Zehntel, oft noch weniger, des Lungenvolumens aus! Es liegt auf der Hand, welches Defizit an Gesunderhaltung derjenige erleidet, der statt des maximalen Lungenvolumens von 7,5 Litern eines hervorragenden Atmers (wobei bei einem Atemzug 4,5 Liter bewegt werden) nur einen Bruchteil davon für sich nutzt. Das zu flache Atmen lässt die peripheren Teile der Lunge verkümmern, vor allem die Lungenspitzen. Daher befinden sich gerade in ihnen zu einem hohen Prozentsatz die Herde von Tuberkulose und Bronchialentzündungen.

Wenn Sie bewusste Atemübungen machen, sollten Sie im Besonderen achten auf: das *Ausatmen* (zuerst die Lunge reinigen), die Bauch- oder Zwerchfellatmung (die natürliche Erweiterung des Lungenvolumens nach unten hin), durch die Nase ein- und ausatmen (Letzteres besonders im Winter zum Vorwärmen der kalten Luft), keine Beengung des Bauches (Gürtel) und nicht mit vollem Magen und schließlich keinerlei besondere Anstrengung, vor allem nicht das sinnlose selbstquälerische Luftanhalten. Nicht »ich atme«, sondern »es atmet mich«.

Goethe sagt im »Westöstlichen Divan«:

»Im Atemholen sind zweierlei Gnaden:
die Luft einziehen, sich ihrer entladen.

Jenes bedrängt, dieses erfrischt;
so wunderbar ist das Leben gemischt.
Du danke Gott, wenn er dich presst,
und danke ihm, wenn er dich wieder entlässt.«

Goethe spricht hier *das Gesetz des rhythmischen Wechsels von Spannung und Lösung unserer Lebenskraft* (von Yang und Yin ④) an, das von fundamentaler Bedeutung für unsere Existenz und im Besonderen für unsere Gesundheit ist. An anderer Stelle habe ich das schon deutlich herausgestellt, wie Sie wissen.

Zum richtigen Atmen die Stichworte: Bewegung in frischer Luft, rhythmisches Atmen mit vollen, aber nicht überspannten Atemzügen, Raumlüftung und Luftzirkulation, negativ ionisierte Luft: in den Bergen, am Meer, in Tannenwäldern, an Wasserfällen, weder aktiv noch passiv rauchen. – In diesen Hinweisen steckt eine Reihe von Fragen, die *der Pendel* mittels einiger rasch tabellarisch angeordneter Stichworte klärt, soweit dazu nicht das A-B-Schema ③ ausreichen sollte.

Ernährung

Voraus ein Presseauszug aus einer *Veröffentlichung des Bundesgesundheitsamtes*[42]: »Von der Ernährung abhängige Krankheiten verursachen in Deutschland Kosten von mehr als 100 Milliarden Mark im Jahr. Mit 39 Milliarden Mark stehen Herz-Kreislauf-Erkrankungen an der Spitze, gefolgt von Karies mit 20 Milliarden. Auf Krebs entfallen 11,0 auf chronische Lebererkrankungen 8,0 und auf Diabetes 4,5 Milliarden Mark. Übermäßiger Alkoholgenuss ist besonders für Tumore des Verdauungstraktes und für Lebererkrankungen verantwortlich. Ernährungsbedingtes Übergewicht, an dem fast die Hälfte der Erwachsenen leidet, begünstigt Zuckerkrankheit, Bluthochdruck und Herzinfarkt. Mangel- und Fehlernährung verursachen Schilddrüsenerkrankungen, Karies und Osteoporose. Von den Ärzten wird der Einfluss der Ernährung auf die Gesundheit bisher nicht genügend beachtet.«

Heute sind *die mit chemischen Produkten aufbereiteten Lebensmittel* weit verbreitet, in ihnen finden sich Schädlingsbekämpfungs- und Konservierungsmittel, Hormone, Farbstoffe und dergleichen. Glücklicherweise wächst die Zahl der Menschen, die möglichst natürliche und biologisch vollwertige Kost verwenden, immer mehr. Das betrifft die Nahrungsmittel pflanzlicher ebenso wie tierischer Herkunft. Gleichzeitig geht es um die Frage des Verzehrs im Rohzustand oder in gekochter Form mit allen nur denkbaren Einzelheiten, die damit verbunden sind. Schließlich spielt bei unserer Ernährung ständig das Problem des gerade vorherrschenden Klimas mit seinen wechselnden Temperaturen und Jahreszeiten mit, ebenso wie das persönliche Alter und die berufliche Tätigkeit mit ihren besonderen Anforderungen. *Wer soll sich da noch auskennen* und eine für ihn klare und wirklich positive Linie verfolgen können?
Gerade in dieser Situation kann uns der Pendel hervorragende Dienste leisten. Doch zuvor *einige Feststellungen, die dem Suchenden hilfreich sein können:*

- Wir essen ganz einfach, *weil es uns schmeckt,* und nicht, weil es gesund ist. Mindestens 40 % der Bundesbürger haben Übergewicht. Übergewicht kann die Lebenserwartung senken und die Gesundheit gefährden.
- Nicht viele *Frauen* haben eine ganz selbstverständliche vorurteilsfreie Einstellung zum Essen, weil die Mehrzahl tagaus, tagein an ihre Figur und ihr Körpergewicht denkt. Bei Männern sieht das insgesamt etwas, aber nicht sehr viel besser aus.
- *Essen in Gesellschaft macht Freude:* Auf der einen Seite isst man mehr, und auf der anderen bekommt es einem noch besser.
- *Mit Genuss essen, was einem schmeckt,* macht Freude und bekommt einem schon deshalb in der Regel gut. Ungern essen, nur weil man es soll oder muss, macht keine Freude und bekommt einem schon deshalb weniger gut.
- *Die Freude am Verzehr von Fett* rührt daher, dass es den Spei-

sen Geschmack gibt. Aber es macht dick. Fett wird man durch Fett, nicht durch Kohlehydrate: ein weitverbreiteter Irrtum!

- *Zu hoher Fettgehalt im Blut* bewirkt überhöhten Cholesterinspiegel, vermindert die Lebenserwartung und erhöht besonders die Gefahr eines Herzinfarkts.
- *Das übliche Kalorienzählen* nach Augenmaß bringt sehr oft nichts, solange nicht präzise gemessen und gewogen wird.
- *Der Appetit steigert sich durch Abwechslung:* Wählen Sie bei Mahlzeiten mit vielfältigen Geschmacksrichtungen entschieden kleinere Portionen!
- *Essverhalten ist Gewöhnungssache* und kann trainiert werden. Wie viele Säuglinge und Kinder sind heute schon überfüttert! Sie werden – gestatten Sie – zum Fressen erzogen.
- *Wenn wir Essgewohnheiten ändern wollen,* müssen wir die neu zu übernehmenden Speisen nur häufiger essen, dann schmecken sie uns bald recht gut. Manchem fällt das schwer. Es braucht einige Zurückhaltung und Geduld.
- Die Schwierigkeit ist, *zwischen Appetit und Hunger zu unterscheiden:* Geben Sie einem vermeintlichen Hungergefühl nicht gleich nach, dann verschwindet es oft wieder von ganz allein.[43] Dann bildet sich auch der Magen zurück.

Hier noch drei besonders bemerkenswerte Tatsachen, die jeden Denkenden zu entsprechenden Schlussfolgerungen veranlassen sollten:

- *Ernährung und Alkohol:* Laut Langzeitstudien an 7000 Menschen über 20 Jahre hinweg steht einwandfrei fest: Mäßiger, aber regelmäßiger Alkoholgenuss von 1–2 Gläsern Wein pro Tag gibt eine dreimal größere Wahrscheinlichkeit, gesund zu altern, länger zu leben und an weniger Krankheiten zu leiden als Abstinenzler! Speziell Rotwein ist für das Herz und für das Blutserum sehr gut. Fachleute sprechen im Sinn der französischen Essgewohnheiten vom »französischen Paradox«. – Auch hier gilt das Gesetz der Mitte: Weder Askese noch Übermaß.
- *Die »Mittelmeer-Diät«* ist für unsere Breiten anscheinend die ge-

sündeste Kost (Ergebnis einer Langzeitstudie französischer und amerikanischer Ernährungsspezialisten):

1. Rotwein, wie soeben beschrieben,
2. dauernd frisches Obst und Gemüse,
3. statt Vollmilch viel mehr Milchfette und Kalzium in Gestalt von Käse,
4. fast nur hochwertiges Olivenöl statt Butter oder gar Schweineschmalz,
5. länger dauernde Mahlzeiten in entspannter Atmosphäre (»joie de vivre«).

- *Ernährung und Krebs:* Die große Ernährungsstudie des Deutschen Krebsforschungszentrums ergab einwandfrei: Gesund, fleischlos und fettarm lebende Vegetarier haben ein deutlich geringeres Risiko als Fleischesser, an Krebs zu erkranken. Am gesündesten leben die lustvollen Genießer. Wer ab und zu auch Fleisch, besonders so genanntes »helles Fleisch« wie Fisch und Geflügel zu sich nimmt, hat die größte Widerstandskraft gegen Krebs.[44]

Ich habe diese Erfahrungs- und Forschungsergebnisse, die für unsere Ernährung und damit *für unsere Gesundheit so bedeutungsvoll* sind, hier bewusst in dieser wenn auch knappen Form angeführt. Jedermann kann sehen, welche Problematik in dieser Alltagsfrage steckt: »Was sollen wir heute essen?« *Der Pendel kann uns dabei eine große Hilfe sein.* Wir dürfen uns nur nicht abhängig von ihm machen. Die folgenden Tabellen sprechen weitgehend für sich selbst.

Zuerst weise ich *auf die Tabelle ㉗ über die* **Hauptnährstoffe** hin. Sie zeigt die verschiedenen Arten der Nährstoffe auf, die erst in der Summe unseren Organismus lebensfähig machen.

Zum Begriff *»Purinkörper«:* Das sind gewisse organische Verbindungen, die mit Harnsäure verwandt sind. In der richtigen Menge sind sie für den Körper lebenswichtig. Wenn er jedoch zu viel Purine aufweist, so sind sie in gewissem Sinn als Giftstoffe zu bezeichnen und können sehr schädliche Folgen haben, z. B. Gicht und ähnliche Wohlstandskrankheiten hervorrufen oder fördern.

Aus gutem Grund habe ich bewusst *die seelische Lebenskraft* noch zugefügt, die bei der Einheit von Körper und Seele-Geist auch für das vermeintlich rein körperliche Geschehen von großer Bedeutung ist.

Mit dieser Übersicht lässt sich rasch erkennen, bei welcher Gruppe etwas nicht in Ordnung ist, sei es, dass der Körper davon zu wenig oder auch zu viel aufweist. Am einfachsten zeigt das im Detail auch hier die 100 %-Skala ② oder auch das Schema des rechten Maßes ④ auf. Was der Körper dann braucht bzw. was er loswerden muss, um wieder in seine ungestörte Ordnung zu kommen, ergibt sich dann von selbst.

Hauptgruppen der Nahrungsmittel ㉘: Betrachten Sie die ergänzende Tafel bitte nicht von der logisch-sachlich-wissenschaftlichen Seite, sondern ausschließlich von der praktischen Verbraucherseite her. Sie finden zum Beispiel Kartoffeln neben Gemüse, zu dem sie ja eigentlich gehören. Oder Milch und daneben noch Milchprodukte: Viele vertragen keine Milch, sehr gut aber Käse verschiedenster Sorten oder Joghurt. Sie können je nach Ihren persönlichen Vorlieben und Gewohnheiten die Namen der speziellen Lebensmittel in die entsprechende Gruppenbezeichnung einfügen bzw. ergänzen. So machen Sie diese Tabelle für Ihren Alltagsgebrauch noch handlicher und nützlicher. Oder Sie machen sich je nach Ihren besonderen Bedürfnissen eine eigene, ganz auf Sie zugeschnittene. – Es versteht sich, dass in der Gruppe Getreideprodukte immer an möglichst frisch gemahlene und nicht ausgemahlene Getreidesorten zu denken ist.

Die Aufgliederung der einzelnen Nahrungsmittel innerhalb des Gesamtumfangs der Mahlzeit können Sie ganz einfach mit der 100 %-Skala ② vornehmen, zum Beispiel: »Zu wieviel Prozent soll die Mahlzeit aus Fisch bestehen?« oder »Zu welchem Prozentsatz sollen

Vollkornerzeugnisse in der Mahlzeit enthalten sein?« Daraus wird sich oft von allein *die Menge* ergeben, nach der Sie natürlich auch direkt fragen können.

Vergessen Sie nicht den Frischezustand oder die Vitalität mit dem davon abhängigen wirklichen Nährwert. Das ist besonders wichtig etwa bei Obst und Gemüse. Auch hier hilft Ihnen sofort die 100 %-Skala ②, z. B.: »Wenn 100 % das Maximum an Frische oder Nährwert darstellt, wie hoch ist der darauf bezogene Frischezustand der Früchte in dieser Schale?« Ihre Augen sind dabei auf diese Früchte gerichtet, und Sie sind innerlich ganz nur darauf eingestellt. Wenn die Antwort unter 65 % ausfällt, lohnen sich Anschaffung und Verzehr im Allgemeinen nicht mehr. – Auf den großen Wert des Energiesensors mit seiner beachtlichen Vereinfachung dieser Prozedur werde ich noch eingehen.

Schon bei Erstellung Ihrer Einkaufsliste können Sie sinngemäß entsprechend vorgehen, um von vornherein optimal geeignete Produkte zu bekommen, Fehleinkäufe und unnötige Kosten und dergleichen zu vermeiden.

Zubereitungsarten ㉙: Diese Übersicht hilft Ihnen zur optimalen Zubereitung Ihrer Nahrungsmittel für sich selbst oder für andere. Zum Beispiel:

»Welche der hier aufgeführten Zubereitungsarten ist derzeit die für X günstigste, in Anbetracht aller Umstände vorteilhafteste?« Es ist gut, wenn Sie diese Frage von Zeit zu Zeit in kritischen Fällen vielleicht schon vor der nächsten Mahlzeit wiederholen. Denn der Pendel kann Ihnen die Antwort immer nur für den jeweiligen Zeitpunkt gültig geben.

Selbstverständlich können Sie nun auch *die Länge der Zubereitungszeit* erfragen, wiederum mit der 100 %-Skala ②: »Wenn die Prozentpunkte auf dieser Skala Minuten bedeuten, so bitte ich anzuzeigen, wie viele Minuten diese Speise regulär kochen soll?«

Erwarten Sie nur eine relativ kurze Zeit, nehmen Sie das A-B-Schema ③: »Ich bitte auf der unteren Skala dieses Schemas von 0–10 die Zahl der Minuten anzuzeigen, die diese Speise kochen soll.« Oder Sie nehmen bei höherer Zahl die Tabelle ⑥: »Ich bitte auf der Zahlenskala von 1 bis 35 die Zahl der Minuten anzuzeigen ...« So können Sie auch kleinere Zahleneinheiten mühelos und sicher ablesen, was bei der 100 %-Skala natürlich so exakt nicht möglich ist.

Nun zum Thema **Ernährungstherapie:** Da verweise ich Sie zunächst auf *die Tabelle ㉚, Ernährungsart/Diät.* Hier gleich vorweg: Es ist bezeichnend, dass der Pendel nicht nur bei mir, sondern bei vielen Kursusteilnehmern – wie sie mir berichteten – auffallend oft eine ganz bestimmte Anweisung gibt. Aus den 20 Antwortmöglichkeiten gab er in einem beachtlich hohen Prozentsatz immer die Weisung innerhalb des Rahmens: weniger oder mehr essen bzw. weniger oder mehr trinken. Und das statt einer häufig erwarteten Diätbestimmung. Das hat wahrhaftig seinen Grund. Es lohnt sich, darüber nachzudenken.

Hier einige Hinweise zu dem außerordentlich weitgreifenden Thema der Ernährungsarten und der vielen Diäten ㉚, die heute von den verschiedensten Richtungen her empfohlen werden. Ganze Büchereien lassen sich mit der diesbezüglichen Literatur füllen. Ganz bewusst habe ich in diese Aufstellung nur die großen Linien der Ernährungsrichtungen und nur solche Diätarten aufgenommen, die nach jahrzehntelanger Beobachtung für bestimmte Fälle empfehlenswert sind:

- *»Mischkost«* meint die heute weitgehend übliche Mischung von Fleisch- und Gemüsekost.
- *»Gemäßigte Mischkost«* bedeutet Reduzierung des Fleisches auf eine bescheidene Menge, auf nur gelegentlichen Genuss.

Zum Thema Mischkost: Viele Menschen würden weniger oder gar kein Fleisch essen, wenn sie die Tiere, die sie verzehren, selbst töten oder dabei zuschauen müssten. Dann würde ihnen nämlich sehr viel mehr bewusst, was sie tun. Wem die innere Stimme den Genuss von Fleisch verwehrt, der möge auf sie hören.

Der Begriff der »vegetarischen Ernährung« schließt viele besondere Arten des Vegetarismus ein, von denen nur die wichtigsten aufgeführt sind.

- Als *»Rohkost«* ist die reine Rohkost zu verstehen, ohne jeden Koch- oder Backvorgang.
- Bei der *»Vollwertkost«* soll der volle, naturbelassene Wert des Lebensmittels erhalten werden, wie er z. B. im vollen Getreidekorn oder im ungeschälten Reis enthalten ist.

Die allgemeine Unterscheidung »Weniger trinken (Mehr Yang)« im Gegensatz zu »Mehr trinken (Mehr Yin)« ist von großer Wichtigkeit. Sie ist zugleich sehr bedeutungsvoll für die makrobiotische Ernährung.

Besonders wichtig für alle speziellen Ernährungsweisen, Diäten oder Kuren: Versäumen Sie nie, danach zu fragen, wie lange Sie eine solche einhalten sollen! Vor zu lange oder gar dauerhaft eingehaltener einseitiger Diät muss nachdrücklich gewarnt werden: Schon viele Menschen haben sich dadurch schweren Schaden zugefügt, der später nicht immer wieder gutgemacht werden kann. Vorübergehend mögen besondere Diäten höchst segensreich sein, weil sie verlorenes Gleichgewicht wiederherstellen können. Auf die Dauer gesehen müssen sie jedoch wegen der Einseitigkeit zu oft schweren Störungen und Mangelerscheinungen führen. Die Natur duldet nun einmal keinerlei Störung des Gleichgewichts! Das wird sich bald noch genauer zeigen.

Eine wichtige Ergänzung hierzu ist die folgende Tabelle. Sie ist in gewisser Weise auch mit der Übersicht ㉗ Hauptnährstoffe verwandt.

Ernährungstherapie: Zusammensetzung der Nahrung ㉛. Wie Sie sehen, geht es hier um *ganz bestimmte Diätänderungen,* die sich bei einigen häufigen Krankheitsbildern als notwendig und oft heilsam erweisen. Unter den medizinischen Fachleuten gibt es da kaum Meinungsverschiedenheiten. Wohl können solche bei denjenigen Patienten aufkommen, die aufgrund zusätzlicher individueller Belastungen eine mehr oder weniger geänderte Therapie brauchen. Es handelt sich hier durchweg um heikle Fälle. Nehmen Sie die Aussagen des Pendels wie immer in solchen Fällen im Wesentlichen als Hinweise, denen man nachgehen sollte. Versäumen Sie aber nicht, im konkreten kritischen Fall einen ärztlichen Ernährungsspezialisten zu Rate zu ziehen. Ein verständiger Arzt wird sich Ihren Hinweisen gewiss nicht widersetzen. Jeder erfahrene und verantwortungsvolle Pendler kennt genug Beispiele, wo dem Kranken gerade in solchen Fällen durch den Pendel wertvolle Hilfe zuteil wurde.

In diesem Zusammenhang noch *ein Wort zu Mineralwässern:* Mineralwasser ist nicht gleich Mineralwasser! Die Unterschiede in der Zusammensetzung hinsichtlich Mineralstoffen, Spurenelementen und dergleichen sind oft sehr groß. Entsprechend fallen Verträglichkeit und Heilwirkung in vielen Fällen auch ganz verschieden aus. Das trifft genauso auf die handelsüblichen Mineralwässer zu, die wegen des schlechter gewordenen Leitungswassers vor allem in bestimmten Gegenden und Städten immer mehr gekauft werden. Prüfen Sie daher Eignung und Wert der Ihnen zur Verfügung stehenden Mineralwässer *mit dem Pendel:*

- *Entweder direkt:* »Ist dieses Wasser, Marke A (Sie schauen es ganz gesammelt an) für mich (oder für X, wobei Sie sich diese Person ganz lebendig vorstellen) wirklich bekömmlich und meiner (ihrer) Gesundheit förderlich, wenn ich (sie) es regelmäßig trinke (trinkt)?«
- *Oder indirekt* durch eine einfache tabellarische Aufstellung aller zur Debatte stehenden Produkte, die Sie abfragen: »Ich bitte

um Angabe: Welches dieser Mineralwässer ist für mich (für X: wie soeben) das bestgeeignete, das meiner Gesundheit am meisten förderliche?«

- *Zusätzlich:* Mit der 100 %-Skala ② können Sie mit dem Ihnen nun vertrauten Verfahren den Prozentsatz des Wertes für Sie (für X) ermitteln und ihn gegebenenfalls mit anderen Wässern vergleichen.
- Auch hier der Hinweis auf den Energiesensor, der diese Überprüfung sehr vereinfacht.

Zum Schluss beachten Sie bitte: *Wer in der Harmonie mit sich und seiner Welt lebt* oder wer sich im richtigen Geist auch nur darum bemüht, der kann – von dem soeben Gesagten abgesehen – getrost alles essen, was die Natur ihm im Rhythmus der Jahreszeiten bietet. Wenn er das in der richtigen Einstellung, nämlich bewusst-dankbar und bewusst-freudig zu sich nimmt, dann sorgen seine harmonischen Seelenkräfte für die richtige Aufnahme und Verarbeitung im Körper: Er wird sich ungestört alles aus der ihm so zugeführten Nahrung herausholen, was er braucht. *Und wer in hypochondrischer Weise* jeden Bissen, bevor er ihn einnimmt, ängstlich oder gar voll Angst auf Beschaffenheit und Menge hin überprüft, der muss sich nicht wundern, wenn er sich auf solche Weise nicht nur zum Sklaven seiner Nahrung macht, sondern darüber hinaus seine innere Freiheit als ungestörte Persönlichkeit aufs Spiel setzt oder gar verspielt. Eine solche sklavische Abhängigkeit vom Pendel will dieses Pendelbuch ganz gewiss nicht lehren. Sie ist etwas radikal anderes, als etwa eine warnende Stimme des Pendels zu hören und sie nach gebührendem Überdenken zu befolgen.

Nun zum **pH-Wert** ㉜: Versäumen Sie nicht, diesen so wichtigen Kontrollwert für die Aufrechterhaltung bzw. Wiederherstellung Ihrer Gesundheit auch immer wieder einmal zu Rate zu ziehen. Das kann Ihnen helfen, frühzeitig eine Fehlentwicklung zu erkennen, der Sie dann noch rechtzeitig begegnen können.

Der pH-Wert zeigt den Säureanteil im Zellwasser an. Er ist die Maßzahl für die Aktivität oder Konzentration der Wasserstoffionen und damit für den Säure- oder Alkaligehalt einer Lösung bzw. in den Körperzellen. Er gibt die aus der Sonne stammende bioenergetische Kraft an, mit der sich die Ionen, die kleinsten Bausteine aller Materie, gegeneinander bewegen. Man kann auch sagen: Er ist die Maßzahl für die elektrische Energie, die alles zusammenhält. Denn alles ist plus- oder minuspolig geladen und das bestimmt hochgradig unser Dasein: den Körper als Ganzes, unsere Nahrungsmittel und darüber hinaus alles, was uns unsere Sinne vermitteln, z. B. Töne, Farben (Grün = 7), Edelsteine, das Wetter usw.

Ein pH-Wert von größer als 7 bedeutet alkalische oder basische, einer *von* 7 die neutrale und *von kleiner als* 7 saure Reaktion der Lösung. Durch Verdünnung oder durch Alterung, ebenso durch chemische Einflüsse kann sich der pH-Wert verschieben, z. B. bei Wasser von 7 auf 4 in Gestalt des sauren Regens.

Die +polige Säureseite spiegelt Anregung: Aktivität, Aggressivität bis zu Verwirrung wider, *die –polige alkalische Seite Abwehr:* Inaktivität, Müdigkeit, Unentschlossenheit, während bei der neutralen 7 Ausgeglichenheit und Mäßigung vorherrschen. Je weiter die Entfernung von der richtigen Mitte, um so mehr kommen die Übersteigerungen zum Tragen, die wir wertmäßig als negativ empfinden. Im Übrigen können Sie die ebenso hier gültige Grundgegebenheit dem Schema »Das rechte Maß« ④ entnehmen, wo Sie ja auch den Hinweis auf den pH-Wert finden.

Der pH-Wert ist von der größten Bedeutung für die Gesundheit, was leider allzu viele, sonst noch so geistig rege Menschen nicht erkennen. Allenfalls beachten sie es dann, wenn es zunächst zu spät, der Schaden schon eingetreten ist. Durch die richtige Auswahl der Lebensmittel ist er im Allgemeinen auf einfache und nachhaltige Art zu beeinflussen und zu steuern. Die Nahrung wird umso verträglicher und gesünder, je mehr sie auch reich an Basen ist, und umso gefährlicher für die Gesundheit, je säurehaltiger sie wird. Säureüberschuss sollte auf jeden Fall vermieden werden.

In vielen Apotheken, Reformhäusern und Buchhandlungen finden Sie heute eine Auswahl von verständlich geschriebener Literatur, die Sie in dieser Hinsicht über alles Notwendige informiert. Hier sei nur als grobe Richtlinie gesagt:

- *Der Körper wird übersäuert* durch zu viel, vor allem einseitigen Genuss von Fleisch, Zucker und Weißmehl.
- *Der Körper kommt zu sehr auf die basische Seite* durch zu viel, vor allem ganz einseitigen Genuss von Gemüse (auch Kartoffeln) und Milchprodukte.
- *Bei den heutigen Ernährungsgewohnheiten* ist die Gefahr der Übersäuerung wesentlich größer.

Vitalstoffe:

Vitamine ㉝, Spurenelemente ㉞ und Mineralstoffe ㉟

Vitamine ㉝: Für das Wachstum und die Erhaltung des Organismus unentbehrliche Stoffe, deren Fehlen in der Nahrung schwere Krankheiten bedingen. Kennzeichnung im Allgemeinen mit Buchstaben:[45]

Vitamin

A: Retinsäure, Axerophthol – wichtig für gesunde Augen und Sehfähigkeit; in Lebertran, Leber, Milch, Rahm, Butter, Eidotter, Frauenmilch, grünen Gemüsen, Wurzeln, Früchten und Palmölen enthalten. – Vorsicht vor medikamentöser Überdosierung!

B_1: Thiamin, Aneurin – Nervensystem, Herzmuskel; enthalten besonders in Hefe, Getreidekeimen, Ei und Leber.

B_2: Riboflavin, Lactoflavin – Gewebsatmung, Wachstum, Haut, Magen-Darm; in Molke, Hefe, Pflanzenkeimen, Leber, Niere, Eidotter und in grünen Pflanzen.

B_6: Pyridoxin, Pyridoxal, Adermin – Mangel führt zu Dermatitis (Hautentzündung), Anämie (Blutarmut) und Wachstumsstörungen; enthalten in den gleichen Substanzen wie bei PP-Faktor.

B_{12}: Cyanocobalamin, Erythrotin, Hämogen – für Blutbildung und Stoffwechsel der Zelle; in Leber, Muskeln, Eigelb, Käse; Bildung in der Darmflora.

Pantothensäure: Filtratfaktor – für Aufbau der Zellen und gewisse Enzyme; in Hefe, Getreidekeimen, Samen, Leber, Gelbei, Knollen, Wurzel, Milch; fehlt in der üblichen verfeinerten Kost!

PP-Faktor: Nicotinsäureamid – für Kohlenhydratstoffwechsel, Zellatmung, Haut- und Magen-Darm-Funktion; bei fehlendem Vitamin-B-Komplex Mangelkrankheiten an Haut, Verdauungskanal, Nervensystem; in Hefe, Körnerfrüchten, Gemüse, Leber, Niere, Muskeln und Milch.

C: Ascorbinsäure, Hexuronsäure – für Bildung der interzellulären Substanzen, Knochengewebe und Kapillarsystem; bei Mangel Skorbut, Frühjahrsmüdigkeit, Appetitlosigkeit, Herzbeschwerden, verzögerte Wundheilung, Zahnfleischbluten, verminderte Abwehrkräfte; in Früchten, besonders Zitrone, Kartoffel, grünen Pflanzen, Milch, Leber.

D-Gruppe: Calciferole – für Skelettentwicklung und Darm; Mangel führt zu Rachitis, Schäden am Knochengerüst; enthalten in Hefen, Lebertran, besonders in Thunfischlebertran; Bildung bei Sonnen- und UV-Bestrahlung, Höhensonne. – Vorsicht vor übermäßiger Zufuhr!

E: Tocopherol, Antisterilitäts-, Fertilitätsvitamin – wichtiger Stoffwechselfaktor; bei Mangel Schädigung der männlichen Keimdrüsen und Schwangerschaftsgefährdung wahrscheinlich; in Weizenkeimölen, Baumwollsamenöl, Maiskeimöl, Salat, Erbsen, Brunnenkresse, Erdnuss.

F: Gemisch gesättigter Fettsäuren, Linol- und Linolinsäure (kein eigentliches Vitamin) – für Leberstoffwechsel; bei Mangel Neigung zu Furunkulose.

H: Biotin – Mangel führt zu Dermatitis (Hautentzündung) und Haarausfall; durchweg in der normalen Nahrung enthalten.

K_{1+2}: Phyllochinon, Phytomenadion – für Blut, besonders Gerinnungsfähigkeit; in Luzerne, Spinat, Kohl, Brennnessel, Tomaten, Hagebutten und in Leber bzw. in faulendem Fischmehl und in Darmbakterien (Colistämme).

P-Gruppe: Faktor P, Bioflavonoide, Zitrin, Permeabilitätsvitamin – wichtig für Blutgefäßsystem; bei Mangel Abmagerung und Blutungen bei fehlendem Vitamin C; Vorkommen wie Vitamin C, besonders in Zitronen und schwarzen Johannisbeeren.

M: Fol- und Folinsäure, Citrovorumfaktor – für Wachstum, richtige Blutbildung; in Blättern, besonders Spinat enthalten.

Spurenelemente ㉞: bestimmte chemische, nur in kleinsten Mengen (»Spuren«) im Organismus vorhandene Elemente, die jedoch absolut lebenswichtig sind. Die für den Menschen wichtigsten Spurenelemente sind in der Übersicht ㉞ aufgeführt.[46] Nach neuen Forschungsergebnissen gehört auch Selenium in diese Aufstellung. Es ist wichtig für die inneren Organe, auch für Beruhigung und Normalisierung bei Überreizungen aller Art.

Mineralstoffe oder Mineralsalze ㉟: anorganische (unbelebte) und homogene (völlig gleichartige) Salze, die als Mineralien und anorganische Bestandteile im Menschen vorkommen und für seine Gesundheit von größter Wichtigkeit sind. Die Aufstellung ㉟ bringt die für die Zellernährung heute als wesentlich erachteten 18 Mineralstoffe oder -salze im Sinn des Oldenburger Arztes Wilhelm Heinrich Schüssler (1821–1898), dem Gründer des biochemischen Heilmittelverfahrens.[47] Diese Stoffe können Sie in jeder Apotheke billig erhalten. Allerdings ist es nicht so, dass die Aufnahme des fehlenden Stoffes durch den Körper die mangelbedingte Störung in jedem Fall schon beheben würde, weil der Körper die aufgenommenen Salze durchaus nicht immer verwerten kann. Das wird erst durch die entsprechende Vitaminzufuhr und/oder andere Maßnahmen möglich. Zum Beispiel verlangt die richtige Verwertung von Kalk, der bei Rachitis dem Körper in noch so großen Mengen eingegeben wird, die Zufuhr von ausreichend Vitamin D und zusätzlich ausreichende Sonnenbestrahlung. Daher ist eine präzise Diagnosestellung nötig, wie sie nur die medizinischen Laboratorien geben können.

Für alle Vitalstoffe, besonders die Vitamine wichtig: Sie sind empfindlich und werden schon durch die Lagerung, dann durch das Zerkleinern, durch Hitze und Druck, durch die häufige falsche Verfeinerung und dergleichen zum Teil sehr schnell zerstört. Deshalb können sie dem aufnehmenden Körper nur dann mit wirklichem Nutzen zugeführt werden, wenn bei der Zubereitung der Nahrung darauf geachtet wird, die einzelnen Nahrungsmittel möglichst in ihrem Naturzustand zu belassen.

Die Handhabung dieser drei Tabellen ist mittlerweile gewiss problemlos. Wenn Sie durch eine Übersicht, z. B. tiefer liegende Ursachen einer Erkrankung ㉑ oder Mangel an einem Hauptnährstoff ㉗ auf einen Mangel an Vitalstoff hingewiesen werden, fragen Sie zuerst am unteren Ende der Tabelle ㉟, ob es sich in erster Linie um einen Mangel an Vitaminen, Spurenelementen oder Mineralsalzen handelt, um dann anschließend die angegebene Aufstellung abzufragen. Im Anschluss sollten Sie nach den beiden anderen lebenswichtigen Substanzen fragen, um auch hier gegebenenfalls entsprechend nachfassen zu können.

Zum Schluss dieses wichtigen Kapitels möchte ich Sie noch *zur Kritik aufrufen gegenüber den alles versprechenden Aussagen der heutigen Werbung* mit ihrer psychologischen Raffinesse, denen so viele Menschen zum Opfer fallen. *Ihre Gesundheit ist nur einem einzigen Menschen in die Hand gegeben: das sind Sie selbst und niemand sonst.* Um es nur in Ihrem eigenen Interesse schonungslos auszudrücken: Nur Sie selbst richten sie zugrunde, und nur Sie selbst können sie wieder aufbauen bzw. sie konstant aufrechterhalten. Sie wissen selbst, welch wichtige Rolle gerade Ihre Ernährung dabei spielt. Seien Sie also wachsam gegenüber dem versteckten Werbungs- und Etikettenschwindel unserer Zeit. Sie *brauchen Ihren Pendel auf der 100 %-Skala* ② nur zu fragen: »Wie hoch ist bei Berücksichtigung aller dafür wichtigen Punkte der tatsächliche Wert dieses … Angebots für mich, meine Kinder, für X?« (Dabei ist selbstverständlich unterstellt, was Sie nicht bei jeder Frage auszusprechen brauchen, dass von 100 % ausgegangen wird als dem äußersten möglichen Maximum der Werteinschätzung.) Der selbstkritische und verantwortungsbewusste Gebrauch des Pendels (und seines radiästhetisch engen Verwandten: des Energiesensors) kann Sie von alldem unabhängig machen, ohne dass Sie – wie schon früher betont – deshalb sein Sklave zu werden brauchen. Damit erkennen Sie selbst die wahre Qualität von allem, was Sie Ihrem Körper zuführen: was Sie kaufen, kochen, essen und trinken, um Ihren Organismus auch von dieser so lebenswichtigen Seite her gesund und spannkräftig zu halten.

Schlaf ㊱ ㊲

Im Schlaf erholt sich der Gesamtorganismus, insbesondere das Zentralnervensystem. Er ist gekennzeichnet durch Entspannung und Ruheposition des Körpers, durch Änderungen in unserem Bewusstsein und durch die Umstellung einer Reihe von vegetativen Körperfunktionen. Der Schlaf ist viel weniger ein Zeichen von Ruhe und Inaktivität des Gehirns als eine funktionelle Umstellung der Gehirntätigkeit. *Die Schlafdauer* nimmt normalerweise im Laufe des Lebens ab, von 16 Stunden beim Säugling bis zu etwa sechs Stunden im hohen Alter.

Sehr interessant sind Berichte von Schlafforschern auf einem Kongress in den USA. Sie können nachweisen, dass *das Schlafbedürfnis durch einen chemischen Impuls aus dem Immunsystem ausgelöst wird.* Tiere, die man am Schlafen hindert, sterben nach einigen Wochen. Auch bei Menschen in seelischen Ausnahmezuständen sind ähnliche Beobachtungen gemacht worden. Körper, Gehirn und Immunsystem sind, wie neue Forschungen ergeben haben, über Botenstoffe eng miteinander vernetzt. So besteht die begründete Vermutung, dass Schlafmangel über eine gewisse Zeit hinweg die Immunabwehr des Menschen schädigt.[48] Wie der Volksmund sagt: »Schlaf ist die beste Medizin.« Was machen krank gewordene Tiere? Sie legen sich in eine ungestörte Ecke, verweigern die Nahrungsaufnahme (oft zum Entsetzen ihrer menschlichen »Herren«) und – schlafen. Zuweilen tagelang. Zumeist sind sie dann bald wieder wohlauf!

Schlaflosigkeit (Asomnie) hat vielerlei Ursachen. Wichtig ist der Unterschied von Einschlafstörungen und Durchschlafstörungen. *Schlafmittel* verschiedenen chemischen Aufbaus wirken beruhigend und dämpfend auf das Zentralnervensystem. Sie führen nicht selten zu chronischem Gebrauch und damit Missbrauch mit allen bekannten Folgen aufgrund der unerwünschten und langfristig gefährlichen Nebenwirkungen.

Die wesentlichen Ursachen der Schlaflosigkeit finden Sie in der Tabelle ㊱ aufgeführt. Die einzelnen Punkte dürften durchweg klar sein, sodass sich weitere Betrachtungen dazu erübrigen. Auch das *Auspendeln* ist gewiss problemlos. Da in der Praxis oft mehrere Faktoren zu den Schlafschwierigkeiten führen, sollte diese Pendeltafel auch voll ausgeschöpft werden.

Eine im Kern einfache und recht wirkungsvolle Einschlafhilfe auf der Basis des erworbenen Reflexes habe ich an anderer Stelle beschrieben.[49] Diese beruhigenden, einschläfernden Vorstellungsbilder helfen, Einschlafschwierigkeiten zu überwinden und erleichtern das Wiedereinschlafen bei Durchschlafstörungen. Es gilt dabei, Störgedanken auf der Stelle fallenzulassen und sofort zurückzukehren zum einschläfernden Vorstellungsbild. Bei richtiger Anwendung ist diese Hilfe in der Praxis von großem Wert. Das erlebte ich selbst in früheren Jahren, und es wurde mir seither immer wieder auch von anderen Personen bestätigt.

Schlafhilfen ㊲. Zu diesen Stichworten einige Erklärungen, soweit sie nicht für sich selbst sprechen:

- *Systematische körperliche Ermüdung:* In den Jahrzehnten meiner Seminartätigkeit für Führungskräfte in der Wirtschaft hörte ich oft Klagen über Schlafstörungen bis zu schlimmer Schlaflosigkeit. Fast immer war der Grund die einseitige seelisch-geistige Dauerbelastung bei kaum vorhandener körperlicher Belastung oder höchstens gelegentlicher einseitiger Sporttätigkeit. Da empfahl ich oft, den nächsten Urlaub von zwei bis drei Wochen in gebirgiger Landschaft mit beträchtlichen Höhenunterschieden zu verbringen, täglich vor- und nachmittags einen Spaziergang bzw. dann kleinere oder größere Wanderungen zu unternehmen – zunächst vielleicht nur insgesamt je eine halbe Stunde lang mit sanftem Auf- und Abstieg – und dies dann laufend etwas zu steigern. Ziel immer: körperliche Ermüdung bei langsam und stetig gesteigerter Kreislaufbelastung bis hin zu mehrstündigen Wanderungen gegen Schluss des Urlaubes.

Wie oft bekam ich ein begeistertes Echo auf diesen Ratschlag, wenn er nur konsequent realisiert wurde! Das Schlafproblem war behoben. Der Mensch ist nun einmal eine Einheit von Seele-Geist und Körper, und beide Seiten verlangen ihr Recht. Schauen Sie einige Seiten zurück nochmals in das Kapitel »Bewegung«! Bewegung ist für den Menschen die beste Medizin. – Wer im Ganzen ein gesundes Leben führt, kennt keine Schlafsorgen.

- *Überprüfung auf geopathische Belastung:* Dieses Problem habe ich in meinem ergänzenden Buch »Der Schwingpendel als Energiesensor«[50] in einem jeweils eigenen Kapitel behandelt. An der großen gesundheitlichen Bedeutung dieser permanenten Schwingungen (»Erdstrahlen«) können heute nur noch Menschen zweifeln, denen die umstürzenden Erkenntnisse der Kernphysik »Alles ist schwingende, fließende Energie« aus welchen Gründen auch immer entgangen sind. Manche sperren sich ja auch beharrlich, weil sie ganz einfach an den Lehren von gestern kleben. Die Übersichten ⑤⑨ und ⑥⓪ sind ausgezeichnete Hilfen für die Ermittlung dieser geopathischen Störfelder. Dazu später.
- *Einschlaf-Kräutertee:* Die folgende Teemischung, in wohl jeder Apotheke erhältlich, führt zu einer allerdings nicht lang anhaltenden, jedoch intensiven Müdigkeit, die sehr rasch einsetzt: zu gleichen Teilen Salbei, Hopfen, Baldrian und Kamille. Die Anwendung: sich ganz beruhigen oder ablenken, zu Bett gehen, den bereitgestellten Tee trinken, die Einschlafstellung einnehmen. Die Wirkung ist verblüffend. Sie können sich auch zum Beispiel von einem auf diesem Gebiet erfahrenen Apotheker andere Teemischungen empfehlen und bereiten lassen, in denen neben den schon genannten drei Substanzen z. B. noch Baldrian, Passiflora (Passionsblume), Melissenblätter und Krauseminzeblätter enthalten sind, zur Geschmacksverbesserung vielleicht mit Orangenblüten oder Hagebutten angereichert.

Beruhigende Vorstellungsbilder: Auf diese Einschlafhilfe habe ich wegen ihrer hervorragenden Bedeutung bereits hingewiesen. Sie sich zu erarbeiten, lohnt sich gewiss. Hierher gehört auch das ganz einfache bewusste Beobachten des Ein- und Ausatmens.

Wenn Sie nachts aufwachen, können Sie auch in aller Ruhe eine Kleinigkeit essen. Das zieht Blut vom Kopf zu den Verdauungsorganen und erleichtert so das Wiedereinschlafen.

Hier noch einige Anregungen für den Pendelgebrauch in diesem Zusammenhang:

- »Welche der in dieser Tabelle als Schlafhilfen aufgeführten Möglichkeiten ist diejenige, die mir (X) bei meinen (seinen, ihren) Schlafschwierigkeiten am meisten helfen kann?«
- »Welche ist die an zweiter Stelle stehende?« usw.
- »Welche ist die, die mir (X) am wenigsten Nutzen bringen kann?«
- »Wenn 100 % das für mich in Anbetracht aller Umstände richtige zeitliche Maß an Schlaf darstellt, wie hoch ist das Maß an Schlaf, das ich auf diese 100 % bezogen (z. B.) in den letzten Wochen (oder seither im Allgemeinen) im Durchschnitt tatsächlich hatte?«
- »Wenn 100 % der für mich richtige Erholungswert meines Schlafes ist, wie wertvoll ist darauf bezogen mein persönlicher Schlaf im Durchschnitt der letzten Woche?«

Die seelisch-geistige Seite

Es ist bezeichnend, dass im Zeichen der materiell orientierten Naturwissenschaft meist mehr die körperliche Seite der Frage im Vordergrund steht, wie wir unsere Gesundheit am besten überprüfen oder erhalten können. Darüber wurde und wird allerorten viel nachgedacht, gesprochen, veröffentlicht. Nun komme ich zu der mehr seelisch-geistigen Seite dieses buchstäblich lebenswichtigen Problems für uns alle. Wenn des Menschen Kern nicht der vergängliche Körper, sondern die unvergängliche Lebensenergie:

nämlich Seele-Geist ist, dann muss diese Seite eigentlich doch noch wichtiger sein. Ich bin tief davon überzeugt.

Bei meinen Pendelseminaren hat es mich immer stark bewegt, wenn Ärzte, Psychiater, Psychotherapeuten, psychologisch stark interessierte Lehrkräfte verschiedenster Art aus Hauptschule oder Universität oder aus sonstigen Bildungs- oder Erziehungsstätten geradezu ergriffen waren vom gemeinsamen *Durchspielen von schwierigen, oft nur schwer durchschaubaren Fällen gestörter Menschen* aus ihrer Praxis bzw. ihrer beruflichen Arbeit. Erlebten sie doch, wie sich beim systematischen Durcharbeiten aller jeweils gegebenen Pendelmöglichkeiten die seither oft noch verborgenen oder nur erahnten Zusammenhänge immer klarer herauskristallisierten bzw. wie sie in einer knappen Stunde ein klares Bild von zuvor unübersichtlich verflochtenen Zusammenhängen vor sich hatten. Das wäre ihnen in ihrer Alltagspraxis nur nach vielen Monaten, Jahren oder überhaupt nicht möglich gewesen.

Dabei ist der Grund dafür so einfach: *Die allerfeinsten Schwingungen unseres ansonsten verborgenen und wohlbehüteten Seelenlebens sind nun einmal da,* »innen« und »außen«, sie schwingen in unserer Aura hinaus auf den Mitmenschen und in die Welt hinein. Warum können denn hochsensible Menschen zuweilen diese unglaublich treffsichere Menschenkenntnis unter Beweis stellen, die ihre kritische Lebensumgebung staunen lässt? Unsere im Unbewussten verankerten, uns selbst, unserem Intellekt völlig unbekannten und nicht durchschaubaren »Sinne« – wir sagen dazu oft: unser Instinkt – nehmen sie auf und lassen das Anzeigeninstrument des Pendels nach seiner Gesetzlichkeit in ihrem Sinne schwingen. Wer oft Erlebnisse wie die eben beschriebenen haben darf, der kann es nicht begreifen, wie intelligente Menschen diese im Kern doch einfachen Zusammenhänge nicht sehen wollen, nicht nachvollziehen wollen und können und gar als Unsinn abtun! Sie halten sich selbst ein Brett vor die Augen, das sie nicht einmal sehen können.

Selbstverständlich kann hier nicht der Ort sein, *die grundlegenden psychosomatischen Zusammenhänge* und die Möglichkeiten ihrer Erfassung darzulegen. Darüber gibt es heute eine auch für Fachleute kaum noch zu überblickende Literatur. Sie ergießt sich in kaum endende Aufspaltungen und Spezialisierungen, in denen die entscheidenden Wurzeln oder Fundamente der menschlichen Wesensart oft untergehen. Neben Goethe haben viele andere große Geister des Öfteren betont, dass die großen Dinge, dass die wesentlichen Zusammenhänge im Grunde einfacher Natur sind. Diese einfachen Grundgegebenheiten zu erkennen, darauf kommt es an. Wir haben uns bemüht, in einigen unserer Bücher solche einfachen Grundgegebenheiten herauszustellen. Ich weiß, diese Feststellung mag vermessen klingen. Ich hätte nicht den Mut dazu, wenn es uns über die Jahre nicht öfters von kritischen Köpfen so gesagt worden wäre.

Seelisch-geistige Störungen ㊳ ㊴ ㊵ ㊶

In diesem Buchteil befassen wir uns mit den Störungsquellen unserer Gesundheit. Da gibt es *eine ganze Reihe von Betrachtungsweisen* und Gliederungen für die verschiedenartigen seelisch-geistigen Störungen der Persönlichkeit, die von ihrem besonderen Blickpunkt aus alle ihren Sinn haben. Ich habe in der *Übersicht* ㊳ eine Einteilung gewählt, die möglichst für die Praxis des Lebens »griffig« ist, weil sie den notwendig begründeten *Überblick über die Vielfalt* gibt. Es braucht nicht betont zu werden, dass *die Übergänge auf diesem Gebiet außerordentlich mannigfach sind* und dass sich die einzelnen aufgeführten Störungen oftmals überschneiden. Das ändert nichts am praktischen Wert dieser Aufstellung für das Erkennen des Grundsätzlichen. (Zum Vergleich: In der Psychoanalyse unterscheidet man zumeist den schizoiden, depressiven, zwanghaften und hysterischen Charakter mit allen auch hier gegebenen Überschneidungen.)

Zur »Störung der Kritikfähigkeit«: Sie kann ganz verschiedenartig begründet sein durch Missbrauch von Alkohol oder Drogen (heute weiter verbreitet, als man glauben möchte), durch Verkalkung (sie wird in höherem oder hohem Alter meist durch lebenslange falsche Ernährung begünstigt, wenn nicht hervorgerufen) oder oft durch mehr oder minder tiefgreifende Störung im Selbstbewusstsein (mit ihren Verschiebungen im Denkprozess), siehe das Kapitel »Selbstgefühl und seine Störungen«.

Zur »hysterischen Neurose«: Die soeben angeführte tiefgreifende Störung im Selbstbewusstsein ist hier der Kern des Übels, das bis zur Flucht in die Krankheit führt. Der Mensch ist hier im eigentlichen Sinn nicht mehr er selbst, sondern durch die neurotische Verschiebung nur noch eine mehr oder minder weitgehende Verzerrung seiner Persönlichkeit. Nun glauben Sie bitte nicht, der gefährlich klingende Fachbegriff »hysterische Neurose« müsse immer eine echt krankhafte Persönlichkeit bedeuten. Es gibt wie überall – so auch hier – beginnende, fortgeschrittene und vollendete Entwicklungen. Unzählige Menschen, denen man normalerweise nichts anmerkt, gehören zu diesen »leichten Fällen«.

Es ist bezeichnend, dass der Pendel dann wegen des stärker gestörten Selbstgefühls zusätzlich noch die gestörte Kritikfähigkeit unter »Geistesschwäche oder -störungen« aufzeigt.

Zum Unterschied Psychose – Neurose: Die Abgrenzung ist naturgemäß oft schwierig und unklar. *Die Psychose* ist ganz tief im Wesen verankert, sie entsteht wohl im allerfrühesten Entwicklungsstadium und ist, wenn überhaupt, sehr schwer zu therapieren. Psychopharmaka können hier bei richtiger Anwendung sehr hilfreich sein. – *Die Neurosen* sind seelische Störungen, die den Kontakt zur Lebenswirklichkeit verfälschen. Sie entstanden oft in der Kindheit durch meist unbewusste Konflikte: Der Mensch entwickelt nicht seine eigene, sondern eine ihm von außen aufgenötigte Persönlichkeit. Neurosen können zu körperlichen Störungen führen wie Kopfschmerzen, Erbrechen, Herzklopfen und -rasen, Impotenz. Sie sind sehr verbreitet.

Die Übersichten ㊴, ㊵ *und* ㊶ helfen Ihnen, die Ursache dieser seelisch-geistigen Störungen zu erkennen bzw. geeignete heilende Maßnahmen zu finden. Hier kann nicht der Ort sein, mit der nötigen Gründlichkeit auf die vielfältigen Einzelheiten einzugehen. Wenn die Störung über ein noch harmloses Ausmaß (wie das im praktischen Leben oft der Fall ist) hinausgeht, sollte in jedem Fall ein kompetenter Psychotherapeut zu Rate gezogen werden.

Zur angegebenen Ursache »karmisch bedingt« ㊴: Über das Karma ist im ersten Teil dieses Buches in knapper Form das Wichtigste gesagt. Je mehr Sie sich mit diesem Begriff des aktiven Tuns und seinen Folgen im »Rad der Wiedergeburt« vertraut machen, umso weniger werden Sie mit dem Schicksal hadern über die vermeintlichen Ungerechtigkeiten, von denen die Welt voll ist.

Wo immer wir mit so genannten »seelischen« oder »inneren Konflikten« von nennenswerter Bedeutung mit *»Komplexen«* und ähnlichen Begriffen zu tun haben, sind wir im Problemkreis dieser seelisch-geistigen Störungen. Es kann sich um Vorstufen oder um die vollentwickelte Problematik handeln. In jedem Fall wird sie sich Ihnen mit Hilfe des Pendels und dieser Übersichten wesentlich erhellen, die Sie nur voll auszuschöpfen brauchen.

Zur Arbeit mit dem Pendel: Wir haben gesehen, dass die Aufgliederung in der Tabelle ㊳ nach Psychosen, Neurosen und Geistesschwäche Persönlichkeitsstörungen relativ harmloser, weil alltäglicher Art umfasst und bis zu schweren, pathologischen Krankheitserscheinungen reicht. Ob harmlosen oder schwerwiegenden Charakters – sie sind immer verbunden mit weniger oder stärker ausgeprägten *Abweichungen vom sozusagen goldenen Mittelmaß des Spannungsausgleichs,* der inneren Harmonie, die das Schema »Das rechte Maß« ④ aufzeigt.

Nehmen Sie dann noch die Frage der ursprünglichen, in die Wiege hineingelegten *Lebenskraft und die Differenz zur jetzt praktisch verfügbaren Lebenskraft hinzu,* gemessen auf der 100 %-Skala ②, dann haben Sie sogleich zwei weitere Daten von hoher Aussagekraft: einmal die mehr oder weniger ausgeprägte starke oder geringe Intensität der Lebenskraft, d. h. der psychischen Energie, die die Stärke der Nachhaltigkeit, der Verankerung in der Tiefe der Persönlichkeit kennzeichnet. Und zum anderen gibt Ihnen die steigende Differenz zwischen den beiden Werten sogleich die gesteigerte Gehemmtheit, das gesteigerte In-sich-selbst-Verbohrtsein des betroffenen Menschen wieder.

Natürlich können Sie *die Stärke der vorhandenen Störung* wiederum auf der 100 %-Skala ② ablesen, so wie schon bei früheren Gelegenheiten. Dann haben Sie ein klares Bild, ob und wie weit es sich im vorliegenden Fall um Vorstufen oder etwa schon um die vollentwickelte Problematik handelt.

Die Kraft der Gedanken

Voraus eine Bemerkung zur Grundlage der folgenden Gesichtspunkte: *Unzweifelbar beweist die Wirksamkeit des Placebos die Einheit von Seele und Körper,* also: dass es eine wirkliche Trennung zwischen den beiden gar nicht geben kann. Außerordentlich bedeutsam ist, was eine Reihe von Forschungsergebnissen bei strikt durchgeführten Doppel-Blindversuchen ergab: Der Kranke entwickelt mit der Einnahme des Placebos auch die Nebenwirkungen des von ihm für echt gehaltenen Medikaments! Das beweist schlagend die von kritisch denkenden Medizinern zuweilen zu hörende Ansicht, dass der eigentliche Arzt in jedem Patienten selber steckt. Die Kräfte zur Heilung sind in ihm. Sie zur Aktivität zu bringen und sie zu unterstützen, ist das Wesentliche. Das Placebo zum Beispiel kann dem Kranken die Chance dazu geben. Das ist sein Wert.

Im Placebo stecken ja auch *alle möglichen seelischen Faktoren für den Patienten* wie Persönlichkeit und Status des verordnenden Arztes, die ganze Umgebung des Klinikbetriebs usw. Daher geht der Wiener Chefarzt Professor Dr. Dr. Edzart Ernst so weit zu sagen, es gäbe drei Voraussetzungen für den Erfolg einer medizinischen Therapie: 1. die Selbstheilungskraft des Organismus, 2. die spezifische Wirkung einer Therapie und 3. der Placebo-, der seelische Effekt: »Wir Ärzte leben davon, dass wir – wenn auch nicht ganz zu Unrecht – alle diese Komponenten uns bzw. der Wirkung unserer Behandlungsmethode zuschreiben.«

Auch das langjährige Ausüben und Lehren der Eutonie zeigt uns: In dem Maße, wie wir zunehmend unser Körperbewusstsein verfeinern und unsere körperlichen Fähigkeiten steigern, vertieft sich die innere Verbindung von Körper und Geist. Sie werden einander gleichwertig und befruchten sich gegenseitig.

Immer geht es um die Grundlagen der menschlichen Wesensart, mit der der psychologisch Pendelnde ständig zu tun hat. Bei den Betrachtungen zu den Störungen des Selbstgefühls haben Sie das schon kennengelernt (Pendeltafeln ⑫ und ⑬). Darauf möchte ich Sie gerade im vorliegenden Zusammenhang an dieser Stelle aufmerksam machen.

Lebenseinstellung

Hier möchte ich an die erste Stelle die Einstellung des Menschen zu seinem Leben setzen: die Art und Weise, wie er grundsätzlich darüber denkt und wie er als Folge davon Tag für Tag sein praktisches Denken und Tun gestaltet. Das kann nicht ohne Konsequenzen auch für seinen Körper und seine gesamte weitere Entwicklung bleiben.

Es geht um die mehr und mehr zitierte Gedankenhygiene, um das positive Denken. Nicht wenige versuchen heute – zum Teil durch reichliche Veröffentlichungen dazu angehalten –, sich dieses positive Denken sozusagen von oben her gleichsam aufzusetzen. Das kann natürlich nur eine recht beschränkte Wirkung haben. Wir wollen es hier im echten, tiefen Sinn betrachten. Jeder Gedanke ist eine Kraft. Er ist schwingende Energie feinster Prägung, deren mikroelektrische Impulse das EEG präzise aufzeichnet. Wer sich ständig positiven, aufbauenden, fruchtbaren, belebenden Gedanken hingibt, der fördert diese positiven Kräfte in sich und wandelt seine Persönlichkeit in diesem Sinne. Und wer sich häufig negativen, niederziehenden, unfruchtbaren, lähmenden Gedanken hingibt, der nährt diese negativen Kräfte in sich und verändert unausweichlich seine Persönlichkeit in diese Richtung. Seine Seele wird vergiftet. Wilhelm Busch: »Wer durch des Argwohns Brille schaut, sieht Raupen selbst im Sauerkraut.«

Ich wiederhole: Jeder Gedanke ist eine Kraft. Alles Unschöne, Misslichkeiten, Fehlschläge, Ärger, Selbstzweifel, Angst, egoistisches Streben, Hartherzigkeit, aggressives Denken, auch das Aufgehen in den oberflächlichen Alltäglichkeiten: Alles das arbeitet in uns weiter und wird immer mächtiger, ja übermächtiger gegenüber den guten Kräften in uns. Ergeben wir uns demgegenüber vertrauensvoll der positiven Zuversicht, dem Glauben an die unendliche Wirkungskraft des Guten und Heilsamen, gehen wir mit Freude an unser Tagewerk, und unsere eigenen bescheidenen Kräfte werden von der Wurzel her gestärkt, von der großen unerschöpflichen Kraft, von der sie ja nur eine winzige Spur sind. Niemand kann etwas anderes ernten als das, was er zuvor gesät hat: Unser ganzes Leben wird sich entsprechend wandeln! Ein alter Volksglaube besagt, dass ein reines Herz der beste Schutz sei gegen das Böse: Negative, schlechte Gedanken prallen ganz einfach ab von jedem, der erfüllt ist von Positivem und Gutem, also gar nicht geöffnet ist für diese üblen Schwingungen. Sie können ihn gar nicht erreichen.

Wer sich in den größeren Zusammenhang seines Lebens eingebettet weiß – worauf ich schon zu Beginn dieses Buchteils hingewiesen habe –, der trägt dieses positive Denken tief in sich und der braucht es sich nicht nur oberflächlich überzustülpen. Der ist getragen von seinem Vertrauen zur Schöpfung und zur großen Ordnung. Im

Übrigen kann ich hier verständlicherweise nicht auf weitere Einzelheiten eingehen. Ich habe sie früher an anderer Stelle schon deutlich herausgestellt.[51]

Die Art der Lebenseinstellung prägt selbstverständlich die Einstellung zur eigenen Person. Die Natur, das große Gesetz der Schöpfung, »Gott« hat uns in diese Welt hineingestellt. Das in der Tiefe seines Wesens zu wissen, in diesem Gefühl des festen Getragenseins verankert zu sein, bedeutet zugleich die volle Anerkennung der eigenen Persönlichkeit. Es ist die ganz natürliche »Selbstliebe« als Grundlage für die christliche »Nächstenliebe«. Leider wird das in weiten christlichen Kreisen so nicht gesehen. »Liebe deinen Nächsten wie dich selbst!« – so lautet die berühmte Forderung der Bibel, deren zweiter Teil gerne unterschlagen wird.

Das bedeutet auch die volle Verantwortung eines jeden für sich selbst, auch für seine persönliche Gesundheit. Je eher man das erkennt, umso schneller heilt ein Leiden aus. Eine Untersuchung an der Universität-Gesamthochschule Duisburg hat das an 300 Patienten deutlich aufgezeigt.[52] Keiner kann sich letztlich hinter der Meinung anderer verstecken. Jeder Mensch muss sein eigenes Leben führen: nach innen hören und nach gebührender Prüfung das tun, was seine eigene innere Führung als das Beste für ihn erkannt hat. Nur so kann er sich frei machen von den zahllosen negativen Suggestionen und Manipulationen, die von seinem sozialen Umfeld heute unausgesetzt auf ihn einwirken. Später werde ich im Zusammenhang mit dem Alterungsprozess darauf zurückkommen.

Wie kann Ihnen diesbezüglich der Pendel zu besserer Erkenntnis über sich selbst (und andere) verhelfen? Stellen Sie auf dem A-B-Schema ③ zum Beispiel folgende Fragen:

- »Wo bin ich persönlich einzuordnen zwischen den beiden Extremen der vorwiegend positiven Lebenseinstellung = A und der vorwiegend negativen Lebenseinstellung = B?«
- »Wie weit ist die positive (die negative) Lebenseinstellung bei

mir in der Tiefe verwurzelt = A oder nur oberflächlicher Art = B? Ich bitte, das für mich zutreffende Verhältnis anzuzeigen.«
- »Ich bitte, das für mich gültige Verhältnis anzuzeigen, in dem ich aus eigener Verantwortlichkeit für mich selbst denke und handle = A, im Gegensatz dazu, dass ich sozusagen von anderen »gelebt« werde = B.«

Innere Ausgewogenheit

Bis jetzt haben wir von der Lebenseinstellung eines Menschen gesprochen. Eigentlich ist darin schon enthalten, mindestens indirekt, die Frage seines inneren Gleichgewichts, seiner inneren Ausgewogenheit. Nicht von ungefähr war der Ausgangspunkt unseres ersten und grundlegenden Buches[53] der innere (und damit auch der äußere) Spannungszustand: *Der Mensch zwischen Spannung und Lösung seiner Lebenskraft*. Es empfiehlt sich sehr, diesem Kernproblem der Persönlichkeit einmal gründlich nachzugehen. Schon viele haben dadurch die Wurzel ihres persönlichen Problems, ihrer persönlichen Schwierigkeiten erkannt und dann zu ihrem Heil auch in den Griff bekommen.

Immer geht es dabei um die innere Ausgewogenheit. Wer sich in der Harmonie seines Wesens befindet, ist mit sich selbst im Reinen. Er ist im Lot. Er ist alles zur rechten Zeit: einmal voll gespannter Aktivität und dann wieder voll entspannt und frei. In aller seiner lebendigen Dynamik ist er doch ausgeglichen, im Gleichgewicht, im Vollbesitz seiner Kräfte und Persönlichkeitswerte und strahlt innere Ruhe und Sicherheit aus. Auch schwere Schläge können ihn nicht tief erschüttern. Denn im Ausgleich sein bedeutet, auch das unabwendbar Negative im Leben zu akzeptieren: die kleinen und größeren Widrigkeiten des Alltags mit ihren Belastungen und Nöten.

Auch der westlich-abendländische Humanismus weist immer wieder, nicht anders als die alt-asiatischen Heilslehren des Zen-Buddhismus mit seinem Kernbegriff »Hara« (= im »Bauch«, d. h. in der

Mitte sein), auf die tragende Kraft des Maßhaltens und *des Getragenseins in der Mitte* hin: in der Mitte zwischen den Extremen von Askese und Genuss, zwischen Yang und Yin, zwischen Spannung und Lösung unserer Lebenskraft. Ich brauche nur das Wort vom »mittleren Weg des Buddha« auszusprechen.[54] Immer geht es um die vernünftige Selbstbescheidung und darum, sich der geistigen Kraft zu öffnen.

Ein Wort zur vielzitierten »Bekämpfung« der Krankheit: Die Erkrankung ist der in Wahrheit gütige Hinweis der Natur und meines ganz persönlichen Schicksals darauf, dass ich auf dem falschen Weg bin, dass ich meine innere Einstellung ändern soll. Der große Arzt Hippokrates vor zweieinhalbtausend Jahren: »Wenn du nicht bereit bist, dein Leben zu ändern, kann dir nicht geholfen werden.« Deshalb ist es sinnlos, die Krankheit zu »bekämpfen«, sich ihr zu »widersetzen«. Die Lösung kann nur lauten: sie annehmen, ja dankbar annehmen und sie innerlich loslassen. Nur dann haben wir die Chance, die Verhärtung und Verkrampfung zu lockern und zu lösen, die sich ja in der Erkrankung kundtut, und so erneut zu gesunden. So kommen wir wieder in Harmonie mit unserem Leben, unserem Schicksal.[55]

Die Medizin kämpft unentwegt gegen Krankheitserreger aller Art, und das oft mit großem Erfolg. Aber *die so notwendige (die notwendende) Bemühung um die innere Gelassenheit,* den Gleichmut, die innere Harmonie des Menschen, diese wesentliche Voraussetzung für jegliche Gesundung, ist heute erst von wenigen Medizinern als unersetzlich erkannt worden. So viele kleben noch zäh an der bloßen Materie des Körperlichen. Weil der so genannte moderne Mensch in seiner allgemeinen Überforderung (Beruf/Stress, Reizüberflutung, Überindividualisierung, Umweltschäden, naturfremde Ernährung usw.) seine Mitte verloren hat, ist seine Lebens- und damit *seine Immun- und Heilungskraft mehr oder weniger geschwächt.* So sind viele Viren heute gar nicht die eigentliche Krankheitsursache, sondern bloß ihr auslösender Faktor. Der Körper wird mit den vielen allgegenwärtigen Erregern viel weniger fertig als früher. Siehe den rapiden Anstieg der Allergien. Der Ansatzpunkt für die Gesundung kann also nur sein: die systematische Stärkung des Immunsystems, was tägliche Arbeit an sich selbst verlangt.[56] So viele sind heute noch in der Ansicht vom Primat des Körpers gefangen. Deshalb können sie das nicht begreifen und sind zu bequem für diese tägliche »Arbeit«. Es sind nur sie selber, die die Folgen zu tragen haben.

Manche Menschen führen *ihre seelischen Schwierigkeiten und Störungen ausschließlich auf Fehler in ihrer Erziehung,* Ausbildung oder auf bestimmte Erlebnisse im Leben zurück, ohne sich der eigenen Verantwortung für ihr Leben bewusst zu sein. Seine eigenen Kräfte kennenzulernen und sich ihrer bewusst zu werden, ist ein wichtiger Schritt zum seelischen Gleichgewicht.

Wie kann mir der Pendel zu der erforderlichen Klarheit verhelfen, wie es mit meiner inneren Ausgewogenheit aussieht, mit anderen Worten, wo ich auf der Skala von Spannung und Lösung meiner Lebenskraft stehe? Das Schema: Das rechte Maß ④ gibt Ihnen rasch die Antwort auf diese wichtige Frage: »Wie ist derzeit der Spannungszustand meiner Lebenskraft (auf der Skala zwischen den beiden Extremen), wo befindet sie sich derzeit auf dieser Skala?« Ich habe jetzt das Wort »derzeit« eingeschoben. Denn Sie können auch fragen: »In welchem Spannungszustand befand sich meine Lebenskraft vor soundsoviel Tagen, Monaten, Jahren oder zu welchem bestimmten Zeitpunkt?« So können Sie sich einfach und rasch einen Überblick verschaffen über die inzwischen erlebte Entwicklung. Das ist oft von größter Bedeutung. Die Feststellung erübrigt sich fast, dass Sie sich umso mehr im Zustand der inneren Ausgewogenheit und Harmonie befinden, je mehr Sie sich der Mittellinie, dem rechten Maß Null, nähern oder gar den Ausschlag des Pendels direkt dorthin erhalten.

Energiefluss und Achtsamkeit: Unbewusste Energieblockierung (BL) ㊷ ②

Von Dr. Voll, dem heute weltbekannten Entdecker der Elektroakupunktur, stammt der Satz *»Schmerz ist der Schrei des Gewebes nach Energiedurchflutung.«* Vom Standpunkt der Psychodynamik und der Ganzheitsmedizin besagt *das: Jeder auf Erkrankung beruhender Schmerz zeigt eine Energieblockade,* zeigt Energiestauung oder -verhärtung an. Auch wenn die allerfeinsten Schwingungen in unserem Organismus hinreichend lange gestört werden, ist die Erkrankung mit ihren Schmerzen unabwendbar. Jeder Schmerz zeigt das Bemühen des Körpers um Heilung an. Die Heilung setzt aber vernünftigerweise voraus, dass die Heilungskräfte frei sind. Darum geht es in erster Linie.

Wie können wir die eigene Heilungskraft freisetzen? Zunächst einmal nur dadurch, dass wir uns innerlich lösen vom Denken an die Krankheit, dass wir die uns belastende Beschwernis ganz einfach loslassen. Ist es schon eine der größten Gefahren für uns, in einem bestimmten Entwicklungszustand, in einer bestimmten Denkweise, in einem bestimmten Verhalten sozusagen steckenzubleiben, darin zu verharren und so eine neue auf uns zukommende Lebenssituation nicht mehr realistisch aufnehmen und verarbeiten zu können, so gilt das erst recht im Fall der Erkrankung. Unser Organismus warnt uns durch die Schmerzen und ruft uns zum Besinnen und zur Umkehr auf: *Wir haben etwas falsch gemacht. Und das gilt es zu erkennen.* Wenn wir nun wie so viele ständig mit unseren Gedanken um unsere Krankheit kreisen, wenn wir an ihr anhaften, dann ist es doch kein Wunder, dass die Blockaden in uns immer stärker und massiver werden und dass die Heilungskräfte in uns gleichsam ersticken. Wir müssen sie frei machen, ihnen den Weg öffnen zu ihrer heilsamen Entfaltung.

Die kosmische Energie, die universellen Kräfte, die göttliche Kraft – sie sind allgegenwärtig. Wir können dieser alles schaffenden und alles erhaltenden machtvollen Instanz, die über allem steht und in allem steckt, viele Namen geben. Für unser beschränktes menschliches Bewusstsein ist diese göttliche Schöpfungs- und Heilungskraft in ihrer geheimnisvollen Allgewalt unfassbar. Aber wir müssen ihren Ruf hören und uns ihm öffnen. Denn nur wer sich dieser schöpferischen Kraft geöffnet, sich für sie weit aufgetan hat, kann auch ihre Hilfe erwarten und auf sie bauen. Das tiefe Vertrauen darauf und der tiefe Glaube an sie macht den Weg zur Heilung frei. Es ist so, als würde ein verschmutzter und verschlammter Kanal durch die Wassermassen eines gewaltigen Wolkenbruchs plötzlich freigefegt: Jetzt kann ihn die Wasserflut ungehindert durchströmen. Die heilende Energie ist freigesetzt und kann durch die erkrankten Gewebe des Körpers hindurchfließen und sie wieder gesunden lassen. Wer es erlebt hat, der weiß es.

Zuerst müssen wir uns innerlich »entspannen«. Das ist die Voraussetzung für die Aktivierung unserer Selbstheilungskräfte. Sobald wir die ständige Unruhe unserer Gedankenwelt hinter uns lassen und in uns selbst die tiefe Ruhe in dieser göttlichen Geborgenheit erleben, kann die große Schöpfungs- und Heilungsenergie in uns einströmen und die krank gewordenen Gewebe unseres Körpers durchfluten. Ist doch »Gott«, sind doch diese göttlichen Schöpfungs- und Heilungskräfte überall: in jedem Sonnenstrahl, in jeder Wolke, in jedem Fluss, Berg und Stein, in jeder Pflanze, jedem Baum und jedem Tier und genauso in jedem Menschen, in jedem Bissen, den wir essen, und in jedem Atemzug. Das ganz bewusst zu erleben und zu erkennen, *es in der Tiefe unseres Wesens zu wissen,* das gibt uns das Vertrauen und den Glauben, die das Fließen und Strömen der Heilkraft in uns bewirken.

Nehmen Sie den Pendel zu Hilfe, und fragen Sie ihn direkt auf der 100 %-Skala ②: »Wenn 100 % einen absolut freien, ungestörten Energiefluss ausmachen, wie frei, wie ungestört ist der Energiefluss im großen Durchschnitt in meinem Gesamtorganismus?« Sie können natürlich auch umgekehrt von der Störung ausgehen und nach deren Prozentsatz in Ihnen fragen, und das können Sie auf jeden Körperteil und jedes Organ hin beziehen.

Da es von großer Bedeutung ist, *möglichst genau zu erfahren, was die eigentliche Quelle der unbewussten Energieblockierung ist,* befragen Sie den Pendel auf der Tabelle ㊷. Sie wird Ihnen wertvollste Hinweise über Ihr Inneres und für Ihre weitere Arbeit an sich selbst geben können:

- Zuerst können Sie fragen, welche der aufgeführten Teilbereiche Ihres Innenlebens gestört (oder umgekehrt: ganz frei) sind: die für Sie bedeutungsvollste Störung, die zweitwichtigste, der am wenigsten gestörte Teilbereich und dergleichen.
- Und dann können Sie auf der 100 %-Skala ② fragen, wie hoch die Störung des Energieflusses und des betreffenden besonderen Teilbereiches ist.

An dieser Stelle noch der wichtige Hinweis auf die Achtsamkeit. Des Öfteren fanden Sie schon die Forderung, ganz achtsam zu Werke zu gehen, in totaler innerer Sammlung des Bewusstseins. Wie in der zusammenfassenden Einführung des ersten Buchteils ausgeführt, ist das eine unabdingbare Voraussetzung für den Pendelerfolg. Es ist der geistige Zustand der ganz wachen, sozusagen der hellstmöglichen Aufmerksamkeit. Er kennzeichnet die Seinsebene, die Entwicklungsstufe eines Menschen. Sie ist umso höher, je stärker der Grad der Achtsamkeit ist. Diesen Grad der Wachsamkeit können wir gleichsetzen mit dem Grad des wirklich bewussten Lebens eines Menschen schlechthin. Insofern ist das eine Schlüsselfrage bei seiner Betrachtung und Überprüfung.

Mittlerweile kennen Sie *mein einfaches System der Abkürzung der wichtigen Pendelergebnisse,* die dann auf knappstem Raum einen klaren Gesamtüberblick möglich machen. So benutze ich hier die Abkürzung BL = Bewusstes Leben. Fragen Sie auf der 100 %-Skala ② nach dem Grad dieses bewussten Lebens. Beim durchschnittlichen Menschen können Sie es bei etwa 45 % ansetzen, als allgemeines Durchschnittsmaß. Prüfen Sie selbst, wie weit es vom Fundament der Persönlichkeit her verwandt ist mit der seelisch-geistigen Entwicklungsstufe (ES) ⑥ und dem geistig-spirituellen

Erkenntniswert (GE) ②. Im Einzelfall kann das Maß an Übereinstimmung bzw. an Abweichung von großer Aussagekraft sein.

Entspannung und Lebensumgebung

Selbstverständlich ist in unserer Zeit des sprichwörtlichen Stresses, der typischen Überspannung und Überspanntheit, *eine entsprechend wirkungsvolle Entspannung* absolut notwendig für jeden, der sich seine Gesundheit langfristig erhalten will. Es muss jedoch die richtige Entspannung sein und nicht nur eine anders geartete Überspannung, die man nur wegen der Ablenkung vom beruflichen Alltagsstress fälschlicherweise als Entspannung empfindet. Musterbeispiel ist der geistig hoch belastete Manager, Meister oder Facharbeiter, der sich nach dem anstrengenden Tagesablauf anschließend sogleich durch ein längeres Jogging über mehrere Kilometer hinweg zu entspannen wünscht. Das kann er nur durch erneutes Zähnezusammenbeißen und harte Willensanstrengung hinter sich bringen. In den letzten Jahren ist durch so viele Veröffentlichungen über diese Zusammenhänge genügend bekannt geworden, dass ich mich hier mit Einzelheiten nicht aufzuhalten brauche. Nur der Hinweis: In unserem Buch »Lebenskraft« habe ich gleich im ersten Teil diesen oft falsch verstandenen Entspannungsbegriff, von seiner körperlichen und seelischen Wurzel her gesehen, klargestellt.

Entspannung bedeutet im praktischen Tages- und Lebensablauf: Freizeit, Spiel, Freude, Muße, die richtig bemessene körperliche Bewegung wie Wandern, Radfahren, Schwimmen, Ballspiele, Bewegungs- und Ausspannungshobbys aller Art, wirklich entspannende Körperübungen wie Eutonie, Yoga, angemessene Gymnastik, Massage, Meditation, Singen und Musik, Malen, geselliges Beisammensein in geistig anregendem Kreis usw.

In diesem Zusammenhang noch *der Hinweis auf die richtige Lebensumgebung, auf Kleidung und Heim.* Jeder Kleidungsstoff, jedes Haus, jedes Mobiliar hat sein eigenes Schwingungsfeld, so wie jeder Mensch, der diese Dinge benützt. Befinden Sie sich damit in Harmonie oder nicht? Viele Menschen wissen nicht, wie sehr ihre eigene Entwicklung beeinflusst wird von ihrer engsten, engeren und auch weiteren Lebensumgebung:

- Es fängt bei der am Körper getragenen Kleidung an, ihrer Farbe und ihrem Schnitt;
- es geht über Ausstattung und Atmosphäre des eigenen Heims und der Arbeitsstätte;
- über das persönliche Verhältnis zum Lebenspartner und zu den Kindern bis zum »Klima« des Wohnortes, der Ferienorte
- und vor allem auch der Verwandten, der so genannten Freunde und der Kollegen, der gesamten, besonders auch der menschlichen Atmosphäre.

Ich kann mir weitere Darlegungen darüber ersparen und möchte lieber gleich *einige Anregungen zum Pendeln* anfügen:

- Machen Sie sich eine Liste aller für Sie nur irgendwie denkbaren *Entspannungshilfen*, übersichtlich untereinander geschrieben oder in der geläufigen Tabellenform aufgelistet, und fragen Sie: »Welche der hier aufgeführten Entspannungsmöglichkeiten ist für mich auf lange Sicht in Anbetracht aller Umstände diejenige, die mir die beste Hilfe für mein weiteres Leben geben kann?« Genauso fragen Sie nach der zweit- und der drittbesten und den am wenigsten für Sie geeigneten. Das Befragen der 100 %-Skala ② in der Ihnen nun längst geläufigen Form gibt Ihnen noch den Grad der Eignung für Sie an.
- Sie können in gleicher Weise auf den Zahlenskalen ②, ③ oder ⑥ nach *dem für Sie optimalen Zeitaufwand* für die einzelnen Gebiete fragen.
- »Welche Farbe sollte ich derzeit für meine *Kleidung* bevorzugen, damit meine Gesamtpersönlichkeit den optimalen Gewinn daraus ziehen kann?« Die Tabelle ⑪ hilft Ihnen dabei.
- Sie können sich eine Liste der dafür in Frage kommenden *Ge-*

schäfte zwecks Einkauf dieser Bekleidungsstücke machen und den Pendel fragen, wo Sie in Anbetracht von bestmöglichem Angebot und günstigstem Preis am besten aufgehoben sind. Das Gleiche gilt natürlich für alles mögliche Zubehör wie Körperpflege, persönliche Aufmachung, auch Einrichtung des Heims und dergleichen.

- »Ist es in Anbetracht aller Umstände (der mir bekannten und der jetzt noch nicht bekannten) richtig, *in dieses Haus* Goethestraße 12 mit meiner Familie *einzuziehen*?« Bei mehreren Möglichkeiten fragen Sie das A-B-Schema ③, oder machen Sie sich eine eigene Aufstellung. Dabei ist natürlich an alle wesentlichen Gesichtspunkte zu denken, die Sie mit dem Pendel einzeln überprüfen können, wie Höhe der Miete, Vermieterpersönlichkeit, Lärm, Nachbarn, Parkplatz, Isolierung, Heizung, Einkaufsmöglichkeiten usw.
- Bei *Schulschwierigkeiten von Kindern* können Sie durch den Pendel wesentliche Hilfe geben zur Ermittlung der Ursachen, zum Beispiel persönliches Verhältnis zur Lehrkraft, Art der Überforderung, Interesse am einzelnen Fach (Motivation!), Zeitaufwand für Schulaufgaben und dergleichen.
- Zum Thema *Kino, Fernsehen, Video:* »Lohnt es sich für mich (für meine Kinder) zur Erweiterung des Horizonts bzw. zwecks echten Ausspannens, echter Muße, dieses Stück X anzuschauen, anzuhören?« Bei mehreren Möglichkeiten wird die endgültige Auswahl durch den Pendel ein gutes Stück treffsicherer.

Diese Hinweise wollen Sie bitte nur als Anregung nehmen. Der nützlichen Anwendung des Pendels sind keine Grenzen gesetzt. Aber auch und gerade hier möchte ich *vor der Überstrapazierung des Pendels und der geistigen Krafte, die hinter ihm stehen, ausdrücklich warnen.* Beschränken Sie die Befragung des Pendels auf die wesentlichen Dinge und Lebensumstände, und machen Sie sich nicht in nebengeordneten Dingen von ihm abhängig! Es ist ganz einfach unter der Würde des Menschen, ihn bei jeder kleinen Alltagsfrage zu bemühen. Dazu haben wir unseren Verstand und unsere Erfahrung, um aus uns selbst heraus die rechte Antwort zu finden. Ich habe über die Jahre hinweg genug Beispiele dafür erlebt, dass der Pendel, wenn man ihn so missbraucht, seine Dienste versagt oder mit dem ewig Nichtigkeiten Erfragenden seinen Schabernack treibt. Verlieren wir nie die Achtung vor den hilfreichen, uns noch immer verborgenen Kräften, die ihn lenken!

Permanente Gefährdungen

Wenn es in diesem Buchteil um die Erhaltung unserer Gesundheit geht, dürfen wir unter keinen Umständen außer Acht lassen, dass wir in dieser Welt unablässig gewissen Gefährdungen ausgesetzt sind. Zumeist sind sie für uns nicht ohne weiteres zu erkennen. Wenn sie uns treffen, dann trifft es uns um so härter. Nicht umsonst werden sie oft als heimtückisch bezeichnet. Gerade bei diesem so oft ganz undurchsichtigen Hintergrund kann uns die Weisheit des Pendels eine starke Hilfe sein, mit diesen schlimmen Gefährdungen fertig zu werden und so unser Leben ihnen zum Trotz gut zu meistern.

Giftstoffe ㊸

Täglich sind wir zahlreichen chemischen Substanzen ausgesetzt, viele davon sind giftig (toxisch). Die Gifte sind organische oder anorganische Stoffe, die entweder in der Natur vorkommen oder künstlich hergestellt werden. Nach ihrem Eindringen in den Organismus führen sie zu ganz spezifischen Erkrankungen: zur vorübergehenden Störung einer Körperfunktion, zu einem bleibenden Gesundheitsschaden oder gar zum Tod.

Tierische Gifte sind im Allgemeinen schon in geringer Menge gefährlicher als *pflanzliche.* Am gefährlichsten sind die Gifte, die von Bakterien gebildet werden.

Die Wirkung der Gifte ist abhängig:

1. von der aufgenommenen Giftmenge oder Giftdosis bzw. ihrer sich nach und nach steigernden Konzentration im Organismus,
2. von dessen Empfindlichkeit (Giftresistenz oder -festigkeit) und
3. auch von der Art der Übertragung oder Zufuhr des Giftes.

Ich möchte den Hinweis auf die *rund 20 Giftpflanzen,* die für uns in unserem Klima besonders wichtig sind, nicht unterlassen, ebensowenig den auf die nahezu ebenso vielen *Giftpilze.* Sollten diese für Ihr Leben bedeutungsvoll sein, so finden Sie in jeder guten Buchhandlung Literatur darüber. Sie gegebenenfalls mit dem Pendel (oder dem Energiesensor) für sich auszuwerten, dürfte nach allen bisherigen Anregungen kein Problem mehr für Sie sein.

Zur Tabelle Giftstoffe ㊸: Hier finden Sie alle Arten von Giftstoffen aufgegliedert, die uns im Alltag täglich begegnen oder begegnen können. Besondere Darlegungen dazu erübrigen sich.

Zum Pendeln:

- *Wenn Sie mit dem Pendel die Wirkung von Giften, d. h. ihre besondere Gefährlichkeit im speziellen Einzelfall ermitteln wollen,* dann arbeiten Sie mit der 100 %-Skala ②: »Wenn 100 % das für mich, (X), ernsthaft lebensbedrohliche Maß an Vergiftung ist, ...«. Und wenn die Feststellung wichtig ist, wie die Wirkung dieser Vergiftung zustande kam, dann erfragen Sie mit Ihrem Pendel die Wirkung der drei Faktoren, die ich im dritten Absatz dieses Kapitels angeführt habe.
- *Wie immer bei solch komplexen Tabellen kann ein und dasselbe Ergebnis – hier eine Giftstörung – in mehreren Stichworten enthalten sein* und sich daher an mehreren Pendelergebnissen zeigen. Zum Beispiel: Kfz-Abgase, Gifte in Luft (vielleicht noch: sonstige chemische oder metallische Substanzen) oder Radioaktivität. Daher dürfen Sie sich nie mit nur einer Angabe in einer solch umfassenden Übersicht zufriedengeben, sondern nach einer

ersten Auskunft z. B. gleich fragen: »Wenn in dieser Tabelle noch ein weiterer Punkt von nennenswerter Bedeutung für X sein sollte, so bitte ich, diesen jetzt noch anzuzeigen.« – Zur Vereinfachung können Sie hier gleich fortfahren: »Wenn nicht, bitte Linksdrehung.« (Bedeutet bei mir: Kann ich nicht beantworten, also: Nein.) So ersparen Sie sich die jeweils gesonderte Frage: »Ist noch ein weiterer Punkt für mich, für X, in dieser Tabelle von Bedeutung?«, bevor Sie ihn dann tatsächlich erst erfragen können.

- *Das schlimmste Gift im Menschen sind seine negativen Gefühle und Gedanken,* mit denen er seine eigenen Kräfte lähmt. In krassen Fällen droht er sie damit geradezu zu ersticken. Sehen Sie sich in Ihrem Bekanntenkreis um, und Sie werden manch ein Beispiel dafür finden.

Radioaktivität ②

Schließlich darf die Radioaktivität nicht vergessen werden, deren lebensbedrohende Gefährlichkeit seit geraumer Zeit auch für breiteste Bevölkerungsschichten mehr und mehr deutlich wurde. Es geht dabei um die Belastung bzw. Verseuchung unserer Umwelt: von Luft, Wasser, Erdboden und um unsere Lebensmittel.

Wichtig ist, von vornherein zu *erkennen, dass es »die« Radioaktivität nicht gibt,* denn es gibt mehrere Strahlungsarten: Alpha-, Beta- und Gammastrahlung. Es gibt verschiedenartige Strahlungssubstanzen, z. B. Jod 131, Cäsium 137, Plutonium 239, Strontium 90 usw. Es gibt ganz verschiedene Zerfallszeiten der Isotope mit Halbwertzeiten von 2½ Stunden bis zu 30 Jahren. Es gibt wichtige Klima-, Bodenverhältnisse- und Wetterfaktoren. Es gibt individuell verschiedene Aufnahmewerte für den menschlichen Körper, die von der Art der Kleidung, vom Schutz durch Räumlichkeiten, von der Zeitdauer, von der Empfindlichkeit der einzelnen betroffenen Organe und noch anderen Faktoren abhängen. Alle diese verschiedenartigen Momente sind kaum für den Fachmann und schon gar nicht für uns durchschnittliche Menschen erkenntlich und berechenbar.

Wesentlich ist, dass *jede Strahlungsaufnahme in der menschlichen Zelle eine Schädigung ihrer Arbeit mit sich bringt,* die sich weit darüber hinaus auswirken kann, vor allem in fundamentalen Stoffwechselstörungen. *Die Wirkung ist ganz ähnlich einer Vergiftung.* Eine plötzliche hohe Zufuhr kann schnellen Tod oder vieljähriges Dahinsiechen zur Folge haben. Das Heimtückische: Höchstgefährlich sind fortlaufend zugeführte kleine, ja winzige Mengen von Radioaktivität, die sich hochaddieren, denn der Körper kann nur eine gewisse Anhäufung dieser Mengen verkraften. Das steht noch einwandfrei fest: Je jünger der Mensch (und entsprechend alle Säugetiere), umso empfindlicher ist er. Und die größte Gefahr liegt in der nicht rechtzeitig feststellbaren Schädigung der Keimdrüsen (Hoden, Eierstöcke), die zu Erbschäden wie Totgeburten und Missbildungen führen können.

Wenn Sie alles das bedenken, dann werden Sie sofort verstehen, *dass es sichere Messwerte, die für jeden die gleiche Gültigkeit haben, gar nicht geben kann.* Daher hätte es keinen Sinn, wenn ich hier diese vielfältig umstrittenen Fragen, die verschiedenartigen Messungsarten und -skalen behandeln wollte. Die Weisheit des Pendels kann uns alle diese intellektuellen Bemühungen ersparen. Denn er gibt uns direkte Auskunft über das, was für uns *das einzig Wesentliche ist: unsere Gefährdung.* Wenn Sie beim Pendeln von dem Wert oder der Menge an radioaktiver Belastung ausgehen, wo Ihr Körper effektiv – wenn auch nur ganz schwach – geschädigt wird, dann haben Sie eine feste Bezugsgröße für das Arbeiten mit der 100 %-Skala ②, die sich erneut in ihrem weiten Anwendungsbereich erweist.

Fragen Sie im kritischen Fall z. B. ganz konkret: »Wenn der Punkt, bei dem durch Radioaktivität eine echte, wenn auch noch so geringe Schädigung des menschlichen Körpers (meines Körpers, des Körpers von X) eintritt, gleich 100 % ist, wie hoch ist, bezogen auf diese 100 %, die derzeitige Belastung für uns (für mich, für X)?« Oder: »Wie hoch war sie heute morgen, gestern, vor einer Woche; hier oder an irgendeinem anderen Ort (Entfernungen spielen, wie Sie wissen, keine Rolle)?« Genauso können Sie nach der Belastung Ihres Gartenbodens, der Luft, des Wassers, des Waldes, der Tiere auf der Weide oder der Wildtiere an jedem beliebigen Ort und aller Lebensmittel fragen, die Sie etwa in einer kritischen Zeit zu sich nehmen wollen oder müssen. Mit dieser einfachen Methode konnte nach der Katastrophe von Tschernobyl eine Reihe von vorwiegend beruhigenden Ergebnissen ermittelt werden, die sich später als richtig erwiesen. Dabei ist es selbstverständlich, dass man sich dann nach den beunruhigenden Ergebnissen richtet, soweit das nur irgend möglich ist.

Zeigt der Pendel bei dieser Frage auf der 100 %-Skala konstant auf das Höchstmaß von etwa 198 %, oder reagiert er (z. B. durch Linksdrehung, wenn das auch bei Ihnen dafür zutreffen sollte) mit der Antwort: »Kann ich nicht beantworten«, dann ist diese Skala zu eng. Dann wiederholen Sie die Frage, *indem Sie nicht die 100 %, sondern die Zahl 10 als Bezugszahl nehmen:* Die Antwort wird sofort entsprechend korrigiert werden. Von daher gesehen gibt es keinerlei Grenzen des Fragens, wenn Sie mit Ihrer Skala nur sinngemäß »zu spielen« verstehen.

Bei *noch stärkerem Missverhältnis brauchen Sie sich nur auf die Zahl 1 zu beziehen.* Dann können Sie das Mehrfache der Schädigungsbelastung unmittelbar ablesen. Wie in allen derartigen Fällen erlaubt Ihnen ein ganz präzises Ablesen bis zur Zahl 10 dann die Benutzung des Schemas ③ und bis zur Zahl 35 die Benutzung des Schemas ⑥. Sie können die Zahl 1 natürlich auch *als die (durchaus gesunde) Normalbelastung des Durchschnittsbürgers* (von etwa 110–200 Millirem pro Jahr) nehmen und das Vielfache davon erfragen, wenn Ihnen das lieber sein sollte. Als nur grobe Faustregel kann dann gelten, dass *eine unmittelbare gesundheitliche Bedrohung bei der etwa zehnfachen Menge beginnen mag.* Die für ein ganzes Jahr erlaubte Höchstgrenze für beruflich mit ionisierender Strahlung in Berührung kommende Menschen liegt bei 5000 Millirem, also bei der 25- bis 30-fachen Menge. Die direkt auf eine bestimmte Person: auf Sie selbst oder jemand anderes bezogene Frage ist indessen aus den aufgeführten Gründen grundsätzlich vorzuziehen und im individuellen Fall genauer im Ergebnis.

Fazit: Merken Sie sich ganz einfach für den Fall des Falles, dass die wirklich ernsthafte Bedrohung für unsere Gesundheit ab der zehnfachen Menge der für uns normalen Menge beginnt. Bei aller individuellen Schwankung (nach oben hin) ist das ein sicherer Richtwert.

Dazu das Erlebnis einer befreundeten Familie: Die Hausfrau kauft seit langem wegen ihres enorm hohen Vitamin-C-Gehaltes Kiwis, die aus Neuseeland bzw. Israel zu uns kommen. Nach dem Genuss wurde ihr ausgesprochen übel, mit bösen Kopf- und Leibschmerzen sowie ausgeprägtem Schwindel- und Schwächegefühl, die einen Tag lang anhielten. Dem Ehemann fehlte nichts. Die Pendelbefragung ergab als Ursache die Kiwis und dann die 16-fache Menge des gesunden Maßes an Radioaktivität. Für die hochsensible Frau war das schon ganz entschieden zuviel, während der robustere Mann das noch ohne jede Nachwirkung verkraftete. Nachsatz: Diese Kiwis waren neuseeländischen Ursprungs, vor denen gelegentlich in der Presse gewarnt wird wegen ihrer hohen radioaktiven Bestrahlungsdosis, während die aus Israel importierten immer einwandfrei waren. Sie brauchen ein solches Erlebnis nur einmal selbst oder in nächster Umgebung zu haben, dann wissen Sie, dass es bei Vorsichtsmaßnahmen vor gewissen, heute aus der ganzen Welt zu uns kommenden Lebensmitteln oft nicht um Panikmache, sondern um sehr konkrete Gesundheitsgefährdung geht.

Elektrosmog ㊹ ㊺

Die einen fühlen sich dem »Elektrosmog« hilflos preisgegeben, die anderen halten das »Gerede« für baren Unsinn. *Was ist Elektrosmog?* Es ist der sich einbürgernde Begriff für die negativen Auswirkungen auf Umwelt und Gesundheit, die von vielen heute gebräuchlichen elektrischen Einrichtungen und Geräten, genauer von niederfrequenten magnetischen und elektrischen und von hochfrequenten elektromagnetischen Feldern ausgehen. Wir Menschen können nur einen ganz kleinen Teil des riesigen elektromagnetischen Spektrums mit unseren Sinnen wahrnehmen, nämlich das sichtbare Licht und die Wärme von Infrarotstrahlen. Für die ultravioletten und die Röntgenstrahlen, für die Mikro-, die Radio- und Fernsehwellen, die Felder unseres üblichen Wechselstroms und für die radioaktiven Gammastrahlen sind wir blind, taub und gefühllos. Für unsere Sinne existieren sie nicht, und daher sind sie für manche Leute der Einfachheit halber eben nicht da.

Was bewirkt der Elektrosmog im menschlichen Körper? Jede lebende Körperzelle ist ein winziges Kraftwerk, das nur in seiner ungestörten Form richtig arbeitet. Es wird durch entsprechende bioelektrische Reize zu bestimmten Reaktionen veranlasst. Weil die dem Elektrosmog zugrunde liegenden Felder solche bewirken, können diese zu akuten Schädigungen unseres Körpers führen. Verschiedene solcher Reaktionen und Schädigungen sind heute klar bewiesen, während sich Fachleute über andere noch nicht einig sind. Es kann indessen kein Zweifel mehr darüber sein, dass es hier um mögliche schwere Gesundheitsschädigungen geht.

In einem Buch wie diesem ist es verständlicherweise nicht möglich, *die vielfältige physikalische und technische Problematik* darzustellen, die sich hinter den verschiedenartigen Feldern und Strahlungen mit ihren jeweils ganz spezifischen Eigenschaften und Wirkungen verbirgt. In der Pendeltafel ㊹ habe ich sie aufgeführt. Ich empfehle Ihnen sehr, sich gegen ein bescheidenes Entgelt die vorbildlich klare Broschüre (78 Seiten) über den Elektrosmog zuschicken zu lassen von der

Verbraucher-Zentrale Niedersachsen e.V.,
Herrenstr. 14,
30159 Hannover,
Tel. 05 11-9 11 96-0, Fax 05 11-9 11 96-10.

Hier erfahren Sie alle wichtigen Details.

Hier die wichtigsten Fakten:

- Voraus: *Magnetfelder* entstehen nur bei fließendem Strom, während *elektrische Felder* immer da sind, solange der Stromkreis nicht an der Sicherung unterbrochen wird. Mit zunehmender Frequenz verbinden sich das magnetische und elektrische Feld zum *elektromagnetischen Feld:* die Rundfunk- und Fernsehsender, Richtfunk, Mobilfunk, Radar und verschiedene Mikrowellengeräte weisen es auf.
- *Netzfreischalter* nehmen die Spannung vom Stromkreis, aber nur, wenn kein Stromverbraucher eingeschaltet ist: Es darf also kein Dauerverbraucher (z. B. Kühlschrank, Radiowecker) zugeschaltet sein.
- *Die Wirkung aller Störfelder* wird mit steigendem Abstand vom Verursacher immer geringer.
- *Die Vielzahl der Elektrogeräte* bringt die ganz wesentlich erhöhte Gefährdung wegen der mit jedem Gerät steigenden Belastung.
- *Besonders starke magnetische Felder* sind im Umfeld der Hauptversorgungsleitung (Steigleitung) und Sicherungskästen vorhanden.
- *Trafostationen* können starke Magnetfelder aufbauen: Das gilt auch für die weitverbreiteten Kleintrafos: daher Abstand!
- *Niederspannungshalogenlampen* (12 V) verursachen besonders bei frei unter der Decke verspannten Zuleitungskabeln starke und großflächige Magnetfelder. Auch von Halogenleselampen, ihrem Trafo und ihren Leitungen sollte man einen Meter Abstand halten.

- *Auch für Leuchtstofflampen* gilt dieser Abstand.
- *Hochspannungsfreileitungen:* Bei 380-kV-Leitungen sollte ein Abstand von 220 m, bei 220-kV-Leitungen von 170 m, bei 110-kV-Leitungen von 140 m zur Bodenlinie bei Volllast eingehalten werden, die jedoch normalerweise nicht gefahren wird. Ansonsten genügen etwa ⅔ der genannten Abstände. Andere Fachleute halten viel größere Abstände für notwendig.
- *Bei Hochspannungserdkabeln,* auch wenn sie nicht sehr tief liegen, kann es im Allgemeinen nur direkt darüber noch zu nennenswerten Belastungen kommen.
- *Elektrische Heizgeräte* weisen besonders hohe elektromagnetische Felder auf wie Elektroherd, Waschmaschine, Trockenmaschine, auch Heizlüfter aller Art, Heizdecken und Heizkissen, Fön.
- *Nachtspeicherheizungen* und ihre Stromleitungen sollten ausreichend weit von den Betten entfernt sein.
- *Die vielen Radio- und Fernsehsender* mit ihrer hochfrequenten elektromagnetischen Strahlung bringen eine beachtliche globale Belastung mit sich, besonders im Lang- und Mittelwellenbereich, im Gegensatz zum Kurzwellenbereich oder beim Richtfunk mit seiner zielgenauen Ausrichtung, die nur geringe Sendeleistungen verlangt.
- *Satellitenschüsseln* auf Balkonen, Dächern und dergleichen, die nur Antennen zum Empfang sind, können vernachlässigt werden.
- *Bei Sprechfunk, Handys, schnurlosen oder Mobiltelefonen* sollte unbedingt auf gewisse Mindestabstände zwischen Kopf und Antenne geachtet werden. Je nach Typ und Alter zwischen 4 und 8 cm, bei Autotelefonen/Portables sogar 20 bis 40 cm. Für ältere Geräte ist stets der höhere Wert angezeigt. Diese Abstandsempfehlungen berücksichtigen nur die Schäden durch Erwärmung des Kopfes und der empfindlichen Augen, nicht aber die möglichen Schäden durch die gepulste Hochfrequenzstrahlung beim D- und E-Netz! Deshalb sollte das mobile Telefonieren soweit wie nur möglich eingeschränkt werden.
- *Mobiltelefone im Auto* sollten nur mit Außenantenne benutzt

werden, die möglichst weit entfernt vom Innenraum angebracht und recht lang ist. Das Gerät möglichst oft abschalten, weil es auch in Bereitschaftshaltung ständig Funkimpulse zum Funkturm aussendet.

Von Computern und Fernsehern gehen so ungefähr alle unerwünschten Strahlen aus, besonders bei den vielen älteren Geräten. Das Wesentliche: Ausreichender Abstand zum Bildschirm, der bei guter Bildqualität umso leichter einzuhalten ist.

Mikrowellengeräte sollten durch das Metallgehäuse und die inneren Metallgitter ausreichend abgeschirmt sein. Das Problem: Winzige Schmutzteilchen führen gern zu kleinen Spalten in der Türdichtung, durch die Mikrowellen ganz ungehindert nach außen ausstrahlen (»Leckstrahlung«). Das kann grauen Star verursachen: Trübung der Augenlinsen. Deshalb Abstand bei Benutzung! Wegen dieser Leckstrahlung sollten die Geräte jährlich vom Kundendienst überprüft werden! – Übrigens finden Sie in den USA in allen Hotels, Supermärkten usw., wo ein Mikrowellengerät arbeitet, ein größeres Schild: »Vorsicht: Mikrowelle in Aktion«.

- *Netzabhängige Radiowecker,* besonders bestimmte Fabrikate, strahlen stark ab. Wer sicher sein will, hält das Gerät 1,50 m vom Kopfende entfernt.
- *Unterhaltungselektronik:* Stereoanlagen, Fernseher, Radios, Videos, CD-Spieler usw. gehören wegen der von Trafos erzeugten Magnetfelder nach Benutzung sofort vom Netz abgeschaltet. Die Mehrfachsteckerleiste mit Schalter macht es leicht. Und: kein Standby-Betrieb!
- *Alle nah am Körper betriebenen Geräte* wie elektrischer Rasierapparat und Zahnbürste, Trockenhaube und Fön, auch die verschiedenen *Elektrowerkzeuge*, von denen manche starke Felder erzeugen, sollten nicht länger unter Strom stehen als unbedingt nötig.
- *Vorsicht speziell im Kinderzimmer.* Hier und in der Küche gibt es die höchsten Feldstärken. Gefährlich sind dabei besonders

die *Kleintrafos*, z. B. bei Modelleisenbahnen und anderen Spielzeugen. Auch wenn nicht damit gespielt wird, strahlen sie ab. Daher die Netzstecker ziehen, und das vor allem für die Nacht. Das sollte man den Kindern frühzeitig beibringen sowie die Geräte nach Benutzung sofort abschalten.

- *Von den Babyfonen* (mit denen sich Kinderzimmer akustisch überwachen lassen) gehen starke Felder aus. Deshalb streng auf 1,5 bis 2 m Abstand zwischen Kinderbett und Babyfon achten!
- *Träger von Herzschrittmachern* sollten sich von den zuständigen Stellen klare Informationen über Vorsichtsmaßnahmen einholen, die offensichtlich wohlbegründet sind. So sollten sie eingeschaltete Handys nicht am Oberkörper tragen und auf hinreichenden Abstand bedacht sein, um gefährlichen Störungen des Herzschrittmachers vorzubeugen.

Zum Schutz der Bevölkerung vor diesen Gefahren gibt es gesetzliche Bestimmungen: Die in Deutschland gültigen Grenzwerte liegen jedoch weit höher, durchweg um ein Mehrfaches, bei Herzschrittmachern z. B. mehr als 30-fach höher als die der Weltgesundheitsorganisation! Bei uns werden sie im Wesentlichen von der die Geräte herstellenden Industrie bestimmt! Deshalb sind die Benutzer der Geräte zum Schutz vor Elektrosmog *im Grunde auf Selbsthilfe angewiesen,* ganz besonders also auf Einhaltung der empfohlenen Sicherheitsabstände und Herausziehen der Stecker aus dem Netz. Die Geschäftemacher des Markts bieten Ihnen vielerlei »Schutz«-Produkte an wie Armbänder, Schutzdecken, Folien, Tabletten, bis zu so genannten »Entstörsendern«, die in aller Regel nur ihre eigene Existenz finanziell schützen, Ihnen aber nichts oder kaum irgendetwas bringen. Wenden Sie sich im Bedarfsfall an die in der obengenannten Broschüre aufgeführten Stellen in verschiedenen Städten der Bundesrepublik, die Ihnen gern die für Sie wichtigen Informationen geben.

Nun zur Pendeltabelle »Elektrosmog: die elektrischen Felder« ㊹: Sie haben hier im oberen Teil die drei prinzipiell gefahrträchtigen Quellen des Elektrosmogs aufgeführt mit einigen für die Praxis wichtigen Angaben. Wer im Bedarfsfall der Sache auf den Grund gehen will, frage, falls die Pendeltafel Giftstoffe ㊸ auf Elektrosmog verwiesen hat, den Pendel zunächst: »Welche der drei Arten von Störungsfeldern liegt hier vor?« Schöpfen Sie diese Tafel bitte aus, denn oft genug werden zwei oder sogar alle drei Felder betroffen sein.

Um sich den Umweg über die 100 %-Skala ② zu ersparen, können Sie dann sofort im oberen Teil der Tafel ㊺ nach dem ungefähren *Grad der Elektrosensibilität* des oder der betroffenen Menschen fragen. Diesen zu wissen, dürfte hier im Allgemeinen voll genügen. Je sensibler der Mensch ist, desto größer müssen natürlich Sicherheitsabstände und umso umfassender sonstige Schutzmaßnahmen sein. Im Zweifelsfall können Sie selbstverständlich auch *den notwendigen Sicherheitsabstand* genau erfragen.

Und die Übersicht ㊺ führt alle die Störungsquellen von Elektrosmog auf, die in der Praxis von mehr oder minder großer Bedeutung sind. Sie hilft Ihnen, die spezielle Störungsquelle zu erkennen. Vergessen Sie bitte nicht, dass es hier beachtliche individuelle Unterschiede geben kann. Solche elektrischen Geräte, die im normalen Alltagsgebrauch zum Beispiel wegen der Kürze der Benutzungszeit oder der sowieso sehr geringen Ausstrahlung praktisch keine nennenswerte Bedrohung darstellen, sind in dieser Übersicht erst gar nicht enthalten. Das Vorgehen beim Pendeln selbst ist Ihnen nun ja längst geläufig.

Hinweis auf geopathische Belastung (GPB) ㊾

Nun muss ich an dieser Stelle, wo es noch immer um Gesundheit und Krankheit geht, auf *die zum Teil sehr schweren Störungen des Organismus* hinweisen, die sich aus den gefährlichen, den Körpern belastenden, erdgebundenen Schwingungen ergeben. Am knappsten und sehr treffend kann man sie unter der Bezeichnung »geopathische Belastung« zusammenfassen. An ihrer tatsächlichen Existenz und Wirksamkeit *kann heute kein aufgeschlossener Mensch mehr zweifeln*. Sie sind so wichtig, und ihr rechtzeitiges Erkennen ist so bedeutungsvoll, dass ich dieses Problem – auch wegen seines Umfangs – in einem eigenen, *dem letzten Teil dieses Buches abhandeln* werde. Sie finden dort beschrieben:

- die allgegenwärtigen geopathischen Belastungen verschiedenster Art,
- die Methoden, wie Sie sie mit den drei radiästhetischen Geräten Rute, Pendel und Energiesensor bei wechselnder Betätigung an Ort und Stelle selbst ermitteln können,
- wie Sie sie auf einem Hausgrundriss oder einer Skizze nur mit dem Pendel ausfindig machen können mit Hilfe der Tabellen (59) und (60),
- und wie Sie sich soweit wie nur möglich vor ihnen schützen können.

Außergewöhnliche Lebensbelastung (46)

Es bedarf kaum einer Begründung, wie sehr außergewöhnliche Belastungen, die über Jahre hinweg einen Menschen bedrücken, seine Gesundheit bedrohen und ernsthaft gefährden. Besonders gilt das natürlich für alle diejenigen, die mit sich selbst nicht im Reinen, nicht im Gleichgewicht sind, denen es an Ausgeglichenheit und zudem an innerer Kraft (Vitalkraft) mangelt. Diese Menschen können verständlicherweise das nicht aufbringen, was wir »hart im Nehmen« nennen.

Für jeden, der mit seinem Leben nicht ohne weiteres zurechtkommt, empfiehlt es sich, nach gebührendem Zeitabstand immer wieder einmal *»Gewissenserforschung« zu betreiben*. Nur sie kann ihm in einer stillen Stunde der möglichst sachlichen Selbstkritik helfen, den Kern seines Problems ohne Scheuklappen vor den Augen zu erkennen. Wer könnte aber schon »möglichst sachlich« sich selbst gegenüberstehen!?

Gerade für die Bewältigung dieser schwierigen psychologischen Problematik kann der Pendel einen wesentlichen Beitrag leisten. Voraussetzung ist, den rechten Augenblick dafür abzuwarten. Wirkliche innere und äußere Ruhe sind hier unabdingbar: im stillen Kämmerlein, im Gefühl der absoluten Ungestörtheit, im Bewusstsein einer ganz besonderen Stunde, da man irgendwie auf sich zurückgeworfen ist. Da sind die unbewussten Kräfte gleichsam aufbereitet, sich bei aller Besinnlichkeit zu aktivieren und durch ihre üblichen Begrenzungen ein Stück hindurchzustoßen. Ich glaube, jeder Mensch erlebt gelegentlich einen solchen Gefühlszustand. Meist in einer stillen Mußestunde, da man ganz allein nur für sich selbst ist, ohne jede äußere Störung, ohne jede Radio- oder Fernsehberieselung. Das ist sozusagen die Sternstunde, die es auszunutzen gilt.

Ich habe mich bemüht, *in der Übersicht ㊻ die wohl häufigsten schwerwiegenden Momente* einer außergewöhnlichen Lebensbelastung aufzuzeigen.[57] Selbstverständlich kann sie bei der unendlichen Vielfalt des Lebens niemals vollständig sein. Im Zweifelsfall können Sie sie natürlich nach Ihren Notwendigkeiten noch ergänzen. Im Zweifelsfall kann Ihnen auch die Tabelle ㊷ der unbewussten Energieblockierungen noch einen entscheidenden Hinweis geben. Der psychologische Hintergrund ist ja hier wie dort der gleiche. Gerade das möchte ich Ihnen als manchmal sicherlich wertvolle Ergänzung empfehlen.

Allen aufgeführten Punkten der Tabelle ㊻ *liegt ein tiefer emotionaler Schmerz zugrunde.* Ob er bewusst ist oder in die verborgenen Tiefen unseres Unterbewusstseins verdrängt wird und sich dann wahrscheinlich in irgendeine Ersatzrichtung hin entfaltet, ist eine zweite Frage. In jedem Fall sorgt das kontinuierliche In-sich-Hineinfressen, das nahezu für alle Momente typisch ist, für schwere und schwerste Krisen der Persönlichkeit. Das kann so weit gehen, dass sie völlig verzweifelt und zugrunde gerichtet wird.

Das Erpendeln des Ergebnisses dürfte für Sie jetzt kein Problem mehr sein. Fragen Sie, welcher der aufgeführten Punkte für Sie bzw. für X von der größten, von der zweitgrößten etc. Bedeutung ist. Auf der 100 %-Skala ② können Sie erfragen, in welchem Maß gerade durch *diesen* Punkt die Persönlichkeit mehr oder weniger tief gestört ist. Auch auf dem Schema »Das rechte Maß« ④ können Sie sich im Zweifelsfall vergewissern, ob ein kritischer Persönlichkeitszug zu viel oder zu wenig ausgeprägt und in welchem Maß das der Fall ist.

Erbliche und karmische Belastung

Wir sprechen noch immer von den permanenten Gefährdungen unserer Gesunderhaltung. Da bleibt mir noch der Hinweis auf eine bestimmte Gruppe von Belastungen, denen wir zunächst hilflos preisgegeben sind: Es handelt sich um erbliche und um karmische. Gemeinsam ist ihnen, dass sie sich normalerweise verstandesmäßig nicht erklären lassen. Es versteht sich, dass bei unseren Betrachtungen hier sowohl körperliche als auch seelische Eigenschaften: Missbildungen, Leid, Fehlentwicklungen, Beschwernisse aller Art betroffen sind.

Zunächst zu den erblichen Belastungen: In allen betroffenen Fachkreisen ist es ein vieldiskutiertes Thema, ob und inwieweit Begabungen, Fähigkeiten, Talente vererbt werden. Lange Zeit standen sich zwei Ansichten radikal gegenüber: Alles und jedes sei Vererbung (Rassenlehre, Drittes Reich!) und: Alles und jedes sei vom Augenblick der Geburt an das Ergebnis von Umwelteinflüssen (Behaviorismus, USA). Die heute im Allgemeinen vorherrschende Meinung ist mehr oder minder die goldene Mitte: Die besondere Ausrichtung des Menschen ist sowohl das Ergebnis seiner Erbmasse als auch dessen, was die kaum überblickbare Vielfalt der Umwelteinflüsse daraus gemacht hat und noch immer bis hin zum letzten Atemzug daraus macht. Natürlich kann ich hier nicht genauer darauf eingehen. Ich erwähne nur, dass die ganz systematisch vorgehende Zwillingsforschung eben diese Ansicht in hohem Maß erhärtet. Für unsere Betrachtungen hier ist das vor allem für die Frage von Bedeutung, wie weit etwa Krankheiten und charakteristische Wesenszüge, z. B. depressive Neigungen, erblich, heute sagte man gerne: durch Gene unabänderlich vorgegeben sind.

Das Gleiche trifft für *das Problem der karmischen Belastung* zu. Diese lässt sich durch nichts im eigentlichen Sinn des Wortes beweisen. Man kann nur daran glauben oder nicht oder keine Stellung dazu beziehen. In meinem Buch »Die geheime Kraft in uns« und dann noch ausführlicher in dem Buch »Buddhismus« bin ich dieser Frage nachgegangen. Nachdem ich ihr in einem langen Leben – in der westlichen und in der fernöstlichen Welt – viel Aufmerksamkeit schenkte und persönlich in Krieg und Frieden eine Reihe von tiefgehenden Erlebnissen hatte, bin ich heute von der Richtigkeit der Lehre von Karma und Wiedergeburt fast voll überzeugt. Ich scheue mich nicht, das ganz offen zu sagen. Aber das ist nur meine persönliche Ansicht, der sich niemand anzuschließen braucht. Übrigens habe ich in den beiden erwähnten Büchern zwei Beispiele von schwerster Belastung bei Kleinkindern aufgeführt, die sich nicht anders als durch Karma bedingt erklären lassen. Ich könnte ihnen viele weitere folgen lassen.[58]

Was bedeutet nun »Karma«? Das Wort bedeutet nicht »Schuld«, sondern »aktives Tun«. Das lässt je nach der ethischen Ausrichtung positives oder negatives »Schicksalsgut« für jeden Menschen entstehen. Jeder trägt das seine in seiner fortdauernden Seele mit sich. Und das nach der mit dem Karmagedanken eng verknüpften Lehre von der Wiedergeburt so lange, bis er das belastende Karma (seine »Schuld«) durch Leiden abgebaut oder durch Schaffen von positivem Karma aufgearbeitet hat.

Darüber steht das Gesetz der universellen Harmonie: Die Natur, die Schöpfung duldet keinerlei Störung des Gleichgewichts. Es geht immer darum, es nach jeder Störung wiederherzustellen. Karma ist – mit einem Wort gesagt – *die Summe des selbstgewirkten Schicksals.* Was der Mensch sät, das wird er auch ernten. Wir säen wertvolle und wir säen schädliche Saat. Das eine kommt auf uns zurück wie das andere. Die karmische Belastung ist uns also in die Wiege gelegt. Wir tragen unser Schicksalsgut durch das ganze Leben, das »gute« wie das »schlechte«, und sind ihm unterworfen.[59]

Wie schon gesagt, *sind wir den erblichen wie den karmischen Belastungen ausgeliefert. Wie kann uns der Pendel helfen,* sie zu erkennen und gegebenenfalls besser mit ihnen zurechtzukommen? Wenn Sie einer schweren Belastung, die Ihnen bei noch so viel Nachdenken unerklärlich bleibt, auf den Grund kommen wollen, dann können Sie das über die Tabelle ㊻ und vielleicht auch über die Tabelle ㊷ angehen. Beachten Sie dabei bitte peinlich genau das, was ich darüber schon geschrieben habe. Es handelt sich hier um allerhöchst intime Zusammenhänge, die uns die Gesetze unseres Lebens gewiss nicht ohne Sinn normalerweise vorenthalten. Sie werden wenigstens einiges Licht in dieses Dunkel bringen, wenn Sie es in Demut und Ehrfurcht gegenüber der großen Kraft versuchen. Sie steht über allem und steuert alles. Wir sind ihr alle unterworfen, ob wir es wissen oder nicht, ob es uns gefällt oder nicht.

Versuchen Sie es bitte nicht über das oberflächliche, bloß vom Wunsch, oft nur von Neugier getriebene *»channeling«,* wie es seit einigen Jahren zumeist in primitiver Vermessenheit betrieben wird. Wenn es so leicht wäre, die jenseitigen Kräfte und Geister für unsere egoistischen Zwecke zu mobilisieren, dann wäre die Menschheit schon längst aus ihrem Sumpf herausgekommen. Wenn es Ihnen indessen beschieden sein sollte, von den jenseitigen, so unendlich hoch über uns kleinen Menschen stehenden Kräften Einblick in Ihre vergangenen Inkarnationen zu bekommen, dann wird es Ihnen in vielleicht schlichter und doch überwältigender Weise zuteil. Dann können Sie zu Recht daraus Anregung und Hilfe für Ihre weitere Entwicklung und Vervollkommnung schöpfen. Dann werden Sie über dieses Sie packende und zutiefst intime Erlebnis keine große Rede führen. Sie werden es still in sich zu bewahren wissen als ein gleichsam göttliches Geschenk.

Am Ende dieses Buchteils über das gesundheitliche Pendeln und seinem ersten Teil des Erkennens der Störungsquellen (Diagnose) müsste ich logischerweise sofort den zweiten Teil der einfachen Hilfen zur Selbsthilfe (Therapie) folgen lassen. Ich bringe diesen wichtigen und umfangreichen Buchteil jedoch bewusst erst später, nachdem ich zuvor einige andere höchst wichtige Kapitel behandelt habe, die dann auch in den Hilfen zur Selbsthilfe gleich mit berücksichtigt werden können.

Lebenspraktisches Pendeln

Hilfen im Alltag

»Bittet und es wird euch gegeben;
suchet und ihr werdet finden.«
Matthäus 7,7

Dieser Buchteil soll ganz den lebenspraktischen Alltagsproblemen gewidmet sein, die in der einen oder anderen Form zuzeiten auf jeden von uns zukommen. Es liegt in der Natur der Sache, dass das nicht in einem umfassenden Sinn geschehen kann, denn das Leben ist nun einmal unendlich vielfältig. So lässt sich die Unzahl von Möglichkeiten, in denen uns der Pendel oft wertvollste Hilfe leisten kann, auch nicht in einer logisch ganz sauber getrennten Gliederung aufweisen. Doch habe ich mich bemüht, in der folgenden Einteilung die Übersicht über die so mannigfaltigen Probleme und Möglichkeiten so weit zu erleichtern, wie das eben geschehen kann, auch wenn sie verständlicherweise nicht perfekt sein kann.

Gesuchtes finden ㊼

Bei Alltagsproblemen steht das Suchen nach Objekten, die oft quälende Bemühung, das Gesuchte recht bald zu finden, im Vordergrund. Deshalb möchte ich damit beginnen. *Was suchen wir gelegentlich nicht alles, z. B.:*

- alle mögliche verlegten, vermissten, verlorenen Gegenstände des täglichen Gebrauchs (fast sprichwörtlich sind Schlüssel!);
- ein verlorengegangenes Tier, ein verirrtes Kind, einen gedächtnisgestörten alten Menschen, der jetzt hilflos umherirren möge;
- die Stelle, wo ein unterirdisches Rohr undicht, gebrochen oder verstopft, ein in der Erde verlegtes Kabel beschädigt ist (z. B. bei Bauarbeiten oder durch Tiere);
- einen versunkenen oder mit Erde überdeckten Grenzstein oder eine nicht mehr klar erkenntliche Grenzlinie;
- auch heute noch verborgene, vergessene, versteckte Munition oder Minen aus den letzten Kriegen;
- im technischen Bereich Konstruktionsschwächen irgendwelcher Art, den Grund für bestimmte Funktionsstörungen und dergleichen;
- klare Geschlechtsbestimmung bei neugeborenen oder noch im Mutterleib befindlichen Tieren;
- einwandfreie Feststellung von besonders guten Strahlungsplätzen (»Orte der Kraft«), von »gesunden« Baugrundstücken und präzise festzulegenden Bauplätzen, möglichst frei von geopathischen Störungen, was ich wegen seiner großen Wichtigkeit im letzten Buchteil noch besonders behandeln möchte;
- in besonderen Fällen gesunkene Schiffe, abgestürzte Flugzeuge, nach Verbrechen versteckte Leichen oder gestohlenes wertvolles Gut usw., wobei in den verschiedensten Ländern schon des Öfteren Radiästheten treffende Hinweise gaben.

Ein besonderes Kapitel, viel besprochen, viel bezweifelt und in mittlerweile vielen Büchern dargestellt ist *die Suche nach Wasser und analog nach Bodenschätzen aller Art.* In den vergangenen Jahrhunderten sind auf der ganzen Welt ungezählte Brunnen, Erzgruben verschiedenster Art, alle möglichen Mineralien, auch Ölvorkommnisse durch Hilfe von Pendel oder Rute gefunden worden. Aber bezeichnend: Alte Schätze, die nur zum Zweck der persönlichen Bereicherung gesucht werden, wurden auf diese Weise noch selten entdeckt. Und ebenso versagte die radiästhetische Suche besonders auch beim Bemühen um Öl, wenn Eigensucht, also bloßer Egoismus das Hauptmotiv dafür abgab. Erinnern Sie sich an die mehrfachen früheren Hinweise in diesem Buch, dass sich die helfenden Kräfte dann versagen, wenn das der Fall ist? Wenn das Motiv nicht in erster Linie das Bemühen ist, wirkliche Hilfe in welchen Schwierigkeiten und Nöten auch immer zu geben, kann sich schwerlich der ersehnte Erfolg einstellen.

Ein anderes, ganz besonderes Kapitel sind die radiästhetischen Bemühungen in *der Archäologie.* Besonders in Russland und in der westlichen Welt in England kommt man dabei oft zu erstaunlichen Ergebnissen. Dabei geht es um alte Kult- oder Grabstätten, um einstmals bewohnte Höhlen, um jahrtausendealte Ruinen von Palästen oder Städten oder auch um antike oder vorantike Schlachtfelder. Das Motiv ist hier im Wesentlichen immer das passionierte Sachinteresse, durch die Grabungen die Rätsel jener Zeit klären zu helfen, die uns die Überlieferungen, Sagen und Hinweise verschiedenster Art über das Leben der damaligen Menschen aufgeben.

Wie gehen Sie nun am besten bei einer derartigen Suche nach irgendwelchen Objekten vor, sei es innerhalb eines Hauses oder in der freien Natur? Das Allerwichtigste dabei, das von allem Anfang an absolut gesichert sein muss, ist, *das Vorstellungsbild dessen, worum es geht,* so klar, deutlich, lebendig, plastisch wie nur irgend möglich im Geist, im Bewusstsein festzuhalten. *Die innere Anteilnahme und Sammlung* muss von Haus aus sehr viel größer und intensiver sein, wenn es sich um eine als sehr wichtig empfundene Sache handelt, vielleicht weil man es selbst oder jemand anders ganz dringend benötigt. Diese drängende, ja zwingende Notwendigkeit ist für die erfolgreiche Bemühung in den meisten Fällen das Entscheidende, wie erfahrene Pendler oder Rutengänger immer wieder feststellen. Daher bringt das Üben mit vergleichsweise nebensächlichen Dingen selten Erfolg.

Die mehr technische Seite des Vorgehens ist Ihnen für einige der eingangs dieses Kapitels aufgezählten Punkte längst bekannt: Es sind *einfache Fragen* ohne oder auch mit Hilfe der ihnen mittlerweile geläufigen Pendeltafeln. Dazu brauche ich hier keine weiteren Erklärungen mehr zu geben. Sie sind für die präzise Klärung des dann folgenden Vorgehens oft sehr wertvoll. Die unmittelbare örtliche Suche nach dem betreffenden Objekt vollzieht sich am einfachsten und damit am sichersten nach dem folgenden Muster. Fragen Sie Ihren Pendel, die Arme am besten aufgestützt auf einen Tisch, Kaminsims, eine Mauer oder Ähnliches (um unnötige Unruhe im Körper und im Pendel auszuschalten), in welcher Richtung sich das gesuchte Objekt befindet. Wenn er nun eine bestimmte Richtung anzeigt, dann folgen Sie dieser eine Strecke weit, halten Sie an, zwangsweise schon dann, wenn Sie an ein Hindernis kommen (eine Wand, ein tiefer Graben oder Ähnliches), und fragen erneut nach der gesuchten Richtung. Nicht selten wird Ihr Pendel jetzt langsam in eine etwas geänderte Richtung einschwenken. Jeder Richtungskorrektur folgen Sie peinlich genau. Das tun Sie so lange, bis Ihr Pendel das zuvor mit ihm gleichsam vereinbarte Zeichen gibt, dass Sie sich genau über oder dichtest bei der gesuchten Stelle befinden. Dieses Zeichen kann z. B. ein klarer Übergang aus dem bisherigen Schwingen in die gesuchte Richtung in eine eindeutige Rechtsdrehung sein.

Wenn Sie im Vorhinein wissen, dass Sie *eine bestimmte Richtung nur über störende Umwege einhalten können,* klären Sie mit dem Pendel vorher durch eine einfache Frage über dem A-B-Schema ③, ob Ihnen der Pendel die Luftlinie zeigt ohne Rücksicht auf Hindernisse (A) oder den von Ihnen einzuschlagenden Weg (B).

Bei der Suche nach Wasser, etwa einem Brunnen in der freien Natur, ist das Vorgehen im Prinzip genau das gleiche. Die einleitende Frage: »Wo befindet sich die mir nächstliegende Stelle, an der unter der Erde Wasser fließt?« Jetzt dieser Richtung folgen …, wie soeben beschrieben. An dem kritischen Punkt klärt dann die Frage: »Aus welcher Richtung kommt das Wasser geflossen?« und die anschließende Kontrollfrage »In welche Richtung fließt das Wasser weiter?« sogleich die Flussrichtung. Auf der 100 %-Skala ② bzw. der Tafel ⑥ mit den Zahlen 1 bis 35 können Sie dann die Tiefe in Meter feststellen und die Schüttung, das heißt die Ergiebigkeit des Brunnens in Liter/sec.

Der auf diesem Gebiet Erfahrene und Geübte kann sich das alles noch weiter vereinfachen, indem er die erstgenannte Frage gleich präzise auf alle zunächst wesentlichen Punkte erweitert, etwa: »Ich bitte, die Richtung anzuzeigen: Wo befindet sich die mir nächstliegende Stelle, an der unterirdisches Wasser fließt, nicht tiefer als 40 m und mit einer Schüttung von mindestens 25 Liter/sec?«

Lesen Sie nun bitte *am Ende der Einführung das 6. Beispiel* aus »Einige Fälle aus der Pendelpraxis« kurz nach. Jetzt wissen Sie, wie der Pendler so exakt zum richtigen Ergebnis kam: Auf die Frage nach der Tiefe schwankte der Pendel nämlich immer von 40 auf 30 hin und her, was mehrere Wasserläufe vermuten ließ. Die Frage danach ergab zwei, und von da ab war alles Weitere klar.

Manche erprobte Pendler ermitteln *die Tiefe des Wasserlaufs oder der Quelle* so, dass sie dem Pendel aufgeben, als Antwort auf die gestellte Frage so oft rechts zu drehen bzw. vor- und zurückzuschwingen, wie das Wasser in Meter gemessen tief ist. Sie zählen dann sorgfältig die Pendelbewegung und kommen auf die gesuchte Zahl. Sinngemäß lässt sich auf gleiche Weise auch die Schüttung ermitteln. Das Verfahren ist natürlich umständlicher und verlangt wohl auch noch mehr Konzentration beim richtigen Zählen. Wem es aber mehr liegt, der möge es getrost anwenden. Wir Menschen sind alle verschieden, und was für den einen das beste Verfahren ist, muss es noch lange nicht für jeden anderen auch sein. Hauptsache: Es gibt ein klares Ergebnis, das stimmt!

Eine zweite, ebenfalls bewährte Methode zum Auffinden eines gesuchten Objekts in einem größeren Raum oder im Freien: Wo immer Sie stehen, stellen Sie die erste Frage z. B. in Form der Bitte: »Ich bitte genau die Richtung anzuzeigen, in der sich … das gesuchte Objekt … befindet.« Sie geben Ihrem Pendel hinreichend Zeit, sich in einer ganz eindeutig bestimmten Richtung einzuschwingen. Sie merken sich den Verlauf dieser Richtung im Raum oder im Gelände ganz genau und gehen diese Linie eine gewisse Strecke entlang, um dann im rechten Winkel zu ihr nach einer der beiden Seiten hin abzuknicken und wiederum nach einer gewissen Strecke aus dem so gewonnenen Abstand zur ersten Linie die gleiche Frage »von hier aus« zu wiederholen. Je nach dem mehr oder weniger schiefen Winkel der neuen Anzeige zur ersten angezeigten Linie können Sie das Spiel bei Annäherung an den Kreuzungspunkt der beiden Linien nochmals, gegebenenfalls ein drittes Mal wiederholen. So bekommen Sie den exakten Punkt, an dem sich alle gewonnenen Linien überschneiden. Die Kontrollfrage dort gibt Ihnen die nötige Schlussbestätigung. Siehe das Schema ㊼.

Das Pendeln über Karten, Grundrissen oder Skizzen kann Ihnen das sehr viel umständlichere und aufwendige Pendeln an einem großen Originalobjekt bzw. in der freien Natur ersparen. Sie gehen dabei im Prinzip genauso vor wie soeben geschildert, eben nur auf der schriftlich fixierten Wiedergabe der Natur, die vor Ihnen liegt. Wenn Sie die nötige innere Sammlung, Übung und Sicherheit haben, werden Sie auf diese Weise in den meisten Fällen am raschesten zum Ziel kommen. Die Karte, am besten das Messtischblatt im Maßstab 1:25 000, der Stadtplan, der Gebäudegrundriss, eine einfache saubere Skizze: Sie alle enthalten ja sämtliche für Sie notwendigen Informationen, die Sie brauchen. Sie stellen sich dabei jetzt ganz anschaulich vor, wie Sie auf dem betreffenden Gelände, in den Straßen der betroffenen Stadt, in den Mauern oder Zimmern des fraglichen Hauses sind, und im Übrigen sind Sie voll und ganz gesammelt auf Ihr besonderes Problem, wie das oben geschildert ist. Jetzt setzen Sie Ihren Pendel irgendwo am Rande das erste Mal an, ermitteln die erste Linie, machen das im rechten Winkel dazu wieder vom Rand her ein zweites Mal und arbeiten sich durch Wiederholungen ganz präzise an den gesuchten Punkt heran. Die Frage ist immer: »Wo befindet sich *von hier aus* ..., von diesem Punkt aus gesehen ...?«

Wenn die Karte ein Gitternetz gleich welcher Art haben sollte wie die meisten Stadtpläne, können Sie auch die Methode anwenden, dass Sie mit Ihrem Pendel ganz langsam am Rande der Karte zuerst z. B. die waagerechten und dann die senkrechten Gitterlinien entlangfahren, bis sich Ihr Pendel in Richtung der eben passierten Linie in Bewegung setzt. Oder Sie fragen mit dem Pendel etwa in der Mitte einen Gitterstreifen nach dem anderen ab. Sie können statt dessen auch ein Lineal ganz langsam von oben nach unten bewegen, dann quer über das Papier hinweg und schließlich in der Diagonalen, um den gesuchten Punkt kontrollhalber nochmals anzuschneiden. Die exakte Detailfixierung des gesuchten Punktes erfolgt dann sinngemäß wie vorhin beschrieben, wobei Ihnen ein auf die jeweils kritische Kartenstelle gehaltene Bleistift- oder Zirkelspitze eine gute Markierungshilfe zur ganz präzisen Lokalisierung abgibt.

Lesen Sie jetzt bitte von den eingangs dieses Buches gebrachten *Beispielen aus der Pendelpraxis die Fälle 1 und 2* nochmals aufmerksam durch. Im 1. Fall wurde die Heilpflanze durch Suchen oder – in der Fachsprache – Muten auf der Karte 1:25 000 gefunden, im 2. Fall die Stelle des Wassereinbruchs durch Abpendeln des Gebäudegrundrisses mühelos ermittelt. Beobachten Sie bitte, ich wiederhole diesen Gesichtspunkt bewusst, um seine Wichtigkeit zu unterstreichen: In jedem dieser beiden Fälle ging es um eine für alle Beteiligten ganz wichtige Sache. Sie waren also alle intensiv mit ihrem Gemüt beteiligt. Sicherlich gerade auch deshalb diese verblüffenden Pendelergebnisse! Durch welches Verfahren sie jeweils erzielt wurden, braucht nach Ihrer aufmerksamen Lektüre der letzten Abschnitte jetzt nicht mehr gesagt zu werden. Im Tafelteil dieses Buches finden Sie das prinzipielle Vorgehen im Schema ㊼ der absoluten Klarheit halber grafisch dargestellt. Später, wenn es um die Erfassung geopathischer Störungen geht, werden Sie wiederum auf diese grundsätzliche Methode stoßen.

Jetzt bleibt mir nur noch der auch hier fällige Hinweis, dass sich *dieses Verfahren auch über noch so große Entfernungen* mit Erfolg anwenden lässt. Dass Entfernungen für diese feinsten Energieschwingungen, um die es hier geht, keine Rolle spielen, habe ich schon wiederholt betont, als ich kurz das Pendeln über eine dritte, völlig unbekannte Person besprach, zu der über einen telefonisch Anrufenden von großer innerer Sammlungsfähigkeit die geistige Verbindung hergestellt wird (der dritte der einleitend gebrachten Fälle aus der Pendelpraxis). Und zur Erklärung der Tatsache, dass auch eine Karte oder Skizze ebenso wie eine Fotografie oder Zeichnung die Energieschwingungen der dargestellten Personen oder Gegenstände in sich tragen, die folgenden Ausführungen.

Pendeln über Handschriften, Fotos von Menschen und dergleichen: Die Ausstrahlung oder Aura eines Menschen überträgt sich auf alles, womit dieser in engere Berührung kommt, z. B. seine Kleider oder sein Tascheninhalt, und genauso auch auf seine Handschrift. Die Wesenheit des Menschen geht unverwechselbar in sie ein, weshalb eine Million Menschen eine Million verschiedene Handschriften haben. Ähnlich ist es mit Fotografien, die im Augenblick der Ablichtung den Wesensgehalt eines Menschen ebenso unverwechselbar an sich ziehen. Wenn im Islam und bei nicht wenigen Naturvölkern bildliche Darstellungen von Menschen allgemein und ganz besonders von Gott absolut verpönt sind, so deshalb, weil man das dort von früh auf intuitiv erkannte: Der bildlich Dargestellte gibt ein Stück seiner Wesenheit von sich weg und gibt es gewissermaßen anderen Menschen und deren Willkür preis. Fest steht, dass erfahrene Pendler anhand von Handschriften, Fotos, einem Tropfen Blut oder höchstpersönlichen Gegenständen einer bestimmten Person genauso erfolgreich arbeiten können wie mit der betreffenden Person direkt. Dem muss eine Gesetzmäßigkeit zugrunde liegen, die wie beschrieben gut verständlich ist.

Da alles – »lebender« Mensch wie »tote« Materie – schwingende, fließende Energie ist, treffen diese Ausführungen natürlich auch *für Gegenstände wie Bücher, Werbeanzeigen usw.* zu. Erinnern Sie sich bitte an das kurze Kapitel über den geistigen Wert (GW), und lesen Sie es nochmals nach!

Dazu noch der Hinweis: Aus dem gleichen Grund ist es ratsam, *solche Gegenstände, die als Grundlage zum Pendeln dienen,* nicht in enger räumlicher Nachbarschaft zu »kritischen« Gegenständen aufzubewahren, damit sie nicht durch deren spezifische Schwingungen beeinträchtigt und verfälscht werden können. Im Zweifelsfall lassen Sie sie vor der Verwendung 5–10 Tage von allem anderen getrennt, also ganz für sich liegen, oder hängen Sie sie an einer geeigneten Stelle an einer dünnen Schnur so lange entsprechend auf.

Nun noch ausnahmsweise eine beruhigende Warnung. Des Öfteren wies ich auf *die Notwendigkeit von Kontrollfragen* hin, die sich bei ganz wichtigen und gegebenenfalls folgenreichen Problemen von verschiedenen Seiten her vornehmen lassen. Nun neigen, wie ich aus Erfahrung weiß, sehr gewissenhafte Menschen in diesem Punkt verständlicherweise zur Übertreibung, die nirgendwo gut ist, denn wer wieder und wieder kontrolliert, was längst kontrolliert ist, kommt am Ende aus seiner Unsicherheit nicht mehr heraus. Von der sehr zu Recht immer wieder betonten inneren Sammlung des Pendlers auf das einzig Wesentliche kann dann natürlich keine Rede mehr sein. Also hüten Sie sich bitte auch hier vor dem falschen Übermaß!

Das Wesentliche erkennen

Sie haben sich nun recht ausführlich damit beschäftigt, gesuchte Gegenstände und Ähnliches mit Hilfe des Pendels auch tatsächlich finden zu können. Dabei haben Sie mehrere Techniken und spezielle Arten des Vorgehens kennengelernt, *die Ihnen über die allgemein verwendbaren Hilfen aus den vorangegangenen Buchteilen hinaus in sinngemäßer Anwendung vielfach helfen können.* Das besonders auch dann, wenn es darum geht, Wesentliches vom Unwesentlichen zu trennen. Wie oft ist das doch im täglichen Leben der Fall, besonders wenn man es mit Gebieten zu tun bekommt, in denen man ganz gewiss kein Fachmann ist und sich oft sogar überhaupt nicht auskennt. Das Wichtige vom Unwichtigen zu unterscheiden erweist sich da häufig als ganz unmöglich. Und nicht selten muss man dann viel Lehrgeld für falsches Verhalten, für unnötige Umwege, für verschwendete Zeit, für unnütz aufgewendete Anstrengungen und Arbeit bezahlen.

In diesen häufig anzutreffenden Lebenssituationen kann Ihnen das rechte Pendeln wiederum viele Bemühungen, Aufwendungen und oft genug Verdruss und Ärger ersparen. Die dabei zweckmäßigen Verfahren des Vorgehens kennen Sie im Grunde schon alle. Es geht am Anfang nur darum, dass Sie diese alle so in den Griff bekommen, dass Sie damit je nach der besonderen Lage und den besonderen Notwendigkeiten des Einzelfalls »spielen« können. Dass Sie also die vielfältigen Möglichkeiten, die in ihnen stecken, in den vielen Variationsmöglichkeiten vom Grundsätzlichen her an den Einzelfall anzupassen verstehen.

Verständlicherweise kann ich bei der Vielfalt dieser Situationen im praktischen Leben hier nur einige wenige Beispiele anführen, die Ihnen zur Anregung dienen mögen. Geradezu ein Musterbeispiel gibt für den geistig lebendigen Menschen *die Frage* ab, *welche Bücher* er bei der heutigen Bücherinflation lesen, erst recht bei Büchern von Bildungscharakter: welche er studieren oder sich gar erarbeiten soll. Das Nötige dazu habe ich bereits in dem Kapitel über den geistigen Wert ausgeführt. Das Gleiche gilt natürlich für *Veranstaltungen aller Art, für Lehrgänge, Kurse, Vorträge, für Besuche von Ausstellungen usw.* Ebenso können Sie aus der steigenden Fülle von *Fernsehsendungen* leicht diejenige herausfinden, die Ihnen das bietet, was Sie suchen. So wird es Ihnen erspart, Ihre wertvolle Zeit mit seichter Berieselung zu vergeuden, um hinterher einen schalen Geschmack auf der Zunge ertragen zu dürfen.

Stehen nur zwei oder auch drei Möglichkeiten zur Debatte, gibt Ihnen das A-B-Schema ③ rasch die Auskunft, welche für Sie die beste oder ersprießlichste, auch die am wenigsten günstige ist. *Bei noch mehr Möglichkeiten* ordnen Sie diese nach Art unserer Tabellen an und fragen dann den Pendel in der Ihnen bekannten Weise. In nicht wenigen Fällen ist es klug, dann noch eine »sonstige Möglichkeit« aufzunehmen, von der Sie zu diesem Zeitpunkt zwar noch nichts wissen, die Sie aber dann doch noch herausfinden mögen, wenn Sie der Pendel darauf hinweist. So können Sie z. B. auch spielend erklären, welche der gegebenen Möglichkeiten Sie – in Anbetracht aller dafür wichtigen Umstände! – am besten auswählen. Ich habe noch von keinem gehört, dass er später mit der Wahl unzufrieden gewesen wäre.

In vielen wissenschaftlichen, Fach- oder Wissensbüchern ist oft viel enthalten, was Sie schon wissen und beherrschen, neben Stoff, den Sie noch nicht kennen und an dessen Erarbeitung Ihnen liegt. Aber: *Wie finden Sie ihn aus dem Lehrstoff- oder Wissenswust heraus?* Sie können in dieser Lage Kapitel für Kapitel nach dem geistigen Wert für Sie abfragen. Sie können den Pendel auch in gebührendem Abstand seitlich des Inhaltsverzeichnisses in völliger Ruhe »in Stellung bringen« und ihn fragen, welche Kapitel oder Unterkapitel zu lesen oder durchzuarbeiten für Sie lohnend ist. Dabei folgen Sie den Richtungsbewegungen des Pendels mit Ihrer den Pendel führenden Hand ganz einfach so nach, dass Sie seine Position ständig verbessern können. Sie brauchen dazu keine Linie zu ziehen, denn der Pendel wird von den Schwingungen, die von den einzelnen hier stehenden Begriffen ausgehen, durch die Steuerung Ihres gesammelten Geistes von allein auch ohne diese äußere Hilfe richtig geführt. Erstreckt sich das Inhaltsverzeichnis über mehrere Seiten, dann schreiben Sie die Seitenangabe oder Ihre eigene Nummerierung auf eine rasch geschriebene Übersicht, und fragen Sie dann, auf welcher Seite das für Sie Wichtigste zu finden ist. Probieren Sie es: Sie werden staunen, was es Ihnen an sonst nötiger Bemühung ersparen kann!

Im Prinzip ganz ähnlich gehen Sie vor, *wenn Sie umfangreiche Unterlagen von vielen Seiten zu sichten haben:* Nach Durchnummerierung der Seiten – sofern sie noch nötig ist – fragen Sie, auf welcher Seite die für Sie und für den gegebenen Zweck wichtigen Angaben, Daten, Ausführungen zu finden sind. Oder fragen Sie das vielleicht kapitelweise angegebene Inhaltsverzeichnis der Akte ab, wie soeben beschrieben.

Natürlich können Sie alles das *nicht nur für sich selbst,* sondern auch für Ihre Kinder, für Ihren Lebenspartner, für einen wirklich guten und in dieser Hinsicht hilflosen Freund usw. tun. – Fazit: Jeder gute Pendler, der an sich arbeitet, kann sich und anderen auf diese Weise das Leben bereichern und es vielfältig fruchtbarer machen.

Schließlich möchte ich noch auf das Wichtigste hinweisen, was unser Leben ganz wesentlich prägt und bestimmt: *Berufswahl und Lebensaufgabe.* Der Idealfall lässt beides zusammenfallen. Bei der Organisation unserer heutigen Welt ist das natürlich nicht immer möglich. Vor allem bei vielseitiger Begabung stellt diese Frage oft ein großes Problem dar. Auch und gerade hier kann das im richtigen Geist eingesetzte Pendeln von bedeutender Hilfe sein, sowohl für die Ermittlung der hauptsächlichen sozusagen offiziellen Berufstätigkeit als auch für Nebentätigkeiten, die im Laufe des Lebens natürlich wechseln mögen. Sie brauchen sich nur *alle irgendwie in Betracht kommenden Möglichkeiten* in der Ihnen jetzt längst bekannten Weise aufzuschreiben und dann in einer besonders ruhigen Stunde abzufragen. Vergessen Sie dabei bitte auf keinen Fall den inneren Menschen, das heißt die Herzensbeteiligung an dem, was man tut. Von ihr hängen Zufriedenheit und Erfüllung des Lebenssinns ja entscheidend ab. Je mehr Sie Ihre Tätigkeiten zum Wohl anderer Menschen steuern, umso höher ist diese Aufgabe in ihrem diesbezüglichen Wert einzuschätzen. Und umso mehr kann und wird es dazu beitragen, dass Sie sich in äußerlich vielleicht bescheidenem, unauffälligem Rahmen in höhere Sphären des Menschentums hineinentwickeln und darin Ihr Lebensglück finden. Im Übrigen werde ich auf das Problem der Berufswahl noch ganz konkret zurückkommen.

Entwicklungsprozesse durchschauen

Ein besonderes Kapitel gerade in diesem Zusammenhang gibt das Problem ab, wie sich Fortschritte aller Art bei welchen Bemühungen auch immer erkennen lassen. Welcher auch nur einigermaßen systematisch Arbeitende hat es nicht schon erlebt, dass er sich einige Zeit nach Beginn einer Anstrengung, bei der es viel zu lernen gilt, fragt, *welchen Fortschritt er inzwischen gemacht* hat, ob er wohl überhaupt einen aufzuweisen hat oder ob er gar in seiner neu erworbenen Kenntnis oder Fähigkeit nicht schon wieder zurückgefallen ist. Diese Schwierigkeit taucht überall auf, wo sich langsam, aber stetig etwas verändert. Sie ist deshalb psychologisch so gefährlich, weil sie bei echtem oder vermeintlichem Ausbleiben von »Erfolg« zum Verzagen, zum Verlieren der Antriebskraft und zum unnötigen Aufgeben führen kann. Es geht also in diesem Fall immer darum, Klarheit zu gewinnen in einem mehr oder minder undurchsichtigen Entwicklungsprozess.

Ein einfaches Musterbeispiel stellt das Erlernen einer Fremdsprache dar. Wie bei allen Anstrengungen auf dem Weg zu einem besonderen geistigen Ziel taucht da ständig die Frage nach dem schon erreichten Fortschritt auf. Wer in einer solchen Lage ist, braucht sich nur der 100 %-Skala ⓪ zu erinnern, z. B.: »Wenn zu Beginn meines Englischlernens vor 8 Wochen, anfangs April, meine Englischkenntnisse gleich Null waren und wenn die für mich erreichbare Beherrschung der englischen Sprache gleich 100 % ist: Wie viel Prozent der Kenntnis des Englischen habe ich zum jetzigen Zeitpunkt erreicht, bezogen auf diesen Maßstab?« *Eine andere, nicht unwichtige Frage* hier allgemein formuliert: »Wenn die absolute Beherrschung dieser Problematik, dieses Wissenszweiges, dieser Sache gleich 100 % ist, wie hoch ist der Prozentsatz, den ich persönlich bei meinen Fähigkeiten und bei meiner besten Bemühung maximal erreichen kann, bezogen auf diese 100 %?«

In der gleichen Weise können Sie alles erfragen, was geeignet ist, *einen unübersichtlichen Entwicklungsverlauf durchsichtig zu machen.* Nur zur Anregung hier *einige praktische Beispiele:*

- *Der schon erreichte Fortschritt* in jeglichem Studium und allen Ausbildungsbemühungen.
- *Die innere, seelisch-geistige Entwicklung* eines Kindes oder irgendeines Menschen, der einem wichtig ist, im Sinne der naturgegebenen Entwicklungsgesetzlichkeit.
- *Die innere Beziehung zu* einem Freund, zum Ehepartner, zu einem Kind hinsichtlich Ungestörtheit oder Reibungen.
- *Der Verlauf einer beruflichen oder geschäftlichen Beziehung* zu Personen, die für die eigene Zukunft oder die eines nahestehenden Menschen wichtig sind.
- *Eine bedeutungsvolle Frage für den glücklichen Verlauf einer engen Zweierbeziehung,* etwa einer Ehe oder sonstigen engen Partnerschaft: Fängt der eine Teil (meist der aktivere) vielleicht an, unbemerkt den anderen (meist der gutmütigere und nachgiebigere) zu beherrschen, sodass sich das über weitere Jahre hinweg Schritt für Schritt zur moralischen Knechtschaft des Betroffenen mit allen ihren üblen Folgen weiterentwickeln kann? Dann stelle man diese Frage aber für jeden der beiden, denn nicht selten führt die sich einstellende Aufgaben- und Arbeitsteilung zu einer eigenartigen wechselseitigen Beherrschung oder gar Knechtung, die wegen der ständigen Verletzung der Würde des anderen zur völligen Zersetzung der inneren Beziehungen zueinander führen kann.
- *Dasselbe trifft oft zu für ein Eltern-Kind-Verhältnis,* vor allem beim Heranwachsen der Kinder und bei Hilfsbedürftigkeit von alt gewordenen Elternteilen.
- *Bei tiefergehenden Störungen der Persönlichkeit* durch ein früheres traumatisches Erlebnis, einen Schock und dergleichen steht im-

mer die Frage im Raum, wie weit dieses im Unbewussten tatsächlich schon echt verarbeitet ist. Denn nur dann kann sich die innere Freiheit des betreffenden Menschen wieder einstellen. Von dem Grad der erreichten Verarbeitung hängt schließlich die Art der weiteren Arbeit an der Persönlichkeit in hohem Maße ab.

In allen diesen und in vielen, vielen anderen prinzipiell ähnlich gelagerten Fällen gibt uns der Pendel die Antwort und mit ihm die gesuchte Klarheit. Sie lässt uns dann das weitere Vorgehen viel fruchtbarer gestalten.

Die richtige Entscheidung treffen: Berufswahl ㊽, Lebensaufgaben ㊾

In allen diesen Kapiteln geht es im Grunde immer darum, Klarheit zu gewinnen in geistigen Zusammenhängen der verschiedensten Art, die ihrer Natur nach vielschichtig und unübersichtlich sind. So auch in diesem Kapitel, in dem der Gesichtspunkt der richtigen Entscheidungsfindung im Vordergrund steht. Über die Schwierigkeit, hier und jetzt, wo sie notwendig ist, die richtige Entscheidung zu treffen, brauche ich gewiss keine Worte zu verlieren. Ebensowenig über die seelische Belastung, die sich unweigerlich wegen aller mit der Entscheidung verbundenen Risiken einstellt. Die dafür zuständigen Psychologen und Ärzte haben ihren hohen Stresscharakter in vielen Untersuchungen aufgewiesen.

Das pendlerische Vorgehen bei einer solchen wichtigen Entscheidung im Berufsleben oder auch im persönlichen Bereich muss, um alle wesentlichen Gesichtspunkte zu erfassen, *grundsätzlich vom Allgemeinen zum Besonderen hin* erfolgen. Das habe ich schon mehrfach betont und sinngemäß an einigen Beispielen dargestellt. Daher kann ich mich hier auf einige Hinweise beschränken.

Nehmen wir die Berufswahl, auf die ich vor wenigen Seiten schon zu sprechen kam. Jeder Mensch muss sie mindestens einmal, nicht wenige Menschen müssen sie gerade in der heutigen Zeit sogar mehrfach im Leben vornehmen. Dabei gilt es, systematisch alle nur denkbaren Möglichkeiten, auch die zunächst fast abwegig scheinenden, zusammenzutragen, um sie dann im Schema der üblichen Pendeltabellen anzuordnen mit dem Zusatz »Sonstige Möglichkeiten« und sie unter Hinzufügung des so wichtigen Gedankens »in Anbetracht aller Umstände« abzufragen. Bei einer so wichtigen Sache selbstverständlich nur, wenn man sich in voller innerer Ausgeglichenheit und Ruhe weiß, am besten, wenn es einen dazu drängt, wenn man dazu »Lust« bekommt. Denn das ist immer das Zeichen, dass sich alle Kräfte und Fähigkeiten in uns dazu vorformiert haben, dass die vielfältigen Schwingungsprozesse sich gleichsam in uns schon eingeschwungen haben, seien sie unserem bewussten Denken erkennbar oder nicht. Selbstverständlich hat man sich in unserer Zeit, wo sich ständig neue Berufsmöglichkeiten auftun, zuvor an einer dafür zuständigen Stelle gründlich orientiert (moderne Veröffentlichungen, Arbeitsamt, Ausbildungsstätten aller Niveaus). Ebenso selbstverständlich soll sich die Berufstätigkeit in Einklang befinden mit der inneren Wesensart und Entwicklung (siehe die Schemata ⑤ und ⑥), soll sie nicht später zu tiefer Unzufriedenheit führen und damit von vornherein verfehlt sein.

In bescheidenerem Rahmen gibt Ihnen *ein gutes Beispiel das Auffinden des bestgeeigneten Ausbildungsfachs:* der 4. Fall aus der Reihe »Einige Fälle aus der Pendelpraxis« am Ende der Einführung zu diesem Buch. Das Vorgehen mit dem Pendel ist hier denkbar einfach.

Nur zur Anregung einige der vielen Fälle, wo der Pendel bei verantwortungsbewusstem Einsatz wichtige Entscheidungen im Berufsleben, hier von Herstellern, mindestens wesentlich mitbestimmt hat:

- *Ein so genannter kleiner Hersteller von individuellen Brillenfassungen,* der sich gegen die großen weltbekannten Namen nur durch seine aus dem üblichen Rahmen fallenden Kreationen durchsetzen kann, lässt sich vom Pendel sagen, welche wenigen seiner vielen Entwürfe in Anbetracht aller Umstände den besten Erfolg versprechen. Sein Leitgedanke dabei: Welcher Entwurf macht den Brillenträgern später am meisten Freude?
- *Eine sehr kritische Herstellerin von Lederwaren* macht auf ihrem Gebiet das Gleiche. Ihr Leitgedanke: Welche Ledertasche gibt beim gehobenen Formgeschmack von heute und morgen in qualitativ nur erstklassiger Ausführung dem Kunden auch bei starker Benutzung mehr Gebrauchswert und zugleich ein kleines Stückchen mehr persönliche Sicherheit?
- *Ein Spielzeughersteller* geht in der grundsätzlich gleichen Situation ganz von der Frage aus: Welche der Möglichkeiten gibt den Kindern den stärksten Anstoß für ihre weitere Entwicklung in körperlicher, seelischer und geistiger Hinsicht bei durchaus erträglicher finanzieller Belastung der Eltern?

Haben Sie beobachtet, wie diese drei Produzenten jeder auf seinem Gebiet in gleicher Weise als *Richtschnur für ihre Entscheidungen vorwiegend nicht an den eigenen Gewinn, sondern an das Wohl ihrer Kunden denken?* Wie sie bewusst oder unbewusst von der einzig richtigen Erkenntnis geleitet sind, dass man nur durch bestes Dienen auch zu gutem Verdienen kommen kann? Dass man sich also mehr als von allem anderen von den Bedürfnissen und Wünschen, von den Sorgen und Problemen des oder der anderen Menschen führen lassen soll in seinem Denken und Tun und nicht von den eigenen? Erinnern Sie sich bitte an die Ausführung im ersten Teil dieses Buches, dass Sie damit eine der wichtigsten Grundforderungen für die eigene höchstpersönliche Weiterentwicklung und damit auch für eine gesteigerte Pendelfähigkeit erfüllen! So dienen Sie am besten dem Ideal, das uns die schöpferische Urkraft des Universums auferlegt, für die es viele Namen gibt, und so ziehen Sie die guten, heilsamen und helfenden Kräfte auf sich. Und in der Tat sind diese drei von mir aufgeführten Hersteller, die immer auf dem Boden ihrer Möglichkeiten bleiben und keinen überspannten Ideen folgen, alle sehr erfolgreich, obgleich sie alle im täglichen schärfsten Wettbewerb stehen. Ihrer rechten Gesinnung wegen steht ihnen die Weisheit der Pendelkundgebung zur Seite, die unserem bloßen Verstand verborgen bleibt.

Die Pendeltafel ㊽ bringt nun eine – in der heutigen Zeit gewiss unvollständige – *Übersicht über gängige Berufsmöglichkeiten,* die manchen Lesern eine Hilfestellung für sich selbst oder für andere Menschen geben mag. Die pendlerische Verwertung dürfte problemlos sein. – Beachten Sie auch die Hinweise zum Beruf im Buchteil »Lebenserfüllung« unter dem Stichwort Lebensbewältigung!

Zur folgenden Übersicht ㊾: Wer sich in den Vollzug der Zeiten und seine persönliche Entwicklung darin eingebunden weiß, der mag mit ihrer Hilfe die Lebensaufgabe finden, die ihm im geistig-spirituellen Sinn zu seinem Besten jetzt zugedacht sein könnte. Die mehr äußerliche Berufstätigkeit kann dabei sehr wohl wechseln, aber diese tiefer liegende Lebensaufgabe trägt durch die ganze Lebenszeit hindurch. Wer die Augen hat, es zu sehen, kann das des Öfteren an den Lebenswegen anderer beobachten. Oft ist es das – heute so unmoderne – »Dienen« am Menschen ganz nach den persönlichen Fähigkeiten. (Dass dabei gelegentlich auch unsere Schwächen sichtbar werden, ist Teil unseres Menschseins.) Ob diese Lebensaufgabe nun bewusst erkannt oder aus der unbewusst fortlebenden Seele heraus gesteuert wird: Macht es einen Unterschied? – Die Anregung zu dieser Tabelle verdanke ich dem früher schon erwähnten Rudolf Mlaker.[60] Zur Arbeit mit dem Pendel selbst braucht hier wohl nichts mehr gesagt zu werden.

Praktische Hilfen erfahren

Nun von diesen mehr geistig-intellektuellen Zusammenhängen zu *den ganz einfachen praktischen Alltagsproblemen. Ein Beispiel:* Lesen Sie bitte gleich nochmals den 5. der »Fälle aus der Pendelpraxis« am Ende der Einführung. Wie man so sagt, hing das Herz des Eigentümers an dieser schönen alten Uhr, weshalb er mit großer innerer Anteilnahme sie wieder zum ordentlichen Laufen bringen wollte. *Wie wurde das Ergebnis erzielt?* Durch eine einfache Handskizze, bestehend aus einem Rechteck, das nur grob der rechteckigen Gehäuseform der Uhr entsprach. Dazu die intensive Vorstellung, wie unter jeder der vier Ecken das kleine Holzkeilchen untergeschoben ist, das dann die exakte Höhenlage der Ecke und damit die Ausrichtung des ganzen Gehäuses bestimmt. Jetzt stellt sich der Pendler auf eine Ecke nach der anderen ein und fragt:

1. zunächst das A-B-Schema ③: »Damit die antike Uhr dadurch wieder zum ungestörten Laufen kommt, dass die vier Ecken ganz korrekt ausgerichtet werden, bitte ich um Auskunft: Ist die linke vordere Ecke im jetzigen Zustand zu hoch: gleich A, oder ist sie zu niedrig: gleich B?« – Antwort des Pendels: zu niedrig (B).
2. Fortsetzung: »Kontrollfrage: Dann muss die linke vordere Ecke also etwas angehoben werden dadurch, dass das Holzkeilchen etwas weiter hineingeschoben wird. Ist das richtig?« – Der Pendel gibt sein Zeichen für Ja.
3. Nächste Frage auf der Tafel ③ mit den Zahlen 1–10 (oder sicherheitshalber gleich auf der Tafel ⑥ mit ihren Zahlen 1–35): »Wenn die auf dieser Tabelle stehenden Zahlen jeweils ein Zehntel mm bedeuten, wieviel Zehntel mm soll ich die linke vordere Ecke der Uhr mit Hilfe des Unterlagekeilchens anheben? Das bitte ich so exakt wie nur möglich anzuzeigen.« – Antwort des Pendels: die Zahl 3, also drei Zehntel mm anheben. – Nach dieser Art wurde Ecke für Ecke überprüft und korrigiert mit dem beschriebenen, für unseren Verstand kaum glaublichen Ergebnis des sofortigen sauberen Laufens der Uhr über Monate hinweg.

Wie früher schon ausgeführt, sehen Sie auch an diesem Beispiel, dass *die vorgegebenen Tafeln dieses Buches immer sinngemäß zusammen mit den frei formulierten Fragen,* meist im Ja- oder Nein-Stil, zu kombinieren sind, je nachdem, wie es sich aus dem verfolgten Zweck ergibt. In dieser oder ähnlicher Weise können Sie zum Beispiel erfragen:

- *die zweckmäßigste Möbelverteilung* in einem dafür ungünstig geschnittenen Zimmer, wozu Sie nur einen maßstäblichen Grundriss des Zimmers brauchen. Sie bitten den Pendel beim Abfragen der einzelnen unterzubringenden Möbel, an die jeweilige Stelle hinzuschwingen, wo dieses Möbelstück in Anbetracht aller Umstände am besten zu platzieren ist.
- *Aufteilung der Zimmer in einer Wohnung,* z. B. Anordnung des Schlafzimmers nach vorne auf eine wenig befahrene Straße, nach hinten in einen sonnenbeschienenen Garten oder seitlich.
- *die Bestellung der einzelnen Beete eines Gartens,* z. B. nach der Katastrophe von Tschernobyl: Welches Beet hat am wenigsten Radioaktivität abbekommen? Welches Saatgut oder welche Saatpflänzchen aus allen in Betracht kommenden soll auf welches Beet ausgesät bzw. verpflanzt werden, um für Wachstum und Gesundheit der Pflanzen bei der späteren Ernte die optimale Lösung zu erreichen? Dazu braucht man nur eine grobmaßstäbliche Skizze des Gartens mit den einzelnen Beeten. Und wenn es noch so viele sein sollten mit noch so vielen auszusetzenden Pflanzen, am Schluss werden Sie feststellen, dass der Pendel seine Rechnung mit computerhafter Exaktheit aufgehen lässt.
- *Um beim Garten zu bleiben:* Welcher Boden, welche Stelle, welches Beet ist für eine bestimmte Aussaat oder Verpflanzung von Blumen, Büschen, Bäumen usw. gut bzw. optimal unter Berücksichtigung aller dafür bedeutungsvollen Umstände?
- *Sie haben sich bei einer längeren Wanderung im Wald oder in einer Ihnen fremden Gegend verlaufen:* Bitten Sie den Pendel, er möge Ihnen die Richtung zum nächsterreichbaren Weg weisen, der zu einer Ihnen bekannten Stelle, einem Haus, einem bestimmten Dorf oder Ihrer Unterkunft führt. Dann empfehlen sich nur einige sinngemäß eingelegte Korrekturfragen während Ihres weiteren Weges in der angewiesenen Richtung.

- *Sie wissen nicht, ob das aus einer entfernten Quelle kommende Wasser hygienisch einwandfrei ist.* Dann fragen Sie auf der 100 %-Skala ②: »Wenn 100 % die untere Grenze des gefahrlos zu genießenden, hygienisch sauberen Wassers ist, bei welchem Prozentsatz liegt der hygienische Zustand dieses Wassers?« Sie halten den Pendel einige Sekunden darüber und stellen sich ganz auf dieses vor Ihnen befindliche Wasser ein. Vermutlich führen Sie die 100 %-Skala nicht mit sich. Dann stellen Sie sich diese bildlich vor: ganz links vom Ansatzpunkt Ihres Pendels die 0, ganz rechts die 100 und in der Mitte vor Ihnen die 50. Und Sie bitten den Pendel, seine Antwort dieser gewohnten Skala gemäß zu geben. – Natürlich können Sie in einem solchen Fall ganz einfach auch nur eine Ja- oder Nein-Frage stellen!
- *die Genießbarkeit eines gekochten Eis oder sonstigen Nahrungsmittels,* das Sie zum Picknick mitgenommen haben, wenn es Ihnen jetzt zweifelhaft erscheint.
- *die Ihnen unbekannte Höhe eines Mastes, eines Berges, eines Hauses,* deren Kenntnis Ihnen aus irgendeinem Grund besonders wichtig ist.
- *bei technischen Reparaturarbeiten,* z. B. an einem Kraftfahrzeug sicherheitshalber auszutauschende Teile, den Zustand einer Batterie, nur oberflächlich geleistete Arbeit, die einen Unfall herbeiführen könnte, und dergleichen.
- *auch die Echtheit eines Kunstwerks, eines Schmuckstücks, eines (Edel-) Steins, einer Handschrift, eines Dokuments,* wozu Sie sich nur einige Minuten in den besonderen »Geist« seines Schöpfers oder Urhebers oder in den »Geist«, d. h. in den speziellen Schwingungscharakter des echten Stücks sammeln oder versenken und dann die direkte Frage danach stellen.

Diese Beispiele ließen sich endlos vermehren. Sie haben übrigens auch schon in dem Kapitel »Entspannung und Lebensumgebung« solche Beispiele aus diesem Zusammenhang, auch zur Kleidung, vorgefunden. Fangen Sie bei den ersten Gelegenheiten, die sich Ihnen bieten, sofort in diesem Sinn mit Ihrem Pendel zu arbeiten an: Um so rascher werden Sie Übung und Erfahrung bekommen, es werden sich Hinweise zur Korrektur einstellen, und Sie werden bei allem in Ihrer Pendelfähigkeit wachsen!

Das Alphabet nutzen ㊿

Manche Pendler machen gute Erfahrungen mit der Methode, *das im Pendelkreis angeordnete Alphabet,* also die Buchstaben von A-Z ganz einfach abzufragen, wenn sie einen bestimmten Begriff suchen oder eine bestimmte, ihnen noch unbekannte Antwort erbitten. Das Schema ㊿ gibt Ihnen diese Tafel. Dabei wird so vorgegangen wie immer: In ausgeprägter innerer Sammlung auf die gestellte Frage mit dem in ihr enthaltenen Problem und bei Berücksichtigung von allem, was Sie darüber schon wissen, wird der Pendel über den Mittelpunkt des Kreises gehalten. Dann, wenn die Antwort einsetzt, gilt es, sein zumeist rasch wechselndes Schwingen von einem Buchstaben zum anderen sorgfältig zu verfolgen und zu registrieren. Die Antwort erfolgt also in Gestalt des Buchstabierens. Zum Beispiel die Frage, wenn Sie in echter Sorge um sie sind: »Wo hält sich meine Tochter zur Zeit auf?« Antwort des buchstabierenden Pendels: »B-R-I-G-I-T-T-E«, also bei Brigitte, ihrer Freundin.

Dieses Verfahren gelingt jedoch nicht jedem Pendler. Es braucht wohl eine längere Anlaufzeit des Sicheinstellens und funktioniert auch nur dann, wenn der Pendler – was ja immer der Fall sein muss – sozusagen restlos in seiner Frage gesammelt ist und wenn das fragliche Problem ein wirklich ernsthaftes Anliegen darstellt, das seine besondere Wichtigkeit oder Bedeutung für den Fragesteller hat. Vielleicht ist es richtig zu sagen, dass es eine ganz besondere Gemütsbeteiligung voraussetzt. Seien Sie nicht beunruhigt oder verzagt, wenn der Pendel bei Ihnen nichts tun sollte oder wenn er möglicherweise zwar fleißig Buchstaben anzeigt, jedoch ohne jeden Zusammenhang und Sinn, wenn er also gleichsam seinen Schabernack mit Ihnen treiben sollte. Es kann auch gut sein, dass uns die dafür zuständigen Kräfte die Antwort nicht gleichsam nachwerfen wollen. Denn wir müssen uns am Ende alles erarbeiten.

Ich muss noch anfügen, dass ich bei einigen Pendlern, die dieses Verfahren als für sie besonders leicht und ganz selbstverständlich funktionierend beschrieben, *den Eindruck* nicht loswurde, dass *sie ihren Pendel* – sicherlich unbewusst – *im Sinne ihrer eigenen Voreingenommenheit selbst in seinen Bewegungen steuern.* Wenn es tatsächlich so wäre, was hätte das Ganze dann für einen Sinn? Gerade dieser Punkt veranlasst mich also wieder einmal, Sie alle aufzurufen, bei Ihrem im Allgemeinen vielleicht noch so erfolgreichen Pendeln einen gesunden Abstand zu sich selbst und damit eine heilsame Selbstkritik niemals außer Acht zu lassen.

Keiner von uns ist vollkommen. Und wenn wir aufhören, unserer Arbeit selbstkritisch gegenüberzustehen, dann ist das der sichere Anfang vom Ende einer jeden positiven Weiterentwicklung.

Alter und Alterungsprozess

Die Möglichkeiten seiner Steuerung

»Man ist so alt, wie man sich fühlt.«
Konrad Adenauer (1876–1967)

Im alten Rom galt ein Vierzigjähriger schon als Greis. Caesar war mit 23 Jahren schon Feldherr. Heute: »Das Leben fängt mit 40 an.« In Schwaben kursiert der Nebenvers: »Der Schwabe wird mit 40 g'scheit, die andern net in Ewigkeit.« In der westlichen Welt (nicht in der östlichen) wird die Jugend verherrlicht mit der Kehrseite der Diffamierung des Alters. In unserer Leistungsgesellschaft heißt das Altwerden – oft fälschlicherweise – minderwertiger werden. Also hat der durchschnittliche Mensch bei uns bewusst oder unbewusst Angst vor dem Altwerden und will es nach Kräften verzögern.

Das psychologische Alter (51)

Das Altern ist ein lebenslanger Prozess, bei dem alle für das Leben wesentlichen Faktoren zusammenspielen. Er ist unaufhaltsam. Die Frage ist nur die Geschwindigkeit seines Fortschreitens. Daher ist zwischen dem kalendermäßigen, dem biologischen und dem psychologischen Alter zu unterscheiden. Die beiden letzteren decken sich oft bis ins hohe Alter hinauf, sie können aber auch mehr oder weniger variieren.

Die Übersicht »Das psychologische Alter« 51 weist wohl alle wesentlichen Faktoren auf, die es bestimmt und an denen es erkenntlich wird.
Ich habe sie in den Jahrzehnten meiner psychologischen Ausbildungsarbeit unter Ausnutzung aller medizinischen und psychologischen Untersuchungen aus allen möglichen Ländern so zusammengestellt. Dazu nur wenige erklärende Stichworte, wo sie mir nötig erscheinen:

- Zu Ziffer 1: Lebensfreude, Optimismus, Beschwingtheit, »Hoffnungsgläubigkeit« gegenüber eher Unbehagen, Pessimismus, Gedrücktheit, »Furchtgläubigkeit«.
- Zu Ziffer 2: Wer schon mit 45 des Öfteren erklärt: »Ich in meinem Alter ...!«
- Zu Ziffer 3: Denken Sie an die bevorzugte Aufmachung der Kleidung, des Heims, an die Lebensgewohnheiten, Freizeit- und Urlaubsgestaltung im Hinblick auf die der jeweiligen Altersstufe gemäße Art.
- Zu Ziffer 5 und 6: Je größer und stärker, desto »jünger«!
- Zu Ziffer 7 und 8: Stichwort die sprichwörtliche Altersfixierung und Alterserstarrung. Shakespeare: »Denn, wie ihr wisst, war Sicherheit des Menschen Erbfeind jederzeit.«
- Zu Ziffer 10: Hier zeigt sich oft besonders gut der noch im Herzen junge oder der schon fest »etablierte« Mensch. Sein Verhältnis zu Anerkennung und Autorität.

Zur Befragung des Pendels:

- Auf dem A-B-Schema 3: »Bin ich (Ist X) bezogen auf mein (sein, ihr) tatsächliches Kalenderalter als jünger = A oder als älter = B einzuordnen?«
- Auf der 100 %-Skala 2: »Mein Kalenderalter ist ... Jahre. Ich bitte die Frage zu beantworten: Wie hoch ist in Anbetracht aller dafür wesentlichen Momente mein biologisches Alter ein-

zuschätzen, einzuordnen?« Dann desgleichen: »... mein psychologisches Alter ...?«

Sie können den Pendel befragen, bei welchem der zehn aufgeführten Faktoren es bei Ihnen, bei X, bezogen auf das gegebene Kalenderalter, besonders hapert: welche also nur unterdurchschnittlich und umgekehrt, welche überdurchschnittlich gut entwickelt sind. Wenn wie hier zehn Faktoren vorliegen, empfiehlt es sich, in der Reihenfolge ihrer Gewichtung jeweils drei der mangelhaften und drei der durchaus positiv entwickelten abzufragen. Das gibt so gut wie immer ein klares Bild mit ganz direkten Hinweisen.

Können Medikamente, Stärkungspräparate, Junghaltemittel irgendwelcher Art helfen? Auf den Gerontologenkongressen wird von den echten Fachleuten immer wieder festgestellt, dass der Alterungsprozess durch Medikamente nicht verhindert oder vermindert werden kann.
Das trifft auch auf Hormonbehandlung und Procain mit seinen Spaltprodukten zu. Eher treten nachweislich schädliche Nebenwirkungen auf. So genannte Erfolge sind zumeist psychologischer Natur, zum Beispiel bei Milieuwechsel auf psychosoziale Einflüsse zurückzuführen.

In unserem Unbewussten liegen gewaltige Reserven an Lebensenergie für die Gesunderhaltung unseres Körpers verborgen und für den bereit, der sie für die Aufrechterhaltung und Stärkung seines Organismus zu aktivieren versteht. Sie sind von unschätzbarem Wert, weil sie uns den Mut und die Kraft zum Anpacken und Überwinden der größten Schwierigkeiten geben können. Sie tragen den, der sie bewusst oder unbewusst zu mobilisieren weiß, in der Tat vorwärts. Sie tragen das in sich, was die Gerontologen die Selbstmedikation nennen, also die Eigenhilfe des alternden Menschen, seine Verantwortung für sich selbst, für das, was in ihm ruht. Ich komme sogleich darauf zurück. Schon im Kapitel über die Lebenseinstellung habe ich gerade im Hinblick auf den Alterungsprozess darauf hingewiesen.

Ein Wort von Marie von Ebner-Eschenbach: »*Man bleibt jung,* solange man noch lernen, neue Gewohnheiten annehmen und Widerspruch vertragen kann.«

Die wesentlichen Faktoren des Alterungsprozesses (52)

Nun zum Alterungsprozess: Die Übersicht »Die wesentlichen Faktoren des Alterungsprozesses« (52) ist in den meisten der sechs Punkte eigentlich nur eine Zusammenfassung dessen, was in dem Buchteil zur Gesunderhaltung schon aufgeführt wurde. Deshalb verweise ich in der Tabelle auch auf die jeweils zuständigen Kapitel. Ich tue das umso lieber, als der mit der Tabelle Arbeitende dann eher angehalten ist, gelegentlich wieder in den Text hineinzuschauen. Dann wird er den ganzen bedeutungsschweren Inhalt des rasch so obenhin gelesenen Schlagworts entschieden besser vor seinem geistigen Auge haben. Hier nur die notwendigen Ergänzungen:

- *Zu Ziffer 4. Kein Konfliktstress (Disstress):* Diese negative Stressform sollte man gut unterscheiden vom durchaus positiven Leistungsstress (Eustress). Eine gesunde Dosis davon braucht jeder. In jedem Fall geht es darum, das für den Konfliktstress so typische Gehetztsein abzubauen. Im Übrigen habe ich an anderer Stelle den Teufelskreis des Stresses anhand eines einfachen Schemas aufgezeigt und wie wir diesen verderblichen Teufelskreis aufbrechen können.[61] Darauf möchte ich gerade in diesem Zusammenhang aufmerksam machen.
- *Zu Ziffer 5. Positives Verhältnis zur Umwelt:* Vor allem im mitmenschlichen Bereich ist dies sehr wichtig, damit sich keine Erscheinungen der Senilität einstellen. Das Gefühl und die Überzeugung, ein noch immer wertvolles Mitglied der Gemeinschaft zu sein, gebraucht zu werden, nützliche Arbeit zu leisten und anerkannt zu werden. Typisch ist die ihre Enkel versorgende Oma, ohne die »es gar nicht ginge«, wie man so sagt: Sie wird bei guter Gesundheit alt und älter. Sie hat eben eine Aufgabe. Siehe auch den nächsten Punkt, Ziffer 6! – Wie

oft lässt sich *das gegenteilige tragische Bild* beobachten: Der alte Mensch wird als Last empfunden, beiseitegeschoben, und so reagiert er mit ständiger Enttäuschung, Hoffnungslosigkeit, Rückzug auf sich selbst, Vernachlässigung seiner Person und steigende Egozentrik. Den Adenauer-Satz »Man ist so alt, wie man sich fühlt« kann man treffend ausfüllen: »Man ist so alt, wie man sich aufgrund der Einstellung seiner menschlichen Umgebung zu einem selbst fühlt.«

- *Zu Ziffer 6. Geistige Aktivität:* Immer mehr erkennt man ihre große Bedeutung für das »Jungbleiben«. »Meine Arbeit hält mich jung« sagen viele geistig bis ins hohe Alter schöpferisch arbeitende und dabei gesund bleibende Menschen. »Gehirntraining ist das beste Mittel gegen vorzeitiges Altern« ist bei jedem Gerontologenkongress zu hören. Geistige und körperliche Fitness gehen Hand in Hand, wie Untersuchungen auf breiter Grundlage bestätigen.

Nun kommt das große Aber: *Der Mensch muss lebendige Interessen in sich tragen,* die befriedigt sein wollen. Das wird sehr oft gar nicht gesehen und ist doch das Entscheidende. Ohne sie hat er nicht den Antrieb zu geistiger Aktivität und zum »Gehirntraining«. Dann verödet er sozusagen in seinem Inneren, das Leben wird sinnlos und entsprechend verlischt es in seinem Körper. Die »Pensionitis«, der psychogene Tod, der so oft relativ rasch nach dem Zwangsende der Berufsarbeit eintritt, ist der beste Beweis dafür. Er trifft immer die in den Ruhestand Getretenen, die keine weiter greifenden Interessen haben oder die sie im langen einseitigen Berufsleben erstickten. In meinem schon erwähnten Buch »Die vergessene Welt der Gefühle« habe ich diesem wahrhaft fundamental wichtigen Zusammenhang ein eigenes Kapitel gewidmet: »Der Primat der Interessen: Die zentrale Bedeutung der Motivation«.[62]

Zur Arbeit mit dem Pendel:

- »Welcher dieser sechs Faktoren des Alterungsprozesses ist bei … nur mangelhaft ausgebildet?«
- »Welcher ist bei … positiv zu beurteilen?«

- »Bei welchem der sechs aufgeführten Faktoren kann ... am raschesten möglichst viel von dem seither Versäumten nachholen?«
- Sie können die Reihenfolge der negativen ebenso wie der positiven Gewichtung exakt abfragen.

Die sieben Aufgaben im Alter (C. G. Jung) (53)

In der ersten Lebenshälfte geht es um das ICH, um Karriere und Berufserfolg, um die Gründung einer Familie, in der zweiten rücken das Erkennen des Lebenssinns, der Ganzheit des Seins, erweiterte Bewusstwerdung aus der vergleichsweise jugendlichen Enge mehr in den Vordergrund. Diesem Übergang liegt die übliche Angst vor dem Altwerden, mit seinem Niedergang und schließlichem Verfall zugrunde. Dabei gilt es, *den eigenen Widerstand vor der Veränderung zu überwinden.* Echte körperliche und/oder seelische Probleme stellen sich ein, wenn der Wandel bewusst oder unbewusst als notwendig empfunden wird, sich aber nicht einstellen kann. Nach C. G. Jung verlangt das richtige, gesunde Altwerden die Lösung von 7 »Aufgaben«:[63]

1. *Alter und Tod annehmen, sich ihrer Realität stellen,* sie nicht mehr verdrängen. Sind sie akzeptiert, geht das Leben unbehindert weiter: Der Tod wird natürlicher Teil des Lebens.
2. *Rückschau halten auf das eigene Leben und Bilanz ziehen:* Was hat mein Leben in diese Welt geführt, hindurchgeführt, um mich wieder hinauszuführen?
3. *Bewusst sich selbst Grenzen setzen:* Solche Tätigkeiten und Ziele, auch Beziehungen aufgeben, die unrealistisch und zu Lasten geworden sind, sodass die eigene Kraft frei wird für die erreichbaren wichtigsten Anliegen persönlicher Art.
4. *Die Vorherrschaft des ICH aufgeben, »loslassen«,* auch und gerade, wenn es bei einem besonders erfolgreichen ICH umso schwerer fällt: sich auf das tiefe eigene Selbst besinnen in der Wendung nach innen.

5. *Eine neue Verwurzelung im SELBST erreichen:* die Gegensätze zusammenfließen lassen in der Ganzheit der individuellen Einmaligkeit und in der Geborgenheit in »Gott«.
6. *Den Sinn des eigenen Lebens und des Lebens überhaupt erkennen,* die Lebenserfahrungen und -erinnerungen einordnen in den persönlichen Lebensplan und seinen Sinnzusammenhang mit dem Ganzen.
7. *Sozusagen eine Wiedergeburt erleben in der Verwirklichung* bisher ungenutzter Potenziale in dem Prozess des »Mit-dem-Leben-Sterbens« (nur selten voll realisiert): Das Leben ist im Mittelpunkt, so als ob man es spielen würde in seiner vollen eigenen Autorität.

Die Aufgabe des Alters schlechthin ist die Entwicklung und Freisetzung einer Kreativität des inneren Wachstums, die zur restlosen Annahme des Todes führen in der Gewissheit, den Tod zu transzendieren. C. G. Jung: Im Alter solle man weitermachen wie bisher. Da man keine ICH-gerichteten Probleme mehr hat, kann eine neue innere Lebendigkeit mit ihrer Kreativität frei werden. Wer als alter Mensch freilich noch immer in seinem ICH befangen ist, dem kann sich diese Entwicklung nicht öffnen, der bleibt in Sorgen, in Bitterkeit bis zu Verzweiflung verhaftet. Sie strahlen aus auf den Körper, machen ihn antriebslos und krank und richten ihn schließlich zugrunde.

Das Pendeln vollzieht sich hier in der Ihnen für derartige Tabellen längst bekannten Art.

Zum Abschluss dieses Kapitels möchte ich von der *Erforschung der Lebensweise von 40 000 über 100 Jahre alten Menschen* auf der ganzen Welt berichten. Sie hat in knappster Form für deren Lebensführung Folgendes ergeben:[64]

1. Viel körperliche Arbeit und entsprechende körperliche Ertüchtigung (ohne sie können sich die inneren Organe nicht normal entwickeln und nicht gesund bleiben).

2. Gute Luft (keine chemische Verunreinigung, welcher Art auch immer) und gute äußere Umgebung (kein besonderer Lärm, keine optische Überreizung).
3. Kein Konfliktstress (wenig Ärger und Aufregung), aber eine gesunde Portion Leistungsstress.
4. Vorwiegend vegetarische Ernährung: frisches Gemüse, Kräuter, Honig (echter, kein Zuckerhonig), Milch und Quark als feste Nahrungsbestandteile.
5. Von besonderer Bedeutung: das Verhältnis der Menschen zur Umwelt in Gestalt eines aktiven Kontakts mit der Gemeinschaft:

a) täglich nützliche Arbeit, meist körperlicher Art, für die Familie, das Dorf, den Stamm.
b) Anerkennung der Älteren durch die Jüngeren, vor allem durch deren Ratsuche.
c) Sämtliche besonders Alten: Führung einer glücklichen Ehe und eines aktiven Sexuallebens bis ins »hohe« Alter.

Lebenserfüllung

Erfassen ihrer vielfältigen Voraussetzungen

»Die Ärzte stecken so sehr im Sumpf von
Krankheit und Medizin, dass sie keine Zeit mehr haben,
sich der eigentlichen Frage nach der
Gesundheit zu widmen.«
J. I. Rodale

Dieser Teil des Buches führt uns jetzt in das zentrale Problem, das viele Menschen in ihrer letzten Lebensphase beschäftigt und nicht wenige geradezu quält: Hat sich mein Leben gelohnt? Was habe ich erreicht? Was bleibt mir am Ende meiner Tage? Habe ich ein im Grunde leeres, nichtssagendes oder ein erfülltes Leben gelebt? Das erfüllte Leben bedeutet immer, dass etwas Bestand hat, dass man fast mehr in der geistigen als in der materiellen Welt etwas hinterlässt, was fortlebt und fortwirkt. Sei es auch nur in ganz bescheidenem Rahmen beim hinterbliebenen Lebenspartner, bei Kindern, Freunden, irgendwelchen menschlichen Gruppierungen, mit denen man im Leben zu tun hatte. Denken wir an das Gegenteil des erfüllten, an das leere Leben: Da bleibt nichts oder so gut wie nichts in den Herzen anderer zurück. Da ist es bald so, als hätte man eigentlich gar nicht wirklich »gelebt«.

Lebenserfüllung: Begriff und Voraussetzungen (LE) ⑭

»Natura non facit saltus.«
(»Die Natur macht keine Sprünge.«)
Carl von Linné
(Schwed. Naturforscher 1707–1778)

Wenn wir dieser Frage nach der Erfüllung unseres Lebens nachgehen, dann stoßen wir auf *einige uns normalerweise verborgene Gesetzlichkeiten, die unser Leben regieren.* Die Art, wie wir uns mit ihnen auseinandersetzen oder auch nicht, bestimmt in hohem Maße das, was wir als gelungene oder als missglückte Lebenserfüllung empfinden. Ich glaube, wir können ihren Kern in wenigen Punkten zusammenfassen.

1. *Die Tatsache vom ständigen unaufhörlichen Wandel* ist eine Grundgegebenheit allen Geschehens in dieser Welt. Heraklit: »Alles fließt.« Nichts, nichts ist beständig. Das gilt für alle materiellen Vorgänge, für alle körperlichen und alle geistigen Prozesse. Ausnahmslos. Nicht umsonst ist es das erste der drei buddhistischen Kennzeichen des Seins: »anicca«. Der ständige Wandel begegnet uns in dem dynamischen Evolutionsprozess der Natur: der ganzen »materiellen« Schöpfung und der Unzahl lebendiger Geschöpfe von den Mikroorganismen bis zu den heute ausgestorbenen Dinosauriern, in den unaufhörlichen politischen, wirtschaftlichen, gesellschaftlichen, kulturellen, technischen und anderen Veränderungen. Die unbewusste Seele rumort in uns mit der nie ganz versiegenden Frage: Wo stehe ich in diesem nicht endenden Wandel, ihm hilflos preisgegeben oder mit eigenem Gestaltungswillen, sei er im großen Geschehen noch so klein und unbedeutend?

2. *Der bohrende Erkenntnistrieb, der dem Menschen und nur ihm innewohnt und nie zur Ruhe kommt.* Er steht ja auch hinter dem ständigen Wandel, soweit er vom Menschen bewirkt wird. Jakob

Burckhardt: »Der Geist ist ein Wühler.« Er gibt sich nicht zufrieden und bohrt immer weiter. Er treibt den ständigen Wandlungsprozess vorwärts, je nach dem geschichtlichen Zeitgeist jeder Epoche in die ihm eigene Richtung, z. B. unseren so genannten »Fortschritt«. Ludwig Klages betont eine andere Seite: »Der Geist als Widersacher der Seele«, d. h. der emotionalen Gefühlswelt des gleichsam noch unberührt-unschuldigen Menschen, die er nach seinen eigenen Gesetzen jederzeit zu vergewaltigen bereit ist und es bedenkenlos tut. Und der Mensch selbst? »Homo homini lupus«, »der Mensch ist dem Menschen Wolf«, d. h. sein eigener größter Feind. Wiederum rumort es in unserer unbewussten Seele, die ihren Standort in diesem Lebenswirrwarr wissen möchte: gleichgültig, ob das Leben sie vielleicht übel beutelt oder ihr gerade eine Ruhepause gewährt. Und da sind wir bei dem dritten und letzten Punkt, den ich ungeschminkt herausstellen möchte.

3. *Die Tatsache vom Leiden in dieser Welt.* Es ist allgegenwärtig und kann jeden Augenblick jeden von uns in einer seiner tausend Formen treffen: Tod, Krankheit, Schmerzen, Unfall, Verbrechen, Katastrophen. Nicht umsonst ist das die zweite der drei buddhistischen Kennzeichen des Seins: »dukkha«. Die unaufhörliche Weiterentwicklung verläuft nicht wertneutral oder vielleicht gar nur zum Positiven hin. Sie verläuft ganz nach ihrer eigenen Zwangsläufigkeit, bei der uns unüberblickbaren Verflechtung von Ursachen und Wirkungen, so, wie sie will und muss, und damit oft genug ins Negative – wie wir kleinen Menschen es empfinden – hin zum Schicksalsschlag, zur Katastrophe. So bietet uns die Wirklichkeit des Lebens immer wieder von Hoffnung getragene Möglichkeiten und Chancen, und zugleich öffnet sie uns tiefe Fallgruben, in denen wir uns die Knochen brechen können und Not und Verzweiflung ausgesetzt sind. Und auch jetzt fragt die Unruhe unsere Herzen, was sich hinter alldem verbergen mag und warum wir uns gerade wohl da befinden oder da herumgeworfen werden und was das Ganze eigentlich soll.

In diesem Spiel des Lebens stehen wir winzigen Figürchen, die wir uns so groß vorkommen. *Die unbewusste, die sozusagen unsterbliche Seele möchte Klarheit haben.* Schon eingangs des Buchteils über die Gesunderhaltung habe ich darauf verwiesen, wie wichtig gerade auch für sie die Überzeugung des Menschen ist, dass *sein Leben in einen größeren Zusammenhang eingebettet* ist und dass sein ganzes Erleben einen erkennbaren Sinn hat im Rahmen seines Lebensplanes. Im Laufe der Jahre zeichnet er sich immer deutlicher ab. In den bald folgenden Ausführungen über den Sinn unseres Lebens werde ich darauf zurückkommen. Hier bloß der Hinweis, dass letztlich nur diese Grundüberzeugung uns das Vertrauen zur Schöpfung und zu ihrer großen Ordnung geben kann, ohne die wir in dem aufgezeigten leidvollen Wirrwarr des Lebens verloren sein müssten. In dieser unserer Einbettung in die große Gesetzlichkeit der Schöpfung ist auch unser Lebensplan enthalten. In einer stillen Stunde oder blitzartig in einer uns tief ergreifenden Eingebung mag er uns aufdämmern oder plötzlich bewusst werden.

Dann erhellt sich uns die dunkle Frage nach der »Erfüllung« unseres Lebens. Dann fangen wir an zu begreifen – um es so auszudrücken –, was ein wirklicher Lebensvollzug ist. Immer setzt er ein ganz bewusstes Leben, ein erhöhtes Lebensbewusstsein voraus:

- Es vollzieht sich in geistiger Wachheit, in steter Achtsamkeit.
- Es erkennt wesentlich schärfer und kritischer die Wertigkeit von Mensch und Umwelt und aller für uns wichtigen Lebensverhältnisse.
- Es legt uns dann auch moralische Gebote und Pflichten auf, denen wir nicht mehr so leicht ausweichen können.
- Es enthebt uns aus dem mehr oder minder unbewusst dumpfen Dahintreiben von der Geburt zum Grab.
- Es lässt unsere Persönlichkeit wachsen und reifen.
- Es gibt uns »die Erfüllung des Lebens«.

Randbemerkung: Wieder sind wir bei der »Achtsamkeit«. Auf ihre fundamentale Bedeutung für den Erfolg, für die Treffsicherheit unserer Pendelarbeit musste ich schon im einleitenden Teil dieses Buches nachdrücklich hinweisen. Das ist kein Zufall. Dahinter steht dort wie hier die Tatsache, dass nur sie, die Achtsamkeit, die gesamten inneren Kräfte unserer Seele und unseres Geistes restlos zu sammeln, zusammenzufassen und so zu aktivieren weiß für das, worum sich unser Geist bemüht, was er erstrebt.

Zum Schluss dieser Einleitung *der praktische Pendelhinweis.* Erfragen Sie auf der 100 %-Skala ②, wie weit die Achtsamkeit Ihr eigenes Leben bzw. das von anderen Personen wirklich kennzeichnet, mit anderen Worten, wie weit Sie oder andere wirklich bewusst leben. Beim durchschnittlichen Menschen unserer Zeit brauchen Sie als Richtmaß, wie ich bereits im Kapitel Energiefluss und Achtsamkeit ㊷ ausgeführt habe, allerdings nicht mehr als 45 % anzusetzen. Als Kurzzeichen für Ihre Notiz bei systematischem Pendeln empfahl ich Ihnen schon dort die zwei Buchstaben BL = Bewusstes Leben (in Achtsamkeit), also z. B.

BL65.

Diese Zahl bringt schon ein gutes Stück bewusstere Lebensführung als die des Durchschnittsbürgers zum Ausdruck, ist aber noch weit entfernt von dem, was wir erstreben sollten. *Diesen Wert BL können wir getrost als einen Schlüsselwert* für die Betrachtung und Einschätzung eines Menschen bezeichnen.

An dieser Stelle halte ich es für meine Pflicht, unmissverständlich hier die Worte von Thomas Carlyle zu wiederholen:

»Wir wollen das Geheimnis einer Persönlichkeit mit Achtung behandeln. Rennet doch nicht ehrfurchtslos in eines Menschen innerstes Heiligtum.«

Und ich füge nochmals das Wort von Hermann Löns an, das ich 1936 auf einer Wanderschaft durch die Lüneburger Heide auf seinem Gedenkstein in der Nähe von Fallingbostel eingeschrieben fand. Es hat mich bis heute begleitet und nie losgelassen:

»Lass' deine Augen offen sein,
geschlossen deinen Mund,
und wandle still: So werden dir
geheime Dinge kund.«

Ganz ungeschminkt möchte ich diesen Appell beenden mit der Feststellung: Wem es nicht gegeben ist, sich an diese Worte von Carlyle und Löns zu halten, der möge das Pendeln aufgeben oder besser damit nicht beginnen. Vielleicht kann er auf eine bessere Zeit für sich selbst warten. Tut er es nicht, kann er sicher sein, dass er bösen menschlichen Schaden stiftet, der an ihm haften bleibt. Außerdem kann er darauf warten, dass sich die Pendelkräfte ihm versagen.

Die Übersicht Voraussetzungen eines erfüllten Lebens (54) gibt Ihnen den Überblick über die drei Grundgruppen, in die ich die vielfältigen Erscheinungsformen oder Kriterien eines erfüllten Lebens gliedere. Ich habe mich viele Jahre lang, da ich immer mit Menschen zu tun hatte, bemüht, für mich selbst Klarheit darüber zu gewinnen. Hier sehen Sie das Ergebnis. Selbstverständlich lässt sich diese komplexe Problematik, in der so viele Faktoren in wechselseitiger, kaum zu überblickender Weise miteinander verflochten sind, wie immer in solchen Fällen, auch anders angehen und anders betrachten. Ich bin indessen für meinen Teil davon überzeugt, dass Sie mit dieser Aufgliederung eine klare und hinreichend folgerichtig aufgebaute Übersicht vor sich haben. Sie fasst all die verschiedenen Gesichtspunkte zusammen und bleibt für die praktische Arbeit damit doch noch recht handlich und »griffig«.

Diese drei Hauptgruppen sind:

1. die Momente, die unsere *Lebensgrundlage* in dieser Welt ausmachen. Sie sind uns in die Wiege gelegt, oder sie entwickeln sich in der Hauptsache in der Kindheit bis zur späten Jugendzeit;
2. die Gesichtspunkte, die es uns erlauben, *unser Leben zu bewältigen* mit seinen Problemen und Schwierigkeiten. Das mehr oder

weniger gut. Sie kennzeichnen besonders die lange Phase unseres Arbeitslebens;
3. die tiefer gehenden *Fragen nach dem Sinn unseres Lebens,* die sich aus dem eigentlichen Menschsein ergeben. Sie stellen sich zumeist mit Beginn der zweiten Lebenshälfte und verlangen eine Antwort.

Die pendlerische Arbeit mit dieser Übersicht ist einfach. Diese Fragen, die Sie sinngemäß erweitern können, geben Ihnen rasch einen tiefen Einblick:

- »Welche dieser drei Hauptgruppen der Voraussetzungen für ein wirklich erfülltes Leben ist bei … (derzeit) am stärksten ausgeprägt?«
- (Der Pendel rückt nach.) »Und welche der vier Kriterien oder Erscheinungsformen innerhalb dieser Hauptgruppe ist bei … (derzeit) am stärksten ausgeprägt?« – »Welche kommt an zweiter Stelle?«
- Wie die erste Frage: »… am wenigsten ausgeprägt?«
- (Der Pendel rückt nach) Wie die zweitgenannte Frage: »… am wenigsten ausgeprägt?« – »Welche ist an zweiter Stelle am wenigsten ausgeprägt?«

Als knappe Aufzeichnung genügt LE (Lebenserfüllung) mit Ihrer persönlichen Kurznotiz des Ergebnisses.

Jetzt kommen wir zu den drei Tabellen ㊺–㊼, *die die Voraussetzungen eines erfüllten Lebens im Einzelnen aufzeigen.* Gemeinsam ist ihnen die Art der Aufmachung:

- Sie erlaubt Ihnen, *das Maß der Ausprägung* sowohl auf der Plusseite wie auf der Minusseite bei jedem der insgesamt zwölf Stichworte auf der Stelle ablesen zu können. Auf jeder der beiden Seiten haben Sie nämlich eine vereinfachte 100 %-Skala, die durch die vier Ihnen nun längst geläufigen Teilstriche gekennzeichnet ist. Von innen nach außen bedeuten sie 20, 40,

60, 80 %, und die voll ausgezogenen Striche sind dann natürlich das Höchstmaß von 100 %. Sie ersparen sich so jedesmal den weit umständlicheren Weg über die Tabelle ④ »Das rechte Maß«.

- Sie können in einem *Ihnen kritisch erscheinenden Fall* selbstverständlich die Frage auf dem Schema »Das rechte Maß« ④ wiederholen, indem Sie im Geist die beiden Seiten des jeweils abgefragten Stichworts der Tabellen ㊺–㊼ auf die linke und rechte Seite bei »Zuviel« und »Zuwenig« platzieren: Jetzt können Sie eine Ihnen vorher unklar erschienene Angabe auf den beiden exakt ausgefüllten 100 %-Skalen ganz sauber ablesen.
- *Beachten Sie bitte: Der Ausschlag des Pendels genau in die Mitte, also auf Null,* bedeutet immer das menschliche Durchschnittsmaß. Es ist das Gleiche wie beim Schema »Das rechte Maß« ④, das bei Null den richtigen Mittelwert, den Ausgleich zwischen den beiden Seiten, anzeigt. (Es ist hier also anders als beim A-B-Schema ③, wo die auf der überwiegenden Seite – auf die der Pendel zeigt – verbleibende Differenz zu 100 % immer für die Gegenseite gilt). Hier bedeutet also z. B. bei »Lebenskraft« der Ausschlag des Pendels nach links auf 20 %, dass die Lebenskraft im vorliegenden Fall 20 % über dem Durchschnitt liegt.
- *Setzen Sie die Höhe der Prozentangabe des Pendels sinngemäß* in den Bedeutungsgehalt der angegebenen Stichworte um, um Übertreibungen ebenso zu vermeiden wie Mindergewichtungen. Zum Beispiel kann bei »Selbstgefühl« 15 % Ausschlag nach rechts nicht schon ausgeprägte »Lebensangst« bedeuten, da wären etwa schon 50–60 % oder noch mehr nötig, je nach Ausrichtung der Gesamtpersönlichkeit.
- *Zur Erinnerung: Seien Sie höchst kritisch beim Pendeln über sich selbst.* Da kann kaum jemand völlig vorurteilsfrei sein. Lassen Sie einen anderen, einen erfahrenen Pendler die Fragen über Ihre Person stellen. Das ist allemal sicherer. Kontrollieren Sie Ihr eigenes Ergebnis wenigstens auf diese Weise!

Lebensgrundlage ⑤⑤

Die Tafel Lebensgrundlage ⑤⑤ gibt den Überblick über die vier dafür wichtigsten Voraussetzungen: Lebenskraft, Gesundheit, Selbstgefühl und die innere Einstellung zur materiellen Lebensbasis. Die Stichworte zu beiden Seiten sprechen für sich. Sie bedürfen kaum einer besonderen Erläuterung, daher nur wenige Bemerkungen dazu.

Die Lebenskraft ist die in unserer Zeit am wenigsten verstandene Kraft. Ihre wahrhaft zentrale Bedeutung, die sich am Ende in allem und jedem kundtut, was einen Menschen ausmacht, wird großzügig übersehen. Oft wird sie der Sexualkraft gleichgesetzt, was nur eine und nicht die wichtigste ihrer Erscheinungsformen ist. Oft wird sie mit dem zweifelhaften Begriff des Willens verwechselt, was nur zu falschen Schlussfolgerungen führen kann.[65] Schon früher wies ich darauf hin, dass das Vorhandensein von Urenergie, der »Vis vitalis«, heute nicht mehr bestritten werden kann. Der Anteil des einzelnen Lebewesens, auch des Menschen, an ihr ist seine individuelle Lebenskraft.

Mit der Erhaltung unserer Gesundheit und ihren Hintergründen haben wir uns gründlich befasst. Dort ist auch oft von der Lebenskraft die Rede. Mit das Gefährlichste sind die unbewussten Energieblockierungen, worauf ich nun noch einmal hinweisen möchte.

Wir meinen immer, die Ernährung sei das Wichtigste für die Erhaltung unserer Lebenskraft. Ungleich wichtiger ist die Luft, die wir unausgesetzt atmen und nur wenige Minuten entbehren können, und dann das Wasser, ohne das es kein Leben gibt, das wir nur wenige Tage entbehren können. Vor allem *der richtigen Atmung* wird bei weitem nicht die nötige Aufmerksamkeit geschenkt!

Zum Selbstgefühl: Seine für das Leben außerordentlich wichtigen Störungen mit ihrem psychologischen Hintergrund haben wir schon in einem eigenen Kapitel betrachtet anhand der Pendeltafeln ⑫ und ⑬. Darauf mache ich hier nochmals aufmerksam.

Die beiden Pole des Selbstgefühls schwingen beim innerlich gelösten Menschen (Schlagwort: »Der Träumer«) zwischen Stolz und Demut; bei dem, der überwiegend auf der Spannungsseite liegt (Schlagwort: »Der Täter«), zwischen Selbstvertrauen und Selbstzweifel. Sie können das gut bei Menschen beobachten, die sich im großen Durchschnitt in der Mitte zwischen Spannung und Lösung ihrer Lebenskraft befinden (Schema ④!) und die je nach den Forderungen der Umwelt das eine Mal ihre Kräfte bewusst zusammenfassen müssen (Spannung, Yang) und sich dann wieder ganz entspannt der Muße zuwenden können (Lösung, Yin).

Angst und ihre Überwindung: Ein gewisses Maß an Angst ist ganz normal und lässt sich in allen Altersstufen und gewissen Situationen nicht vermeiden. Helfen kann nur Ehrlichkeit sich selbst gegenüber und der Mut, Schritt für Schritt die Angst wegzuarbeiten. Das kann und muss geübt werden. Es baut neues Selbstvertrauen auf.[66] Ein seelisches Gesetz: Angst und Furcht ziehen das Gefürchtete wie ein Magnet an. Die wenigsten körperlichen ebenso wie seelischen Krankheiten sind schicksalsgegeben. Wir müssen sie nicht passiv hinnehmen. Auch wenn der Anlass von außen kommt: Angst, Hemmungen, Ärger liegen *in uns.* Sich über sie zu stellen, das ist eine Sache der Einstellung. – Die Eutonie als die Technik der Wiedergewinnung des ganz unverklemmten Körpergefühls hat über die tiefgreifende Auswirkung auf Seele-Geist schon viele Menschen von ihren Ängsten befreit.[67] Sie kann ein neues Selbstgefühl von seinem Fundament her aufbauen.

Lebensbewältigung ⑯

Die Tafel Lebensbewältigung ⑯ zeigt die vier Momente auf, die gerade für diese lange Phase unseres Lebens besondere Bedeutung haben: unser Sozialverhalten, die Produktivität, unsere Bewährung und Erfüllung im Beruf und in der Lebenspartnerschaft. Auch hier bedarf es nicht vieler Anmerkungen.

Zum Sozialverhalten: In unserem Leben haben wir es immer wieder einmal mit bestimmten Menschengruppen und Gruppierungen zu tun, ob es uns gefällt oder nicht. Da kann uns der Pendel helfen festzustellen, ob wir zu unserem Besten den Kontakt mit ihnen auf das nötige Minimum beschränken oder ob wir ihn noch ausbauen sollen; zu welchen besonderen Gliedern dieser Gruppen und dergleichen. Bei anderen Gruppen (Vereinen, Hobbyzusammenschlüssen, Musik-, esoterischen Gruppen, privaten Arbeits-, Weiterbildungsgruppen verschiedenster Art) wissen wir nicht so recht, sollen wir uns anschließen oder nicht. Dann die Pendelfrage auf der 100 %-Skala ②:

- »Wie ratsam für meine Gesamtentwicklung (im geistigen Sinn) ist es in Anbetracht aller Umstände für mich, mit dieser Gruppe … in Verbindung zu treten?«
- Ähnliches gilt natürlich auch für engere Beziehungen zu guten Bekannten oder so genannten Freunden. Dann vergesse man nicht, von Zeit zu Zeit der Sache erneut nachzupendeln. Denn das Leben steht niemals still, und die Dinge können sich rasch wandeln.

Gerade auf dem Gebiet der menschlichen Beziehungen, zu wem auch immer, kann der Pendel eine durch nichts zu ersetzende Lebenshilfe sein. Achten Sie immer auf eine saubere Motivation, frei von negativer Eigensucht! Diese ist offensichtlich von so niedrigen Schwingungen getragen, dass die höher angesiedelten Kräfte erst gar nicht angesprochen werden. Dann kommen seltsame oder systematisch falsche Antworten zustande. – Oft ist es übrigens klug, seine Fragen zunächst nur im Hinblick auf erste Maßnahmen oder Teilschritte auf einem zur Debatte stehenden Weg zu stellen. Dann zeigt es sich in der Realität der Welt bald, ob es der richtige ist.

Beachten Sie in diesem Zusammenhang die Veränderungen, die jeder Mensch im Fortgang der Zeit erlebt. *Mit dem Alter wachsen:*

– neben der Arbeits- und Berufserfahrung im Allgemeinen die positive Einstellung dazu,
– Routine in allen Fertigkeiten,
– Auffassungsvermögen und geistige Kombinationsgewandtheit,
– Selbstständigkeit und Dispositionsgabe,
– Gewandtheit des Sprechens und des menschlichen Umgangs,
– menschliche Reife und Urteilsfähigkeit,
– Verantwortungsbewusstsein und Zuverlässigkeit,
– Beständigkeit und innere Ausgeglichenheit.

Wie sich diese und andere Eigenschaften an sich selbst oder bei anderen Personen entwickeln (oder auch nicht), können Sie auf der 100 %-Skala ② sehr schön über die Zeit hinweg beobachten. Sie können es auch im Rückblick auf die vergangene Zeit tun und sich so einen oft sehr hilfreichen Überblick verschaffen. Zum Beispiel: »Als wir vor vier Jahren in diese Stadt zogen und ich mit meiner Arbeit bei der Firma begonnen habe, wie hoch war damals meine Arbeits- und Berufserfahrung?« (Wie immer bei solchen Fragen stillschweigend oder ausgesprochen, bezogen auf die 100 % des zumeist nur theoretisch absoluten Maximums.) So können Sie sich alle Entwicklungen, Fortschritte, Rückschritte usw. ganz klarmachen, um daraus neue Erkenntnis zu gewinnen. Sie erinnern sich an die Stichworte Akasha-Chronik, Buch des Lebens! Diese allerfeinsten Schwingungen aus jenen Tagen schwingen auch heute noch im Äther. Sie brauchen sie nur abzurufen.

Der Begriff der Produktivität meint eigentlich die eigenpersönliche schöpferische Gestaltungskraft. Im allgemeinen Sprachgebrauch wird er jedoch in hohem Maß mit der Leistungsfähigkeit schlechthin gleichgesetzt.

Als Hilfe für das Berufsleben kann der Pendel große Bedeutung bekommen. Ist die Wahl oder der Wechsel eines Berufes problematisch, verfasse man eine möglichst umfangreiche Liste aller Möglichkeiten, die sich irgendwie aufzutun scheinen, auch der zunächst durchaus abwegig beurteilten. Erinnern Sie sich an die Pendeltafeln ㊽ und ㊾ mit dem zugehörigen Kapitel im Text! Dann pendle man in einer stillen Stunde bei totaler Sammlung:

- »Welche der hier aufgeführten Möglichkeiten kommt für mich, für X, in Anbetracht aller dafür wichtigen Umstände auf lange Sicht gesehen als Beruf ernsthaft in Betracht?«
- Ermitteln Sie drei bis fünf der vom Pendel angegebenen, und fragen Sie auf der 100 %-Skala ② jeweils nach dem Prozentsatz, der für jede dieser Möglichkeiten auf der Basis der persönlichen Eignung, der sachlichen Berufssituation und der realistischen Verwirklichungschance gegeben ist.
- Wie auch sonst bei solchen lebenswichtigen Fragen empfiehlt es sich, das Ganze nach gehörigem inneren Abstand einige Tage später nochmals zu wiederholen.

Ich kenne Fälle, wo sich eine zunächst ganz unerwartete Berufstätigkeit herausstellte, die sich dann später hervorragend bestätigte.

Für nebenberufliche Tätigkeiten, Hobbys mit oder ohne Aussicht auf späteren Zusatzverdienst und dergleichen, die einem tiefinnere Befriedigung geben können (Erweiterung des Horizonts, Hilfe für Hilfsbedürftige usw.), gilt im Prinzip das Gleiche. – In so vielen Menschen stecken so viele Möglichkeiten, von denen sie selbst nur noch nichts wissen, weil das Leben sie diesbezüglich bisher noch nicht gefordert hat! Ein Geheimnis der Motivation in der Menschenführung: Menschen fordern, ihr Selbstverwirklichungsstreben, ihren Selbstbestätigungsdrang und ihr Selbstvertrauen sich zum Bundesgenossen machen, indem man deutlich

Vertrauen zeigt, sie seien der Aufforderung gewachsen: Das weckt verborgene Kräfte und Fähigkeiten! Und sich selbst in dieser Weise fordern bewirkt das Gleiche!

Zum Problem der Partnerschaft: Sie haben meine diesbezüglichen Ausführungen zu diesem Thema der ehelichen oder beruflichen Partnerschaft bereits im psychologischen Teil in einem eigenen Kapitel und der Tabelle ⑨ kennengelernt. Dort können Sie alles Wesentliche dazu nachlesen.

Lebenssinn ㊼

»Zu manchen Zeiten, an manchen Orten glaubst du,
etwas sei wahr. Wenn du zu sehr daran festhältst,
wirst du, wenn die wirkliche Wahrheit
an deine Tür klopft, nicht öffnen.«
Buddha

Dieses Wort Buddhas möchte ich diesem vielleicht wichtigsten Kapitel des ganzen Buches voranstellen. *Die Tafel Lebenssinn ㊼ führt uns ausgesprochen in den seelisch-geistigen Bereich, in die tieferen Schichten unseres Lebens und Seins ein.* Es geht hier um den schillernden Begriff der »Bildung«, um die Antriebskräfte des menschlichen Tuns und Lassens, die wir vorzugsweise als Interessen bezeichnen, um die heute so viel besprochene Selbstverwirklichung und schließlich um die weltanschaulich-religiöse Einstellung des Menschen. Ich bin mir bewusst, dass hier in der Tat eine wiederum sehr komplexe, vielschichtige und für unsere Existenz grundlegende Problematik angesprochen wird. Es liegt auf der Hand, dass uns hier eine Reihe von schon früher dargelegten Gedanken wieder begegnet.

Wir Menschen, die wir mit einem abstrahierenden, begrifflich denkenden Verstand ausgestattet sind, *können zu uns selbst auf geistigen Abstand gehen.* Die anderen Lebewesen können das nicht. Wir können uns gleichsam aus dem Spiegel heraus betrachten, kritisch betrachten. Das legt uns eines Tages unweigerlich die Frage nahe, warum wir wohl gerade da sind, wo wir sind, und warum wir überhaupt da sind. Schon sind wir bei der Frage nach dem Lebenssinn. Ich sagte schon bei früheren Gelegenheiten, dass wir zu der Erkenntnis neigen, dass unser Leben in einen größeren Zusammenhang eingebettet ist und dass unsere Erlebnisse und Erfahrungen einen erkennbaren Sinn haben mögen im Rahmen dieses größeren Zusammenhangs. Wir können ihn nicht genau erkennen, aber wir spüren, dass wir ihm irgendwie ausgeliefert sind.

So fragen wir, warum sind wir überhaupt auf dieser Welt? Diese Frage kann sich uns nur stellen, weil wir mit dem begrifflichen Denken, diesem Werkzeug des Geistes, begabt sind. Es ist der Vorrang des Geistes, der in uns lebt. Nicht umsonst betonen die Weisheitslehrer aller Völker und Zeiten, dass das Geistige, das Spirituelle, das Primäre ist und nicht die Materie:

- *Für den Schamanen* ist der eigentliche Sinn des Daseins, seine »Seele« zu finden, d. h. den Weg zu seiner geistigen Heimat wiederzufinden.
- *Die Indianer* sprechen vom Großen Geist, der in allem lebt und wirkt, dem alles Existierende untergeordnet ist, den es zu verehren gilt.
- *Buddha* lehrt die Befreiung aus dem fortlaufend sich drehenden Rad der Begierde, der Aggression und des Nichtwissens um die wahren Zusammenhänge unseres Lebens, damit wir die volle geistige Kraft erlangen, damit wir selbst Buddha, ein Erleuchteter werden.
- *Jesus* sagt, eher ginge ein Kamel durch ein Nadelöhr als ein Reicher, das heißt einer, der sich nur vom Reichwerden und Reichsein leiten lässt, in das Himmelreich, d. h. in den inneren Frieden, in die »Erlösung«, in die geistige Welt.
- *Auch der abendländische Humanismus* weist – wie ich schon einmal erwähnte – nicht anders als die alten Heilslehren auf die

tragende Kraft des Maßhaltens hin, also auf die große Bedeutung und den großen Wert, seine Ich-Ansprüche zu bescheiden und sich der geistigen Kraft zu öffnen.

Wir sind also auf dieser Erde, um zu erkennen, was wir und wer wir in Wahrheit sind: geistige Wesen. Weil wir uns dessen nicht mehr bewusst sind, liegt es an uns, diese Erkenntnis neu zu gewinnen, um sie dann im Geist und in der Tat »zu besitzen«, sie zu leben. Unser Dasein hier ist die Schule, in der wir zur Erkenntnis aufgeweckt werden sollen, was der Sinn unseres Lebens sei: Wozu bin ich hier, was ist meine Aufgabe? Sich neu zu besinnen auf diese zentrale Frage, kann ungeahnte Kräfte in uns wecken und uns zu neuen Menschen machen.

Jenseits aller Dinge dieser Welt, die wir jemals lernten oder noch lernen, *jenseits alles unseres Wissens vibrieren die geistigen, die geistig-spirituellen Schwingungen unaufhörlich im Raum.* Wer hinreichend an seiner Persönlichkeit arbeitet und sich auf dem geistigen WEG befindet, der kann sich ganz auf sie einstimmen. Dem eröffnen sich diese Schwingungen. Er kann sie mit der Hilfe dieses großartigen Werkzeugs, seines Pendels, erkennen und erfahren. In den Pendeltafeln ⑤ und ⑥ habe ich eine umfassende und eine detaillierte Aufgliederung des WEGES gebracht, auf dem wir uns alle befinden. Sie können uns einen intimen Einblick in die verschiedenen Abschnitte oder Wegstrecken, in die vielen Stufen geben, die wir auf dieser langen Wanderung durch die Zeiten hindurch zu passieren haben. Sie uns bewusst zu machen, sie in unserem tiefen Inneren für unser eigenes Weiterkommen auszuwerten, um daran zu reifen und zu wachsen, kann uns mit Demut und Ehrfurcht diesem unendlichen Geist gegenüber erfüllen, der über allem steht, was da geschaffen ist.

Nun einige klärende Gedanken zu den vier Begriffen der Pendeltabelle ㊲:

Zur »Bildung«: Es gibt bald nicht mehr zu zählende Definitionen für diesen Begriff, der in seiner Substanz offensichtlich schwer zu fassen ist. Bildung im eigentlichen, tieferen Sinn ist gewiss nicht nur bloße Schul- oder Fachbildung. Denn sie verlangt durchaus eine persönlich-eigenständige Auseinandersetzung mit dem, was einem der äußere Bildungsgang vermittelt. Er muss sozusagen souverän verarbeitet werden. Am besten gefällt mir die Definition: »Bildung ist das, was übrig bleibt, wenn man das Gelernte vergessen hat.« So können Spötter zu Recht sagen, wir lebten heute in der Zeit der hochgebildeten Ungebildeten oder umgekehrt der ungebildeten Hochgebildeten. Denn die von den höheren Schulen bezogene Bildung im engeren Sinn bewirkt noch lange nicht diese wahre Bildung im tieferen Sinn. Umgekehrt zeigen manche Menschen mit nur einfachster Schulbildung einen hohen und höchsten Grad dieser echten Bildung. Nicht umsonst sagt der große Denker Ludwig Klages, die kostbarste – und leider nicht allzu häufig anzutreffende – Gabe des Menschen sei die Fähigkeit des selbstständigen Denkens. Sie liegt der wahren Bildung immer zugrunde.

Demgemäß verwechseln viele einen hochentwickelten Verstand, eine brillante Intelligenz schon mit hoher Bildung. Der wertfreie Intellektualismus ist gewiss fern davon.

Ein Wort zu den Ideologen aller Richtungen: Sie haben sich mit einer ganz bestimmten Anschauung so identifiziert, dass sie darauf absolut fixiert sind und selbst ganz klar auf der Hand liegende, dagegensprechende Tatsachen und Argumente unter keinen Umständen gelten lassen. Wir finden diese Ideologen auf allen Gebieten. So auf nationalem (Nationalismus, Chauvinismus), religiösem (Unfehlbarkeitsanspruch, die christliche Inquisition mit ihren Scheiterhaufen, die jüdischen Orthodoxen, die islamischen Fundamentalisten), auf rassischem (etwa die Überlegenheitsfanatiker der »nordischen« oder der weißen Rasse), auf dem partei- oder gesellschaftspolitischen Gebiet (Einparteiensystem, Nationalsozialismus, Kommunismus, Marxismus, Sozialismus), ja auch auf wissenschaftlichem Gebiet: Was »wissenschaftlich« – bei aller Zweifelhaftigkeit dieses Begriffes – nicht »nachweisbar« ist, ist Unsinn und unabänderlich falsch. Ich zitiere nochmals Albert Einstein: »Wissenschaftliche Beweisbarkeit ist eine solch komplexe Frage, langweilen Sie mich nicht damit.«

Alle diese Ideologen sind unbewusst blockiert. Sie sind gar nicht offen für Überlegungen anderer Art. Sie sind nicht einmal offen für die offen zutage liegende Realität. Wenn sie Macht in der Hand haben, vergewaltigen sie ebenso besessen wie konsequent das Leben und sind noch stolz darauf. Sie dünken sich ja die Vertreter der reinen Lehre und beziehen ihre zerstörerische Kraft aus der Illusion ihrer Unfehlbarkeit. Aber: Auf die Dauer ist das Leben immer stärker und geht daher mit fortschreitender Zeit stets über sie hinweg. – In etwas gemilderter Form sind sie für jeden psychologisch interessierten Menschen und Pendler eine Fundgrube von Erkenntnis über das oft so eigenartige Wesen Mensch!

Zu den »Antriebskräften«: Wir bezeichnen sie im Alltag, wie ich schon in der Einleitung zu diesem Kapitel sagte, gerne als die Interessen eines Menschen. Wir können auch von den Motiven, den Triebfedern, dem Streben, den Neigungen sprechen. Es ist gewiss kein Zufall, dass unsere Sprache dafür so viele treffende Namen entwickelt hat. Ich fasse sie seit langem gern unter dem Wort Antriebskräfte zusammen. Das aus dem einfachen Grund, weil dieses Wort unmittelbar zum Ausdruck bringt, worum es geht: Sie treiben uns an. Besser gesagt: Wir werden von ihnen angetrieben. Wir sind ihnen preisgegeben. Wir sind nicht die aktiv Tuenden, nein, wir »werden getan«.

Schon einige Male habe ich auf die ganz entscheidende Bedeutung dieser Antriebskräfte oder Interessen für jedes menschliche Tun und Lassen hingewiesen, so zum Beispiel bei der Besprechung des Alterungsprozesses, der durch sie ganz wesentlich verlängert, manchmal möchte man den Eindruck haben, zeitweise fast aufgehoben wird. Dort gebrauchte ich auch das Schlagwort vom *»Primat der Interessen«*, das seine erstrangige Bedeutung so gut kennzeichnet. Wie ich in der Anmerkung[62] schon darauf hinwies, habe ich diesen für jegliche Erziehung wie für jegliche Menschenführung geradezu entscheidend wichtigen Zusammenhang in einem eigenen Buchkapitel praxisnah behandelt. Daher kann ich es hier trotz seiner Wichtigkeit dabei bewenden lassen.

Zu einer geistigen Antriebskraft von größter Bedeutung einige Worte: dem Gewissen. Vielen erscheint es heute fast so etwas wie ein altmodischer, antiquierter Begriff. Dabei ist es in jedem von uns. Es ist – wie der Philosoph sagt – a priori, d. h. von allem Anfang an in unser Wesen hineingelegt: die Idee des absolut Vollkommenen in Gestalt des Wahren, des Schönen und des sittlich Guten. Platon hat das in seiner Ideenlehre so treffend ausgeführt. So unvollkommen sie sich von uns unvollkommenen Menschen in dieser Welt verwirklichen lässt, so sehr ist sie doch in unserem Geist als ständig lebendige Richtschnur fundiert. Ihre Stimme meldet sich wieder und wieder. Wir können sie zeitweise zu ersticken versuchen, auf die Dauer gelingt es keinem. Diese Stimme des Gewissens ist jenseits des rationalen Denkens verankert. Wir sind ihr als einer im Stillen wirksamen, aber auf die Dauer doch unüberhörbaren wahrhaften Antriebskraft geistiger Art ausgeliefert, wie ich etwas zugespitzt sagen kann.

Der so genannte moderne Mensch von heute ist geprägt durch die vielgepriesene Freiheit des Individuums mit ihrer für frühere Begriffe weitgehenden *Aufweichung fester sittlicher Grundsätze und Bindungen.* Trotzdem ist diese geheime sittliche Steuerungskraft des Gewissens in ihm noch immer lebendig. Die Aufrechterhaltung tiefer menschlicher Bindungen allen Schwierigkeiten zum Trotz, auch ohne religiöse oder juristische Verankerung, etwa in der formalen Ehe oder der lebenslangen Partnerschaft und dergleichen, zeigt es deutlich. Aus dem Unbewussten heraus regt sich nach wie vor immer wieder die Frage nach dem »Wozu«, nach dem Sinn des Ganzen, und diese geheime Zwiesprache mit der inneren Stimme gibt dem Leben Sinn und seinen Forderungen die nötige Kraft der Durchsetzung. Mögen oberflächliche Menschen sie überhören wollen, die tiefer fundierten haben an ihr noch immer ihren Halt. Und nach dem unerbittlichen Gesetz von der Wiederherstellung der gestörten Harmonie werden die Ersteren darüber ihr Glück nicht finden, und die Zweiten reifen und wachsen an der Bewältigung ihrer Problematik.

Lernen Sie, auf Ihre innere Stimme zu horchen! Es wird Ihnen helfen, auf dem WEG weiterzukommen, und zwar ohne unnötige Umwege. *Ihr Pendel kann Ihnen entscheidende Hinweise geben.* Nur als Beispiele einige mögliche Fragestellungen dazu:

- Auf der 100 %-Skala ②: »Wie weit habe ich in den letzten zwölf Monaten bei Entscheidungen von einiger Bedeutung für die Zukunft auf meine innere Stimme gehört?«
- Auf dem A-B-Schema ③ in einem konkreten Fall: »Bin ich bei dieser Entscheidung geleitet gewesen von mehr idealistischen Gesichtspunkten = A oder von mehr egoistischen = B?«
- Auf einer Übersicht aller Möglichkeiten, auch der zunächst noch so unwahrscheinlich erscheinenden: »Welche der hier aufgeführten Möglichkeiten kann mir die beste Förderung für meine weitere innere Entwicklung geben?«
- Desgleichen: »In welchem Lebensbereich soll ich meine Kräfte und Fähigkeiten einsetzen, um anderen Menschen dadurch am besten, wie auch immer, zu helfen?«

Zur Selbstverwirklichung des heutigen Menschen: Sie ist das Ergebnis seines Freiwerdens von den früheren Bindungen: der Großfamilie, der Dorf- oder Wohnortgemeinschaft, dem Kaiser oder König oder herrschenden Fürsten, dem Vaterland, der Religion; warum nicht auch von den Mindestanforderungen des Gesetzes und des Anstands? Das ist die andere Seite der gepriesenen Freiheit: der Verlust an seelischer Bindung und damit an Geborgenheit in den bindenden Beziehungen zum Übergeordneten mit seinem schützenden Dach, das alle überspannt. Dieser Verlust macht innerlich leer, seelisch obdachlos und einsam. Die Einsamkeit drängt wieder nach der lebendigen Erfahrung der bergenden Gemeinschaft: Siehe den Zusammenhalt der von der »Gesellschaft« geächteten

Gruppen so genannter Radikaler oder Chaoten. Und in dieser Gruppe findet man dann die rundum versagte lebensnotwendige Anerkennung und Selbstbestätigung. Je radikaler, je zerstörerischer, je chaotischer man sich gebärdet, umso mehr. Das ist dann die extreme Selbstverwirklichung der negativen Art.

Das Wesentliche ist hier der Verlust an richtungsgebenden Werten, die eine klare Lebensorientierung mit sich bringen. Was indessen immer bleibt, ist das ICH, das es schrankenlos zu verwirklichen gilt, koste es, was es wolle. Selbstverständlich auch auf Kosten des Nächsten (»Was geht mich das an?«), wenn er einem in die Quere kommt.

Die menschlichen Antriebskräfte, also sämtliche Interessen und Motive, können wir in drei Gruppen zusammenfassen, was beim praktischen Arbeiten mit ihnen aus der verwirrenden Vielzahl von einzelnen Momenten heraushilft und klare Übersicht gibt. Wir können sie uns sozusagen in Gestalt von drei Pfeilern vorstellen, die zusammen obenauf die menschliche Persönlichkeit tragen:

- *den Selbsterhaltungstrieb* (Selbstbehauptungsdrang, Durchsetzungsverlangen),
- *das Selbstverwirklichungsstreben* (Selbstentfaltungsbedürfnis),
- *das Selbstbestätigungsverlangen* (Bedeutungsbedürfnis: Streben nach Bejahung und Anerkennung, Geltungsbedürfnis, Eitelkeit).

Sie sind natürlich stark miteinander verwoben und wechselseitig auch voneinander abhängig. Diese Betrachtung kann uns in der Praxis leichter den gesuchten Ansatzpunkt finden lassen bei der Frage: Was tun, wenn einer der drei Pfeiler geschwächt ist, die ganze Konstruktion und damit der obenauf sitzende Mensch in akute Gefahr gerät?

Fragen Sie den Pendel, welche dieser drei Gruppen unserer Antriebskräfte bei Ihnen, bei X, derzeit und/oder zu einem früheren wichtigen Zeitpunkt die am stärksten wirksame, welche die am wenigsten wirksame ist bzw. war. Das Ergebnis ist oft sehr bedeutsam und aufschlussreich.

Zur Weltanschauung: Zu Beginn dieses Kapitels haben wir uns unsere Gedanken gemacht über den Lebenssinn, und wir kamen zu dem Ergebnis, dass er sich vielfältig formulieren lässt. Indessen gilt es in jedem Fall, *unsere Aufgabe in diesem Leben zu erkennen,* und darüber hinaus, dass wir in Wahrheit geistige Wesen sind. Und wir stellten fest, dass jenseits unseres verstandesmäßigen Wissens die geistigen, die geistig-spirituellen Schwingungen überall im Raum vibrieren. Erinnern Sie sich bitte (oder lesen Sie es besser noch einmal nach), was ich gleich zu Beginn des ersten Teils dieses Buches im Zusammenhang mit der energetischen Grundlage von allem Existierenden über unsere »Seele«, unseren »Geist« ausgeführt habe. Für viele sind das reichlich verschwommene Begriffe. Dabei liegen sie doch, wenn wir sie nur vom richtigen Standpunkt der Schöpfung her betrachten, klar vor uns. Unsere Seele ist gleichsam nur eine Leihgabe, ist nur der Tropfen Wasser aus dem unendlichen Ozean des uns in seinen Dimensionen unfassbar gewaltigen Geistes. Er lebt und wirkt als die uns unermessliche, allgewaltige Schöpfungskraft des Kosmos: des Himmels und der Erde. Wir sahen, dass wir je nach unserem Blickpunkt sprechen können von der Urenergie, von Gott, vom Geist, vom höchsten Bewusstsein – es sind immer nur andere Namen für ein- und dieselbe alles schaffende und alles nach ihrer Gesetzlichkeit lenkende »große Kraft«.

Es sind die schöpferischen kosmischen Schwingungen, es ist der große Geist, die von den Religionen betonte Allgegenwart Gottes. Es ist die gleich der atomaren Kraft alles durchdringende und erfüllende »göttliche« Gegenwart, die uns wahrhaftig von allen Seiten einhüllt. So wie für Meister Eckhart und alle tief empfindenden Mystiker das Gebet das wortlose Einssein ist mit dem Göttlichen: In ihm sind Leben und Tod überwunden, sind beide doch gleichermaßen nichts anderes als göttliche Erscheinungsformen.

Es ist das Ideal des harmonischen Einsseins mit diesem »Göttlichen«: der Harmonie mit mir selbst, meiner Umwelt und der Erfüllung meiner Aufgabe. In dieser Harmonie mit mir selbst sind Körper, Seele, Geist im ausgewogenen Gleichgewicht der in sich geschlossenen Ganzheit. Da gibt es keine einseitige Hingabe der Seele an den Körper und an die materiellen Lockungen der Welt. Und doch bleibt sie auf dem Boden der Realität: Sie kann nicht abschweben und sich verlieren in unechte Geistigkeit und illusionäre spirituelle Höhen. Da bleibt auch der mächtige Selbstverwirklichungsdrang bewahrt vor bloß egozentrischer Selbstbefreiung. Denn dieser ganzheitliche Mensch bleibt zu jeder Zeit getragen in seiner Einbindung an den kosmischen, den göttlichen, den geistigen Ursprung.

Deshalb klagt er auch »Gott« nicht an wegen des Schlechten und Bösen in dieser Welt, das genauso Teil ist der großen Ordnung und sicherlich nicht ohne Grund. Ich wiederhole: Die Tatsache vom Leiden (»dukkha«) ist in der Lehre Buddhas eine der von uns Menschen zu akzeptierenden Grundlagen unseres Seins. Im gleichen Sinn spricht die jüdisch-christliche Bibel von den Dornen und Disteln dieser Welt und vom Schweiße unseres Angesichts beim Essen unseres Brotes. Das ist uns nun einmal auferlegt. Das ist unser Schicksal! Wir können es ablehnen, weil es uns nicht gefällt: Hilft es uns? Wir können es nur annehmen als Teil der großen Ordnung, auch wenn wir kleinen Menschlein mit unserem bisschen Verstand es nicht begreifen. Und nur so können wir innerlich wachsen und reifen und uns um Vervollkommnung bemühen, bis wir wieder ganz vom großen Geist getragene Wesen sein dürfen. Bis wir wieder ganz in unsere »uralte Heimat« (wie der französische Denker Baudelaire so schön gesagt hat) zurückkehren dürfen, aus der wir auch hervorgegangen sind.

Jeder von uns muss seinen WEG gehen. Denn er ist für sich selbst nur ganz allein verantwortlich. Kein anderer als nur er selbst muss von sich aus den für ihn richtigen WEG finden. So wie jeder nur seinen eigenen einmaligen Tod erleben kann, der immer verschieden ist von dem aller anderen, so ist der WEG eines jeden einmalig und immer verschieden von dem aller anderen Menschen. Auch nicht zwei Wege können sich ganz gleichen. Da braucht keiner einen Vermittler und einen menschlichen »Stellvertreter« der so unermesslich hoch über uns stehenden großen Kraft. Wo immer wir im Leben stehen, ob ganz unten oder ganz oben nach der Rangordnung dieser Welt – wir haben alle miteinander nur eines zu tun: in höchster Achtsamkeit unsere Aufgabe im Dienste unserer Mitmenschen, für die wir tätig sind, nach besten Kräften zu erfüllen. Unsere kleinlichen irdischen Rangunterschiede gelten gewiss nicht in der geistigen Welt. Da kann nur der innere Wert zählen.

Ein jeder von uns hat die Buddha-Natur, heißt es im Buddhismus. *Ein jeder von uns hat den göttlichen Funken in sich,* heißt es im Christentum. Buddha-Natur oder göttlicher Funke: Sie sind die Wegweiser, die die große Ordnung in unsere Seele gelegt hat. Buddha lehrt: »Was du denkst, das wirst du.« Und Augustinus sagt: »Was die Seele hebt, dem wird sie gleich.« So verlangt Buddha von seinen Schülern unmissverständlich: »Ihr sollt nicht den Buddha verehren, ihr sollt selbst zu einem Buddha werden.« Und ebenso unmissverständlich fordert Jesus seine Jünger auf, ihm nachzufolgen nach seinem Beispiel. Buddhaschaft oder Christusbewusstsein – gibt es einen besseren WEG zu einem wirklich erfüllten Leben?[68]

Pendelfragen auf diesem Gebiet sind immer höchst persönlich-intimer Art. Dazu brauche ich nach meinen früheren Hinweisen hier nichts mehr zu sagen. Die dafür in Frage kommenden Pendeltafeln kennen Sie mittlerweile.

Der ganzheitliche Mensch: Das umfassende Persönlichkeitsbild (58)

»Mens sana in corpore sano«
(Ein gesunder Geist in einem gesunden Körper)
Altrömische Sentenz

Als wir uns bisher mit den verschiedenen Voraussetzungen eines erfüllten Lebens auseinandersetzten, da begegnete uns des Öfteren wie schon früher in diesem Buch *der Begriff des ganzheitlichen Menschen.* Er macht seit Jahren immer mehr von sich reden. Was ist der so genannte ganzheitliche Mensch? Es ist der in sich geschlossene Mensch ohne nennenswerte innere Widersprüche, in dem alle seine Wesensschichten oder Seiten oder Teile in vorwiegend harmonischer Weise ineinander verwoben sind.

Meist wird dabei nur an eine einzige gedacht. Ein Musterbeispiel ist *die herkömmliche Medizin,* oft abwertend »Schulmedizin« genannt, für die nur der Körper existiert. Im Gegensatz dazu steht die immer stärker werdende Richtung in der Medizin von heute und morgen, die sich bezeichnenderweise *»Ganzheitsmedizin«* nennt. Sie sieht den menschlichen Organismus immer als Ganzes, d. h. in der Einheit von Körper, Seele und Geist.[69] Sie hat eben erkannt, dass sich der Mensch nur als Ganzes wandeln kann, dass die körperliche Erkrankung in hohem Maß nur die Folge der vorausgegangenen seelischen »Erkrankung«, Kränkung ist und dass folglich nur deren Behebung auch die körperlichen Krankheitserscheinungen wieder beseitigen kann.

In der Ihnen bekannten Tabelle (16) haben Sie die vier prinzipiellen Persönlichkeitsschichten des Menschen vor sich. Wir haben sie am Anfang des Buchteils über das gesundheitliche Pendeln und das Erkennen der Störungsquellen schon genauer betrachtet. Wenn Sie einen Blick hineinwerfen, mag Ihnen deutlich werden, dass *auch die Ganzheitsmediziner von heute oft* die so genannte Ganzheit des Menschen nur im innigen Verwobensein von Körper und Seele-

Geist sehen und dabei *das Geistig-Spirituelle außer Acht lassen.* Es ist ja nicht so leicht, es zu »fassen«. Viele Menschen wollen heute aus der ihnen anerzogenen Überheblichkeit des bloßen Verstandes davon ja auch gar nichts wissen. Also lässt man es weg. Im Gegensatz dazu fühlt sich der geistig-spirituell entwickelte Mensch eingebettet in den großen Zusammenhang der Schöpfung und weiß sich von ihr getragen, was ihm auch immer im Leben an »Gutem« und »Schlechtem« begegnet: Er hat die größte Chance, körperlich überhaupt nicht ernsthaft zu erkranken. Er ist wahrhaft ganz in der Ganzheit, eins mit der Ganzheit der Schöpfungskräfte. Er weiß eben – wie die noch unverfälschten Indianer wussten und wissen –, dass »der Große Geist, der in allem lebt und wirkt«, auch in ihm selbst lebt und wirkt und ihn trägt. Dieser wahrhaft ganzheitliche Mensch ist im weiten, tiefgreifenden Sinn des Wortes wirklich gesund.

Das auch dann, wenn er ein Gesundheitsproblem hat, das ihn trifft. Er akzeptiert es, er nimmt es an. Er verbraucht seine Kräfte nicht im sinnlosen Kampf dagegen. Er macht es sich zu eigen als einen Teil seiner selbst, von dem er weiß, dass auch er seinen Sinn für ihn hat. So erhebt er sich über sein Leiden, er transzendiert es aus der körperlichen Ebene in die höhere Sphäre seiner Seele und seines Geistes: Auch jetzt ist er eins mit sich. Und: Seine Heilungschancen sind beträchtlich größer!

Sehen wir also den Menschen in seiner wahren Ganzheit. Wir brauchen diese soeben nochmals genannten vier grundsätzlichen Schichten oder Seiten des menschlichen Wesens nur in Beziehung zu bringen zum alltäglichen Leben. Dann ist unsere Betrachtung ein gutes Stück lebenskonkreter und damit für den praktischen Gebrauch umso hilfreicher und wertvoller. Die Voraussetzung dafür ist in jedem Fall, dass wir ein umfassendes Bild der menschlichen Gesamtpersönlichkeit gewinnen, an dem nichts fehlt, was wirklich wesentlich für sie ist.

Wenn es auch nur wenige Begriffe sind: Es müssen solche sein, *die unsere menschliche Wesensart in ihrer Wurzel umfassend kennzeich-*

nen. Von diesen das Grundsätzliche prägenden Wurzeln her können wir dann relativ leicht in die Einzelheiten hineinforschen, die aus ihnen herauswachsen. Streben wir aber nach noch so vielen, zumeist nur von außen her erkennbaren Einzelzügen eines Menschen, so mögen diese alle zunächst richtig sein. Aber notwendigerweise fehlt das tragende Gerüst, die Gesamtkomposition, es fehlt »das geistige Band«, wie Goethe so schön sagt. Dann haben wir doch eher nur ein derzeitiges Erscheinungsbild vor uns statt des stabilen, die Persönlichkeit in jeder Lebenslage tragenden Gerüsts, das, kaum veränderlich, immer dasselbe bleibt. Können wir uns dann auf ein derart gewonnenes Bild noch wirklich verlassen in einem Leben der unaufhörlichen Wandlungen? Die sich in unserer Zeit noch dazu so schnell vollziehen, dass uns der Überblick verloren zu gehen droht?

Betrachten Sie nun die Pendeltafel »Der ganzheitliche Mensch in seiner Persönlichkeitsschichtung« ㊽: Sie verbindet die vier prinzipiellen Persönlichkeitsschichten, die Sie von der Tabelle ⑯ aus ihrer Beziehung zu Erkrankungen schon kennen, mit den drei Hauptgruppen der Voraussetzungen für die rechte Lebenserfüllung. Sie verbindet also in gewissem Sinn die vorwiegend im Inneren verborgene Persönlichkeitsstruktur mit ihren mehr nach außen hin die Lebensgestaltung mitprägenden Auswirkungen. Beachten Sie dabei:

- Zeigt bei Ihrer Frage der Pendel *mehr in die untere Hälfte der Tabelle,* so ist die betreffende Person wohl mehr durch ihre inneren Vorgänge und Prozesse gekennzeichnet; wenn *mehr in die obere Hälfte,* dann wirken die Impulse aus dem Inneren wohl mehr erkennbar nach außen hin. Aber: Prüfen Sie jeden Fall im Detail!
- *Wenn es für ein detaillierteres Ergebnis ratsam erscheint,* dann pendeln Sie nach dem Hinweis auf eine der drei Hauptgruppen der Lebenserfüllung (obere Hälfte) auf der betroffenen Tabelle ㊺–㊼ nach den dort aufgeführten Einzelheiten.
- *Beachten Sie ein Grundgesetz der Lebenskraft: Ihre Energien müs-*

sen sich ausleben können. Werden sie daran gehindert, führt das so gut wie immer zu verhängnisvoller Entwicklung; wenden sie sich nach innen, führt das zu den (uns mittlerweile in diesem Buch öfter begegneten) Blockaden, Stauungen im Energiefluss mit zumeist verhängnisvollen Auswirkungen. Wenden sich die gespannten/überspannten Kräfte zu sehr nach außen, dann schießen sie zumeist ins Negative, ins Zerstörerische.

- *Und ein anderes Grundgesetz der Lebenskraft: das Gesetz von der begrenzten Energie.* Wer zu viel seines Kraftpotenzials nur in einem ganz bestimmten Lebensbereich einsetzt, vielleicht übermäßig einsetzt, läuft akute Gefahr, die anderen Bereiche verkümmern zu lassen. Hier steckt die Wurzel für eine weitreichende Problematik vieler Menschen.
- *Die bereits besprochene Achtsamkeit ist der Schlüssel zur positiven Weiterentwicklung* in allen Bereichen. Je bewusster man die eigenen Überlegungen, die eigenen Reaktionen auf äußere Einflüsse wachsam registriert, umso mehr schärft sich der Blick auch in der Beobachtung anderer Menschen. Und umso mehr hilft uns das in der Folge zu einer selbstständigen und aktiven Lebensgestaltung. Denn die seelisch-geistigen Erkenntnisse helfen uns, unseren Weg richtig zu steuern.
- *Nicht der Körper ist der Kern des Menschen, sondern seine Seele:* ihre Gefühle, ihr Gefühlsreichtum. Beobachten Sie: Sie spüren in sich »Ich habe das Gefühl, ich sollte …, ich müsste …, ich könnte doch …«, und schon ist »es« in Ihnen lebendig geworden. »Es« treibt Sie dann – irgendein Interesse, eine Neigung, ein Pflichtgefühl. Nächster Schritt: Sie denken darüber nach. Nächster Schritt, der früher oder später kommt: Sie handeln entsprechend. Nicht umsonst ist die Herausstellung dieser Abfolge vom harmlos erscheinenden Gefühl bis hin zum Tun ein Kernstück der buddhistischen Lebensregel: Sei immer wachsam! (Achtsamkeit!)

Zur praktischen Pendelarbeit mit dieser inhaltsschweren Tabelle ㊺:

Frage: »Welcher der hier aufgeführten Punkte ist derjenige, der meine Persönlichkeit mehr prägt als jeder andere?« Antwort zum Beispiel: Lebenssinn. Jetzt 100 %-Skala ②:
Erste Anschlussfrage: »Wie hoch ist die Intensität meiner Beschäftigung damit (hier: dem Lebenssinn), wenn das Höchstmaß einer ganz intensiven Auseinandersetzung damit 100 % ist?« Antwort: 85 %. – Sie können eine erste kurze Notiz machen: Lebenssinn 85.
Zweite Anschlussfrage: »Welcher Prozentsatz meiner Gesamtpersönlichkeit wird speziell von diesem Punkt (hier: die Auseinandersetzung mit dem Lebenssinn) in Anspruch genommen und somit geprägt?« Antwort: 55 %. – Sie erweitern Ihre kurze Notiz: Lebenssinn 85/55.
Dritte Anschlussfrage: »Wie weit fließt die hier (in dieser Auseinandersetzung mit dem Lebenssinn) gebundene Energie konfliktfrei, harmonisch, ganz glatt ohne Hemmung?« Antwort: 95 %. – Sie erweitern Ihre Kurznotiz mit der dritten Zahl hinter dem zweiten Schrägstrich: Lebenssinn 85/55/95. *Bemerkung:* Je größer bei dieser letzten Frage die Differenz zu 100 ist, umso mehr ist die innere Auseinandersetzung damit noch gestört. Es kann auch sein, dass sie von vorneherein nicht ganz echt, also nicht wirklich aus dem Inneren her motiviert ist, sondern ein Stück nur vom bewussten Denken her »aufgesetzt« wurde.

Dieses Ergebnis

Lebenssinn 85/55/95

würde bedeuten, dass es sich um einen relativ weitgereiften Menschen handelt, wie jede dieser drei Zahlen übereinstimmend zum Ausdruck bringt. Aber: Wenn Sie das über sich selbst pendeln sollten, seien Sie kritisch, wie schon mehrfach betont!

- Ich habe jetzt die Form »mein« nur der einfacheren Formulierung wegen gewählt. Sie können natürlich mit dem nötigen inneren Abstand und nur, um selbst an Erkenntnis zu gewinnen, auch über andere Personen solche Fragen stellen.

- Selbstverständlich können Sie anschließend fragen, wenn das sinnvoll ist: Welcher Punkt ist der zweitwichtigste, welcher der am wenigsten, am zweitwenigsten bedeutsame bei mir, bei X oder Y?
- Sie können diese Fragen auch für einen früheren Zeitpunkt, der exakt zu benennen ist, stellen. Das ist oft sehr interessant und wertvoll, weil sich so ein Stück Entwicklung, ein Stück inneren Werdegangs zur Reifung hin oder natürlich auch in die Richtung nach rückwärts auftut. Die Lockung der äußeren materiellen Welt mit Geld und Besitz, Geltung und Macht ist ja allgegenwärtig.

Werfen Sie am Ende dieses Buchteils bitte noch einmal einen Blick zurück auf seinen Inhalt und damit auf die Frage, die jeden tiefer blickenden Menschen besonders in seiner zweiten Lebenshälfte mehr und mehr bewegt. Lebe ich mein Leben so, wie es meiner Bestimmung gemäß ist? Meiner Bestimmung, die sich aus den Gaben ergibt, die die Natur in mich gelegt hat, und aus dem, was ich in meinem Leben daraus gemacht habe? Wer möchte rückschauend am Ende seiner Tage diese Frage nicht heiteren Gemüts mit einem klaren Ja beantworten können: Ich habe ein erfülltes Leben gelebt, ein Leben, das mir seine Höhen und gewiss auch seine Tiefen geschenkt hat, ein Leben, in dem ich gleichermaßen durch innere Freude und Glück wie gewiss auch durch manche innere Not und manches Leid reifen durfte zu vollem Menschsein.

Die Grundlagen seines Lebens zu erkennen und voll auszukosten, in seiner Bewältigung im Alltag die Ganzheit des vollen Menschseins zu erfahren und alle seine Energiequellen voll auszuschöpfen – das war und ist und wird immer die Voraussetzung dafür sein, den Sinn seines Lebens zu finden. Mögen wir das frühzeitig erkennen und unser Leben danach richten! Dann wird uns in der Tiefe unseres Herzens reicher Lohn erwarten: die Gewissheit eines wahrhaft erfüllten Lebens.

Erpendeln von geopathischen Störfeldern und von Orten der Kraft

Unsichtbare Lebensbedrohung und Schutzmöglichkeiten

»An ihren Früchten sollt Ihr sie erkennen.«
Matthäus 7,16

Aus gutem Grund habe ich aus den seither behandelten Buchteilen ein besonderes Problem ausgeklammert, das erfreulicherweise trotz allen Abstreitens mehr und mehr in das Bewusstsein breiter Bevölkerungsschichten eindringt, um es jetzt seiner Bedeutung gemäß zwar knapp, aber für die Praxis ausreichend darzustellen: das so bedrohliche Problem der geopathischen Belastung, also *von gesundheitsgefährdenden Strahlungen und Schwingungen,* die aus der Umwelt auf uns einströmen, zumeist aus der Erde. Unsere normalen menschlichen Sinne können sie nicht wahrnehmen. Deshalb leugnen das kurzsichtige Menschen oder machen sich darüber gar lustig. Nicht wenige müssen daher teuer dafür bezahlen.

Die Allgegenwart der geopathischen Belastung (GPB)

Der letzte der 7 praktischen Fälle aus der Pendelpraxis, die ich eingangs dieses Buches kurz aufgerissen habe, stellt eine solche *geobiologische oder geopathogene Störung* heraus – wie sie auch gern genannt wird – und beschreibt die einfache und wirkungsvolle Abhilfe. Von den Dutzenden ähnlicher Fälle, die ich in den letzten Jahren persönlich erlebt habe, hier nur *einige wenige weitere Beispiele:*

- Das dritte Kind, 5 Jahre alt, eines uns befreundeten Ehepaars war im Krankenhaus an *Hirnhautentzündung (Meningitis)* gestorben. Später, nachdem ich einige Rutengängerkurse absolviert hatte, baten mich die Eltern, ihr Schlafzimmer zu überprüfen. Hinterher führte mich die Frau in einen anderen Raum und fragte nach einer möglichen Störung. Die Rute wies in einer Zimmerecke, jeweils etwa 40–50 cm von den beiden Wänden entfernt, eine starke Störung auf. Als ich mir dessen sicher war, es sagte und mich umdrehte, blickte ich in das entsetzte Gesicht der Frau, die mir in ihrer Erregung entgegenstieß: »Und genau an der Stelle hat der Kopf unseres Jüngsten ein Jahr lang vor seinem Tod gelegen, als wir ihm dieses Zimmer eingerichtet hatten! Als er einige Monate hier geschlafen hatte, fing er an, über Kopfschmerzen zu klagen, die immer schlimmer wurden. Dann brachten wir ihn in die Klinik, und vier Wochen später war er tot.«
- Eine Frau, die seit 32 Jahren im selben Zimmer an derselben Stelle in ihrem Ehebett schlief, bekommt *Magenkrebs.* Die radiästhetische Untersuchung wies genau in ihrem Oberbauchbereich eine schwere Störung auf: Eine Spannungslinie des globalen Gitternetzes kreuzte sich schräg mit einer stark strahlenden Verwerfung. Wieder einmal ein klarer Zusammenhang, der zum allermindesten als fördernder Faktor für die Krebserkrankung des Magens in Betracht kam, wenn über die Zeit hinweg nicht als deren Verursacher.
- Fortsetzung des gleichen Falles: Das globale Gitternetz lief schräg durch die beiden Betten hindurch, und es fügte sich, dass sich genau unter dem Kopf des anderen Bettes, in dem der Mann schlief, eine Kreuzung der Doppel-Spannungslinie in N-S-Richtung mit einem normalen Gitterstreifen in O-W-Richtung ergab. Ich sagte zu dem dabeistehenden Mann: »Da müssen Sie Ihren Kopf aber schleunigst woanders hinlegen, das ist ja ein ganz gefährlicher Punkt, wo er jetzt liegt!« und hör-

te die Antwort aus einem tiefbetroffenen Gesicht: »Ich habe ja schon zwei *Hirnschläge* gehabt, ich bin doch seit einem Jahr invalide geschrieben.« Wir verstellten das Ehebett sofort störungsfrei: Heute, nach gut 20 Jahren, leben beide noch froh und gesund!

So gut wie jeder verantwortungsbewusst arbeitende Rutengänger/Pendler kann es viele solcher Berichte geben, die immer wieder den *Zusammenhang von geopathisch gestörten Schlafplätzen (oder auch Arbeitsplätzen) mit schwerer Erkrankung oder sonstigen Störungen* aufzeigen wie

- Kopfschmerzen verschiedenster Art,
- das Gefühl von Abgeschlagenheit, »Gerädertsein« und Müdigkeit morgens beim Aufstehen,
- ausgesprochen unruhiger Schlaf mit bruchstückartigen üblen Träumen bis zu Schlaflosigkeit,
- nächtliches Aufwachen, besonders in den ersten Stunden nach Mitternacht,
- ungewöhnliches Herzklopfen oder »Herzflattern« im Bett,
- Niedergeschlagenheit und depressive Neigungen auch tagsüber,
- rheumatische Beschwerden in Muskeln und Gelenken,
- in krassen Fällen Übelkeit und Erbrechen nach dem Aufstehen,
- unbewusstes Verschieben der Körperposition im Bett weg aus der normalen Mittellage (oft bei Kindern!),
- ungutes Gefühl dem Bett gegenüber bis zu klarer Abneigung.

Der Grad der Gefährdung durch die geopathische Belastung hängt im Wesentlichen ab von der Intensität der Strahlung(en), ihrer Zeitdauer, von der individuell verschiedenen Empfindsamkeit gegenüber diesen Schwingungen und auch noch von der Tageszeit: Die Auswirkungen sind nachts im allgemeinen stärker als am Tag.

Ganz allgemein gilt: Je sensibler der Betroffene in seinem Vegetativum ist, umso stärker trifft es ihn. Alle diese Schwierigkeiten beheben sich zumeist – außer, es ist schon zu spät dazu – durch Vermeidung der Störungsstelle und Aufsuchen eines ungestörten Platzes. Sehr eindrucksvoll sind zum Beispiel *die präzisen Berichte zu diesen sich zwingend ergebenden Zusammenhängen* von Gustav Frhr. von Pohl (insbesondere zum Krebs) oder von Frau Käthe Bachler (insbesondere zu Lernschwierigkeiten und Misserfolgen von Schulkindern) in ihren Büchern.[70] Man kann sich nur zutiefst darüber verwundern, dass noch immer im engbegrenzten rationalen Denken verhaftete Menschen, die nicht biologisch denken können oder wollen, das alles als Unsinn abtun. Leider muss ich das zum wiederholten Male in diesem Zusammenhang erwähnen. Schon beim ersten Kongress für Biologische Krebsabwehr 1985 in Heidelberg – der von der Schulmedizin ignoriert wurde! – betonten die praxiserfahrenen Redner (Medizinprofessoren, Chefärzte von Kliniken und einschlägig erfahrene Psychologen) immer wieder, dass es geradezu unverantwortlich sei, diese so wichtigen Zusammenhänge von Krebs und anderen schweren Krankheiten mit geopathischen Störungen zu leugnen. Zu wessen Nutzen auch?

An dieser Stelle möge es mir erlaubt sein, auf das hinzuweisen, was gelegentlich *das Menetekel des Krebstodes von Frau Mildred Scheel* genannt wurde.[71] Er hat seinerzeit unser ganzes Volk ergriffen. In beispiellosem und in seiner Art bewundernswertem Einsatz hat sie sich viele Jahre lang mit der von ihr gegründeten Deutschen Krebshilfe e.V. für die Bekämpfung dieser als Volksgeißel zu bezeichnenden Krankheit eingesetzt. Ausgerechnet sie musste trotz der Beziehung der ersten Garnitur der Krebs-Schulmediziner und des Einsatzes der modernsten und teuersten Apparaturen einen frühen Krebstod erleiden. In ihrer letzten Lebensphase, da sie die ihr angebotene zweite Operation bewusst ablehnte, mag sie zu der ihr wahrhaft bitteren Erkenntnis gekommen sein, dass ihr die von ihr einseitig geforderten Methoden der Schulmedizin nicht würden helfen können.

Es ist doch in der Tat erschreckend, dass der Vielmillionen-Einsatz für diese Methoden bis heute keinen nennenswerten Durchbruch gebracht hat, während fast jeder vergleichsweise bescheidene Einsatz von Mitteln für nichtschulmedizinische Methoden von vornherein abgelehnt wird! Gewiss nicht zu Unrecht sprechen manche auch medizinische Betrachter vom Verstümmeln, Verbrennen und Vergiften als den nahezu einzigen »Hilfen« der »anerkannten« Methoden, deren Folgen in nicht wenigen Fällen entschieden mehr Leiden und Qualen verursachen als die damit bekämpfte Krebskrankheit. Ich wiederhole die Frage: Zu wessen Nutzen?

Die geopathische Belastung erweist sich hauptsächlich:

- im Zusammenhang mit dem *globalen Gitternetz* (GGN), das der Arzt Dr. Ernst Hartmann entdeckte, weshalb es in der amerikanischen Literatur und zuweilen bei uns auch als Hartmanngitter bezeichnet wird. Der gesamte Erdball ist mit der Zentrierung an den magnetischen Polen von einem magnetischen Gitternetz überzogen, dessen Spannungslinien oder Reizstreifen in unserer geographischen Breite in der magnetischen N-S-Richtung etwa 2,00 m auseinanderliegen und in der zugeordneten O-W-Richtung etwa 2,50 m. Diese Reizstreifen sind je nach den geologischen und sonstigen Verhältnissen im Allgemeinen zwischen 15 und manchmal 30 cm und mehr breit, zumeist etwa 20 cm.
  Besonders gefährliche Punkte sind verständlicherweise die Kreuzung dieser Gitterlinien und ganz besonders diejenigen der so genannten Doppelzone oder etwa doppelt so starken Spannungslinien. Das ist im Allgemeinen jeder 4. dieser Reizstreifen in O-W-Richtung und jeder 5. in N-S-Richtung; sie befinden sich also alle 10 m in beiden Richtungen. Am einfachsten lässt sich dieses Gitternetz mit Hilfe der Wünschelrute direkt aufzeigen und am Boden festlegen oder indirekt mittels des Pendels über einer Ortsskizze. Doch darüber genauer im nächsten Kapitel. – Die beiden Skizzen zeigen das globale Gitternetz klar auf.
- über *unterirdischen Wasseradern oder Wasserläufen* und auch hier

ganz besonders bei Kreuzungen oder Überschneidungen von solchen in verschiedenen Tiefen. (Wenngleich das weit überwiegend der Fall ist, so muss doch nicht jede Wasserader negative Ausstrahlung haben, z. B. Heilwässer.) Ihre Gefährlichkeit, seien sie stärker oder nur dünne Rinnsale, hängt nicht so sehr von der Menge des durchfließenden Wassers ab als von seiner Bewegung. Je turbulenter das Wasser fließt, desto stärker wird die geopathische Ausstrahlung. Unterirdisch stehende Gewässer sind ungefährlich.

Das globale Gitternetz
nach Dr. med. Ernst Hartmann

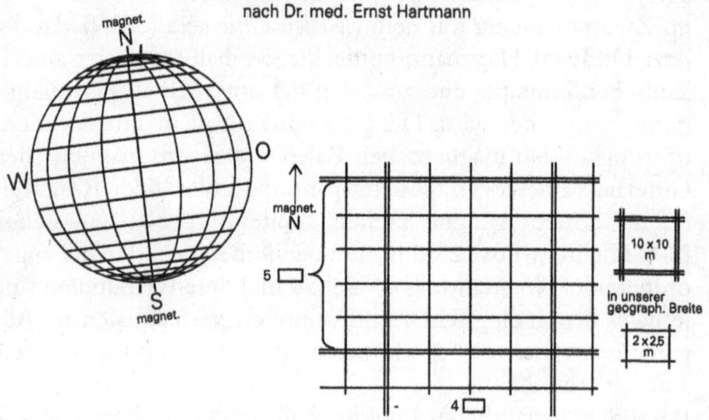

- über *Verwerfungen, tektonischen Brüchen, Spalten* und dergl. in den Bodenformationen, die Folge von Bewegungen der Erdkruste, und über den Linien des *Wechsels von verschiedenen Gesteinsschichten.* Solche Verwerfungen oder Wechsellinien bieten dem Wasser oft genug gute Kriech- oder Fließgelegenheit, was ihre Ausstrahlungen dann natürlich beträchtlich verstärkt. Die Gefährlichkeit von Verwerfungen entspricht durchaus der von Wasseradern. Verwerfungen sind manchmal breitgefächert, also nicht nur in einer Bruchlinie, sondern flächig anzutreffen.

Besonders trifft das da zu, wo sich in der Erdgeschichte langgestreckte Bergzüge am Rande von ebenso langgestreckten Tälern aufgeworfen haben. Ein schönes Beispiel ist der Rheingraben von etwa Heidelberg bis Darmstadt, wo an der gerade noch im Tal verlaufenden Bergstraße sozusagen eine Verwerfung die andere ablöst.

- über *unterirdischen Hohlräumen* verschiedenen Ursprungs.
- über *Erzadern.*
- auch über *elektrischen oder sonstigen im Boden liegenden Leitungen.* Erinnern Sie sich bitte an den Elektrosmog (44) und (45).

Alle diese in der Erde liegenden, an den uns tragenden Boden gebundenen Erscheinungen bringen *mehr oder minder starke Strahlungen gefährlicher Art* mit sich, die sich, wenn radioaktiv, mit dem Geigerzähler und anderen Messgeräten beweisen lassen. Über ihre gesundheits-, ja lebensbedrohenden Wirkungen kann heute – wie schon gesagt – kaum noch ein Zweifel sein. *Viele Tiere* vermeiden sorgfältig solche gestörten Plätze, wie Kühe, Pferde, Hunde, Kaninchen und viele Vögel bei ihrem Nestbau. Kühe und andere stallgehaltene Tiere erkranken »rätselhafterweise« an solchen Stellen und gesunden ebenso »rätselhaft« nach dem Wechsel auf einen anderen, ungestörten Platz. Andere wiederum suchen gerade diese Stellen auf und fühlen sich da offensichtlich besonders wohl, wie Katzen, Ameisen oder Bienen. Meiden Sie daher die Lieblingsplätze Ihrer Katze, sie versprechen nichts Gutes für Sie!

Bäume, die auf Stör- oder Reizzonen stehen, werden in ihrem Wachstum schwer geschädigt, wenn sie nicht sogar eingehen: Kümmerwuchs, Drehwuchs, tumorartige Auswüchse und dergl. sind die Folge, und auch die *sonstige Vegetation aller Art* ist oft nachhaltig gestört. In Gärten und in der freien Natur können Sie das gelegentlich gut beobachten. Besonders Kreuzungspunkte von Reizstreifen werden häufig von *Blitzeinschlägen* getroffen, wie sich an vielen Stellen vor allem in den Wäldern nachweisen lässt.

In diesem Zusammenhang möchte ich den *Hinweis auf die elektrische Feldstärke und Radioaktivität* nicht unterlassen. Unsere Lebensvorgänge vollziehen sich ständig unter der Beeinflussung des natürlichen elektrischen Felds, und sie werden tiefgreifend gestört, wenn sich dieses dem Nullpunkt nähert: Sonst unerklärliche Störungen wie Herzklopfen, Schwindelzustände, Schweißausbrüche können dadurch bedingt sein. Ein anderer wichtiger Faktor, den wir mit unseren Sinnen ebenfalls nicht wahrnehmen können, ist radioaktive Strahlung. Unter der Erdoberfläche verborgene Wasseradern können starke Radioaktivität aufweisen, die dann entsprechend ausgeprägte Reizstreifen an der Erdoberfläche bewirken. Solche Bereiche oder Gegenden soll man unbedingt meiden.

Wo die radioaktive Strahlung am schwächsten ist, fühlen wir uns am wohlsten und sind auch am leistungsfähigsten, zum Beispiel in Höhenlagen, besonders auf Hochflächen bis etwa 2000 m Höhe, dicht bei Wasserflächen oder auf dem Meer und auch in Gebieten mit Sandböden. Es ist hier nicht der Ort (und zudem fühle ich mich nicht als Fachmann), um an dieser Stelle genauer auf diese so unerhört interessanten Zusammenhänge näher einzugehen. Für unser Leben sind sie von großer Bedeutung.

Es bleibt mir noch *eine notwendige Bemerkung zum Curry-Netz,* benannt nach dem Schweizer Arzt Dr. Curry, der es noch vor der Zeit von Dr. Hartmann entdeckte. Von so genannten Fachleuten werden ganz verschiedenartige Darlegungen zum Curry-Netz gegeben, die sich vielfach widersprechen. Sie reichen von seiner absoluten Bindung an das GGN, sozusagen nur als dessen Begleiterscheinung, bis zu völliger Unabhängigkeit davon bei jeweils wiederum verschiedenen Maßangaben. Diese schwanken zwischen 3,50 m Abstand der Linien oder Reizstreifen voneinander laut Curry (1952) selbst[72] und 14–22 m je nach Örtlichkeit.[73] Das wohl einzig Gemeinsame dieser verschiedenen Ansichten ist, dass es diagonal zum GGN verläuft. Jeder glaubt, er könne seine Lesart beweisen. Die Erklärung für diese Widersprüche dürfte darin liegen, dass eine Vielzahl von Faktoren dabei eine Rolle spielt, die bis in das innerste Zellgeschehen hineinreichen, und die man heute noch gar nicht alle kennt, geschweige denn geistig im Griff haben kann. Dann findet sich der Name Curry als »Erklärung«.

Auch wenn ich mich damit in Widerspruch zu manchen Radiästheten stelle, bin ich heute der Überzeugung, dass *die gesundheitlichen Gefahren des Curry-Netzes* oft stark übertrieben werden. Die Beobachtung von vielen konkreten Fällen und wiederholte Pendelangaben bringen mich zu der begründeten Auffassung, dass es nur etwa 15 % und maximal nicht mehr als 25 % der Gefährdung für uns Menschen mit sich bringt, die vom GGN ausgeht. Deshalb können wir es für die Praxis des Alltags zumeist vergessen.

Denn *einem gewissen Prozentsatz von geopathischer Belastung sind wir alle ständig ausgesetzt.* Wir können diesem nicht aus dem Weg gehen, und unser Körper ist allem Anschein nach auch darauf eingestellt. Um so wichtiger muss es sein, dass wir die besonderen geopathischen Belastungen – welchen Namen sie im Zweifelsfall auch haben mögen – ernst nehmen. Unsere Werkzeuge Rute, Pendel und Energiesensor zeigen sie uns auf, wie Sie gleich sehen werden, damit wir ihnen dann sorgfältig aus dem Weg gehen, wo immer wir das nur einrichten können.

Ermitteln von geopathischen Störfeldern ⑤⑨ ⑥⓪

Wie können wir diese gesundheitsgefährdenden Störfelder erkennen? Es gibt *drei Hilfsmittel oder Werkzeuge,* die uns dabei helfen können. Welches dabei ganz von der Praxis her gesehen geeigneter ist, hängt davon ab, ob wir diese Störfelder *unmittelbar an Ort und Stelle* ermitteln wollen oder – weil das nicht notwendig ist, so sehr es als spätere Kontrolle natürlich seinen Wert hat – ob wir das *mittelbar* von einem x-beliebigen Aufenthaltsort aus über jede Entfernung hinweg tun wollen. Das bereitet viel weniger Umstände und geht auch schneller.

Zunächst zur zweiten dieser beiden grundsätzlich möglichen Vorgehensweisen, die man gern als *die mentale Methode* bezeichnet. Hier ist der Pendel, und nur er, wieder das unersetzliche Werkzeug. Von größtem Wert bei diesem Verfahren erweist sich *die Übersicht der geopathischen Belastungsmöglichkeiten* (59): Im oberen Bereich finden Sie die vier Möglichkeiten des GGN verzeichnet, die ich im vorigen Kapitel schon erklärte, und auf der rechten Seite die wichtigsten Störungsquellen der sonstigen Art. Von diesen treten in der Praxis am häufigsten die Wasseradern und daneben auch noch die Verwerfungen auf, während das Curry- und die sonstigen Gitternetze nach meiner Erfahrung praktisch völlig in den Hintergrund treten, wie schon vor kurzem betont. Auch die Angaben auf der linken Seite bedürfen keines großen Kommentars: Der wichtigste Punkt hier ist im Allgemeinen die Verbindung mehrerer Störungsquellen, auf die der Pendel bei einem konkreten Abfragen im Fall von schwerer GPB (geopathischer Belastung) des Öfteren zeigt.

Es versteht sich, dass Sie gerade auch bei dieser Pendeltafel nach der Ermittlung eines ersten Ergebnisses nie versäumen sollen, *nach einer weiteren Störungsmöglichkeit zu forschen*. Es geht ja darum, dass Sie die gesamte Belastung erfassen.

Wenn Sie sich im Allgemeinen zuerst mittels der Tabelle (59) ein Bild über die gegebenen Störungen verschafft haben, werden Sie *anschließend die genaue Lokalisierung der einzelnen Störstreifen* oder Störfelder vornehmen. Das einfachste und zugleich sicherste Vorgehen dabei zeigt Ihnen die Übersicht (60) im Schema deutlich auf. Bei genauerem Zusehen werden Sie sofort erkennen, dass es sich hier im Grunde um das gleiche Verfahren handelt, das Sie zum Zweck des Auffindens von irgendwelchen gesuchten Dingen schon mit dem Schema (47) kennengelernt haben. Es scheint hier nur etwas komplizierter zu sein, weil es jetzt um die Suche nach mehreren Störungs- oder Belastungslinien oder -streifen geht.

Das Auffinden der einzelnen Arten der GPB wird dadurch sehr erleichtert, dass nur das GGN seiner besonderen Gesetzlichkeit unterliegt, die wir besprochen haben. Daher ermittelt man zuerst immer dieses: Wenn die Nordrichtung, die man zuerst mit dem Kompass genau klären kann, und die gesetzmäßigen Abstände zwischen den Spannungslinien einigermaßen stimmen (es kann ja immer kleinere Abweichungen geben), dann können andere Störmomente nur sonstige Störungsfaktoren sein, in der Regel Wasseradern oder Verwerfungen.

In der Übersicht (60) haben Sie den Grundriss eines beliebigen Zimmers vor sich, hier von etwa 17,5 m^2 Fläche, in dem sich 2 Betten, ein großer Schrank, ein Schreibtisch und 2 kommodenartige Möbel bzw. übergroße Nachttische befinden. Es könnte das Zimmer von 2 Jugendlichen sein. Wie gehen Sie nun vor, um die in der Pendeltafel (59) angezeigten Störfelder zu finden? Sie *brauchen zunächst die magnetische N-Richtung,* die Sie auf dem möglichst maßstäblichen Grundrissblatt markieren. Entweder kennen Sie sie schon, oder Sie lassen sie sich genau oder ungefähr sagen oder vom Pendel möglichst genau mit der Frage angeben: »In welcher Richtung liegt, von hier aus gesehen, genau der magnetische Nordpol?« Dabei setzen Sie den Pendel in die Mitte des Raums.

Anschließend platzieren Sie ihn *in einigem Abstand von einer der vier Außenwände des Zimmers,* möglichst zunächst in deren Mitte, in unserem Beispiel (60) an der am meisten nach N gerichteten Wand, und fragen: »An welcher Stelle schneidet die nächstgelegene N-S-Linie des GGN die jetzt vor dem Pendel liegende Außenwand dieses Zimmers? Diese Stelle bitte ich so genau wie möglich anzuzeigen.« In unserem Beispiel schwingt der Pendel dann z. B. auf den Punkt 1. Diesen Punkt markieren Sie mit einem Bleistiftstrich, setzen den Pendel darüber und stellen die Kontrollfrage: »Ist das genau der Punkt, wo eine N-S-Linie des GGN diese Zimmerwand schneidet: Ja oder nein?« Bei Antwort Nein rücken Sie mit Ihrem Pendel näher an diesen Punkt, etwa im Winkel von 90 Grad zur Wand und bitten um genauere Angabe. Es folgt die

Kontrollfrage. Ist der Punkt 1 gesichert, setzen Sie den Pendel erneut an der zuerst beschriebenen Stelle an und fragen, an welcher Stelle der benachbarte N-S-Streifen des GGN diese Zimmerwand kreuzt. So finden Sie den Punkt 2.

Dann setzen Sie den Pendel in gleicher Weise *in einigem Abstand vor die gegenüberliegende Wand* und fragen: »An welcher Stelle schneidet die zuerst angegebene N-S-Linie des GGN, die die gegenüberliegende Wand in der Nähe der nordwestlichen Zimmerecke kreuzt, die jetzt vor dem Pendel liegende Außenwand dieses Zimmers? Diesen Punkt bitte ich so genau wie möglich anzuzeigen.« Der Pendel schwingt jetzt auf die mit der Zahl 6 gekennzeichnete Stelle. Eine Kontrollfrage bestätigt diesen Punkt. Jetzt verbinden Sie die Punkte 1 und 6 miteinander: Die erste N-S-Linie liegt fest. Im Winkel von 90 Grad zu dieser Linie wird der vorhin angegebene Punkt 2 jetzt etwa 2,50 m von ihr entfernt sein, sich also im normalen Abstand der N-S-Linien (in unserer geographischen Breite) voneinander befinden: eine erste Bestätigung des Ergebnisses als richtig.

Jetzt bringen Sie in unserem Beispiel Ihren Pendel in einigem Abstand zu der mehr nach O weisenden Zimmerseite in Position (also auf der Skizze (60) am unteren Rand) und fragen sinngemäß, wie eben beschrieben, wo sich hier der Kreuzungspunkt der Linie befindet, die in der Nähe der nordöstlichen Ecke (bei unserer Zahl 2) die mehr nach N gerichtete Wand schneidet: So erhalten Sie den mit 3 gekennzeichneten Punkt. Sie verbinden die Punkte 2 und 3 miteinander und *haben so die 2. N-S-Spannungslinie des GGN* erhalten. Sie verläuft in der Tat parallel zum erstgewonnenen Streifen: eine zweite Bestätigung des richtigen Ergebnisses. In der prinzipiell gleichen Weise ermitteln Sie die 3. parallel verlaufende N-S-Linie, die am Punkt 8 gerade die Zimmerecke von außen her noch anschneidet. Die Rückfrage auf der Tafel (59) sagt Ihnen, dass das ein doppelt starker Streifen (»Doppelzone«) ist, und damit zugleich, dass der Innenraum des Zimmers davon frei sein muss. Denn erst die viertnächste kann wieder eine sein.

Jetzt kennen Sie das Vorgehen im Einzelnen, wo Sie den Pendel ansetzen, wie Sie die Ergebnisse markieren und zugleich wegen der Gesetzlichkeit der Abstände der parallel nebeneinander von N nach S laufenden Spannungslinien von 2,50 m und der von O nach W laufenden von 2 m (die im konkreten Einzelfall ausnahmsweise bis zu etwa einem halben Meter auch von dieser Regel abweichen können) eine ständige Kontrolle des Ergebnisses haben. So brauche ich jetzt nicht mehr detailliert zu beschreiben, wie Sie nach dem gleichen Verfahren die O-W-Linien finden und damit das GGN mit seinen Kreuzungen von einfachen oder gar von Doppelstreifen genau ermitteln und auf der Skizze einzeichnen. Es versteht sich von selbst, dass Sie auf diese Weise das GGN nicht nur in einem Zimmer, sondern in einem ganzen Haus usw. erfassen können, immer durch Erfragen der einzelnen Linien von außen her.

Und nun haben Sie auf der Tabelle (59) nur zu fragen, *ob außer diesem so ermittelten GGN noch eine andere GPB gegeben* und welcher Art sie ist. Wenn ja, fragen Sie (z. B. auf dem A-B-Schema ③ oder direkt auf Ihrer Skizze), ob diese mehr in N-S- oder in O-W-Richtung verläuft. Setzen Sie den Pendel in der Ihnen nun bekannten Weise außerhalb des zu überprüfenden Raums an – gegebenenfalls mehrfach – und erhalten so in unserem Beispiel die beiden Punkte I und II, deren Verbindung miteinander zusätzlich – wie Ihre Frage über der Tabelle (59) ergeben hat – eine Wasserader anzeigt. Alle sich nicht in das ermittelte GGN als dessen Teil einordnende sonstige GPB können nur die hier zusätzlich eingetragenen Störungsquellen sein.

Dann können Sie gleich mit der 100 %-Skala ② die Stärke, die Breite, die Gefährlichkeit *der Wasserader oder dergleichen* erfragen, ferner die Flussrichtung (direkt oder mit dem A-B-Schema ③) usw. Sie beenden Ihre Nachforschungen aber bitte erst dann, wenn Sie *zum Schluss die Frage* gestellt haben: »Ist in diesem von mir jetzt untersuchten Gebiet sonst noch irgendeine nennenswerte, bisher noch nicht bekannt gewordene GPB vorhanden?« und wenn Ihnen dann die Antwort Nein gegeben wurde.

Mit diesen Ausführungen dürfte das Vorgehen beim mentalen Ermitteln, also das Erpendeln der GPB im Einzelnen klargeworden sein. Erscheint es Ihnen jetzt bei der ersten Lektüre vielleicht kompliziert, so werden Sie in der Praxis rasch feststellen, dass es im Prinzip doch ganz einfach ist. Und Sie werden bald diese »Gebrauchsanweisung« nicht mehr benötigen.
Übrigens ist der 7. der eingangs in diesem Buch berichteten Fälle aus der Pendelpraxis genau mit der eben beschriebenen Methode gelöst und – wie dort schon kurz vermerkt – später an Ort und Stelle von einem erfahrenen Rutengänger exakt bestätigt worden. Das war seither in allen derartigen Fällen so: *»Unser Unbewusstes weiß alles«* (Elisabeth Kübler-Ross). Wir müssen es nur richtig »anzapfen«! Selbstverständlich können Sie sich mit dieser im Kern so einfachen Methode auch helfen, wenn es um das Aufstellen von Pflanzen in der Wohnung oder um das Setzen von Pflanzen, Sträuchern oder Bäumen im Freien geht, damit sie sich frei von GPB gut entwickeln können.

Wie ermitteln Sie die Gefährlichkeit der gefundenen GPB für die Gesundheit der Menschen, die in dem untersuchten Raum leben oder schlafen bzw. viele Stunden an dem untersuchten Arbeitsplatz sitzen oder stehen? Natürlich mit der 100 %-Skala ②. Sie fragen nur: »Wenn 100 % das mögliche Höchstmaß an Gefährlichkeit der GPB darstellt, wie hoch ist bezogen darauf die GPB in dem hier von mir untersuchten Fall?« Der Pendel wird Ihnen sofort eine Zahl angeben. Zur Kontrolle halten Sie ihn anschließend darüber und haben so das Ergebnis bestätigt. *Dabei können Sie etwa davon ausgehen, dass*

- 10 % GPB das Mindestmaß dessen ist, was jeder Mensch zu ertragen hat, nur weil er eben in dieser Welt lebt;
- 33 % der Durchschnitt der GPB aller heute lebenden Menschen ist, den Sie natürlich möglichst unterschreiten sollten;
- 100 % GPB, Tag und Nacht ertragen, den Tod des Betroffenen in spätestens drei Jahren, von ungewöhnlich robusten Naturen

in spätestens gut vier Jahren bewirkt. Wodurch der Tod dann körperlich bewirkt wird, hängt in der Regel nur von dem viel zitierten schwächsten Punkt seines Organismus (»locus minoris resistentiae«) ab.

Nun zur direkten Methode, an Ort und Stelle GPB festzustellen, von der ich eingangs dieses Kapitels sprach. Bei ihr hat der Pendel nur eine zweitrangige Bedeutung, weil seine Handhabung für diesen Zweck zu umständlich wäre im Vergleich zur Wünschelrute. Das ändert nichts an seinem Wert für Nachprüfung und Bestätigung des Rutenergebnisses an den besonderen Störungsstellen. Das Gleiche trifft für den Gebrauch des Energiesensors zu, eines einfachen, ganz leicht selbst herzustellenden Geräts von nahezu unglaublichen Eigenschaften. Darüber demnächst. Wenn Sie Gelegenheit haben, ein nur durch den Pendel gewonnenes Ergebnis mit anderen Methoden unmittelbar am Ort nachzuprüfen, so kann das niemals schaden (auch wenn es nicht notwendig ist!). Wir wissen alle: »Doppelt genäht hält besser.«

Auffinden geopathischer Störfelder mit Wünschelrute und örtlicher Kontrolle durch den Pendel

Das einfachste und schnellste Verfahren, geopathische Störfelder an Ort und Stelle zu ermitteln, *bietet uns die Wünschelrute.* Hier kann nicht der Ort sein, auch ihren Gebrauch im Einzelnen darzulegen. Wie jedes Werkzeug seine eigene Gesetzlichkeit hat, so auch sie. Deshalb ist der Besuch eines guten Ruten-Ausbildungskurses für den Interessierten sehr zu empfehlen. Hier sei nur so viel gesagt: Jeder Mensch ist im Prinzip rutenfühlig, genauso wie pendelfähig. Die einfachste und sicher arbeitende Rute ist handelsüblicher, nicht zu dünner Stahldraht, der zu einem schmalen V von etwa 30 cm Länge der beiden Hälften oder Rutenschenkel gebogen ist. Nahezu jedes Material, das beim Biegen Spannung entwickelt, ist verwendbar.

Das Problem für den Anfänger, über das die meisten nur aus Ungeduld stolpern, ist *die richtige Haltung der Rute.* Die beiden Drahtenden müssen so weit auseinandergezogen werden, dass sie bei sich ständig erhöhender Spannung in der Rute schließlich in den beiden sie haltenden Händen fast eine gerade Linie bilden. Dann ist ihre Reibung an den Fingern am geringsten, und sie kann leicht reagieren. Beim vorwiegend üblichen »Untergriff« halten die nach oben und etwa in Brusthöhe zum Kopf hin leicht geöffneten Hände den Draht (oder Griff) so, dass dessen Enden rechts und links auf den äußeren Seiten ganz unten zwischen dem Daumen- und Zeigefingergelenk und der Draht nach innen hin zwischen dem kleinen und dem Ringfinger zwischen dem mittleren und oberen Fingergelenk eingeklemmt werden. So lassen sich die Drahtenden leicht auseinanderziehen, was dann zu dem notwendigen kritisch-labilen Spannungszustand der Rute führt, also zu dem ganz labilen Gleichgewicht der gespannten Rute. Das ist nichts als Übungssache. Das anfänglich häufige Überschnappen des gespannten Drahts darf Sie nicht unnötig irritieren: Es wird mit steigender Übung immer seltener.

Das praktische Vorgehen, wenn Sie die Haltetechnik einigermaßen beherrschen: Der Kompass gibt Ihnen die magnetische Nord-Süd-Linie. Quer zu dieser gehen Sie ganz langsam, Schrittchen für Schrittchen von je höchstens einer halben Fußlänge, bis Ihre Rute beim Überschreiten des ersten N-S-Spannungsstreifens nach unten (oder nach oben) ausschlägt. Markieren Sie diesen Punkt am Boden, gehen einige Schritte voraus und dann ebenso langsam und sorgsam rückwärts, bis die Rute wieder ausschlägt. Dann wissen Sie, dass der erste Ausschlag stimmt. Wenn die beiden Ausschlagpunkte etwa 20 (15–30) cm Abstand voneinander haben, dann haben Sie wahrscheinlich die beiden Ränder dieser Spannungslinie erfasst. Ob die exakten Anzeigepunkte genau unterhalb der Rutenspitze oder an Ihren Fersen sind (immer entweder das eine oder das andere), wird Ihnen die Erfahrung bzw. die sofort anschließend besprochene Kontrolle mit Pendel oder Energiesensor rasch zeigen. Die ersten Male mag es lange dauern, bis Sie sich des Rutenausschlags sicher sind: Der zugrunde liegende »psychophysische Mechanismus« wird sich auch bei Ihnen bald einspielen wie schon bei vielen Tausenden von Menschen, die sich anfangs auch für nicht rutenfühlig gehalten haben!

Das weitere Vorgehen dürfte Ihnen jetzt schon klar sein. Wie vorhin bei der Beschreibung der Pendelmethode legen Sie jetzt die Nachbar-N-S-Linien, dann im rechten Winkel dazu die O-W-Spannungsstreifen fest und erhalten so das GGN. Von der Rute angezeigte weitere Störungen sind eine andere Art der GPB, meist Wasseradern oder Verwerfungen, seltener unterirdisch verlegte Leitungen irgendwelcher Art.

Die Kontrolle des Rutenergebnisses an Ort und Stelle mit dem Pendel, also das örtliche Auffinden geopathischer Störfelder mit seiner Hilfe, ist einfach:

Über einem ungestörten Platz, der also frei ist von GPB, schwingt er sich sogleich langsam in die magnetische N-S-Richtung ein. Wenn Sie ihn anfangs in einer anderen Richtung schwingen lassen, wechselt er baldigst in die N-S-Richtung und zeigt damit: ungestört! – Je schwerer der Pendel ist bzw. je heftiger er schwingt, umso langsamer vollzieht sich verständlicherweise die Richtungsänderung, und je leichter er ist, umso schneller. Das gilt ganz allgemein auch für die folgenden Punkte. Wenn Sie hinreichend geübt sind, können Sie die locker ausgestreckte und zum Boden hin locker geöffnete andere (zumeist die linke) *Hand auch als Antenne benutzen,* um die genau unterhalb der Hand befindliche Stelle zu überprüfen. Dabei halten Sie den Pendel mit der rechten Hand und lehnen, wenn Sie stehen, Ihren Ellbogen leicht an den Hüftknochen an, um eine wirklich ruhige rechte Hand zu haben. Auch das gilt in gleicher Weise ganz allgemein für die folgenden Punkte.

Über einer Spannungslinie oder Kreuzung des GGN läuft eine eigenartige Bewegungsfolge ab: Der Pendel schwingt sich hin- und herpendelnd in die Richtung der Spannungslinie ein, also N-S oder

O-W, wechselt dann langsam in die Linksdrehung (entgegen Uhrzeigersinn), anschließend in die Rechtsdrehung (im Uhrzeigersinn) und dann wieder in die Richtung der Spannungslinie wie am Anfang. Und dann beginnt der »Tanz« beliebig oft wieder von vorne. Sind die Drehungen nach links oder rechts anfangs vielleicht noch nicht ganz rund, so gewiss bei der zweiten Bewegungsabfolge, die Sie auch noch abwarten sollten, um ganz sicher zu sein. Genau das Gleiche geschieht übrigens über einem x-beliebigen Kompass, was den magnetischen Ursprung dieser Bewegungsfolge deutlich anzeigt. Das Hin- und Herschwingen am Anfang und am Ende geht hier immer in Richtung auf die den Pendel haltende Person.

Der ständige Wechsel Links- und Rechtsdrehung des Pendels ist zurückzuführen auf den Erdmagnetismus. Der negative Pol macht die Links- und der positive die Rechtsdrehung, die einander unausgesetzt folgen. Die Spannungslinien werden ja vom Magnetfeld der Erde gebildet. Dazu kommt: Weil dessen magnetische Feldstärke durch (noch so feine) Einlagerungen von magnetischen Objekten wie Erzen oder dergleichen im Gestein örtlich oft stark verzerrt wird, deshalb auch die immer wieder zu beobachtenden *Schwankungen in der Breite der magnetischen Spannungslinien,* wenn sie von ihrem sonst geraden Verlauf abgelenkt werden. Daher auch die Schwankungen *im Richtungsverlauf,* sodass sie manchmal etwa statt 2,50 m nur 1,50 m und dann wieder 3,50 m Abstand voneinander haben können. Das zu wissen, ist für Sie wichtig, damit Sie nicht völlig verunsichert werden, wenn Ihnen solche – allerdings schon extreme – Unterschiede einmal begegnen sollten.

Über einer Wasserader, also einem unterirdischen Wasserlauf (auch einem Leitungswasserrohr), *oder einer Verwerfung* geht der Pendel sofort in Linksdrehung über. Zur Feststellung der Breite dieses Wasserlaufs bewegen Sie sich von außen ganz langsam möglichst im Winkel von 90° an ihn heran, halten Ihren Pendel absolut ruhig und beobachten scharf, an welchem Punkt genau er mit seiner Kreisbewegung einsetzt. Diesen Punkt markieren Sie und gehen mit Ihrer Pendelhand ganz langsam quer über die Wasserader weiter bis dahin, wo die regelmäßige Kreisdrehung in unregelmäßige (z. B. mehr ellipsenähnliche) Formen oder in Hin- und Herschwingen überwechselt. Diese zweite Markierung zeigt Ihnen jetzt die Breite des unterirdischen Wasserlaufs. Sicherheitshalber überprüfen Sie das Ganze nochmals von der anderen Seite her im gleichen Verfahren. – Über den relativ seltenen positiv strahlenden Wasserläufen dreht der Pendel nach rechts. Es ist jedoch recht fraglich, ob man sich über ihnen längere Zeitdauer aufhalten soll. Denn zu viel positive Kraft kann den Organismus leicht überfordern und damit auch nur belasten, worauf ich später zurückkommen werde.

Über einem Ort der Kraft (darüber im übernächsten Kapitel) geht der Pendel sogleich in eine eindeutige Rechtsdrehung über. Ausnahmsweise mag ein ständiger Wechsel von Stillstand und Rechtsdrehung einsetzen.

Alle diese beschriebenen besonderen Pendelbewegungen sind bei allen mir bekannt gewordenen Pendlern immer die gleichen. Auch bei mir ist das so. Damit möchte ich aber nicht sagen, dass sie bei jedem Menschen so sein müssen. Es ist nicht ausgeschlossen, dass sie in besonderen Fällen davon abweichen, vor allem, wenn ein Pendler bewusst oder unbewusst, das heißt in stiller Erwartung, auf eine andere Reaktion eingestellt ist. Deshalb sollten Sie diese Ergebnisse für sich selbst testen, bevor Sie sie als auch für Sie selbst unbedingt gültig übernehmen!

Auffinden geopathischer Störfelder mit dem Energiesensor

Die Kontrolle des Rutenergebnisses mit dem Energiesensor, also das Auffinden geopathischer Störfelder mit seiner Hilfe, ist ebenfalls einfach. Was ist das für ein Gerät? Der Energiesensor ist nichts anderes als *ein neues, ein zusätzliches »Werkzeug«, das die altbekannten*

Hilfsmittel der Rute und des Pendels hervorragend ergänzt. Er macht bei der richtigen Abstimmung von Sensorkopf-Gewicht mit der Elastizität des Stahldrahts allerfeinste Schwingungen zwischen dem Spannungs- und Schwingungsfeld des Menschen und dem einer anderen »lebenden« Substanz sichtbar. Und das in seiner spezifischen »Sprache«, die mit der des Pendels verwandt ist und doch wegen der ganz eigenen Bewegungsart ihre eigene Gesetzlichkeit aufweist. Das gibt ihm seinen großen praktischen Wert, der über den von Rute und Pendel hinausgeht.

Wie der Name sagt, *»erfühlt« der Energiesensor vorhandene Energie:* In Wahrheit erfühlt diese Energie natürlich nicht das Gerät, genauso wenig wie Pendel oder Rute, sondern Ihr eigener menschlicher Organismus in seinen Ihnen unbewussten Tiefenschichten, und das Gerät zeigt es wie die schon früher zitierte Instrumentennadel nur an.

Das Ihnen vorliegende Buch ist ein Pendelbuch. Deshalb kann ich dieses neue radiästhetische Gerät hier nicht so ausführlich und gründlich mit allen seinen Möglichkeiten darstellen, wie es nötig wäre, um Ihnen seine vielen segensreichen Anwendungen zu vermitteln. Das ist mittlerweile in einem eigenen Buch *»Der Schwingpendel als Energiesensor. Energieschwingungen erkennen und auswerten«* (Schirner Verlag) geschehen. In ihm können Sie sich über alle für das tägliche Leben so ergiebigen Anwendungsmöglichkeiten genau informieren.

Jedermann kann sich dieses hochwertige Anzeigegerät leicht selbst herstellen. In seiner einfachsten Form ist es nichts anderes als ein etwa 20–35 cm langer, dünner Stahldraht (von 0,6–0,7 mm Stärke, der also elastisch ist und den Sie mit der Hand, gegebenenfalls mit einer Flachzange gerade biegen können, in jedem Eisenwarengeschäft zu kaufen) und einem normalen Flaschenkorken oder Radiergummi, den Sie in der Mitte seiner Rundung mit bloßer Hand auf das eine Ende hineinschieben oder -bohren. Dieses Gewicht am einen Ende muss nur – wie schon gesagt – einigermaßen genau auf die Elastizität des Drahtes abgestimmt sein. Wenn Sie das obere Ende des Gerätes mit dem Sensorkopf horizontal vor sich halten, dann muss das untere Ende, das Sie in der Hand halten, zum oberen einen Winkel von etwa 25–30° bilden. Je stärker der Stahldraht, umso größer muss das Gewicht sein, und umgekehrt: Ist der Korken oder der Radiergummi für Ihren dünnen Draht zu schwer, so schneiden Sie ihn mit einem scharfen Küchenmesser entsprechend kürzer. Das ist alles!

Das andere Ende des Stahldrahts ist schon *der Handgriff*, zweckmäßigerweise z. B. ein 6–8 cm langes Stück eines dünnen Bambusstabes, in das Sie den Stahldraht einfach hineinschieben. Fassen Sie diesen Handgriff ganz locker und ruhig zwischen den nervenreichen Fingerspitzen der vier langen Finger von unten und der nervenreichen Daumenspitze von oben her, und zwar so, dass das andere, mit dem Gewicht versehene Ende, der Sensorkopf, etwa in horizontaler Lage ist.

Die Handhabung: Das Wichtigste ist, dass Sie diesen Energiesensor ganz ruhig, ohne jede Spannung oder gar Verkrampfung irgendeines Muskels, wie eben beschrieben, in der Hand halten, um damit richtig arbeiten zu können. Deshalb brauchen Sie einen ruhigen, festen Stand mit gutem Fußsohlenkontakt auf dem Boden. Geben Sie dem haltenden (zumeist dem rechten) Arm mit dem Ellbogen an der Hüfte eine gute Stütze, und halten Sie die andere (zumeist linke) Hand locker geschlossen. (Machen Sie also keine Faust mit Spannung der Finger!) Denn diese locker geöffnete Hand können Sie jederzeit als Antenne benutzen, wie Sie gleich sehen werden, und dann könnten Sie leicht zu einem falschen Ergebnis kommen.

Natürlich können Sie *diesen einfachsten Energiesensor auch viel schöner machen:* Aber nach meiner nun vieljährigen Erfahrung mit allen möglichen Ausführungen kann ich getrost sagen: Alle arbeiten in der gleichen Weise, vom »primitiven« Stahldraht-Korken bis zum vergoldeten »Supersensor«.

Zu Beginn Ihrer praktischen Arbeit mit dem Energiesensor empfehle ich Ihnen *zwei Experimente:*

1. *Halten Sie den Sensorkopf etwa 10–30 cm über eine x-beliebige Pflanze, Blume oder Blüte:* Er wird nach kurzer Zeit in lebhafter Weise auf und ab schwingen, dann bald nach rechts drehen. An der Stärke oder Weite der Schwingungen können Sie die Stärke der ausstrahlenden Lebenskraft recht genau feststellen. Dieses Experiment können Sie über oder an allem, was lebt, *überall wo Lebensenergie ist,* wiederholen: über jedem Blatt einer Zimmerpflanze, über jedem Strauch draußen in der Natur, seitlich an jedem Baumstamm, über jedem Tier, über jedem Menschen und jedem seiner Körperteile.

Statt den Sensorkopf darüber oder wie bei einem Baum dicht neben den Stamm zu halten, können Sie auch hier – wie schon oben beim Pendel beschrieben – die *locker geöffnete andere Hand mit dem Handchakra ab Antenne benutzen:* Halten Sie also den nervenreichen Handteller möglichst genau über das zu prüfende Objekt bzw. auf den Baumstamm zu, und warten Sie mit Ihren auf den Sensorkopf gerichteten Augen dessen Bewegung ab. Beim Anfänger oder auch später in besonderen Situationen beim längst Geübten mag es bis zu einer Minute dauern, bis die Reaktion einsetzt. Im Allgemeinen aber geht es sehr viel schneller.

Die Weite der Schwingungsbewegung auf und ab und beim gesunden Prüfobjekt rechtsdrehend zeigt Ihnen auch hier unmissverständlich die Stärke der vorhandenen Lebenskraft an.

2. *Das Experiment mit dem Kompass,* das Ihnen vom Pendel her schon geläufig ist: Halten Sie den Sensorkopf in der vorhin beschriebenen Weise genau über die Kompassnadel oder irgendeinen noch so kleinen anderen Magneten (z. B. einen so genannten Magnetschnäpper zum Halten von Möbeltüren) und beobachten Sie dabei den Sensorkopf. Es mag bis zu einer Minute dauern, dann setzt er sich in schwingende Bewegung: zuerst von oben

nach unten, dann wechselt er in eine deutliche Linksdrehung, anschließend in eine deutliche Rechtsdrehung und dann wieder zurück in das Auf und Ab, wonach das alte Spiel links, rechts, auf und ab usw. von neuem anhebt. Das geht in dieser Weise, selbst wenn die ganz schwache Kompass-Magnetnadel auf dem Fußboden liegt und Sie den Sensorkopf in reichlich 1 m Höhe genau darüberhalten, ob der Kopf ein Flaschenkorken ist oder ein mit Edelmetall verziertes, noch so schön anzuschauendes Metallgebilde! Und jetzt kommt das nochmals Verblüffende: *Stellen Sie sich irgendwo seitlich* des auf dem Fußboden liegenden schwachen Magneten, den Energiesensor, wie beschrieben, in der (rechten) Hand, und halten Sie Ihre locker geöffnete andere (linke) Hand mit locker gespreizten Fingern genau über das Magnetchen, so werden Sie denselben »Tanz« des Sensorkopfes erleben: Dabei können Sie mit der Hand so weit in die Höhe gehen, wie Ihnen nur möglich. Sie dürfen nur nicht verspannt oder gar mit irgendwelchen inneren Muskeln verkrampft sein. Auch jetzt erleben Sie Ihre (linke) Hand wieder als Antenne.

Wenn Sie diese beiden Experimente erfolgreich gemacht haben, werden Ihnen *die Bewegungen Ihres Energiesensors zur Kontrolle Ihrer Ruten- oder auch Ihrer Pendelergebnisse* um so verständlicher. Sie werden diese Reaktionen auch erleben, wenn Sie ihn direkt zum Auffinden von geopathischen Störungen einsetzen:

Über einer Spannungslinie oder Kreuzung des GGN läuft genau die gleiche Bewegungsfolge ab, wie soeben über der Kompassnadel beschrieben. Ich brauche sie hier nicht zu wiederholen. Der Grund für diese Übereinstimmung ist einfach genug: In jedem Fall sind die gleichartigen magnetischen Strahlungen die Ursache für die gleichartige Sensorreaktion. Ebenso ist es gleichgültig, ob Sie den Sensorkopf direkt über die Reizzone halten oder Ihre Hand als Antenne benutzen.

	Pendel	Energiesensor	Rute
Globales Gitternetz	↕ ↺ ↻ ↕ .... hier: Schwingen in Richtung des Störstreifens (Spannungslinie)	↕ ↺ ↻ ↕	Immer normaler Ausschlag, volle innere Sammlung jeweils auf die besondere Störungsquelle der geopathischen Belastung (»Mentales Arbeiten«)
Wasseradern	↕ ↺ .... ↕ hier: Schwingen in Richtung des Wasserlaufs (selten ↻: dann Heilwasser)	↔	
Verwerfungen	↕ ↺	↕ ↺	
Positive Orte der Kraft	⊙ ↻	↕ ↻	
Negative Orte der Kraft, Elektrosmog	⊙ ↺	↕ ↺	
Ungestörter Platz	Schwingen in der magnetischen Nord-Süd-Richtung (wie Kompass)	⊙	⊙

↻ Rechtsdrehung ↺ Linksdrehung ⊙ Stillstand, kein Ausschlag

↕ Senkrechtes Schwingen des Sensorkopfes bzw. Schwingungsrichtung des Pendels wie angegeben

↔ Waagerechtes Schwingen des Sensorkopfes

Über einer Wasserader schwingt der Sensorkopf seitlich, also horizontal hin und her. An der Stärke des seitlichen Schwingens können Sie die Intensität der Störung ablesen. Über einem (relativ seltenen) positiv strahlenden Wasserlauf schwingt der Sensorkopf senkrecht auf und ab und geht dann in Rechtsdrehung über.

Über einer Verwerfung dreht er links, gegen den Uhrzeigersinn.

Über einem ungestörten Platz steht der Energiesensor absolut still, was Sie erst nach einer vollen Minute, vielleicht nach noch etwas längerem, ruhigem Warten mit Sicherheit sagen können.

Über einem Ort der Kraft (darüber im nächsten Kapitel) schwingt der Sensorkopf lebhaft in der Senkrechten auf und ab und in Rechtsdrehung, also im Uhrzeigersinn, je stärker er ist, umso mehr, wie über jeder Pflanze und allem, was lebt. Auch hier können Sie mit der (linken) Hand immer als Antenne arbeiten.

Sicherheitshalber muss ich auch jetzt – wie vorhin am Ende der Beschreibung der besonderen Pendelbewegungen bei GPB – *davor warnen,* dass jeder Mensch unbedingt die gleichen Sensorreaktionen für die einzig möglichen halte. Wohl sind sie bei allen mir bekannten Benutzern dieses Geräts so wie bei mir selbst gleich, doch könnte es aus dem dort schon erwähnten Grund bei dem einen oder anderen auch einmal anders sein. Daher überprüfen Sie diese Ergebnisse bitte zuerst kritisch für sich selbst!

Sie *haben nun vier verschiedene und jede in ihrer Art bewährte Möglichkeiten kennengelernt* (mentale Methode: Pendeln über Grundriss oder Skizze, direkte Methoden: Rute, Pendel, Energiesensor am Ort), um diese in der Tat lebensbedrohenden geopathischen Belastungen der verschiedenen Art zu erkennen. Sie können im konkreten Fall die vier Ergebnisse miteinander vergleichen, kontrollieren und notfalls aneinander korrigieren. Damit haben Sie *ein Höchstmaß an Sicherheit,* das heute wohl kaum übertroffen werden kann, diesen Gefahren für Ihre Gesundheit auszuweichen bzw. sich vor ihnen zu schützen, soweit das möglich ist. Darüber werden Sie demnächst noch Genaueres erfahren.

Zum Schluss möchte ich auf mehrfache Bitte von Seminarteilnehmern *einen einfachen und klaren Überblick über die Ermittlung der geopathischen Belastung durch die drei radiästhetischen Werkzeuge* bringen

gen. Sie sehen daraus, wie Sie durch die zum Teil verschiedene Reaktion dieser drei Geräte jede einzelne der Gefährdungsarten genau feststellen können.

Beachten Sie:

- Beim Energiesensor kann (bei noch Ungeübten, selten auch bei Geübten) vor der Rechts- bzw. Linksdrehung das senkrechte Schwingen auch unterbleiben. Nur beim globalen Gitternetz geschieht das nicht.
- Manchmal tritt statt des senkrechten Schwingens vor bzw. zwischen den Drehschwingungen auch Stillstand auf, besonders bei noch Ungeübten, meist nur als Übergangsphase.
- Selbstverständlich sind die hier angeführten Schwingungen oder Ausschläge die für mich, ebenso wie für die meisten Menschen, typischen. Sie können – wie Sie wissen – individuell auch anders sein.

Negative Orte der Kraft kann es auch geben. Da sie relativ selten sind, bereiten sie anfangs Schwierigkeiten. Man kann sich die konstant negativen Äußerungen aller drei radiästhetischen Geräte in einer gewissen Flächenausdehnung zunächst nicht erklären. Denken Sie im kritischen Fall rechtzeitig daran! Es ist ganz ähnlich wie umgekehrt bei positiven Orten der Kraft.

Nun noch kurz zur besonderen Eigenschaft des Energiesensors als ein sicheres Anzeigegerät für die Übereinstimmung zwischen zwei aufeinandertreffenden Schwingungsbereichen: Sie erinnern sich: Alles ist schwingende, fließende Energie! Wenn Sie dieses einfache Gerät zwischen zwei x-beliebige Schwingungsbereiche halten, zeigt seine Reaktion sofort, ob und wie weit sich diese miteinander vertragen.

Deshalb können Sie damit zum Beispiel feststellen:

- die Verträglichkeit eines jeden Nahrungsmittels, Getränks, natürlichen oder chemischen Medikaments, von zubereiteten Speisen usw. für Ihren Körper. Etwa: Welche Weinsorte ist für

Ihre oder für die Gesundheit eines anderen Menschen die beste?

- die »Verträglichkeit«, also den persönlichen Wert eines jeden Buches, jeder Schallplatte oder Kassette für Ihren Geist und Ihr Inneres.
- die »Verträglichkeit« eines Briefs, einer Nachricht, einer Notiz für Sie, die von einem anderen Menschen zu Ihnen kommen und von dessen innerer Einstellung geprägt sind.
- die Verträglichkeit, also die Übereinstimmung von 2 Menschen, die miteinander auskommen müssen oder sollen, oder die es besser gar nicht versuchen.
- die Verträglichkeit eines Raumes, einer Örtlichkeit für Sie: Jeder Ort hat seine Schwingung, seinen »Geist«, wie die Römer sagten: seinen spiritus loci (den »Geist des Ortes«).

Ihr Vorgehen zum Zweck dieser Feststellungen könnte kaum einfacher sein:

1. *Möglichkeit:* Sie halten den Energiesensor ganz einfach etwa in die Mitte zwischen sich und den zu prüfenden Gegenstand, den Sie ungefähr 15–20 cm von sich entfernt in die (linke) Hand nehmen, während Sie mit der anderen (rechten) das Gerät dazwischenhalten. Ob Sie selbst den Prüfgegenstand in der Hand halten oder jemand anders, ist gleichgültig. Etwas, was Sie essen, halten Sie am besten vor den Magen, ein Medikament vor das betroffene körperliche Organ (oder den Magen), ein Buch oder etwas anderes geistigen Inhalts vor die Stirn oder vor Ihr Herz, je nachdem, was Sie mehr betroffen glauben. Wollen sich zwei Menschen auf ihre »Verträglichkeit« miteinander überprüfen, so können sie auf etwa 1 m Abstand gehen, wo sich die wechselseitigen Ausstrahlungen schon stark berühren. Die persönliche Ausstrahlung oder Aura können Sie übrigens in ihrer Ausdehnung und Stärke genauso messen.

Sie können den Energiesensor dabei in jeder Position halten: normalerweise mit waagerecht gehaltenem Endstück am Sensorkopf oder auch senkrecht vor Ihrem Kopf oder Ihrer Stirn.

Die Antwort des Sensors ist einfach genug:

Entweder Vor- und Rückwärtsschwingen von einem Schwingungsfeld zum anderen: wechselseitige Anziehung, positive Antwort, das eine Schwingungsfeld sucht und braucht das andere, je stärker die Schwingung des Sensorkopfes, umso mehr. Oder Hin- und Herschwingen zwischen (entlang) den beiden Schwingungsfeldern, also quer zu der sie verbindenden Linie: wechselseitige Abstoßung, negative Antwort, die beiden Schwingungsfelder wollen nichts miteinander zu tun haben, je stärker die Schwingung des Sensorkopfes, umso weniger.

2. *Möglichkeit:* Sie nehmen das für Sie selbst zu prüfende Objekt in die (linke) Hand oder geben das für einen anderen zu prüfende in eine seiner Hände und halten Ihren Energiesensor wie üblich 10–20 cm darüber. Bei positiver Antwort schwingt der Sensorkopf senkrecht auf und ab, also in das Schwingungsfeld hinein, bei negativer waagerecht hin und her, er bleibt also außerhalb. Je stärker er dabei schwingt, umso lebhafter sagt er Ja oder Nein.

Wenn Sie einmal anfangen, mit dem Energiesensor zu arbeiten und erste überzeugende Erfahrungen damit machen, werden Sie ihn wohl niemals wieder unbenutzt liegenlassen. Denn er erweist sich immer wieder von neuem als treffsicher und damit als ein kaum noch zu ersetzendes Instrument. Deshalb habe ich ihn hier in diesem Pendelbuch auch in seiner weiteren Anwendung in dieser seiner ganz besonderen Bedeutung für unser tägliches Leben aufgenommen in der Hoffnung, dass er vielen Menschen helfen möge.

Orte der Kraft und ihre praktische Nutzung

Orte der Kraft sind Plätze mit gesteigerter positiver Energieaufladung. An ihnen gibt es also ein erhöhtes natürliches Energiepotenzial. Wir können auch von einem Energiezentrum sprechen, das sich durch ungewöhnliche Energieströme auszeichnet, oder von einer ortsgebundenen Kraftaufladung. Viele Hinweise sprechen dafür, dass *bis vor etwa 300 Jahren die Kenntnis über solche Orte der Kraft* und die Fähigkeit, sie zu erkennen und für bestimmte Zwecke einzusetzen, *noch weit verbreitet waren.* So sind viele christliche Sakralbauten wie Kirchen, Klöster und im Besonderen Altäre und die Plätze, von denen aus der Priester das Wort Gottes verkündete, auch Taufsteine, exakt an solchen Orten der Kraft errichtet. Im Mittelalter und bis in die Neuzeit herein scheint die Beachtung dieser Orte der Kraft geradezu eine Selbstverständlichkeit ebenso gewesen zu sein wie das in noch viel früherer Zeit der Fall war, wie sich an den Resten germanischer und keltischer Kultstätten oder auch Befestigungsanlagen deutlich ersehen lässt.

Verschiedene Universitäten betreiben systematische Studien und Felduntersuchungen in dieser Richtung. Sie können uns immer mehr Kenntnisse darüber vermitteln, dass die Menschen jener Zeit sehr viel mehr wussten als wir und dass sie offensichtlich ganz allgemein viel sensibler waren im Auffinden von solchen Orten der Kraft mit ihrem stimulierenden Energiefeld ebenso wie von geopathisch besonders gestörten Plätzen, wo sie den Bau eines Hauses peinlich vermieden. Restbestände dieser Fähigkeit, kosmische und erdabhängige Einflüsse auf dem uns tragenden Grund und Boden unseres Seins zu erfühlen, zeigen sich auch noch bei vielen Menschen von heute, wenn sie irgendwo in der Natur, bei sich zu Hause oder bei Freunden einen ganz bestimmten Platz aufsuchen und bevorzugen. Manchmal habe ich das auch in Fabriken und Büros beobachten können, wo verständige Vorgesetzte im Rahmen des Möglichen dem gern nachgaben.

In diesem Zusammenhang ein Wort zu *überirdischen Energie- oder Energieflusslinien,* die sich zuweilen in völlig gerader Linie wenige Zentimeter breit über beachtliche Entfernungen hinweg erstrecken. Das kann der Fall sein zwischen irgendwelchen markanten Geländepunkten wie herausragenden großen Steinen oder alten Kirchen, Kreuzen oder »Marterln« (irgendwo an Wegen, Feldern oder Waldrändern aufgestellte steinbehauene Standbilder religiöser oder menschlich erhebender Art), alten Meilensteinen oder Wegkreuzungen, alten Hügelgräbern oder sonstigen Erdaufschüttungen. Nach den beschriebenen Verfahren lassen sie sich finden und nachkontrollieren. Diese uns seltsam, ja geheimnisvoll anmutenden Energielinien haben sicherlich ihre Ausstrahlung und Bedeutung auch für uns Menschen, die wir nur noch nicht erkannt haben. Für interessierte Forscher tut sich hier ein weites Feld auf.[74]

Zurück zu den Orten der Kraft: Wie lassen sie sich ermitteln?
Am einfachsten mit der Ihnen nun längst geläufigen Methode, die Ihnen die Pendeltafeln ㊼ und ㊿ im Schema aufgezeigt haben: durch das Kreuzen von Suchlinien mit präziser Feststellung des gesuchten Punktes in seinem Nahbereich. Dazu brauche ich an dieser Stelle nichts mehr auszuführen.

Die so gefundene Stelle können Sie rasch überprüfen. Im Vorgriff auf dieses Kapitel habe ich schon bei der Besprechung des Pendels und des Energiesensors darauf hingewiesen, dass:

- der Pendel hier sogleich in eine eindeutige Rechtsdrehung übergeht (ausnahmsweise mag auch ein ständiger Wechsel von Stillstand und Rechtsdrehung einsetzen);
- der Energiesensor sogleich lebhaft senkrecht auf- und abschwingt, wie er das überall tut, wo für das Leben wesentliche Energie existiert. Es kann auch ein ständiger Wechsel von Auf und Ab mit Rechtsdrehung oder nur diese einsetzen.

Für die Reaktion von Pendel und Energiesensor gilt:
Je intensiver die Drehung bzw. Schwingung, umso stärker ist der Ort der Kraft und natürlich umgekehrt. Seine genaue Stärke sagt die 100 %-Skala ②, bei deren Befragung Sie wie immer von 100 % als der maximal möglichen Stärke eines Ortes der Kraft ausgehen.

Statt den Sensorkopf genau über die betreffende Stelle zu halten, können Sie als einigermaßen Geübter auch Ihre locker nach unten hin geöffnete andere (zumeist also die linke) Hand als Antenne für die Aufnahme dieser auffallenden Energieschwingungen benutzen, wobei sich Ihr Körper irgendwo seitlich der betreffenden Stelle befindet. In jedem Fall ist Ihr Blick auf den Sensorkopf gerichtet.

Es mag diesbezüglich ganz besonders empfindsame Radiästheten geben, die *Orte der Kraft auch mit ihrer Rute* zweifelsfrei ausfindig machen können. Der »Normalmensch« kann das mit Pendel und Energiesensor in einfacher und zuverlässiger Weise, wie beschrieben, tun.

Die Bedeutung dieser Orte der Kraft für uns Menschen liegt darin, dass wir uns die von ihnen ausgestrahlte Energie nutzbar machen können. In früheren Jahrhunderten ist das, wie viele Hinweise belegen, offensichtlich in beachtlichem Umfang geschehen. Dann ist das Wissen darum im Zeichen der sich immer stärker entwickelnden Naturwissenschaft untergegangen, die nur das materiell Greifbare als wirklich existent anerkannte und alles andere als Aberglauben abtat. Und heute sind wir glücklicherweise dabei, diese verloren gegangenen alten Erkenntnisse mühsam und Stück um Stück wiederzuentdecken und hoffentlich noch einiges mehr.

Die direkte Auswertung dieser Orte der Kraft liegt ganz einfach darin, dass man sich bewusst in sie hineinbegibt, um ihre Energiestrahlung zur eigenen Kräftigung in seinem Organismus aufzunehmen. Das tut zum Beispiel ein körperlich nicht mehr sehr widerstandsfähiger Seminarleiter hohen Alters, der mir gut bekannt ist. Er hat sich mit diesen Zusammenhängen seit vielen Jahren auseinandergesetzt und immer wieder die Erfahrung gemacht, dass er die den ganzen Tag ausfüllenden Vorträge und Diskussionen sehr viel besser und ohne Schaden durchhält, wenn er seinen Stuhl genau auf einen solchen Ort der Kraft stellt. Erfreulicherweise hat er in seinem Seminarraum einen solchen zur Verfügung. Zwar ist sein persönlicher Arbeitsplatz dabei in einer etwas eigenartigen Position zu seinen Seminarteilnehmern, aber – das für ihn das Wesentliche – jetzt kann er den ganzen Tag und oft noch den anschließenden Abend ohne Erschöpfung durchstehen. Als er seinen Ort der Kraft noch nicht entdeckt hatte, war ihm das nicht mehr möglich gewesen!

Allerdings muss ich jetzt noch anfügen: *Dieser Ort der Kraft ist relativ schwach,* sonst würde er bei diesem Verhalten ganz entschieden des Guten zu viel tun. Denn allzuviel ist ungesund (siehe das Schema des rechten Maßes ④). Wäre dieser Ort noch stärker aufgeladen, würde er nach einiger Zeit eine unerträgliche Belastung. Sensible Menschen halten den direkten ununterbrochenen Aufenthalt an einem solchen starken Ort der Kraft, wie ich mehrfach beobachten konnte, nicht länger als maximal 15 Minuten aus. Dann spüren sie die beginnende Anstrengung und verlassen ihn sofort in der frohen Gewissheit, dass sie für einige Stunden buchstäblich neue Kräfte aufgetankt haben für ihre anstrengende Arbeit.

Die indirekte Auswertung dieser Orte der Kraft dürfte im praktischen Leben noch wichtiger sein. Denn wir können ihre Strahlungsenergien in geeigneten stofflichen Medien einfangen, um sie dann zu unserem Nutzen in verschiedener Weise einzusetzen und zu verwerten. Solche Medien sind im Besonderen: Wasser, neutrale und am besten ungebleichte Vaseline, Watte und Kleidungsstücke wie der Schlafanzug, der den Körper nachts umhüllt.

Das Verfahren dabei ist denkbar einfach. Sie stellen zum Beispiel einen Behälter mit etwa 3 Liter Leitungswasser genau in die Mitte des von Ihnen ermittelten Ortes der Kraft und lassen ihn da so lange stehen, wie Ihnen Ihr Pendel (gehalten über die Zahlenreihe des A-B-Schemas ③) auf Ihre Frage hin geantwortet hat: »Wie lange, wie viele Stunden mindestens soll ich diesen Behälter an diesem Ort der Kraft stehenlassen, damit das darin enthaltene Wasser voll und ganz mit Energie gesättigt ist?« Das wird selten mehr als einige wenige Stunden der Fall sein, höchstens bei einem ganz schwachen Punkt der Kraft.

Statt des Behälters mit Wasser können Sie – wie gesagt – ein Töpfchen mit Vaseline oder eine andere Creme, ein Kräuteröl, einen dünnen Packen lockerer, aufnahmefähiger Watte oder jegliches Kleidungsstück in die Mitte Ihres Ortes der Kraft geben und hier mit Energie aufladen. Die Art der dabei verwendeten Gefäße ist im Allgemeinen gleichgültig, denn für diese Energieschwingungen gibt es kaum Hindernisse: Sie gehen durch alle Materialien hindurch. Wenn Sie Zweifel haben, brauchen Sie nur Ihren Pendel zu befragen.

Die Bestätigung dieser Energieaufladung gibt Ihnen sofort Ihr Energiesensor. Halten Sie ihn direkt über die energetisierte Substanz, oder prüfen Sie diese mittels der Antenne Ihrer (linken) Hand: Er wird sogleich lebhaft auf- und abschwingen und in Rechtsdrehung übergehen, bei voller Sättigung des energetisierten Stoffs bis nahezu an die Grenze seiner Schwingungsfähigkeit. Auch nach vielen Tagen wird das noch der Fall sein, denn die aufgenommene Energie bleibt darin gebunden.

Anwendung dieser energiegeladenen Substanzen, zunächst des so erzielten »Vitawassers« (wie wir es nennen): Sie können es trinken, für die Zubereitung warmer Getränke oder zum Kochen benützen: Bald werden Sie die kräftigende Wirkung des regelmäßigen Genusses auf Ihren ganzen Organismus verspüren. Sie können es vielfältig für heilerische Zwecke gebrauchen: für Umschläge, wo sich solche empfehlen, und vor allem zum Einreiben in die Haut überall da, wo Sie Schmerzen haben, die eine körperliche Störung anzeigen, und in deren Umgebung. Geben Sie etwa morgens und abends, wenn Sie sich wie üblich gewaschen haben, nur eine kleine Menge in die hohlgeformte Hand, und reiben Sie dieses Wasser so lange in die Haut ein, bis es völlig verschwunden ist. Die Wirkung ist oft geradezu unglaublich. *Hier nun einige wenige von vielen verbürgten Fällen,* für die jederzeit Beweis angetreten werden kann:

- Ein 68-jähriger Mann, in seiner rechten Schulter wieder einmal von bösen neuralgischen Schmerzen geplagt, kann seinen rechten Arm nur noch mühsam bis maximal knapp Schulterhöhe heben. Drei Monate lang ständige Verschlimmerung. Nichts hilft. Eine Woche lang, wie beschrieben, täglich zweimal Vitawasser in Schulter und Oberarm eingerieben: Schmerzen verschwunden, absolut unbehinderte Beweglichkeit des Armes im Schultergelenk rundum.
- Eine Frau in mittlerem Alter leidet an »sich blühend entfaltender« Gürtelrose. Nichts hilft. Nach einer Woche täglicher Einreibung volle Heilung. Der behandelnde Arzt: »Noch nie erlebt, kaum glaublich.«
- Ein über 70-jähriger Mann mit Schlaganfall ist jedes Mal, wenn seine bösen Schmerzen eintreten, gegen die seither nichts half, nach einer einzigen Einreibung mit Vitawasser schmerzfrei.
- Im Übrigen werden Sie im nächsten Kapitel, wo es um die Entstörung von geopathisch belasteten Örtlichkeiten geht, noch eine außerordentlich wichtige Anwendung des Vitawassers kennenlernen.

Eine Vielzahl derartiger Erfolge bewirkte in ähnlicher Weise *die so erzielte »Vitasalbe«* (unsere Bezeichnung dafür), entstanden aus energetisierter Vaseline oder handelsüblichen Cremes. Eine kleine Menge davon wird an der schmerzenden Stelle und deren Umgebung einige Male am Tag sanft in die Haut eingerieben. Hier nur ein einziger Fall: Eine ältere Frau hat in beiden schon deformierten und versteiften Schultern starke Schmerzen. Sie kann ihren Arm nicht mehr anheben. Das vom Arzt verschriebene Mittel führt zu bösen Allergien. Schon nach wenigen Tagen Einreibung mit Vitasalbe kann sie den Arm ohne Schwierigkeit wieder bis zur Schulterhöhe anheben und damit arbeiten.

Auch der praktische Gebrauch der vitalisierten oder *energetisierten Watte oder Kleidungsstücke* ist recht einfach: Sie legen – wie oben gesagt – einen entsprechend dünnen oder auch dickeren Packen (eine oder zwei Lagen) Watte oder jedes dafür in Frage kommende Kleidungsstück die ausreichende Zeit an den Ort der Kraft und decken dann den schmerzenden Körperteil damit ab. Dabei geben einige Streifen Leukoplast den nötigen Halt bzw. Sie ziehen das betreffende Kleidungsstück ganz einfach an. Dann können Sie unbehindert Ihrem Tagewerk nachgehen oder sich Ihrem Schlaf hingeben – die eingefangene und richtig platzierte Energie wird Ihnen währenddessen zu Hilfe kommen und Ihre persönliche Vitalkraft entsprechend stärken.

Die Erklärung dieser Heilungserfolge liegt auf der Hand. Alles ist schwingende, fließende Energie! »Schmerz ist der Schrei des Gewebes nach Energiedurchflutung« lautet dieser Schlüsselsatz von Dr. Voll (des heute weltweit bekannt gewordenen Entdeckers der Elektroakupunktur) für das Verständnis des Heilungsprozesses.

Die schmerzende Stelle und ihre Umgebung werden auf die beschriebene Weise von Energie durchflutet. Die Energiestauung (das heißt der Schmerz) löst sich Schritt für Schritt auf, die Energie kann wieder fließen, und damit werden die intensive Durchblutung und die Aktivität der Abwehr- und Heilungskräfte wiederhergestellt.[75] Deshalb werden Sie auch in den Übersichten »Einfache Hilfen zur Selbsthilfe« die Begriffe Vitawasser und Vitasalbe aufgeführt finden. Nehmen Sie bitte den Zusatz »usw.« als Hinweis auch auf die eben besprochene Watte, auf Kleidungsstücke und Ähnliches.

Auch wenn für Sie kein Ort der Kraft erreichbar sein sollte, können Sie sich auf eine andere, absolut natürliche Weise alle soeben beschriebenen Vorteile von *Vitawasser, Vitasalbe usw. mit Hilfe eines gesunden kräftigen Baums* zunutze machen. Sie haben wohl schon davon gehört, dass es immer wieder Menschen gibt, die sich, wenn sie müde und ausgelaugt sind, einige Zeit in ihrer ganzen Körperlänge an einen starken Baum anlehnen und sich von seiner Lebenskraft fühlbar stärken lassen. Ich kann nur die Feststellung von soeben wiederholen: Alles ist schwingende, fließende Energie. Gerade wenn wir in unserem Geist, in unserem Bewusstsein ganz darauf eingestellt und entsprechend gesammelt sind, dann strömt aus einem gesunden, kräftigen Baum, der den stärksten Stürmen trotzt, diese nahezu überschäumende Vitalkraft nach dem Gesetz des Gefälles und des geringsten Widerstands auf den Hilfsbedürftigen über.

Ihr Vorgehen im Einzelnen: Machen Sie sich als Erstes eine einfache Pendeltabelle, wie Ihnen nun längst bekannt, und ordnen Sie die Plätze und Namen von allen Ihnen erreichbaren kräftigen Bäumen bzw. der Baumarten in Ihrer Umgebung darauf an. Dann befragen Sie Ihren Pendel, der Ihnen gern sagt, welche Baumart bzw. welcher einzelne Baum Ihnen am meisten Lebensenergie direkt oder indirekt über ihre vermittelnde Substanz geben kann. Dann fragen Sie sicherheitshalber nach der dort erforderlichen Mindestzeit der Aufladung (die Zeit über Nacht ist immer ausreichend!). Anschließend prüfen Sie das Resultat mit Ihrem Energiesensor nach, indem Sie den Sensorkopf dicht neben den Stamm halten und seine kräftige Schwingung beobachten. Sie werden erstaunt sein über das Ergebnis, das genau das gleiche ist wie über einem starken Ort der Kraft! Jetzt brauchen Sie nur ein eher schmales und höheres Gefäß wie eine Mehrliterflasche dicht an den Baumstamm zu platzieren – und Sie haben auf diese einfache Weise das beste Vitawasser. Sinngemäß gehen Sie mit jeder Substanz vor, die Sie mit Energie aufladen wollen. Ihr praktischer Gebrauch ist dann natürlich derselbe, wie schon beschrieben.

Noch einfacher können Sie Wasser auch dadurch vitalisieren, dass Sie einen nicht zu kleinen *Bergkristall oder Rosenquarz* (»Schönheit« ist unwesentlich) ausreichend lange in den Wasserbehälter hineinlegen. Das Verfahren ist sinngemäß das gleiche, wie kürzlich bei Bereitung auf einem Ort der Kraft dargelegt.

Jetzt bleibt mir nur noch, auf *die Ausstrahlungskraft Ihrer eigenen Persönlichkeit* hinzuweisen, sofern Sie sich in Ihrer Ganzheit von Körper und Seele-Geist sammeln können, also ganz »bei sich« sind.[76] Die Kirlianfotografie beweist, dass die Energieausstrahlung der Hände, der nervenreichen Fingerspitzen und der Handchakren in diesem Zustand hochgesteigert ist im Vergleich zum normalen Alltagsbewusstsein. Das ganz besonders dann, wenn sich der so Übende an die große, die unendliche Energie anschließt, die über allem Geschaffenen steht und in allem Geschaffenen wirkt, und für sie gleichsam zum weiterleitenden Kanal wird. Diese heilsame Energie, der Kern des so genannten geistigen oder energetischen Heilens, strömt in der gleichen Weise wie in einen anderen Organismus auch in die hier besprochenen Substanzen oder stofflichen Medien, wo Sie sie speichern können.

Allerdings wird es sicherlich nur ganz selten Menschen beschieden sein, dabei in wenigen Sekunden oder allenfalls Minuten so starke Strahlungsintensität zu entwickeln, dass dann auf der Stelle sichtbare Erfolge eintreten (wie sie etwa von Jesus berichtet werden). Aber diese persönlich-gefühlsstarke Einwirkung kann all das *nur fördern und verstärken, was die vitalen Heilungskräfte weckt und zum Fließen und Strömen bringt.* Denn die geistigen Kräfte öffnen sich nur dem, der sich selbst bemüht. »Hilf dir selbst, dann hilft dir Gott.« Es wird uns nun einmal nichts geschenkt, wenn wir uns nicht bemühen. Deshalb kann die innere Sammlung auf diese schöpferische, göttliche Kraft, um die wir bitten, eine beachtliche zusätzliche Hilfe sein, deren Auswirkungen viel weiter reichen, als es zunächst scheinen mag.

Im Besonderen: Das Entstörungsproblem

Kehren wir nun zurück zu dem buchstäblich fundamentalen Problem der geopathischen Störung. Es bleibt uns noch die Frage zu klären, *wie wir uns vor den Gefahren schützen können,* die ich eingangs dieses Buchteils beschrieben habe. Das Einfachste ist, dass wir den Tieren nacheifern, die den Reizstreifen und Kreuzungen des GGN und den anderen *Störungsstellen peinlich aus dem Weg gehen,* soweit sie nur irgend können. In der Tat sind sich alle langjährig erfahrenen Fachleute darin einig, dass niemand auf einer einmal festgestellten Störzone verbleiben sollte. Das ist sozusagen eine eiserne Regel der klassischen Radiästhesie. Es gibt nun einmal nichts Besseres, als die kritische Stelle zu meiden: sein Bett zu verstellen oder die Position am Arbeitsplatz entsprechend zu ändern.

Sie glauben vielleicht, *als harmonischem Menschen,* der in seiner Mitte, der »bei sich« ist, könne Ihnen nichts Ernsthaftes geschehen? Nur die Disharmonischen, die »außer sich« seien, müssten ihrer inneren Schwäche wegen anfällig sein für negative Reize jeder Art? Natürlich hat diese Ansicht einiges für sich, sie ist aber doch nicht haltbar, weil sich die Auswirkungen auch einer schwachen geopathischen Störung über die Zeit: Monate, Jahre, Jahrzehnte hinweg aufhäufen. Gerade in der heutigen Welt der Technik und der Chemie, wo sich solche negativen Reize von den verschiedensten Seiten her viel rascher, als man meinen möchte, hochaddieren. Kurzfristig, vorübergehend können Sie sicherlich allerhand geopathische Belastung vertragen, ohne nennenswerten Schaden zu nehmen, kaum aber langfristig.

Oder Sie meinen, *in einem oberen Stockwerk, in einem Hochhaus* ganz oben über der Erde seien Sie vor diesen Gefahren sicher, weil Sie ja so hoch hinauf gar nicht dringen könnten? Vorsicht: Gefährliche Strahlungen kommen nicht nur von unten, sondern genauso von oben aus dem Kosmos, und vor allem: Gerade die Stahlbetonbauweise sorgt eher für weitere Ausbreitung und Streuung dieser alles durchdringenden feinsten biologischen Reizstrahlungen, worüber heute ein unbezweifelbares Erfahrungsgut vorliegt. Deshalb sollten Sie übrigens auch Stahlfedermatratzen meiden, weil die in ihnen enthaltenen Metallteile, der Federkern mit seinem Rahmen in der gleichen Weise wirken. Ein Bett nur aus Holz ist da noch immer die beste Sicherung.

Es bleibt also bei der Notwendigkeit, geopathisch belastete Stellen zu vermeiden. Seit Jahrzehnten lautet der einfachste und billigste Rat: *Schieben Sie Ihr Bett einfach ein Stück weg* an eine andere Stelle, und wenn es nur ein knapper Meter sein sollte. Vielleicht ist Ihnen schon damit geholfen!

Was aber, wenn das in einer engen Wohnung, im engen Schlafzimmer nicht möglich ist? Dann – so sagen nicht wenige »Fachleute« oder solche, die sich dafür ausgeben – müssen Sie *Ihren Schlafplatz »entstören«,* Sie müssen ihn gegen die gefährlichen Einwirkungen »abschirmen«. Dazu ist leider von vornherein festzustellen: *Eine Ent-Störung, also die Beseitigung aller störenden Momente, ist gar nicht möglich.* Denn der störenden Momente sind gar zu viele. Die störenden Strahlungen sind zu verschiedenartig und die Beeinflussungen durch die sich ständig wandelnden kosmischen, erdgebundenen und Wetterbedingungen zu zahlreich und zu schwer erfassbar. Ja, viele Faktoren, die hier von Bedeutung sind oder sein können, sind noch nicht einmal bekannt, wie schon im Zusammenhang mit dem Curry-Netz betont werden musste! Jede Entstörung muss schon deshalb sehr problematisch sein. Hinzu kommt, dass *jedes Entstörgerät seine eigene Gesetzlichkeit hat,* welche das unübersichtliche Zusammenspiel von Störungsreiz, Reiz des Entstörgeräts und menschlichem Organismus vollends unberechenbar macht. Und in der Tat sind sich die wirklichen Fachleute darin einig, dass es eine tatsächliche Entstörung oder Abschirmung gar nicht gibt, so zum Beispiel neben Dr. med. Ernst Hartmann und dem Physiker Reinhard Schneider auch Dr. med. Dieter Aschoff.[78] Sie würde die totale »Vernichtung«: Absorbierung, Ablenkung oder sonstige Unschädlichmachung aller dieser verschiedenartigen Faktoren mit dem Ergebnis eines harmonisch ungestörten Zustandes voraussetzen. Und das ist nicht möglich.

Diese Feststellung gilt für alle Ratschläge, die da gegeben werden: für die Benutzung von Blei, von Eisenblech, von Aluminium- oder Kupferfolien, von Kupferdraht unter der Matratze oder rund um das Bett, das Fundament oder das Dach, von mit besonderem Profil gepressten Kupferscheiben, von Schwingkreisen verschiedenster Konstruktion, allen möglichen Spulen, von Radioaktivität angeblich schluckenden Decken, von der Kiste mit Kohlen im Keller oder Einmachgläsern und Flaschen, gefüllt mit Packpapier, unter dem Bett oder im Keller und ähnlichen Rezepten. Ernster zu nehmen sind seit einiger Zeit angebotene »Schutzdecken« verschiedener Art: Auch ihre Wirkung hält nur begrenzte Zeit, wie praktische Ergebnisse einwandfrei aufweisen.

Jahrzehntelange kritische Erfahrung zeigt:

- Sättigung, d. h. negative Aufladung von abwehrenden Metallfolien bzw. ihrer Oberfläche.
- Völlige Ausschaltung auch der positiven Strahlung, die unser Körper braucht. –
- Wenn Abhilfe, dann nur kurz, höchstens einige Wochen.
- Der an die geopathische Störung gewöhnte Organismus stellt sich mit der Zeit auch auf die Auswirkungen des so genannten Entstörungsmechanismus und den »Entstöreffekt« ein, der dadurch wieder von neuem, meist in veränderter Form, wirksam wird.
- Nachher in vielen Fällen schlimmerer Zustand als vorher.
- Je teurer das Angebot für solche Hilfen, umso kritischer sollten Sie sein. Denn neben sehr seriösen gibt es leider nicht wenige wenig seriöse »Rutengänger« und »Spezialisten« aller Art, denen es im Wesentlichen nur auf Ihr Geld ankommt!

Was können Sie nun bei dieser Sachlage noch tun? Ich kann Ihnen guten Gewissens *eine Methode empfehlen,* die

- Sie so gut wie nichts kostet,
- seit Jahren von einem stets größer werdenden kritischen Kreis erfolgreich praktiziert wird,
- allerdings mit wiederkehrender kleiner Mühe verbunden ist. Es handelt sich um *die Neutralisierung der GPB durch Vitawasser.* Jetzt verstehen Sie auch, weshalb ich im letzten Kapitel so verhältnismäßig ausführlich über das Vitawasser, seine Aufbereitung und seinen großen Nutzen berichtet habe. In dieser Verwendung liegt sein weiterer und ganz besonderer Wert. Über das dort Gesagte hinaus hat energiereiches Wasser nämlich die Eigenschaft, negative Energie zu neutralisieren. So hat es übrigens auch Professor Walter Niesel nach mehrjähriger Forschung und systematischen Untersuchungsreihen formuliert[79], etwa zur gleichen Zeit, als mir nach vielen Versuchen mit anderen Methoden und nach viel Experimentieren mit Vitawasser diese Erkenntnis zuteil wurde. Auch nach jahrelanger Benutzung dieses Verfahrens haben sich die früheren gesundheitlichen Folgen der GPB nicht wieder eingestellt, und alle Kontrollinstrumente zeigen Störungsfreiheit an. Jedermann kann es sich mit geringer Mühe und praktisch kostenlos zunutze machen.

Das Vorgehen dabei ist Ihnen zum guten Teil schon kürzlich vermittelt worden:

1. *Bereiten Sie sich in einem dafür geeigneten Gefäß etwa 3 Liter Vitawasser* in der Ihnen bereits bekannten Weise an einem Ort der Kraft oder einem gesunden Baum oder mittels eines Bergkristalls oder Rosenquarzes.
2. *Stellen Sie dieses Wasser unter Ihr Bett* (bei tiefliegendem Bett kann es auch in einer flachen Schüssel sein), und zwar möglichst genau in den Mittelpunkt der Störzone. Sie können, wenn Ihr Vitawasser voll mit Energie gesättigt ist, bei der Menge von 3 l mit etwa 1 m Durchmesser der Störungsneutralisie-

rung rechnen, also etwa 50–60 cm Radius vom Mittelpunkt des Behälters aus. Der Pendel wird Ihnen auf Befragen den genauen Wert in Ihrem besonderen Fall sagen. Sollte Ihnen der Raum unterhalb des Bettes nicht zugänglich sein oder sollte Ihre Matratze direkt auf dem Boden liegen, dann können Sie sich möglicherweise dadurch helfen, dass Sie den Vitawasserbehälter ganz knapp an den Rand der Matratze stellen. Das zum Beispiel dann, wenn Sie einen Reizstreifen direkt unter dem Kopf neutralisieren wollen. Denn Sie haben ja noch immer etwa ½ m Wirkung in das Bett hinein.

3. *Die einzige wiederkehrende kleine Mühe:* Sie müssen dieses Wasser, wenn es mit der aufgenommenen negativen Strahlung gesättigt ist, wegschütten (Bitte nicht zum Blumengießen benutzen: Es würde den Blumen nicht bekommen!) und durch frisches Vitawasser ersetzen. Bei den gegebenen Werten unseres Beispiels muss das nach jeweils zwei Nächten, also für jede dritte Nacht geschehen, spätestens nach drei Nächten, wobei in der dritten Nacht nur noch 80 % der Störungsstrahlung aufgenommen werden. Befragen Sie in Ihrem besonderen Fall auch zu diesem Punkt Ihren Pendel, er wird Ihnen bei klarer Fragestellung den für Sie gültigen Wert sagen. Legen Sie sich gleich zwei gleiche Behälter zu: Dann ist der eine jeweils unter oder an Ihrem Bett, während der andere mit Energie aufgeladen wird.
4. *Die tatsächliche Neutralisierung der Störungsstrahlung* können Sie dann mit Rute (kein Ausschlag mehr), mit Pendel (Einschwingung in die magnetische N-S-Richtung) und mit Energiesensor (Stillstand) feststellen.

Probieren Sie das Ganze aus, indem Sie einen Stuhl auf einen möglichst stark gestörten Platz (Kreuzungspunkt des GGN) stellen, geben Sie den Behälter mit aufbereitetem Vitawasser darunter, und prüfen Sie die Wirkung nach! So können Sie auch, wenn es not tut, den Sitzplatz an Ihrem Schreibtisch oder sonstigen Arbeitsplatz sauber bekommen.

Als Letztes muss ich Sie jetzt noch auf die Möglichkeit hinweisen, dass *nach dem Wechsel von einem stark gestörten auf einen ungestörten Platz zunächst unangenehme Reaktionen auftreten können,* aber nicht müssen. Der an die Störung gewöhnte Organismus muss sich in manchen Fällen erst Schritt für Schritt von der gewohnten Belastung wieder freimachen. Das kann verbunden sein mit Unbehagen oder Unpässlichkeit, mit Kopfschmerzen oder Schlafstörungen, gelegentlich auch mit unmotiviert auftretendem Herzklopfen – eine Art von Entzugserscheinung bei der Ablösung vom Einfluss der vielleicht jahrelangen GPB. Das ist nichts anderes als die altbekannten Heilungsschmerzen oder die Heilungskrise, wie sie immer wieder im Regenerationsprozess von Kranken beobachtet werden. Sollten Sie etwas Derartiges erleben, brauchen Sie sich in keiner Weise zu beunruhigen. In den meisten Fällen schwinden diese Erscheinungen bald wieder, oft schon nach wenigen Tagen. Nur ganz selten dauern sie länger als ein paar Wochen, und das nur, wenn sich der Körper von einer ganz schweren Belastung befreien muss. Umso stärker lebt dann der ganze Organismus nach dieser Umstellung, nach dieser wahrhaften Befreiung aus einem lang dauernden Joch zu neuer, zuvor nicht mehr gekannter Frische auf.

Schon 1987 habe ich in meinem ersten (dem kleineren) Pendelbuch *das erste Mal diese effektive Entstörungsmethode mit Vitawasser veröffentlicht.* Dann publizierte ich 1996 in der ersten Ausgabe des vorliegenden »Großen Pendelbuches« erstmals die tabellenartige Übersicht (S. 253), wie sich die verschiedenen geopathischen Störungsfelder mittels der besonderen Sprache der drei radiästhetischen Geräte (Rute, Pendel, Energiesensor) genau unterscheiden lassen. So zuverlässig, wie das Verfahren mit dem Vitawasser auch ist, so hat es doch im Alltagsleben den Nachteil, dass man es alle paar Tage erneuern muss. Bis dahin sah ich den Kern dieser Entstörung darin, dass das Wasser, das bekanntlich sehr aufnahmefähig ist für Schwingungen aller Art, die negativen Energiestrahlungen aus der Störzone ganz einfach in sich aufnehmen würde. In der Tat ist es hinterher »giftig« geworden, Sie können Ihre Blumen damit effektiv »töten«.

Inzwischen sind 20 Jahre vergangen. *Nach all diesen Jahren intensiver Arbeit,* forschenden Bemühungen und hundertfältigen kritischen Untersuchungen auf diesem mich faszinierenden Gebiet möchte ich hier auf die noch einfachere und ebenso wirkungsvolle Abhilfe hinweisen, die sich mir inzwischen aufgetan hat. Sie hat sich in der Praxis schon tausendfach bewährt und den klaren Tatsachenbeweis ihrer Wirksamkeit längst erbracht. Diese einwandfreie Entstörungsmethode für alle verschiedenen Belastungsarten (globales Gitternetz, Wasser, Verwerfung, Erze, Hohlräume usw.) werde ich nun in der knappsten Form aufzeigen. In dieser langen Zeit lernte schließlich auch mein kritischer Verstand voll und ganz zu akzeptieren, was ich in der Praxis ja schon längst Tag für Tag erlebt hatte: die Erkenntnis, *dass wir in unserer Welt wie in einem Meer von Energie schwimmen.* Wir sind uns darüber nur nicht im Klaren. Dass zum Beispiel schon in jedem gesunden, kräftigen Baum die Urschöpfungskraft vor uns steht. Wir brauchen diesen naturgegebenen Ort der Kraft mit seinem ganz besonderen positiven Schwingungsfeld nur »anzuzapfen«, um Wasser oder auch irgendwelche Gegenstände damit aufladen und sättigen, damit also »vitalisieren«, »energetisieren« oder »tachyonisieren« zu können. So entstand 2001 mein Buch »Urschöpfungskraft und Freie Energie – Heilsame Energieschwingungen sinnvoll anwenden« (siehe Literaturverzeichnis). Hier beschreibe ich auch die verschiedenen Möglichkeiten der Energiegewinnung und des heilsamen Energieeinsatzes und komme dann zu der angekündigten denkbar einfachen Abhilfe aller geopathischen Belastungsarten.

Was ist eigentlich die Grundursache dieses Problems der geopathischen Belastung? Ganz am Anfang steht die simple Tatsache, dass alles und jedes, was in unserer Welt existiert, schwingende fließende Energie ist. Die Kernphysik beweist es heute so eindeutig, dass nur verwirrte Köpfe daran zweifeln können. Da ist nun auf der einen Seite der Mensch, der sein besonderes Schwingungsfeld, seine Aura, unausgesetzt nach allen Seiten ausstrahlt. Er merkt normalerweise nur nichts davon. Aber die Werkzeuge des guten Radiästheten zeigen es genau an. Und zum anderen lebt dieser

Mensch auf unserer Erde, die ihre eigenen Gesetze hat. Sie ist bedeckt rundum von einem gesetzmäßigen magnetischen Gitternetz (»Hartmanngitter«) und einer ganzen Anzahl von sonstigen permanent wirksamen Störfaktoren, von denen ich weiter oben schon sprach. Sie haben alle ihre ganz spezifischen Energieschwingungen, die auch sie unausgesetzt in ihre Umgebung aussenden und verbreiten. Sie können wir normalerweise ebenso nicht bemerken. Die Werkzeuge des guten Radiästheten zeigen sie jedoch genau an.

Wir haben es also mit zwei einander gegenüberstehenden und sich vermischenden Energie-Schwingungsfeldern zu tun. Sind diese »homogen«, also harmonisch, ausgeglichen, dann ist alles in Ordnung: Der Mensch fühlt sich in dieser seiner Umgebung wohl. Sind sie jedoch an bestimmten Orten »heterogen«, also disharmonisch, unausgeglichen, so ist der Mensch aus dieser ihm eigenen Ordnung herausgelöst. Er fühlt sich unwohl und kann gar bald, je nach anderen Einflüssen, krank werden. Diese Disharmonie der beiden sich berührenden Schwingungsfelder tritt überall da auf, wo einer oder mehrere der erwähnten Störfaktoren vorliegen. Das ist eine naturgegebene Tatsache.

Wie können wir dieser bedrohlichen Disharmonie begegnen, in die unser Organismus zwangsläufig eingebettet ist? Wir können diese gefährlichen Energieschwingungen nicht wegzaubern, wir können sie aber von unserem gefährdeten Körper ganz einfach fernhalten. Und das ist in der Tat einfach: Warum hat das oben angeführte Vitawasser die geopathische Belastung in allen ihren Erscheinungsformen überall »neutralisiert«? Doch nur deshalb, weil seine eigenen Energieausstrahlungen ihr positives Schwingungsfeld wie ein schützendes Energiekissen unter den gefährdeten menschlichen Körper bringen. Es isoliert ihn nun völlig von den Störungsschwingungen. Das ist das ganze Geheimnis, das sich mir inzwischen auftat. In meinem schon erwähnten Buch »Urschöpfungskraft und Freie Energie« habe ich auf den Seiten 277–290 (in der ersten Ausgabe 210–216) die verschiedenen Möglichkeiten dieser ganz einfachen Entstörung im Einzelnen aufgeführt. Dort finden Sie alle wichtigen Details.

Hier das praktische Vorgehen bei dieser einfachsten und dabei so wirkungsvollen Entstörungsmethode. Legen Sie eine kleine Metallscheibe oder -platte (Blech, etwa Postkartengröße) oder ein kurzes Stück Metallrohr (etwa 20 cm) eine Nacht lang dicht an den Stamm oder in eine Astgabel eines kerngesunden kräftigen Baums oder sinngemäß eines kräftigen Busches. Dadurch energetisieren oder »tachyonisieren« Sie dieses Stück Metall. Sie sättigen es mit den positiven vitalstarken Energieschwingungen dieses Baumes (die Baumart ist ohne Belang), genauer gesagt mit der Urschöpfungskraft des Kosmos, die aus dem winzigen Samen in wenigen Jahren ein gewaltiges lebendes »Gebäude« von großer Strahlungskraft (»Aura«) wachsen lässt. Dieses Stück mit Vitalenergie geladene Metall legen Sie unter Ihr Bett, am besten auf die am stärksten gestörte Linie oder Stelle, zum Beispiel den Kreuzungspunkt zweier Spannungslinien des globalen Gitternetzes. Sein mindestens bis zu 70 cm im Radius (1,40 m im Durchmesser) reichendes positives Schwingungsfeld ist das »Schwingungskissen«, ist der Puffer, der Ihren Körper zuverlässig von allen Arten der »Erdstrahlen« abtrennt und so schützt.

Sie können stattdessen auch – so unglaubhaft es Ihnen zunächst erscheinen mag – eine x-beliebige *Farb- oder Schwarzweiß-Fotografie eines solchen gesunden Baumes* oder Gehölzes, so wie sie ist, ganz einfach wie eben beschrieben unter Ihr Bett legen. Sie können dieses Foto sogar aus irgendeiner Zeitschrift oder Zeitung ausschneiden. Es trägt nämlich die ganze Lebensenergie der Abbildung in sich und strahlt das Sie schützende Schwingungskissen in derselben Weise aus wie eben dargelegt. In dem genannten Buch können Sie den Hintergrund und die Details nachlesen.

Beachten Sie dabei unbedingt diese drei Punkte:

1. *Das rechte Maß:* Die Ansicht, ein größeres Stück vitalisierten Bleches oder des Baumfotos sei aus Sicherheitsgründen besser, ist falsch. Häufige Erfahrung: Die Entstörung wirkt zunächst Wunder und begeistert. Nach einer oder auch drei Wochen (je nach Sensibilität dafür) treten die alten Schwierigkeiten wieder auf. Jetzt ist nicht »diese Entstörung nichts wert«, sondern das entstörende positive Schwingungskissen ist ganz einfach seinerseits zu stark. Jetzt belastet die zu starke Intensität (»Stromstärke«) den Organismus. Die Reduzierung der Größe des Entstörungsmittels (z. B. von voller Postkartengröße auf nur halbe, von dieser auf nur Scheckkartengröße) ist die Lösung. Die Art der für den Körper positiven Strahlung (»Schwingungsfrequenz«) bleibt dabei dieselbe. Der das Ergebnis kontrollierende Energiesensor zeigt dann entweder Stillstand oder nur recht schwache positive Reaktion (Rechtsdrehung).

2. *Die Dauer der Entstörung* hängt von vielerlei Faktoren ab, die wir nur teilweise kennen. Sie reicht oft ein halbes Jahr oder noch länger. Um sicherzugehen, das Übel nicht wieder aufleben zu lassen, empfehle ich seit geraumer Zeit eindeutig, das Entstörungsmittel alle drei Monate auszutauschen, also zu erneuern. Grund: Die unausgesetzte Belastung durch die negativen Störungsströme ist auf lange Sicht eben doch zu stark. – Aber: Welche Erleichterung gegenüber allen anderen »Entstörungen«. Bei einer nur vierteljährigen Bemühung von wenigen Minuten ist das leidige Problem definitiv gelöst.

3. *Eine Vorratshaltung von Entstörungsmitteln* sollte sehr beschränkt sein. Die längerfristige Lagerung von fertiggemachten Metallplatten oder Fotos bringt immer die Gefahr, dass unberechenbare Faktoren der Umwelt die optimal mögliche Energiespeicherung beeinträchtigen. Das gilt auch für die Lagerung an »garantiert« ungestörtem Platz. Ich habe da schon Wunderliches erlebt. So zeigte kürzlich ein kleines Bündel von herrlichen Baumfotos (Kopien)

nach »perfekter« Aufbewahrung von vier Jahren nur noch 45 % Energiesättigung.

Sie sehen also: Den geopathischen Störfeldern sind wir durchaus nicht hilflos ausgesetzt. Wir können sie erkennen. Wir können ihnen ausweichen. Wir können uns gegebenenfalls – sollte das nicht möglich sein – auch vor ihnen schützen. Eine Gefahr erkannt zu haben heißt, sie schon zur Hälfte bemeistern zu können. Es liegt nur an uns selber, dass wir dieser gefährlichen Belastung unseres Organismus Herr werden!

Bewährte Hilfen zur Selbsthilfe

Heilkräfte der Natur

»Wer mit 30 nicht sein eigener Arzt geworden ist,
dem hilft keiner mehr.«
Goethe

Wir haben uns nun sämtliche Bereiche erarbeitet, nicht nur den vordergründig gesundheitlichen, sondern auch die anderen, bei denen fast immer auch gesundheitliche Zusammenhänge mitsprechen. Nun soll das Problem der Abhilfe im Vordergrund stehen. Ich hoffe, dass das wesentlich zur Übersichtlichkeit des so vielfältigen Stoffes beiträgt.

Wenn es um gesundheitliche Hilfen, also letztlich um Medizin und Therapie geht, dann möchte ich unmissverständlich klarstellen: *Alle diese Hilfen zur Selbsthilfe können im Zweifelsfall den Arzt nicht ersetzen.* Wenn heute noch viele Mediziner, besonders der älteren Generation, aus ihrer so genannten wissenschaftlichen Höhe auf viele alternative Heilmethoden allgemein und auf die ganzheitliche Betrachtung herabschauen, so fehlt es auf der anderen Seite nicht an den »Alternativen«, die jegliche medizinische Betreuung verächtlich als Schulmedizin ablehnen. Sie ziehen es vor – ein Fall von vielen, über die ich berichten könnte –, etwa einen komplizierten Unterarmbruch selbst zu »heilen«, mit dem Ergebnis schwerer Komplikation und Behinderung für das ganze weitere Leben.

Es wäre unverantwortlich, vor allem bei unklaren, bei längerfristigen Erkrankungserscheinungen, die ärztliche Hilfe zu missachten oder gar auszuschlagen. Sie kann mit den heutigen Erkenntnissen in Diagnose und Therapie in weiten Bereichen so Großartiges leisten, wie man das noch vor wenigen Jahrzehnten für unmöglich halten musste.

Und umgekehrt erfahren wir von nicht wenigen Patienten nach *vieljähriger vergeblicher schulmedizinischer Behandlung,* dass sie sich aus Verzweiflung darüber und mit letzter Hoffnung der ganzheitlich orientierten psychologischen Medizin zuwandten, um hier die ersehnte Hilfe zu finden: wenn nicht vollständig, so erfuhren sie doch sehr oft wesentliche Erleichterung ihrer Leiden.

Was kann der mehr oder minder schwer Erkrankte, der sich heute zwischen diesen Extremen findet, nun für die Wiederherstellung seiner Gesundheit tun? *Als selbstständig denkender Mensch suche er sich den Arzt seines wirklichen Vertrauens,* der den Patienten in seiner Ganzheit von Körper und Seele-Geist sieht. Dieser wird gewiss nicht im Schema Krankheit – Symptom – Medikament verhaftet sein, gegen das die großen Mediziner aller Zeiten gekämpft haben und deren Stimmen auch heute immer lauter werden.

Gerade dieser selbstständig denkende Mensch wird in seinem Bestreben nach besserer Gesundheit *mit seinem Pendel eine ganz andere, eine viel tiefere Beziehung zu seinem eigenen Körper* und auch zu seinem Arzt oder Heilpraktiker bekommen, wenn er diese klugerweise zu Rate zieht. Der Pendel wird ihm bei verständnisvollem und niemals unkritischem Gebrauch viele wertvolle Hinweise geben, die er nur aufzugreifen und ihnen nachzugehen braucht. Er wird bald merken, dass er bei den kleinen Alltagswehwehchen sich zum Beispiel mit den bewährten alten Hausmitteln selbst helfen kann, und er wird auf diese Weise gleichzeitig seinen Beitrag zur Bewältigung der viel zitierten Kostenexplosion unseres Gesundheits-Krankheitswesens leisten, was in diesen Jahren so not tut.

Im Übrigen ist es kein Geheimnis, dass heute *viel mehr Ärzte den Pendel zu Hilfe nehmen* und damit gute, ja beste Erfahrungen machen, als viele Patienten glauben oder wissen. Einer der wenigen, die auch als Arzt in der Öffentlichkeit dazu standen – trotz Pseudonym –, war der inzwischen verstorbene Dr. Georg Jakob, der in seinem »Medizinischen Pendel-Buch« seine *jahrelang bewährte Methode für das Erpendeln der homöopathischen Mittel* dargelegt hat. Ihr können Sie sich sicherlich vertrauensvoll überlassen.

Die *homöopathischen Mittel sind in der Tat eine hervorragende Hilfe,* um mit ihren allerfeinsten Schwingungen die Lebensprozesse zu regulieren. In der Einführung zu seinem »Medizinischen Pendelbuch« stellt das Dr. med. Georg Jakob sehr überzeugend heraus. Jedem der hier besonders interessierten Leser sei die aufmerksame Lektüre dieses Buches warm empfohlen.[80] Dort ist auch eine bewährte Methode des Vorgehens genau beschrieben, wenn Sie in einem besonderen Fall speziell das oder die richtigen homöopathischen Mittel erpendeln wollen.

(Übrigens betont auch sein Verfasser als Mediziner aus seiner langjährigen Erfahrung heraus den engen Zusammenhang, der zwischen den 7 »Kraftzentren« [Energiezentren oder Chakren] und den Hormondrüsen auf der seelisch-geistigen und der körperlichen Seite der Erkrankung besteht.)

Das Interessante dabei, was auch Dr. Jakob betont: *Beim guten Pendler stimmen Pendel und medizinische Erkenntnisse durchweg überein.* Das wird ebenso von anderen pendelnden Ärzten immer wieder bestätigt. Am Schluss der Einführung zu seinem Buch bringt Dr. Jakob eine Reihe präziser und überzeugender Beispiele für die Treffsicherheit der medizinischen Pendelarbeit. Dabei darf man natürlich nur nicht vergessen, dass die Treffsicherheit des Pendelns im Wesentlichen von der hohen Pendelkraft und diese von entsprechend hoher seelisch-geistiger Entwicklung abhängt. Das habe ich früher ja schon deutlich herausgearbeitet. Es kann also kaum einer auf Anhieb derartig »perfekte« Ergebnisse erzielen. Doch lohnt sich langfristig die echte Bemühung darum in der Arbeit an sich selbst, und das aus vielerlei Gründen.

Überprüfen von Medikamenten, Nahrungsmitteln, Speisen und Getränken

So können Sie im Sinne des soeben erwähnten Arztes *auch jede Arznei überprüfen,* indem Sie Ihren Pendel etwa über das Gläschen, Töpfchen oder die Tube halten, nach dem Inhalt fragen, welche Potenz etwa ein homöopathisches Mittel aufweist und ob die Arznei korrekt hergestellt ist. (»Ist das …?«, immer im Antwortstil des Ja-Nein.)

Wenn Sie mehrere heilende Mittel irgendwelcher Art zur Verfügung haben, und Sie wissen nicht, welches wohl das bestgeeignete für Ihren Zweck ist, brauchen Sie diese nur im Halbkreis um Ihren Pendel herum aufzustellen und dann zu fragen: »Welches der hier rings um den Pendel stehenden Mittel ist (z. B. für die Behandlung der Schmerzen in meinem linken Oberschenkel) das bestgeeignete?« Sie können fortfahren: »Welches ist das an zweiter (usw.) Stelle best- oder gut geeignete?« Zur Kontrolle können Sie im gleichen Stil nach den am wenigsten geeigneten Mitteln fragen. Pendeln Sie richtig, dann werden sich die Antworten stets mit computerhafter Exaktheit ergänzen.

Wenn Sie alle diese überhaupt in Betracht kommenden Mittel noch nicht zur Verfügung haben, können Sie genauso vorgehen, indem Sie statt ihrer bloß ihre Namen oder Bezeichnungen nach dem Muster unserer Tabellen (etwa ㉓ oder ㉗) auf einen Zettel schreiben und dann die angegebenen Fragen stellen. Fehlt Ihnen gerade die Möglichkeit zum Schreiben, dann denken Sie einfach ganz gesammelt an jeweils eines dieser Mittel und fragen nach seiner Eignung im Ja-Nein-Stil oder – wenn Sie schon geübter sind – auch im Stil des A-B-Schemas ③ bei lebhafter Vorstellung der betreffenden zwei Mittel auf der linken und rechten Seite. Der Pendel wird Ihnen die Antwort auch ohne das formal aufgeschriebene Schema genauso klar angeben.

Wollen Sie die Eignung eines Heilmittels für einen anderen anwesenden Menschen ermitteln, dann geben Sie ihm dieses in eine seiner Hände, halten den Pendel darüber und fragen einfach, ob es für ihn geeignet ist oder nicht. Dabei ist es zweckmäßig – wie immer, wenn Sie eine Arznei oder Ähnliches testen wollen –, den Pendel zuvor kurze Zeit unmittelbar darüberzuhalten, damit er und damit Ihr eigener Organismus die besondere Schwingung aufnehmen kann und Sie sich in Ihrem Unbewussten voll und ganz darauf einschwingen können. Oder Sie verwenden – wie beschrieben – den Energiesensor.

Glauben Sie aber nicht, was heute und hier für jemanden gut ist, müsse auch morgen und woanders ebenso sein. Denn unser Organismus ist in einem steten Wandel begriffen und kann demgemäß rasch in seinen Bedürfnissen wechseln. Sonst kann zum Beispiel die Sättigung mit einem zuvor fehlenden Stoff bald zur Übersättigung werden. Oder es kann durch den aufgenommenen Stoff wegen der chemischen Vorgänge in unserem Körper rasch noch ein anderer Stoff notwendig werden, damit wir wirklich ins Gleichgewicht kommen. Entscheidend kann also immer nur der augenblickliche Bedarf sein.

Nach diesen hier aufgewiesenen Grundsätzen können Sie genauso wie Medikamente aller Art auch noch *Nahrungsmittel, Gewürze und sonstige Zutaten,* natürlich auch fertige Speisen und Getränke jeder Art, Genussgifte in der vielleicht angezeigten bescheidenen Dosis (z. B. Kaffee) usw. überprüfen. Ein Beispiel: Sie wissen nicht, ob ein Ei noch gut und brauchbar oder schon schlecht ist. Der Pendel sagt es Ihnen mit einem einfachen Ja oder Nein. Sie können auch hier wie bei jedem anderen Lebensmittel nach der Ihnen schon bekannten Methode mit der 100 %-Skala ③ arbeiten: »Wenn ein in jeder Hinsicht absolut gesundes Ei gleich 100 % bekömmlich ist, wie hoch ist der Bekömmlichkeitsprozentsatz dieses Eies, über das ich soeben den Pendel gehalten habe, das jetzt noch immer dicht bei meiner Pendeltafel liegt?« Selbstverständlich können Sie auch hier mit dem Energiesensor arbeiten, was oft noch einfacher ist.

Damit jetzt bei Ihnen kein falscher Eindruck entsteht, muss ich dieses Kapitel mit einer *eindeutigen Warnung* beschließen. Bewusst wiederhole ich, worauf ich schon früher hingewiesen habe: Hüten Sie sich davor, Ihre Nahrung nur noch im Gedanken an Ihre Gesundheit und mit Angst vor jeder möglichen Schädigung zu sich zu nehmen, etwa gar pedantisch alles und jedes, was Sie zu sich nehmen, sorgfältigst zu überprüfen! Was ich hier ausgeführt habe, ist eine unschätzbare Hilfe für den Zweifelsfall. Es darf aber unter keinen Umständen zur tagtäglichen Manipulation werden, wie das *bei Hypochondern* der Fall ist, die mit ihrem unablässigen Zweifel *ihren Organismus vergiften* und jegliches echte Vertrauen und echte Lebensfreude verlieren. Die Schäden, die von dieser Pervertierung der Seele herrühren, müssen ungleich schlimmer sein als die gelegentliche Einnahme eines nicht ganz perfekten Nahrungsmittels. Denn der im seelisch-geistigen Ausgleich befindliche Körper wird damit spielend fertig.

Eine Vielzahl einfacher Hilfen

»Hilf dir selbst, dann hilft dir Gott.«
(Nur dem, der sich bemüht, kommt die große Kraft zu Hilfe.)
Altes Sprichwort

Seit Anbeginn der Menschheit hat sich ein konkretes Wissen um diese einfachen Hilfen aus der praktischen Alltagserfahrung herausgebildet. Von einer Generation zur anderen wurde es weitergegeben und wenn möglich bereichert. In der neueren Zeit ist dieses Wissen durch die Überschätzung der modernen chemisch-pharmazeutischen Medikamente zu einem guten Teil in Vergessenheit geraten. Ein Glück, dass es seit einigen Jahrzehnten nun mehr und mehr wiederentdeckt wird. Dabei verhelfen uns die hochentwickelten chemisch-biologischen Erkenntnismöglichkeiten nicht nur zu Korrekturen und zu kritischer Auslese, sondern genauso zur Bestätigung und Festigung vieler alter Erkenntnisse.

Das ist alles umso bedeutungsvoller, als von kompetenter Stelle mehrfach aufgrund von gründlichsten Untersuchungen festgestellt wurde, dass zum Beispiel ein erschreckend hoher Prozentsatz der heute in der gesamten westlichen Welt vorgenommenen Operationen eigentlich unnötig ist: Ich wiederhole diese Feststellung mit ihrem im Grunde ungeheuerlichen Hintergrund hier bewusst noch einmal. Dass *das medizinische Versorgungssystem und das heutige Krankenhauswesen* ihre eigene Gesetzlichkeit entwickelt haben, die bei weitem nicht immer zum Wohl und zur Gesundung des Patienten beiträgt, ist mittlerweile bald allgemeine Klage. Umso notwendiger ist es, sich mit den selbstheilenden Kräften des Organismus auseinanderzusetzen, um sie im Fall des Falles auch entsprechend einsetzen zu können. Ist der Goethe'sche Satz, den ich diesem Buchteil vorangestellt habe, auch ein gutes Stück überformuliert, so dürfte doch jeder wache Zeitgenosse den Kern der Wahrheit erkennen, der in ihm steckt.

Wenden wir uns also als für uns selbst verantwortliche Menschen den einfachen Hilfen zu, die uns allen zur Verfügung stehen, wenn wir in körperliche oder in seelisch-geistige Nöte kommen. In strenger Anlehnung an die folgenden Pendeltafeln werde ich nun einen Punkt nach dem anderen abhandeln. Das aber nur, soweit es nötig ist, d. h. der Klarheit halber angezeigt erscheint. Sonst würde der vielfältige und reiche Inhalt dieser Tafeln ein dickes Werk notwendig machen. Daher werde ich häufig auf Spezialliteratur hinweisen.

Nehmen Sie bitte diese Vielzahl von Hilfen zur Selbsthilfe *nicht gleich als Ihr selbstverständliches »Handwerkszeug«* entgegen. Verstehen Sie sie vielmehr als Anregung dazu, dass Sie sich die aufgeführten Mittel und Möglichkeiten Punkt für Punkt, Schritt um Schritt selbst erarbeiten. Nur dann können Sie auch überzeugt mit ihnen arbeiten und sie da einsetzen, wo es nötig ist.

Und halten Sie diese Übersichten auch nicht für vollständig. Sie können wahrscheinlich die vielen altbewährten Hausmittel und dazu die neu entstandenen Möglichkeiten, deren Zahl sich ständig vergrößert, zunächst nicht ausschöpfen. Ist Ihnen eines der aufgeführten Mittel unbekannt, oder suchen Sie noch ein weiteres, dann fragen Sie bitte einen Arzt oder Apotheker oder eine andere auf dem betreffenden Gebiet erfahrene Fachkraft, die sich im Besonderen den Naturheilmitteln widmet. Deshalb brauchen Sie ja die Beschäftigung mit den traditionellen medizinischen Mitteln nicht zu vernachlässigen. Natürlich können Sie alle diese Tabellen nach Ihrer eigenen Erfahrung noch vervollständigen oder für Ihren persönlichen Gebrauch sonstwie erweitern.

Zurück zum Pendeln: Bei Gesundheits- und Therapieproblemen ist die Radiästhesie und besonders der Pendel ein höchst bedeutungsvolles Instrument. Weist der Pendel doch in der Hand des hinreichend Erfahrenen in aller Kürze den allgemeinen Gesundheitszustand, den genauen Ort der Gesundheitsstörung sowie die Stärke der Störung auf. Welche andere Methode könnte das bieten? Und nicht geringer – oft geradezu verblüffend – ist die Hilfe des Pendels bei der Suche nach der bestmöglichen Therapie.

Um die gesuchte einfache Hilfe zur Selbsthilfe zu finden,

- *fragen Sie als Erstes auf der Tafel* ⑥① nach der Tabelle, die Ihnen den Weg weist, um in Anbetracht aller Umstände das für Sie hilfreichste Mittel zu erkennen. Der Pendel wird jetzt des Öfteren zunächst auf die Tabelle ⑥② deuten, wo Sie die gleiche Frage wiederholen.

- Die erste oder die zweite Antwort gibt Ihnen diejenige der folgenden Übersichten an, die Ihnen auf Ihre dort gestellte Frage hin das gewünschte Mittel aufzeigt.
- *Es ist immer ratsam, nach weiteren Hilfsmöglichkeiten zu fragen,* am besten nach dem Ihnen nun geläufigen Muster: »Wenn noch eine weitere Hilfe für mich (für X) von nennenswerter Bedeutung sein sollte, so bitte ich jetzt anzuzeigen, wo ich diese finde«, das natürlich wiederum auf der Tafel (61). Der Einfachheit halber fahren Sie gleich fort: »Wenn nicht (eine solche weitere Hilfe gegeben sein sollte), bitte Linksdrehung (= »kann ich nicht beantworten« bzw. die für Sie gültige Antwortform Ihres Pendels). Des Öfteren werden Sie dieses Verfahren mehrmals wiederholen, bis am Schluss die verneinende Antwort kommt.
- Nun sollten Sie sicherheitshalber, wenn Sie mehrere Antworten bekommen haben, *die Rangordnung der Wichtigkeit der einzelnen Hilfen* nochmals überprüfen, ggf. mit Hilfe der Tabelle ③. Die dazu nötigen einfachen Fragen brauche ich hier nicht zu wiederholen. Dieses Kontrollfragen ist deshalb wichtig, weil sich die Rangordnung der Bedeutung jetzt zuweilen verschiebt. Die Erklärung ist einfach: Die geistigen Kräfte, die den Pendel führen, brauchen auch ihre gewisse Zeit, um die für den Fragenden wichtige Reihenfolge der Bedeutung selbst genauer als schon bei der ersten Frage zu erkennen.
- Jetzt fragen Sie, falls nötig, für jede der angegebenen Hilfen je nachdem auf der Tabelle ③, ⑥ oder ② *die Länge der Zeit* in Sekunden, Minuten oder Stunden, also wie lange Sie die Hilfe jedes Mal anwenden sollen, und dann, *wie lange über die Zeit hinweg* – Tage oder Wochen – das geschehen soll.
- Nach einigen Tagen oder Wochen oder auch schon nach kurzer Zeit, je nach der gegebenen Situation, empfiehlt sich die Frage nach einer gewissen *Verschiebung oder Änderung des Verfahrens.* Das ist zuweilen aufgrund der Durchführung mit ihren tatsächlichen Folgen angezeigt. Die einfache Frage z. B.: »Ist es richtig, dass ich auch weiterhin ...?« öffnet Ihnen diese Überprüfung. – Der Pendel kann ja immer nur die für den jetzigen Zeitpunkt richtige Antwort geben!

- Zu guter Letzt ist es nie falsch, *eine Kontrollfrage zu stellen,* z. B.: »Ich soll also ..., ist das richtig: ja oder nein?«, oder summarisch auf dem A-B-Schema ③: »Ist der vom Pendel soeben aufgezeigte Weg (kurze Zusammenfassung des Wichtigsten) für mich tatsächlich der hilfreichste = A, oder ergibt sich doch noch eine Änderung oder Ergänzung = B?«

Mit diesem Verfahren, das natürlich bei mehreren aufgezeigten Hilfen seine Zeit und damit einige Geduld erfordert, können Sie aus der so großen Zahl von Hilfsmöglichkeiten relativ rasch die gesuchte(n) Hilfe(n) herausfinden.

Übersicht: Einfache Hilfen zur Selbsthilfe ㊶

Die Tafel ㊶ gibt Ihnen *die grundlegende Aufgliederung der rund 150 Selbsthilfemittel in neun Grundgruppen.* Sie erleichtert zum einen das präzise Auffinden des oder der gesuchten Hilfsmöglichkeiten. Zum anderen nötigt sie mit dem kleinen Umweg von der psychologischen Seite her dazu, sich mit dem zu findenden Hilfsmittel und seinem Hintergrund innerlich stärker zu beschäftigen. Das kann für die Auffindung der bestgeeigneten Hilfe oft nur förderlich sein. Die Gesetzlichkeit, nach der sich der Pendel in Bewegung setzt, bringt das aber mit sich.

Selbstverständlich sind neben der von mir gewählten Aufgliederung durchaus auch andere Unterteilungen möglich. Indessen sind nach der Natur der Sache gewisse Überschneidungen und Eingliederungsschwierigkeiten bei jeder Lösung unvermeidlich. Wenn Sie auch nur kurze Zeit mit der hier gewählten Lösung gearbeitet haben, stellt sich der nötige Überblick gewiss rasch ein.

Grundsätzliches (62)

Wie bereits schon angedeutet, kann Ihnen diese Pendeltafel *mehr den prinzipiellen, den grundsätzlichen Therapieweg* aufzeigen oder auch deren zwei oder gar drei, die Sie nebeneinander gehen können. Die Frage »Warum wohl gerade dieser Weg und kein anderer?« ist oft recht hilfreich, um den Hintergrund der Erkrankung und der besonderen Schwierigkeit besser zu erkennen.

Phytotherapie ist der Begriff, der sich in den letzten Jahren mehr und mehr für die natürlichen Heilmethoden mit Pflanzen, Blüten und dergleichen einbürgert. In diesem Buch finden Sie die *Bachblütentherapie* (72) mit der umfangreichen Auflistung der vielen *kalifornischen Blütenessenzen* (73). Die Praxis der letzten Jahre hat oft gezeigt, dass die Auswertung beider ausgezeichnete Ergebnisse bringt. Schon jetzt der Hinweis: Beachten Sie bitte den »Verteiler« auf der Tafel (73). Im konkreten Fall sollten Sie ihn zuerst befragen, weil er Ihnen sofort anzeigt, ob Sie nur eine oder beide Blütenessenzen auswerten sollten.

Die Verwertung der Heilkraft von Pflanzen ist die Grundlage der Volksheilkunde aller Völker. Ihr Heilwert liegt ja nicht nur in der chemischen Zusammensetzung, sondern darüber hinaus im Besonderen in ihrer ursprünglichen biologischen oder Lebenskraft. Die praktisch wichtigste Seite der Pflanzenheilkunde ist die Verwertung der *Heilkräuter.* Und das besonders bei der Zubereitung von Teemischungen. In dem Kapitel Heilkräuter (65) werde ich auf den Einsatz des Pendels zurückkommen.

Das Wesentliche über Eutonie und über Meditation (8) finden Sie in unserem Buch »Lebenskraft« im dritten bzw. vierten Buchteil mit allen so bedeutungsvollen Folgen für unseren Organismus aufgeführt.

Die Akupunktur ist heute auch in unserer konventionellen Medizin in hohem Maß anerkannt. Sie wird von vielen Ärzten und

Heilpraktikern oft mit großem Erfolg angewendet. Noch vor einigen Jahrzehnten wurde sie von den Vertretern der Schulmedizin als »unwissenschaftlich« und wirkungslos abgetan. Der Kern der Lehre sind die »Meridiane«: die Energiebahnen, die unseren ganzen Körper durchziehen und ihn steuern. In ihr stecken viele hundert Jahre Erfahrung der chinesischen Medizin. In der ganzen Welt ist heute Dr. Voll, der Entdecker der Elektro-Akupunktur, ein oft zitierter Name. Bekannt geworden ist auch die altchinesische Moxa-Therapie, die einen eigenen Zweig innerhalb der Akupunktur darstellt. Jede gute Buchhandlung bietet über deren weites Feld reichlich Literatur.

Die Medizin der Hildegard von Bingen ist ein nicht unwichtiger Zweig der Naturheilkunde, von dem gar manche Therapeuten überzeugt sind. Die deutsche Mystikerin Hildegard (1098–1179) gründete das Kloster Rupertsberg bei Bingen, wo sie neben religiös-mystischen und historischen Schriften die zwei Bände ihres großen Naturkundewerks verfasste. Es gibt einen hervorragenden Überblick über das gesamte Naturheilwissen des frühen Mittelalters. Auch heute noch lassen sich daraus viele in Jahrhunderten gewachsene und bewährte volksmedizinische Hilfen entnehmen, wenngleich – verständlicherweise – manches umstritten ist.

Fußsohlen-Reflex-Therapie: Über diese oft ganz überraschend wirkungsvolle Therapie nach Fitzgerald/Ingham können Sie sich in dem Buch von Frau Hanne Marquardt »Reflexzonenarbeit am Fuß« (s. Lit.-Verz.) hinsichtlich Diagnose und Therapie im Einzelnen informieren. Mittlerweile gibt es eine ganze Reihe von darauf spezialisierten Therapeuten.

Beachten Sie bitte: Zu den Hilfen in der Übersicht (62) und den folgenden, die ich in diesem Textteil nicht besonders erwähne, finden Sie in früheren oder den folgenden Ausführungen allenfalls nötige Erklärungen. Auch soweit die Stichworte in den Pendeltafeln keiner Erläuterung bedürfen, bleiben sie hier unerwähnt.

Wasseranwendung (63)

Der Begriff »Bäder« meint hier selbstredend eine Folge von regelmäßigen Bädern mit wirksamen Zusätzen aller Art bis zu systematischen Badekuren unter fachmedizinischer Aufsicht.

Wasserpunktur durch den so genannten Wasserfalleffekt nach Dr. Dr. Branowsky und Prof. Lenard. Der heilsame Effekt beruht auf der negativen Ionisierung der Atemluft durch die Zerstäubung eines kräftigen Wasserstrahls beim Aufsprühen unter Druck auf eine harte Oberfläche.

Kuhne'sches Reibe-Sitzbad: Dieses in vielen Fällen außerordentlich erfolgreiche Naturheilverfahren geht von der Überzeugung aus, dass Krankheit von nicht-ausgeschiedenen Fremdstoffen herrührt, die sich die schwächste Stelle des Organismus suchen. Das Buch von Anita Backhaus »Heilen ohne Pillen und Spritzen« (s. Lit.-Verz.) erklärt das genaue Vorgehen bei diesem besonderen Ausscheidungsverfahren mit vielen praktischen Beispielen auf S. 151–180.

Schiele-Fußbäder: Dieses besondere passive Kreislauftraining durch die in der Wärme ansteigenden Fußbäder mit dem Schiele-Gerät ist ebenfalls seit Jahren bewährt. Informationsmaterial und Bezug durch Fritz Schiele, Arzneibäder-Fabrik, Industriestraße 16b, 25462 Rellingen, Tel. 0 41 01/3 42 39 oder 37 15 95, Fax 0 41 01/3 34 68. Sie können dieses Gerät dort auch leihen.

Einnahmen – Wickel – Umschläge – Einreibungen (64)

Auf Quarkwickel, Kohlwickel und Zwiebelumschläge möchte ich besonders hinweisen. In vielen Fällen haben sie eine hervorragende Wirkung. Sie können unserem Körper allerhand chemisch-pharmazeutische Produkte mit ihren Nebenwirkungen ersparen. So ist Quark ein natürlicher Penicillinträger, was viel zu wenig bekannt ist.

Vitawasser, Vitasalbe ist wegen der ebenso einfachen wie wirkungsvollen Anwendung oft eine verblüffende Hilfe. Deshalb möchte ich nicht versäumen, hier nochmals darauf hinzuweisen. Siehe dazu die Ausführungen im vorigen Buchteil!

Meeresalgen werden heute nach natürlicher Verarbeitung in verschiedenen Präparaten angeboten. Die Algen besitzen die höchst wichtige Fähigkeit, die Sonnenenergie durch Fotosynthese in chemisch nutzbare Energie umzuwandeln.
Diese so genannte Primärproduktion ist die Basis von jeglichem tierischen Leben im Wasser. Ein großer Wert der Algen liegt darin, dass sie durchschnittlich 30 % Eiweiß (viele essenzielle Aminosäuren) enthalten und dazu einen hohen Gehalt an Vitaminen (2,5-mal mehr als die Rinderleber) und Spurenelementen (besonders auch Selen) aufweisen, außerdem 14-mal mehr Beta-Carotin als Möhren und Eisen. Übrigens: Dass die Japaner durchschnittlich das höchste Lebensalter von allen Völkern erreichen, wird mit auf den dortigen täglichen Konsum von Meeresalgen zurückgeführt.

Der Eigenharn (Urin) ist in der letzten Zeit in seiner Eigenschaft als beachtliches Heilmittel wiederum einer breiten Öffentlichkeit bekannt geworden, vor allem durch einige Fernsehsendungen. Früher war das eine selbstverständliche Erkenntnis in allen Völkern. Noch in meiner Kindheit (in den 20er-Jahren) behandelte man Wunden ungeniert mit dem eigenen Urin und bestrich sie damit ebenso wie Hautausschläge aller Art, auch Warzen und dergleichen, zwecks schnelleren Abheilens. In der Tat ist die Heilwirkung oft ganz erstaunlich. Der Eigenharn kann im Grunde niemandem schaden, denn die in ihm enthaltenen Giftstoffe stammen ja aus dem gleichen Körper und nicht aus einem anderen.

Neben dieser äußeren Behandlung wird von den Anhängern der Eigenharn-Therapie *auch das tägliche Trinken des frischen Morgenurins* (aus dem so genannten Mittelstrahlbereich) empfohlen. Er ist reich an überschüssigen lebenswichtigen Substanzen aus der Nahrungsverwertung (Hormone, Mineralstoffe, Vitalstoffe, Vitamine, Aminosäuren, Zucker, Enzyme verschiedener Art, Antigene, antibiotische Stoffe).[81] Er wirkt auch wegen der in ihm enthaltenen feinsten Spuren von Giftstoffen ähnlich wie ein homöopathisches Mittel. Viele Inder trinken ihn täglich, so tat es zum Beispiel auch der langjährige indische Ministerpräsident Desai bei voller Gesundheit noch bis zu seinem Tod mit 96 Jahren. Der anfängliche Ekel beim Trinken verliert sich rasch, und nicht wenigen Menschen wird die tägliche Einnahme geradezu zum Bedürfnis, weil sie in ihrem ganzen Körper die heilsame Wirkung davon verspüren.

Im Literaturverzeichnis finden Sie mehrere einschlägige Bücher, in denen Sie sich über alles genau informieren können.

Heilkräuter ⑥⑤

In der Pendeltafel ⑥⑤ finden Sie 46 Heilkräuter aufgeführt, die vor allem als Tees verwertet werden. Vielfach werden sie auch als Kompressen und Umschläge gebraucht, wobei man sie in Säckchen abfüllt oder in ähnlicher Weise verwendet. Selbstredend kann diese Liste nicht vollständig sein. Sie können sie jederzeit erweitern oder auch Ihre eigene Übersicht ganz nach Ihren persönlichen Bedürfnissen und Erfahrungen erstellen. Lassen Sie sich von einem diesbezüglich erfahrenen Menschen beraten. Oder suchen Sie Rat aus einem der zahlreichen guten Bücher, die Sie sich in einer wohlsortierten Buchhandlung kritisch auswählen können. Dabei denken Sie bitte an die praktische Anwendung.

Zur Arbeit mit dem Pendel:

- Er kann Ihnen nicht nur den für Sie *bestgeeigneten Tee* bzw. die Teemischung auswählen, sondern auch auf der 100 %-Skala ② den Wert für Sie angeben, sei es in frischem oder getrocknetem Zustand;
- ebenso *die Mengen- und die Wertbestimmung* eines bestimmten Tees aus der Teemischung.

- Dasselbe trifft natürlich für das *Mischungsverhältnis* der verschiedenen Heilkräuter zu.
- Sie können auch nach der *Heilwirkung* für eine bestimmte Person bei einer bestimmten Beschwernis fragen (100 % ist dann, wie Sie längst wissen, als Maßstab für die Antwort des Pendels das absolut mögliche Höchstmaß an Heilwirkung).
- Außerdem empfiehlt sich oft *der Vergleich* eines bestimmten Tees bzw. einer bestimmten Teemischung mit einer anderen oder auch einer anderen Heilmethode: Sie setzen auf der Skala ② den Wert der einen gleich 100 % und erbitten die Angabe des Wertes der anderen im Verhältnis zu diesen 100 %. Deshalb habe ich ja die Skala bis 200 erweitert, um solche denkbar einfachen Vergleiche nach unten wie nach oben hin möglich zu machen. Sollte 200 noch zu niedrig sein, dann setzen Sie den Messwert gleich 10: Dann haben Sie für die Anzeige »die Luft« bis zur 20-fachen Größe.
- Schließlich erfragen Sie die zu trinkende wirkungsvollste *Tagesmenge* des Tees, die *Häufigkeit der Einnahme* pro Tag und wie viele Tage oder Wochen lang das geschehen soll.
- Ein anderes Vorgehen fragt nach der einzunehmenden *Flüssigkeitsmenge pro Tag,* etwa gemessen in Litern oder Bruchteilen davon.
- Am Ende dieser »Kur« können Sie die *effektive Hilfe* erfragen, die sie Ihnen gebracht hat, nach dem Muster: »Wenn mein Gesundheitszustand (oder z. B. der Zustand meiner Leber) zu Beginn der regelmäßigen Einnahme dieses Tees … vor drei Wochen gleich 100 % geschädigt (in der Funktion behindert) war, dann bitte ich um Auskunft, wie hoch sich die Schädigung (die Behinderung) derzeit ausnimmt, bezogen auf diese 100 % vor drei Wochen.«
- *Diese hier noch einmal zusammengefassten Anregungen* dürften völlig genügen, um die reichen Anwendungsmöglichkeiten des Pendels zu demonstrieren. Sie gelten selbstverständlich sinngemäß für alle möglichen vergleichbaren Fälle in anderem Zusammenhang.

Bestrahlung (66)

Diese Tabelle (66) gibt Ihnen wiederum einige wirkungsvolle Heilmethoden an, die da, wo sie angezeigt sind, ausgesprochen hilfreich sein können. Das fängt bei der *einfachen Sonnenbestrahlung* (in der richtigen Begrenzung) an, die für unsere Gesundheit ja so wichtig ist, und geht bis zum Einsatz von einigen modernen Geräten. Die folgenden technischen Hilfsmittel können sich besonders bei lang dauernder gesundheitlicher Beeinträchtigung, deren Ursache nicht so recht zu klären ist, von beachtlichem Wert erweisen.

Negative Ionengeneratoren werden immer wichtiger für nur noch künstlich belüftete Büroräume (Klimaanlagen) und auch für schlecht belüftete Wohnräume, besonders in Ballungsgebieten. Die mit den lebenswichtigen negativen Ionen angereicherte Luft, wie wir sie nach einem befreienden Gewitterregen im Gebirge oder an der See erleben, hat hier Seltenheitswert, wenn sie überhaupt noch je auftreten sollte. Die Lösung sind negative Ionengeneratoren, wie sie heute in verschiedener Größe und angepasst für alle Räume und besondere Zwecke angeboten werden.

Die Orgon-Strahler, von dem bekannt gewordenen Arno Herbert in langen Jahren entwickelt, erlauben die gezielte Bestrahlung des Körpers bzw. bestimmter Körperteile in den dafür optimalen Frequenzen. Eine steigende Zahl von Heilpraktikern und Ärzten arbeitet mit diesen Geräten, und bei vielen Gesundheitsstörungen und Erkrankungen erzielen sie gute, zuweilen verblüffende Erfolge. Genaueres bei: Bioaktiv-Produkte, D–91598 Colmberg (Nähe Ansbach), Tel. 0 98 03/9 11 10.

Die Galvano-Therapie bewirkte nach den gewählten Kontaktpunkten von Anode und Kathode die Durchströmung des ganzen Körpers oder bestimmter Teile mit mikroelektrischen Strömen. Es bringt in vielfacher Hinsicht Heilungs- oder Besserungseffekte. Genaueres bei: Martina Kondritz, Karl-Zörgiebel-Str. 38, D-50229 Pullheim-Brauweiler, Tel. 01 73/9 47 62 51.

Auch das luftelektrische Gleichfeld ist für unsere Gesundheit auf die Dauer recht wichtig. Sie können sich darüber von Bestrahlungsfachleuten, z. B. auch von Herstellern von Ionengeneratoren, beraten lassen.

Noch ein Wort zur Höhensonne: Sie wird zuweilen mit dem Solarium verwechselt oder gleichgestellt. Davor muss man sich hüten. Das Solarium hat sich nach der anfänglichen Begeisterung inzwischen als in mancher Hinsicht gesundheitsgefährdend herausgestellt, wie eine Reihe von Untersuchungen aufgezeigt haben. Ganz anders liegen die Dinge beim richtigen Gebrauch der Höhensonne, die sehr viel UV-Licht ausstrahlt, das ebenso wie das natürliche Sonnenlicht die lebenswichtige Vitamin-D-Gruppe im Körper aufbaut und wohldosiert zur Heilbehandlung, z. B. bei Rachitis oder Blutarmut, wichtig ist.

Kreislaufstärkung (67)

Bei der heutigen Fülle von Veröffentlichungen zu diesem Fragenkomplex sowohl in Zeitungen und Zeitschriften als auch in leicht verständlich geschriebenen Büchern erübrigen sich hier besondere Hinweise zu sämtlichen Stichworten der Pendeltafel (67).

Liegen auf schiefem Brett, es wird auch »Ruhebrett« oder »Schönheitsbrett« genannt: Jean Rofidal »DO-IN – Asiatische Selbstmassage«, S. 198–201 (s. Lit.-Verz.). Durch die Umkehrung der Wirkung des Körpergewichts besonders gut für Dehnung und Entlastung der gesamten Wirbelsäule, besonders der Lendengegend, für die Entlastung von Beinen, Eingeweiden und Magen, Stärkung des Blutkreislaufs im Kopf und der inneren Ruhe mit ihrerseits vielen positiven Auswirkungen. Wirkung ganz ähnlich der des Yoga-Kopfstandes, jedoch ohne die nicht immer unproblematische Belastung der Halswirbel.

Entschlackung, Blutreinigung ⑱

Hierzu nur einige knappe Anmerkungen:

Kartoffelkur: Diese im Vergleich zu den anderen Möglichkeiten höchst angenehme Schlankheitskur, die die unerwünschten Schlacken aus dem Körper herausführt und dabei zu ungefährlichem Gewichtsverlust führt, ist viel zuwenig bekannt. Das Buch von Imre Kusztrich »Kartoffeldiät – die ideale Schlankheitskur« vermittelt Ihnen alle Einzelheiten. Gegen die heute so häufige Übersäuerung des Körpers mit allen ihren Folgen ist diese Kur eine hervorragende Hilfe.

Die Wacholderbeerkur nach Pfarrer Kneipp ist so etwas Ähnliches wie die ideale Blutreinigung. Heutzutage bieten sich dafür gewisse Heilpflanzentabletten an aus gemahlenen Wacholderbeeren, ausleitenden Heilpflanzen sowie den Säurewert stabilisierenden Mineralsalzen. Für den großen Wert einer systematischen Kur damit (Multiplasan H 33) setzt sich z. B. der auf diesem Gebiet langjährig erfahrene Biochemiker Dr. Gerhard Orth (Leutkirch) ein.

Der Gemüsetrank Kü-Ka-Lei-Wa ist zusammengesetzt aus Kümmel (2 Teelöffel), Kartoffeln (2), Leinsamen (2 Kaffeelöffel) und Wasser (1½–2 Liter). Es können auch Gemüsebestandteile zugefügt werden (aber keine blähenden). Das gibt als Entschlackungshausmittel einen basenüberschüssigen Gemüsetrank: Die vier (oder mehr) Teile werden 20 Minuten lang gekocht. Die abgeseihte Flüssigkeit wird warm getrunken, morgens ¼ bis ½ Stunde vor dem Frühstück, einige Portionen tagsüber, der Rest abends, 4–6 Wochen lang. Viele, die sie kennen, schwören auf die hervorragende innere Reinigungswirkung dieser Kur.

Äußere Hilfen ⑥⑨

Unter diesem Begriff habe ich eine Reihe von Verfahren zusammengefasst, bei denen wir äußere Hilfsmittel benötigen. Die Übersicht ⑥⑨ weist sie auf.

Formen und Symbole haben eine durchaus mit den farbigen Lichtstrahlen vergleichbare Wirkung. Zum Beispiel strahlen der Kreis, das gleichseitige Dreieck, die liegende Acht (Unendlichkeitszeichen), mit Einschränkungen auch das Quadrat und in enger Ähnlichkeit dazu gehaltene Formen ausgesprochene Harmonie aus. Das Gegenteil ist der Fall bei scharfen, schroffen Formen, wo sich die Bewegung nur als Folge von hart aufeinandergesetzten Brüchen vollzieht: Sie strahlen Schärfe und Aggressivität aus. Ein Musterbeispiel sind als Stilisierung des Buchstabens S die zwei nebeneinandergesetzten Sigrunen (das Kennzeichen der SS-Verbände im Dritten Reich). Nicht umsonst ist seit einigen Jahren die intensive Beschäftigung mit den altgermanischen Runen und sonstigen historischen Formen und Symbolen geradezu aufgeblüht.
Es kann kaum einen Zweifel daran geben, *dass bestimmte Formen* wie z. B. das einfache Balkenkreuz (wie im Pluszeichen), das Sonnenrad (das im Kreis stehende Balkenkreuz) und viele andere *bioenergetische Ausstrahlungen haben,* die gleich oder ganz ähnlich denen der Farben sind, die sich ihnen zuordnen lassen. Unmittelbar auf den Körper aufgelegt oder durchgängig in der Kleidung allgemein oder an besonderen Körperstellen angebracht, bringen sie mehr oder weniger intensive Auswirkungen auf den körperlich-seelischen Organismus mit sich. Dem Interessenten bietet sich hier ein reiches und geradezu faszinierendes Feld für Forschung und praktische Erprobung.[82]

Die Klosterbürste geht zurück auf mittelalterliche Klöster. Das Bürsten der Haut mit ihren feinsten Borsten aus ganz bestimmten Kupferlegierungen bewirkt eine wohltuende Erfrischung und Belebung. Die Ursache ist die Erzeugung von so genannten negativen Kleinionen auf der Haut. Das Reiben der Chakren ist besonders wirkungsvoll. Regelmäßige Anwendung soll mit der Zeit auch die Altersflecken auf der Haut wegbürsten. Ferner wird von manchmal beträchtlicher Schmerzlinderung berichtet. Information: Fa. Naturwissen, Geltinger Str. 14a, D-82515 Wolfratshausen, Tel. 0 81 71/41 87 66.

Liegen auf Tennisbällen: Über diese denkbar einfache und höchst wirkungsvolle Hilfe bei Verspannungen im Schulter-Nacken-Bereich, bei Schwierigkeiten im Lendenwirbel-Kreuzbein-Gebiet und gegen Ischias können Sie sich unterrichten in den Büchern von Stangl »Lebenskraft« (im 3. Buchteil über Eutonie) und »Jede Minute sinnvoll leben« (demnächst wieder im Buchhandel erhältlich).

Der Einsatz von Steinen zu Heilzwecken (Lithotherapie) ist so bedeutungsvoll, dass ich ihm eigene Pendeltafeln ⑮ und ⑯ gewidmet habe. Weiter hinten werden Sie die mir nötig erscheinenden Hinweise in einem eigenen Kapitel vorfinden.

Zum Einsatz von Metallen und Magneten verweise ich auch auf ein späteres Kapitel.

Seelisch-geistige Hilfen ⑩

Die Stichworte in dieser Pendeltafel ⑩ sind so klar, dass sie nur wenige Hinweise erfordern.

Tätige Liebe, Helfen: Über diese fundamentale Grundforderung für jeden Menschen, der reifen und sich vervollkommnen möchte, finden Sie die wesentlichen Gedanken heute in vielen guten einschlägigen Büchern. Nicht umsonst ist hier ein, wenn nicht *das* Grundgesetz der Hochreligionen berührt. – Randbemerkung an dieser Stelle: Wie oft haben wir erlebt, dass depressive Menschen sich von ihrer Verstrickung im ICH zu lösen vermögen, wenn sie sich aufraffen können, sich einem anderen in Not befindlichen DU in tätiger Liebe hilfreich zuzuwenden. Um das Wesentliche ganz einfach auszudrücken: Die Ableitung der schon krankhaft im ICH konzentrierten Lebensenergie auf das DU lässt die Depression bald schwinden und den von ihr Befallenen wie neu aufblühen.

»Annehmen«: Das Unabänderliche anzunehmen, das zu tragen uns auferlegt ist, stellt ein Kernstück der Lebensweisheit und Lebenskunst dar. Wer sich in der Tiefe seines Wesens eingebettet weiß in die große Ordnung allen Geschehens (»Gottvertrauen«, »Schicksalsgläubigkeit«), für den ist das Ungewöhnliche viel leichter zu tragen als für den, der diesen inneren Halt nicht hat. Darüber finden Sie in den bereits erwähnten Büchern »Die geheime Kraft in uns« (S. 125), in »Heilen aus geistiger Kraft« (S. 136 ff.) sowie in »Hoffnung auf Heilung« (an mehreren Stellen) entsprechende Ausführungen.

Selbstsuggestion: Über diese Technik der gezielten Selbstbeeinflussung haben Sie auf den Seiten 135–137 des Buches »Die vergessene Welt der Gefühle« sowie in »Urschöpfungskraft und Freie Energie« auf den Seiten 152–166 eine detaillierte Beschreibung des richtigen Vorgehens. Es kann Ihnen helfen, die üblichen Fehler bei diesem Verfahren zu vermeiden.

Farbtherapie ⑺

Bedenken Sie bitte, welche Energie im Licht und seinen Farben stecken muss: Mit der uns unvorstellbaren Geschwindigkeit von dreihunderttausend Kilometern pro Sekunde strömen die Lichtphotone der Sonne auf unsere Erde zu. Beim Auftreffen auf unsere Kleidung spalten sie sich in Farben auf und damit in ganz bestimmte Schwingungsbereiche. Diese dringen durch unsere Haut bis zu ½ cm tief in die Gewebe unseres Körpers ein, wo sie auf seine biochemischen Prozesse, auf die Regulierungsstoffe wie Hormone und Enzyme einwirken. Wer ist sich dieser wahrhaft gewaltigen biologischen Energiewirkung und -entfaltung schon bewusst?

Für den therapeutischen Einsatz von Farben sind gewisse Grundkenntnisse der Farbenlehre wenn nicht unerlässlich, so doch recht hilfreich. Das Schema ⑪ gibt den Farbkreis von Johannes Itten wieder.[83] Zu seinem Verständnis sollen die folgenden knappen Hinweise dienen: *Die Grund- oder Primärfarben* sind Rot, Gelb und Blau. Aus ihnen kann man alle Farben mischen. So entstehen *die Sekundärfarben:* Orange aus Rot und Gelb, Grün aus Gelb und Blau, Violett aus Rot und Blau. Jede der Grundfarben hat ihre eigene Kontrastfarbe *(»Komplementärfarbe«)* in der Mischung aus den beiden anderen Grundfarben miteinander: Rot hat sie in Grün, Gelb in Violett und Blau in Orange. Im Ittenschen Farbkreis ist zwischen zwei Grundfarben jeweils ihre Mischfarbe angeordnet, und jeder Farbe steht ihre ergänzende, ihre »Komplementärfarbe« genau gegenüber. Die einzelne Farbe und ihre Komplementärfarbe tragen demnach sämtliche Farben in sich. Das ist der Grund, weshalb sie unserem Auge stets so ausgeglichen-angenehm, so harmonisch erscheinen.

Schwarz und Weiß sind im eigentlichen Sinn keine Farben (sie bewirken nur Verdunkelung bzw. Aufhellung), ebenso wie etwa Rosa, Braun oder Grau (Mischung echter Farben mit Schwarz oder Weiß). Sie alle spielen jedoch in unserem täglichen Farberleben eine beachtliche Rolle. Daher habe ich dem eigentlichen soeben beschriebenen Farbenkreis zur Ergänzung noch eine zweite kleine Übersicht zugefügt mit eben diesen für unsere Lebenspraxis bedeutungsvollen Farben und den beiden »Licht«-Schwingungen, die wir mit unserem menschlichen Auge nicht mehr sehen, deren Wirkungen auf unseren Organismus wir aber sehr wohl positiv wie negativ verspüren können, nämlich *Infrarot und Ultraviolett* (also in ihren Wellenlängen unterhalb Rot und jenseits Violett schwingend).

Im Schema (71) *finden Sie* also die Farben von Rot (YANG, Spannung) über Grün (Sattwa, Spannungsausgleich) bis Violett (YIN, Lösung), die sich in vielen Fällen zum Zweck der Stärkung bei Schwächezuständen oder zur Linderung oder Heilung von Erkrankungen und Schmerzen einsetzen lassen. Sie finden hier auch die Misch- oder Zwischenfarben, die für feinere Dosierung und bei ganz besonders sensiblen Naturen ihre Bedeutung haben. Verständlicherweise kann an dieser Stelle keine ins Detail gehende Darlegung der *therapeutischen Wirkung der einzelnen Farben* gebracht werden. Dass Rot belebt, Blau beruhigt und Grün diese beiden Momente in sich vereinigt, dürfte heute allgemein bekannt sein. In den im Literaturverzeichnis aufgeführten Büchern können Sie sich über Bedeutung und Einsatzmöglichkeiten der Farben genauer informieren.

Der Pendel wird Ihnen, wenn Sie ihn im richtigen Geist einsetzen, *genau sagen, welche Farbe Sie für welchen Zweck einsetzen sollten.* Fragen Sie, solange Sie noch nicht hinreichend erfahren sind, als Erstes an dem »Wegweiser« zwischen den beiden kreisförmigen Übersichten, wo Sie die für Ihre Frage richtige Antwort bekommen. Der Pendel wird Ihnen dann sofort die Richtung weisen: nach links oder rechts oder manchmal nach oben, also zu den beiden Seiten hin. Das vor allem dann, wenn dort von vornherein mehrere Antworten verborgen sind. Später werden Sie in den meisten Fällen diesen Umweg nicht mehr zu gehen brauchen. Das umso weniger, als Sie, wenn Sie rechts beginnen, im rechten Kreis ja noch den ausdrücklichen Hinweis auf den links angeordneten Farbkreis haben.

Denken Sie – wie immer beim Pendeln: ganz gesammelt – je nachdem an Ihre eigene oder an die besondere Schwierigkeit des erkrankten bzw. hilfsbedürftigen Menschen, und fragen Sie in Gedanken, leise flüsternd oder vor sich hin sprechend, ob eine Farbe helfen kann. Dann bitten Sie um Angabe derjenigen, die in Anbetracht aller Umstände die beste Hilfe bringen mag. Schließlich klären Sie, welche Körperstelle zu bestrahlen ist, wie lange in jedem einzelnen Fall, wie oft täglich und wie viele Tage hindurch das geschehen soll. Nach gebührender Zeit sollten Sie überprüfen, ob eine Änderung des Vorgehens ratsam ist, denn wir bleiben nie im Ausgangszustand verhaftet. Manchmal ist es auch recht fruchtbar, allgemein nach den Farben zu forschen, welche die Gesundheit fördern oder auch belasten, die es also besonders einzusetzen bzw. zu meiden gilt.

In medizinischen Bedarfsgeschäften oder einem Hobby- oder Bastelladen können Sie sich *Speziallampen mit allen nötigen Farbscheiben* kaufen. Dabei sind zumeist zwei von jeder Farbe zweckmäßig, damit Sie die oft erforderliche satte Tönung auch herstellen können. Wesentlich billiger kommen Sie mit dem Kauf des billigsten Aluminium-Fotoscheinwerfers weg, an dessen gebördelten Rand Sie mit einfachen Wäscheklammern Farbfolien anklemmen, die Sie in Hobby- und ähnlichen Geschäften erwerben können. Als Lichtquelle dient die Sonne (Aufhängen der Farbfolie z. B. an der Fensterscheibe) oder eine elektrische Glühbirne, die auf keinen Fall besonders stark sein darf. Der Abstand der bestrahlten Körperstelle sollte wenigstens 60 cm sein: Es kommt ja nicht auf die Wärmeentwicklung der Glühbirne an, die oft eher schaden kann, sondern einzig und allein auf die spezifische Schwingung der eingesetzten Farbe.

Sie können statt einer solchen Lichtquelle auch ganz einfache *kleine, mit Wasserfarbe bemalte Blättchen oder Farbfolien oder farbige Stoffflecken* auf die betroffene Körperstelle auflegen. Zur Klärung der Einzelheiten gehen Sie dann genauso wie beschrieben vor. Dabei werden Sie gegebenenfalls fragen, wie viele Nächte Sie diese Farbauflage (die natürlich unter der Nachtkleidung zu befestigen ist) benutzen sollten.

Noch ein Wort zur Farbe Ihrer Kleidung, was naturgemäß für die farbreichere weibliche Bekleidung besonders wichtig ist. Beobachten Sie einmal aufmerksam den Zusammenhang der bevorzugten oder gar einseitig verwendeten Farbe der Kleidung eines Menschen mit seiner vorwiegenden Gemütsstimmung! Die Farbauswahl der Kleidung hat eine beachtliche Bedeutung für die Person, die sie trägt. Hier liegt eine sanfte, dabei aber ständige Einwirkung auf das Unbewusste eines jeden Menschen vor. Die wenigsten wissen das in ihrem alltäglichen Leben zu ihrem Vorteil und Heil auszuwerten. Wer sich grundsätzlich grau in grau kleidet, muss der bei der ständigen Ausstrahlung von Grau auf seinen Organismus nicht auch eine grau in grau getönte Grundstimmung bekommen? Von den ständig Schwarz Tragenden brauche ich gar nicht zu sprechen.

Wenn sich jemand aus einer eher gedrückten, »dunklen«, zu Trübsal und Pessimismus neigenden Grundstimmung befreien will, darf der dann seinen Körper in etwas anderes einhüllen als nur in helle, freudige Farben? Seien Sie also wachsam, und scheuen Sie keinen Wechsel: Es lohnt sich! Gerade auch hier kann Ihnen die ergänzende Übersicht (71) auf der rechten Seite wertvolle Hilfe geben: die Warnung vor der falschen und der eindeutige Hinweis auf die farblich richtige Kleidung. Schon der große amerikanische Psychologe William James wies vor über hundert Jahren darauf hin, dass der Mensch nicht nur aus Leib und Seele, sondern aus Leib, Seele und Kleidung besteht!

All das eben Gesagte trifft natürlich auch sinngemäß zu für die Farben sowie die Fasermaterialien und Muster, mit denen man seine alltägliche Lebensumgebung ausgestaltet.

Hier noch der Hinweis auf die Farben der Chakren oder Energiezentren (15): Ihr Verständnis kann sich wesentlich vertiefen, wenn Sie die in den einzelnen Chakren vorwaltenden Farben in Ruhe durchdenken. Sie finden sie dort verzeichnet.

Die Bach-Blütentherapie ⑫

Der heute in der ganzen Welt bekannt gewordene englische Arzt Dr. Edward Bach (1886–1936) war mit den Heilerfolgen der traditionellen Medizin nicht zufrieden. Er erkannte aufgrund seiner kritischen Beobachtungen den engen Zusammenhang zwischen der individuellen seelischen Wesensart und der besonderen Krankheit, die einen Menschen befällt. Folgerichtig ging er darauf aus, *in erster Linie die seelische Einstellung und die damit verbundene Denkungsweise von Kranken zum Positiven hin zu beeinflussen.* Das muss sich dann auch auf den Körper entsprechend auswirken. Als das entscheidende und ganz natürliche Hilfsmittel dazu entdeckte er in der ihm eigenen hochgradigen Fühlsamkeit den *Geist der Pflanzen.*[84] Nach einem bestimmten Verfahren werden die spezifischen Schwingungen der frischen Blüten von 38 Pflanzen in reines Quellwasser übertragen, das auf diese Weise mit dem Geist der jeweiligen Pflanze gesättigt wird. Das so gewonnene, rein naturgegebene Heilmittel hat sich mittlerweile in unzähligen Fällen als sehr wirksam erwiesen. Dass hier ein geradezu zwingender Zusammenhang gegeben ist, wird jedem sofort einleuchten, der die absolute Wahrheit der Tatsache erfasst hat, dass alles Existierende schwingende, fließende Energie darstellt.

Die Schwierigkeit liegt nun darin, jeweils das bestgeeignete Mittel für einen besonderen seelischen Zustand zu finden, der die Grundlage für eine latente, äußerlich noch verborgene oder für die schon ausgebrochene Krankheit darstellt. Dr. Bach hat zu diesem Zweck in langjähriger, feinsinniger Arbeit 38 besondere Charakterbilder erstellt, die den 38 Blütenextrakten präzise zugeordnet sind. So kann sich jedermann, der mit der nötigen Vorsicht und Kritik zu Werke geht, selbst helfen. Darüber gibt es gute Literatur, wo Sie auch die Bezugsmöglichkeiten angegeben finden.[85] Es lohnt sich sehr, sich mit diesen 38 »Charaktertypen« genauer zu beschäftigen, denn sie vermitteln reichen psychologischen Gewinn auch für das Leben im Alltag.

Wer mit dem Pendel im richtigen Geist zu arbeiten weiß, für den ist das Auffinden der jeweils gesuchten Blütenmittel – sowohl des wichtigsten als auch von wertvollen zusätzlichen Beimischungen – mittels des Diagramms (72) denkbar einfach. Ich kann aus jahrelanger Erfahrung berichten, dass bei gewissenhaftem Vorgehen und bei der richtigen inneren Einstellung (wie das in den ersten Buchteilen besprochen wurde) die hinter dem Pendel stehende weise Erkenntniskraft auf Anhieb das bzw. die richtigen Mittel findet. Das ist inzwischen auch von anderen Seiten oft bestätigt worden.

Die kalifornischen Blütenessenzen (73)

In der Pendeltafel (62) »Grundsätzliches« wurden Sie schon auf die kalifornischen Blütenessenzen aufmerksam, die Sie nun in der großen Übersicht (73) einzeln aufgeführt vor sich haben. Sie ergänzen, besser gesagt, sie erweitern oder spezifizieren die seit Jahrzehnten bewährte Bach-Blütentherapie, die ich in der Tabelle (72) aufgeführt habe. Die Auswertung beider bringt in der Tat ausgezeichnete Ergebnisse.

Für den praktischen Gebrauch dieser beiden so wichtigen Übersichten *ist der »Verteiler« auf der Tafel (73) entscheidend.* Er ist in jedem Fall zuerst zu befragen, weil er den rechten Weg zum besten Ergebnis weist: Ob Sie für Ihren besonderen Zweck nur die eine oder nur die andere der beiden Pendeltafeln oder beide Blütenessenzen auswerten sollten. Die Übersicht (73) braucht selbst außer dieser keine weitere Erläuterung.

Die Yarrow-Special-Formula hilft im Notfall. Sie dient als Schutz, auch in der Schwangerschaft. Sie ist eine Hilfe gegen negative Strahlungen aller Art. Man kann sie getrost so ähnlich sehen wie die Notfalltropfen in der Bach-Blütentherapie.

Von allen uns bekannten *Veröffentlichungen über dieses Thema* ist die folgende für den praktischen Gebrauch am besten geeignet: »Blütenessenzen – Repertorium ihrer Wirkungsweisen« von Richard Katz/Patricia Kaminski, Laredo Verlag, München. Das Buch bietet ohne lange Umschweife in alphabetischer Ordnung einen exakten Überblick über die zusammen etwa 120 Bachblüten und kalifornischen Blütenessenzen mit den für die Auswahl entscheidenden Stichworten und deren genauere Bedeutung bei der konkreten Anwendung. Sie haben also *die beiden Sammlungen in einem Buch.*

Aktivierung der Immunkraft ⑭

Sämtliche Stichworte dieser so wichtigen Pendeltafel ⑭ sind der zusammenfassenden Übersicht über die *Stärkung der körpereigenen Abwehr- und Heilungsenergien* in unserem Buch »Hoffnung auf Heilung« (S. 169) entnommen. Dort finden Sie alle dazu nötigen Ausführungen und eine ganze Reihe von vielfach bewährten praktischen Übungen (S. 179 ff.). Sie haben schon vielen Menschen geholfen und können das auch bei Ihnen tun, wenn Sie sie im richtigen Geist angehen. Im Übrigen haben Sie im letzten Buchteil gelesen, wie Sie Ihre Lebensenergie sammeln und stärken können mit Hilfe von Orten der Kraft, von Bäumen oder von Vitawasser.

Beim Arbeiten mit der Übersicht ⑭ brauchen Sie nur zu fragen,

- welches der gegebenen Stichworte für den Betroffenen derzeit das wichtigste ist, das ihm kurzfristig am meisten helfen kann, bzw. deren zwei oder drei,
- welche er am meisten vernachlässigt hat,
- ob und gegebenenfalls wie weit von ihm das getan wird, was die einzelnen Stichworte angeben.

Auf einen nicht unwichtigen Zusammenhang von Immunsystem und Schlafen habe ich schon im Kapitel über den Schlaf hingewiesen.

Diese Tatsache kann doch allen sehr zu denken geben, die mit ihren Nächten zuweilen recht großzügig umgehen. Auch im Kapitel über die innere Ausgewogenheit musste ich auf die Schwächung der Immun- und Heilungskraft des modernen Menschen hinweisen, der *die innere Gelassenheit, den Gleichmut* bei seiner allgemeinen menschlichen Überforderung verloren hat.

In diesem Zusammenhang noch ein Wort zur *Heilkraft der Brennnessel:* Sie stärkt die Immunkraft des Körpers, d. h., sie hilft ihn widerstandsfähig zu machen gegen Infektionen. Von April bis Oktober ist die Brennnessel frisch. Für den Winter kann man sie trocknen und zerreiben. In frischem Zustand enthält sie 8 % Eiweiß (Protein) und in getrocknetem 40 % vollwertiges Eiweiß!

(Sieben) Heilungssteine (Lithotherapie) (75) (76)

Seit etwa 20 Jahren macht *der Einsatz von Steinen und (Halb-)Edelsteinen zu Heilzwecken* mehr und mehr von sich reden. Dafür bürgert sich so langsam der Begriff der Lithotherapie ein. So viele Steine es gibt, so viele spezifische Schwingungen gibt es, von denen jede ihre spezielle Wirkung ausstrahlt. Nach mehreren Jahren praktischer Versuche, viel Pendeln und Erproben und auch durch Beratung einer guten Steinekennerin haben wir sieben Steine herausgefunden, die für die Praxis wohl die wichtigsten sind. Ich bin mir heute sicher, dass wir mit ihnen ca. 95 % aller Krankheiten mehr oder weniger abdecken können. Sie sind in der Pendeltafel (75) aufgeführt.

Die Anwendung ist einfach: Am besten beschaffen Sie sich von jeder Steinart so viele ganz kleine, dass Sie sie in ein etwa faustgroßes Säckchen aus dünnem Textilgewebe oder aus Folie abfüllen und durch einen Aufkleber kennzeichnen können. Das erlaubt Ihnen die Anpassung der ausgestrahlten Schwingung an eine im Allgemeinen ausreichend große Körperoberfläche bis hin zum fast schon geschlossenen »Einwickeln«, z. B. eines Daumens oder eines schon größeren Gelenkes. Den genauen Punkt der Auflage am Körper gibt Ihnen die Skizze des menschlichen Körpers mit Vorder- und Rückseite ⑲. Die Zeitdauer und Häufigkeit der Anwendung zu erfragen, ist für Sie nun längst kein Problem mehr.

Erwarten Sie sich keine raschen Wunder. Auch hier gilt: Steter Tropfen höhlt den Stein. Dafür nur zwei Beispiele, die Sie bitte nicht vorschnell verallgemeinern wollen.

Eine mir gut bekannte Dame litt mehrere Jahre lang an einem *recht schmerzhaften Geschwür im Zwölffingerdarm.* Alle üblichen medizinischen Hilfen versagten. Sie rief mich fast schon verzweifelt an und fragte, ob ich eine Hilfe für sie wüsste. In der ersten ruhigen Stunde erpendelte ich für sie den Einsatz von Granitsteinchen, die sie drei Wochen lang täglich 20 Minuten auf die schmerzende Stelle auflegen sollte. Die Frage: Wo bekomme ich die Steinchen her? beantwortete ich mit dem Hinweis auf Splitthaufen oder -kästen, die in bergigen Gegenden am Straßenrand für das Streuen in der Winterzeit bereitliegen. Unglauben bei dem Ehepaar, das fast widerstrebend den Rat befolgte. Ergebnis: baldige Besserung, und nach genau drei Wochen waren die Schmerzen total verschwunden. Der Arzt konnte kein Geschwür mehr feststellen. Heute, nach bald 15 Jahren, ist noch immer alles in bester Ordnung. – Die spezifischen Schwingungen von Granit haben eben genauso wie die der anderen Steine eine starke Heilwirkung.

Das zweite Beispiel betrifft mich selbst: *Heimtückische Fingernagelpilze,* die sich durch die herkömmliche Medizin einschließlich Ziehen der betroffenen Nägel in 1½ Jahren konsequenter Behandlung nur teilweise beseitigen ließen. Ein kleiner, vom Pendel angezeigter Roh-Rubinstein, zwei Wochen lang jede Nacht mit Leukoplast direkt auf dem Nagel fixiert, tötete die Pilze ab. Der letzte betroffene Nagel am linken Daumen, der hartnäckig jeder Wiederherstellung widerstanden hatte, war nach etwa sieben Wochen wie in blühender Frische neu geboren. Das war vor etwa drei Jahren. Inzwischen zeigte der benachbarte Zeigefingernagel, etwa 2 mm tief die eine Seite des Nagels entlanglaufend, die charakteristische Verfärbung und Unterhöhlung. Nach sorgfältigem Ausschneiden der betroffenen Stelle fixierte ich dort auf Weisung des Pendels wiederum nachts eine Woche lang einen kleinen Rubinstein: Das sonst übliche weitere »Unterfressen« des Nagels durch den Pilz blieb aus, und die ausgeschnittene Stelle wuchs langsam kerngesund nach.

Am besten machen Sie sich über die Tabelle (75) hinaus *eine eigene Übersicht über alle die (Edel-)Steine, die Sie zur Verfügung haben.* Nach Neuerwerbungen können Sie sie erweitern. Sie werden bald die eine oder andere erstaunliche Hilfe erfahren. Wer einmal begriffen hat, dass alles – wie ich im einleitenden Teil dieses Buches noch einmal ausgeführt habe – schwingende, fließende Energie ist, für den ist alles voll verständlich und eine ganz natürliche Sache.

Zu Ihrer Erleichterung füge ich noch *eine Übersicht über etwa 60 (Halb-)Edelsteine* (76) an, die Ihnen bei der Aufstellung Ihrer eigenen Liste sicher von Nutzen ist. Im Übrigen empfehle ich zu diesem Thema das Buch von Michael Gienger »Lexikon der Heilsteine« (s. Lit.-Verz.).

Zur Heilkraft von Metallen und Magneten

Es würde den Rahmen dieses Buches ganz entschieden sprengen, wenn ich hier noch auf *diese Spezialgebiete* genauer eingehen würde. Sie werden unter den »Fachleuten« in vielen Einzelheiten verschieden beurteilt, sodass eine eindeutige Meinungsbildung sowieso schwer ist. Das trifft für beide Bereiche zu. Das soll aber nicht heißen, dass sich der dafür besonders Interessierte diesen Gebieten etwa nicht widmen solle. Das Literaturverzeichnis am Ende des Buches gibt Ihnen dafür einige Hinweise. Da zu diesem Thema heute laufend neue Veröffentlichungen erfolgen, betrachten und vergleichen Sie diese in einer gutsortierten Buchhandlung *eher mehr als weniger kritisch.* Denn heute herrscht eine starke Konjunktur für alle medizinischen Randgebiete, und da hält vieles nicht, was es in der äußeren Aufmachung verspricht. Erfahrungen in Einzelfällen oder im kleinen Kreis begründen noch lange nicht allgemeingültige Aussagen!

Speziell zur Heilkraft von Metallen: Es ist kein Zufall, dass Sie die gängigen Metalle fast alle in der Übersicht über die Spurenelemente (34) bereits verzeichnet finden.

Soweit Sie sich mit Ihrem Pendel überhaupt auf diese besonderen Gebiete begeben, können Sie sich entsprechend den reichlichen Mustern dieses Buches *Ihre eigene Übersicht anlegen.* Im Lauf der Zeit und Ihrer steigenden Vertiefung und Beherrschung des Themas wird sie sich ständig erweitern lassen. Die dabei auftretenden Fragen liegen so sehr auf der Hand, dass sie für den aufmerksamen Leser und den durch sein eigenes Üben in seiner Pendelerfahrung Fortschreitenden hier keiner besonderen Beantwortung mehr bedürfen. Die bisherigen Ausführungen und allenfalls noch die des übernächsten Kapitels (hinsichtlich Zeitraum der Benutzung) enthalten alles dafür Wesentliche.

Handliche und wirkungsvolle kleine Magnete zum Auflegen und Umhängen werden heute von verschiedenen Stellen auf dem Esoterikmarkt angeboten. Gerade beim praktischen Einsatz von Magneten ist Umsicht und Vorsicht geboten, wobei Ihnen der richtige Gebrauch des Pendels wiederum helfen kann. Aber vergessen Sie nicht: Sie könnten bei mangelnder Umsicht Ihr eigener Elektrosmog-Erzeuger werden mit all seinen Folgen!

Auflegepunkte bei Kopfschmerzen (77)

Kopfschmerzen sind heute ein fast allgemeines Übel. Bei manchen Menschen fast habituell, bei manchen gelegentlich. Sie können ganz verschiedenartige Ursachen haben, und sie können an ganz verschiedenen Stellen des Kopfes auftreten, tatsächlich oder nur in unserem subjektiven Gefühl.

Entsprechend finden Sie in der Übersicht ⑦⑦ viele detailliert angegebene Stellen im weiteren Kopfbereich aufgeführt und auch die Möglichkeit, über die Tafel ⑦⑨ andere Körperstellen ausfindig zu machen. Dort können Sie dann zu erfragende Steine, Metalle oder auch Magnete (Vorsicht!) auflegen. Das pendlerische Vorgehen, auch zur Bestimmung der Aufliegezeit, ist jetzt für Sie gewiss problemlos.

Im Besonderen: Geistiges Heilen ⑦⑧ ⑦⑨

Zu diesem Thema liegt heute nicht umsonst schon eine reiche Literatur vor. *Die grundsätzliche oder »theoretische« Seite* liegt klar vor uns: Es geht dabei immer um die Weckung oder Aktivierung der geistigen Kraft oder der Lebensenergie, die die »Seele« des einzelnen Menschen ausmacht. Im 1. Teil dieses Buches habe ich das in Beziehung auf das zunächst so rätselhaft erscheinende Pendelphänomen ja schon dargelegt, wo Sie es gegebenenfalls nochmals nachlesen können.[86] Sie erinnern sich: Je höher die seelisch-geistige Entwicklungsstufe eines Menschen, desto größer ist seine Pendelfähigkeit. Und jetzt darf ich getrost zufügen: Desto ausgeprägter ist auch seine Fähigkeit des geistigen oder energetischen Heilens.

Das vorausgesetzt, steht nun an dieser Stelle *die ganz praktische Seite* zur Debatte: Wie geht man ganz konkret vor, wenn man einem anderen kranken oder hilfsbedürftigen Menschen »heilende Kraft« zuführen möchte? *Um hier einem leider verbreiteten und zugleich gefährlichen Missverständnis vorzubeugen:* In unseren Büchern haben wir mehrfach nachdrücklich herausgearbeitet, dass ein körperlich oder seelisch kranker Mensch letztlich nur durch die nachhaltige Aktivierung seiner eigenen Lebenskraft Linderung oder Gesundung finden kann. Auch der bestmeinende, noch so idealistische so genannte »geistige Heiler« kann den Kranken nicht wirklich gesund machen, *wenn dieser nicht an sich selbst arbeitet,* seine in ihm schlummernden Kräfte zu wecken und bis zum Äußersten zu mobilisieren. Je mehr es ihm dabei gelingt, sich an die große »geistige« Kraft, an die »göttliche« schöpferische All-Energie anzuschließen (als der früher zitierte Tropfen Wasser aus dem Ozean), umso rascher wird es ihm besser gehen.

Der so genannte Heiler kann zu alldem einen vielleicht wesentlichen Anstoß geben, mehr aber auch nicht. Das wollen Sie bitte in seiner ganzen Bedeutung erfassen: Entscheidend kann immer nur die echte Mitarbeit, also die Eigenarbeit des Kranken sein. Wenn es an ihr fehlt, fällt der zu heilende Kranke bald wieder aus seiner anfänglich oft auffallenden Besserung zurück in seinen früheren Leidenszustand. Das mussten wir über die Jahre hinweg immer wieder beobachten. Vergessen Sie das bei allen Ihren noch so aufrichtigen Heilungsbemühungen nicht: Wer sich nicht selbst von der Wurzel seines Wesens her gesund machen will, also unter Ausschaltung und Bereinigung der Fehler in seiner früheren Lebensführung, die ihm die Erkrankung eingebracht haben, dem ist nicht zu helfen. Hippokrates vor fast zweieinhalb Jahrtausenden: »Wenn du nicht bereit bist, dein Leben zu ändern, kann dir nicht geholfen werden.«

Das ganz konkrete Vorgehen bei einer solchen geistigen Heilungsbemühung wird im Wesentlichen bestimmt *durch die aufrichtige, egofreie Gesinnung des Heilers.* Hierbei kehren die Voraussetzungen der hohen Pendelfähigkeit – sinngemäß zu verstehen – wieder, die ich im ersten Buchteil herausgestellt habe. Mit anderen Worten: Die Art und Weise des äußeren Vorgehens ist letztlich nicht so entscheidend, wie es von manchen dargestellt wird. Das können Sie am besten daraus ersehen, dass *ein wahrhaft inniges und selbstloses Bitten oder Beten* für einen in großer Not befindlichen Menschen gar oft seine Wirkung bringt, was aus allen Völkern und Zeiten berichtet wird. Die große allgewaltige, über uns allen stehende Kraft (»Geist«) befreit den Betroffenen aus seinen Ängsten und stärkt ihn so durch die Freisetzung seiner eigenen persönlichen Kraft (»Seele«), oder sie lässt ihm unmittelbar aus der eigenen unbegrenzten Kraft Hilfe zufließen.

Das darf uns aber nicht darüber hinwegtäuschen, dass *die Einhaltung gewisser Verhaltensregeln* vor allem für den noch Ungeübten für das Ergebnis seiner Bemühungen doch recht bedeutsam ist. Bei ihm hat sich der psycho-physische »Mechanismus« des Zusammenspiels von Heilungsabsicht und Ingangsetzen des heilenden Energieflusses ja noch nicht so fast selbstverständlich eingespielt wie beim langjährig Übenden und Erfahrenen. Um diese »Reibungsverluste« optimal niedrig zu halten, kann uns der Pendel in hervorragender Weise helfen, das in unserem Unterbewussten schlummernde Wissen kundzutun. Dabei empfehle ich Ihnen im Sinn eines zielbewussten Vorgehens, die folgenden Fragen an den Pendel zu stellen:

1. Geht es im vorliegenden Fall in erster Linie darum, *verhärtete, gestaute Energie abzubauen* (was für alle Überspannungsbeschwernisse oder die YANG-Krankheiten wesentlich ist), um die notwendige Beruhigung oder Entspannung zu erreichen *oder fehlende Energie zuzuführen* (was bei drohender Auflösung der Lebenskraft oder den YIN-Krankheiten entscheidend ist), damit zu schwache Energie angeregt, aktiviert oder zusätzlich gestärkt wird? Das erste einfache Schema in der Gesamtübersicht ⑺⑻ gibt Ihnen die Antwort. (Nur für den diesbezüglich Interessierten: N und S bedeutet Nord- bzw. Südpol, etwa beim Arbeiten mit Magneten. Der links- und rechtsdrehende Pfeil gibt die Drehrichtung des Pendels da an, wo die entsprechend gepolte Energie auftritt.) Die gesammelte geistige Einstellung des um Heilung in der einen oder anderen Richtung Bemühten bleibt dann gewiss nicht ohne Wirkung auf den in Bewegung zu setzenden Energiestrom.
2. *Welche Körperhaltung des Kranken oder Hilfsbedürftigen* ist die zweckmäßigste, um den erstrebten Energiefluss möglichst leicht und kräftig zu bewirken? Am zweiten Schema können Sie es rasch ablesen.
3. *Wo sollen Sie sich als Helfer am besten postieren?* Anders ausgedrückt, von welcher Seite aus sollen Sie zweckmäßigerweise auf den Leidenden einwirken? Siehe das dritte kleine Schema.

Den wichtigen Grund für diese Frage werde ich sofort im Anschluss an diese Fragenfolge erklären.

4. *Eng damit verwandt: Wo, an welcher Stelle des Körpers sollen im Besonderen Ihre rechte und linke Hand sein,* um den richtigen Energiefluss zu bewirken? Die beiden schematischen Umrisszeichnungen des Körpers ⑲, von vorn und von hinten gesehen, können es Ihnen sofort aufzeigen. Zu diesem Zweck halten Sie Ihren Pendel genau in die Mitte zwischen den beiden Figuren, meist am besten zwischen den Unterarmen, bei der Frage: »Wo soll meine rechte Hand am besten auf der Vorder- oder der Rückseite von X, also einer der Körperseiten sein? Das bitte ich an der jeweiligen Körperskizze anzuzeigen.« Im Anschluss stellen Sie die gleiche Frage auf Ihre linke Hand bezogen. Die Antwort darauf wird im Einklang sein mit der zuvor gegebenen.

Bei Ihnen zunächst noch unklarer Pendelbewegung können Sie Ihren Pendel mehrfach seitlich der betreffenden Figur ansetzen und darum bitten, er möge genau in die richtige Richtung schwingen. Im Bedarfsfall setzen Sie den Pendel ein zweites Mal und jetzt zur ersten Richtung um etwa 90° versetzt an: Der Schnittpunkt der beiden Linien, die sich so ergeben haben, gibt Ihnen jetzt den genauen Punkt an.
(Dieser Hinweis gilt für alle Fälle, wo es sich um eine Einflussnahme auf den Körper handelt, z. B. auch für das Auflegen oder Umhängen eines Steines oder eines Magneten, für die Bestrahlung mit einer Farbe, das Auflegen eines Farbblättchens und dergleichen. – Sie werden, wenn Sie diesbezüglich arbeiten, den praktischen Wert dieser beiden Figuren noch oft erleben.)

5. *Schließlich können Sie die genaue Handhaltung erfragen,* die im vorliegenden Fall das beste Ergebnis verspricht: das unterste Schema in der Tafel ⑱. Wenn Sie sich mit dem Problem der Aura einmal beschäftigt haben, wissen Sie sofort um die Bedeutung dieser Frage. Seit dem unbezweifelbaren Beweis ihrer Existenz dank der Kirlianschen Hochfrequenzfotografie[87]

kann kein wirklich denkender Mensch dieses Problem als unerheblich oder gar als Spintisiererei mehr abtun. Und die ganz praktische Wirksamkeit des Arbeitens mit der Aura, z. B. beim raschen Auflösen von Schmerzen, etwa von Kopfschmerzen, beweist die Bedeutung dessen, worum es hier geht. Mit steigender Übung und Erfahrung kann sich der geistige Heiler indessen bald auf sein mittlerweile fundiertes Gefühl verlassen und braucht den Pendel in diesem Zusammenhang nur noch in besonderen Fällen zu bemühen. Im Übrigen beantwortet Ihnen der Pendel jede besondere Frage zu irgendeiner Ihnen unklaren Einzelheit, wenn Sie sie nur in klarer, unmissverständlicher Form mit oder ohne Anlehnung an ein vorgegebenes Schema stellen.

6. *An dieser Stelle möchte ich den Hinweis einfügen, dass Sie sich* nach wiederholter Bemühung um eine besondere Schwierigkeit körperlicher oder seelischer Art, z. B. Kopfschmerzen oder Arthritis oder Arthrose, *mit der Erstellung eines einfachen Schemas selbst helfen können.* Überlegen Sie sorgfältig alle nur denkbaren Behandlungsmöglichkeiten, und stellen Sie sie nach Art der in diesem Buch aufgezeigten Übersichten oder Schemata zusammen. Mit der Zeit werden Sie sie erweitern und ausbauen können. Dabei dürfen Sie nicht versäumen, immer noch die Frage nach einer sonstigen Möglichkeit anzufügen. Denn Sie können niemals sicher sein, im Vorhinein an jede nur denkbare Möglichkeit auch schon gedacht zu haben.
7. Jetzt wissen Sie genau, wie Sie vorzugehen haben: An welchem Körperteil und mit welcher Hand, und Sie brauchen nur noch zu klären:

- *Welcher Zeitpunkt im Tagesablauf für* den betreffenden Menschen wohl der wirkungsvollste ist: Die Zahlen 1 bis 24 im Schema ⑥ stehen jetzt für die 24 Tagesstunden. Bei genauem Ablesen können Sie hier auch noch die halbe, ja die Viertelstunde recht gut erkennen. – Oder Sie befragen die Organuhr ⑧⓪.
- *Wie lange* Sie heilende Energie schicken sollen: Die zu erwartenden Minuten können Sie exakt von 1 bis 10 am Schema ③,

wenn es – sicher nur ausnahmsweise wegen der dann doch absinkenden inneren Sammlung – mehr sein sollte, auch am Schema ⑥ erfragen.

- *Wie oft pro Tag* Sie es tun sollen: ebenso wieder am Schema ③ abzulesen. Wenn es jeden Tag einmal zu viel sein sollte (was nur selten der Fall sein wird), fragen Sie nach dem wievielten Tag, an dem Sie die Behandlung wiederholen sollen: Dann kann Ihnen der Pendel antworten: Am 2., am 4. usw. Tag, und Sie bekommen so auch diese Klarheit.
- *Wie viele Tage lang* Sie es wiederholen sollen: Vorgehen wie in den vorigen Fällen.

(Allgemeiner Hinweis: Immer wenn es um die Ermittlung von Zahlen geht, arbeiten Sie mit den Schemata ③: 1–10, ⑥: 1–35, ②: 1–200 bzw. Sie fragen je nachdem auf den gleichen Übersichten nach Hunderter-, Tausender- bzw. Millioneneinheiten.)

Hier die vor kurzem angekündigte Erklärung (bei Ziffer 3) *zur Frage der Stellung des Körpers und der Haltung der Hände:* Die moderne Kernphysik hat einwandfrei aufgewiesen, dass im atomaren Geschehen *die verschiedene Polung der Elementarteilchen eine ganz entscheidende Rolle spielt.* Wie wir alle längst wissen, ist das Gleiche der Fall bei der uns wohlvertrauten Energieform der Elektrizität. Und nach aller ganz bewusst gewonnener Erfahrung trifft das genauso zu für das so genannte geistige oder – vielleicht noch treffender formuliert – energetische Heilen. Darüber liegen heute viele Beiträge aus einer ganzen Reihe von Völkern vor. Ebenfalls nach unserer Erfahrung hat der Lehrsatz »Gleichnamige Pole stoßen sich ab, ungleichnamige Pole ziehen sich an« auch hier seine Gültigkeit. Das bedeutet ganz konkret, dass die heilende Energie nur oder am besten fließen kann, wenn ein minuspoliger Körperteil des Heilenergie Schickenden (z. B. die linke Hand) über einen pluspoligen Körperteil des Empfangenden (z. B. den Nacken am oberen Wirbelsäulenbereich) gehalten wird und der zugeordnete minuspolige Körperteil des Empfangenden (z. B. das Kreuzbein) unterhalb des zugeordneten pluspoligen Körperteils des Sendenden (z. B. die rechte Hand) zu liegen kommt (wenn es etwa um heilerische Einwirkung, um das glatte Fließen des Energiestroms in der Brust- und Lendenwirbelsäule geht). Wird das nicht beachtet, könnte sogar das Gegenteil der gewünschten Wirkung eintreten (z. B. Schmerzverstärkung statt Schmerzlinderung oder -auflösung).

Die Problematik der richtigen Polarisation hier darzulegen würde gewiss zu weit führen. Das aus 2 Gründen; Erstens ist sie in den Einzelheiten nicht unumstritten, besonders was Geschlecht, Tageszeiten, z. T. auch besondere Witterungs- und ähnliche Verhältnisse anbelangt. Allerdings habe ich bezüglich dieser angeblichen Besonderheiten meine berechtigten Zweifel. Und zweitens *ist der gewissenhaft Pendelnde diesen Schwierigkeiten enthoben,* wenn er sich an das Vorgehen hält, das ich soeben ausführlich genug aufgezeigt habe. Diese Behauptung darf ich aus kritischer Beobachtung und eigenen Erfahrungen heraus aufstellen. Und damit ist dieses Problem insoweit für uns gelöst. Im Zweifelsfall lösen es uns die rasch gestellten Fragen an den Pendel.

Alles, was in diesem Kapitel steht, trifft im Sinn der früheren Ausführungen natürlich auch dann zu, *wenn es sich um einen in der Ferne befindlichen Menschen handelt.* Denn selbst für die feinsten Schwingungen der Energie gibt es keine Begrenzung durch die Entfernung in unserem menschlichen Sinn. In diesem Zusammenhang können Sie sich nochmals an das hier unmittelbar zutreffende Beispiel des dritten der Fälle aus der Pendelpraxis am Ende der Einführung zu diesem Buch erinnern.
Ich kann mir gut vorstellen, *dass Ihnen alles das jetzt bei der ersten Lektüre als reichlich kompliziert erscheint.* Bei Ihrer ersten praktischen Arbeit damit mag sich dieser Eindruck noch bestätigen. Er *wird sich dann aber mit steigender Übung rasch verlieren,* weil sich die verschiedenen Arbeitsgänge – soweit sie im Einzelfall überhaupt nötig sind! – immer flotter abwickeln lassen und weil sich dann bei der praktischen Anwendung bald das Gefühl der Sicherheit, auf dem rechten Weg zu sein, immer mehr verfestigt. Bekanntlich ist nichts erfolgsträchtiger als der Erfolg: Machen und sammeln Sie selbst ihre ei-

genen Erfahrungen, ohne dabei jemals Ihre gesunde Selbstkritik zu verlieren! Bei der richtigen inneren Einstellung wird Ihnen Ihr Pendel alle in diesem Zusammenhang auftauchenden Fragen beantworten, im Zweifelsfall durch Kontrollfragen erst einige Tage später – wenn Sie Abstand gewonnen haben – bestätigen oder Sie zur Kritik aufrufen. Und so wachsen Sie mit der Zeit stetig und folgerichtig in die eben erwähnte Sicherheit hinein. Ist dieses subjektive Gefühl der Sicherheit auch etwas höchst Individuelles, so muss es gerade deshalb in jedem Fall auf festem Grund ruhen.

Die Organuhr (80)

Diese Betrachtung kommt aus der klassischen chinesischen Medizin und hat auch für Akupunktur ihre Bedeutung.[88] Sie besagt in kurzen Worten: *Unsere lebenswichtigen inneren Organe haben im Verlauf des Tag-Nacht-Rhythmus,* dem unser Leben unterworfen ist, jeweils in einer Art von gesetzmäßigem Sinn *ihre Zeiten der besonderen Aktivität.* Schematisch gesehen sind das immer zwei Stunden von einem Organ zum anderen. Diese Zeitgrenzen sind natürlich sinngemäß zu verstehen, sie schwanken und verschieben sich also je nach den wechselnden Tages- und Nachteinflüssen.

Übrigens hat *der heute oft zitierte »jetlag«* (also die unerfreulichen Nachwirkungen der Zeitverschiebung bei längeren Flügen in Ost-West-Richtung) hier seine Ursache. Wer sich indessen mental darauf einzustellen weiß, der kennt diese Schwierigkeiten überhaupt nicht oder nur stark abgemildert.

In dieser Zeit ihrer besonderen Aktivität sind *die einzelnen Organe dann auch am besten aufbereitet und geöffnet für energetische Beeinflussungen* von außen her. Das nutzen nicht wenige Mediziner und andere therapeutisch wirkende Personen dann auch zu heilerischen Zwecken, und sie haben oft sehr gute Erfolge damit. Fragen Sie im Bedarfsfall Ihren Pendel auf dem Schema (80), und gewinnen Sie Ihre eigenen Erfahrungen!

Wesentliche Schlussgedanken

Am Ende dieses Buchteils, der sich mit den vielen Hilfen für die Erhaltung unserer Gesundheit befasst, möchte ich noch *hinweisen auf die alternative Medizin mit ihren verschiedenen Richtungen,* die immer weitere Verbreitung findet. Zum Teil baut sie auf altbewährten Hausmitteln auf, die in der Zeit der einseitigen Überschätzung der Chemie in hohem Maße vergessen wurden. Heute werden sie als ein vieltausendjähriges Erbe der Menschheit wiederentdeckt. In den Übersichten im letzten Teil des Buches haben Sie viele entdecken können.

Hier kann ich mir nicht versagen, an die vermeintliche Selbstverständlichkeit zu erinnern, dass *die Medizin* mit ihrer heute so großartigen Technik *dazu da ist, dem Menschen zu helfen. Sie ist gewiss nicht dazu da, den Menschen sinnlos zu quälen.* Warum lässt man den Menschen nicht sterben, wenn seine natürliche Lebenszeit um ist? Selbst wenn er das will, wird es ihm im Namen der ärztlichen Berufsaufgabe verwehrt. Gestern durfte er es noch. Es war selbstverständlich. Erst heute wird der Mensch oft im Namen des so genannten wissenschaftlich-technischen Fortschritts langsam und mit System zum Sterben hingequält. Es fehlt nur noch die Befriedigung der Beteiligten, dann wäre die Perversion perfekt. Kann das richtig sein?

Wenn wir das Leben, das uns von der Natur und ihrer großen Ordnung geschenkt ist, annehmen, *müssen wir dann nicht auch den Tod ebenso wie die Krankheit annehmen,* die doch auch nur Teil der Natur sind? Was hat es für einen Sinn, *einseitig gegen Tod und Krankheit anzukämpfen?* Lösen wir im Sinn der richtigen Lebenseinstellung unsere Gedanken davon und wenden sie der großen, »göttlichen« Schöpfungs- und Heilungskraft zu. Sie ist – wie wir gesehen haben – allgegenwärtig, rings um jeden von uns. Ja, sie hüllt uns ein, ohne dass wir es merken würden. Sammeln wir unsere Gedanken hin auf sie, haben wir Vertrauen zu ihr! Wenn wir uns ihr öffnen, uns von ihr ganz erfüllt wissen, dann strömt sie in uns ein und füllt unsere angeschlagenen Glieder und lässt sie gesunden. Natura sanat: Die Natur heilt.

Nun möchte ich noch *einen Gesichtspunkt herausstellen, der in der heutigen Übergangszeit von der alten körperlich orientierten zur neuen ganzheitlich ausgerichteten Medizin viel zu wenig gesehen wird.* Unsere offizielle Medizin geht von der statistisch erhärteten körperlichen Reaktion auf die einzelnen Heilmittel aus und sieht dabei viel weniger die seelisch bedingte, immer wieder anders ausgeprägte Individualität eines jeden Patienten.

Bei der alternativen Medizin steht sie dagegen ganz anders im Vordergrund. Von heute sechs Milliarden Menschen gleicht nun einmal seelisch-geistig nicht einer ganz dem anderen, auch wenn sie alle körperlich gleich gebaut sind. Die individuellen Schwingungsmuster sind immer wieder verschieden. Und das ist der Ansatzpunkt für den Wert der Radiästhesie, besonders des Pendels und des Schwingpendels (Energiesensor), für das Problem der Gesunderhaltung und selbstverständlich auch der Wiederherstellung der Gesundheit. Hier wird der Kranke nicht nach dem viel zitierten »Schema F« behandelt. Hier wird seine Therapie ausschließlich, mindestens hochgradig, von den ganz spezifischen Schwingungen seines eigenen Organismus her auch nur auf diesen abgestellt. Darum bemüht sich ja auch die Homöopathie. Die richtige Arbeit mit den radiästhetischen Werkzeugen stellt das sicher. –

Jetzt kann übrigens auch der hinreichend geschulte Patient ungleich mehr für sich selbst tun: *Seine eigene Verantwortlichkeit ist aufgerufen!* Das alles ist ein fundamentaler Unterschied zur konventionellen Medizin von gestern, die heute ja noch vorherrscht. Dieser Gesichtspunkt kann kaum überschätzt werden. Er wird mit der langsamen Auflösung der heute noch wirksamen Vorurteile das Gesicht der Medizin von morgen immer mehr prägen. Wer vor lauter »Wissenschaft« sein gesundes biologisches Gefühl nicht erstickt hat, kann daran kaum einen Zweifel haben.

Die praktische Arbeit mit den Pendeltafeln

Ausschöpfen aller Möglichkeiten

»Lasst uns am Alten, so es gut ist, halten.
Aber auf dem alten Grunde
Neues bauen jede Stunde.«
Alte Hausinschrift aus der Eifel

Kehren wir zurück zur Aufgabe dieses Buches. Es soll uns mit der großen Hilfe des Pendels zu innerer und äußerer Gesundheit und zu einem wirklich erfüllten Leben, zu voller Verwertung unserer kurzen Lebensspanne verhelfen. Ganz in diesem Sinne wollen wir uns nun dem Problem zuwenden, das besonders für den Anfang unserer praktischen Arbeit damit seine beachtliche Bedeutung hat. Das vorliegende Buch stellt 84 Pendeltafeln, Übersichten, Schemata, Tabellen vor. Wie mit ihnen arbeiten, ohne den gern zitierten roten Faden zu verlieren? Wie sie einsetzen und verwerten bei den nahezu unendlich vielen Möglichkeiten der Pendelarbeit, ohne unnötige Kraft und Zeit zu verlieren und doch alle sich bietenden Chancen für unsere Arbeit auszunutzen, die in dieser Vielzahl von Pendeltafeln verborgen liegen?

Das ist in der Tat eine Kernfrage für jeden Leser und Benutzer dieses Buches. Ich will versuchen, einige Wegweiser aufzustellen, an die sich jeder halten kann, um

1. über die in der Natur der Sache liegenden Schwierigkeiten hinwegzukommen,
2. dabei sicher zu sein, keine wichtige Erkenntnismöglichkeit ungenutzt zu lassen und
3. schließlich zu lernen, mit allen Pendeltafeln souverän zu »spielen« und sie alle für sich auszuschöpfen.

Das Vorgehen bei einfachen Fragen

»Wenn wir mit unseren Bemühungen aufhören,
besser zu werden, hören wir auf, gut zu sein.«
Eine alte Weisheit

Da gilt es, zunächst zu unterscheiden zwischen gründlichen Untersuchungen und einfachen Fragen. Viele solcher einfachen Fragen tun sich im Alltag immer wieder auf. Sie zielen auf einen speziellen Punkt hin. Im Allgemeinen sind sie recht unkompliziert und lassen sich zumeist durch die Befragung von einer einzigen oder von einigen wenigen Tabellen hinreichend klären. Wichtig ist, dass Sie sich auch hier von Anfang an angewöhnen, sich noch vor Beginn des Pendelns zu fragen: Was könnte für die Beantwortung dieser Frage wichtig sein, welcher Hintergrund könnte dahinterstehen? Beispiele haben Sie in diesem Buch schon des Öfteren gelesen. Ich möchte indessen der Klarheit halber noch einige typische Fälle anführen:

- *Problem schlechter Schlaf:* Guter Schlaf verlangt ausgeglichenen Spannungszustand. Daher Frage auf Tabelle ④ »Das rechte Maß«: »In welchem Spannungszustand befand ich mich, als ich gestern Abend zu Bett ging?« Wahrscheinlich wird Ihnen Ihr Pendel auf diese Frage jetzt nach links ausschlagen in Richtung Spannung bis Überspannung, übermäßige geistige Aktivität. Erst jetzt sollten Sie auf den Tabellen ㊱ und ㊲ »Schlafhilfen« nachforschen, was wohl die Ursache war und was Sie hätten tun können, tun sollen, um sich zu helfen. Für den Wiederholungsfall kann Ihnen diese Erkenntnis nützlich sein. Problem insoweit gelöst. – Sollten Sie freilich anhaltend unter Schlaflosigkeit leiden, so wäre in Anlehnung an ㊱ eine gründliche psychologische Untersuchung (siehe weiter unten) angezeigt, die Ihrer Schlaflosigkeit auf den Grund kommen will.
- *Magenverstimmung mit heftigem Bauchgrimmen:* Sie kennen die besondere Ursache (z. B. zu viel gegessen) und suchen jetzt nur ein wirkungsvolles Mittel zur Abhilfe. Die Pendeltafel über die einfa-

chen Hilfen zur Selbsthilfe (61) verweist Sie sogleich auf die Übersicht (64), wo Ihnen »Kohlwickel« angezeigt wird. Der tut seine Wirkung, und Sie fühlen sich bald wieder wohl. Problem gelöst.

- *Ein Kranker sucht speziell Stärkung seiner Immun-, seiner Heilungskraft:* Sie können zuerst fragen: Warum fehlt es ihm daran? Die drei Tabellen zur Ganzheit des Menschen geben Ihnen Auskunft: (58) zeigt Körper, Lebenskraft, (14) Antrieb, Vitalkraft und (15) Wurzelzentrum. Alle drei Antworten gehen in die gleiche Richtung: Es fehlt dem Kranken also tatsächlich an ursprünglicher Lebenskraft. Die direkt betroffene Tabelle (74) sagt Ihnen jetzt auf die Frage, was für diesen Kranken am wichtigsten ist, um seine Heilungskraft zu stärken:
  1. *seine seelischen Kräfte zu mobilisieren* durch die innere Sammlung auf seine Lebenskraft und die geistige Lenkung der Heilströme auf das kranke Organ und
  2. *seine körperlichen Kräfte zu aktivieren* durch bewusstes Atmen und viel Bewegung. Er soll also mit jedem Atemzug bei täglich sich etwas steigernder Bewegung die im Atem enthaltene Lebenskraft (»Atem ist Leben«) ganz bewusst in sich hineinsaugen, zur kranken Stelle hinlenken. Und er kann ergänzend beim Ausatmen alles Ungeordnete aus der Lunge, aus dem Körper hinausströmen lassen.

  Die Frage ist beantwortet.
- *Irgendetwas am täglichen Essen bekommt nicht, was ist die Ursache?* Auch hier sozusagen ausholen zum Erfassen des wahren Grundes: Die Übersicht »Tiefer liegende Ursachen« (21) verweist auf Ernährung (27), (30), (32) und auf Mangel an Vitalstoffen (33) bis (35). Schließlich sind mittelbar noch die Tabellen (28), (29), (31) zuständig. Ergebnis aus (28) und (29): Der häufig gegessene und mit zu viel Fett zubereitete Fisch ist die Ursache.

Diese Hinweise allein genügen wohl, um deutlich zu machen, wie sich diese auf etwas Spezielles gerichteten Fragen rasch und problemlos mit gezieltem Abfragen der auch hintergründig dafür zuständigen Pendeltafeln beantworten lassen. Soweit das im Kern ganz einfache Vorgehen bei solchen alltäglichen Fragen.

Das Vorgehen bei gründlichen Untersuchungen

Ganz anders liegen die Dinge bei systematischen Überprüfungen oder Untersuchungen, die in den Kern der Dinge gehen. Diese *verlangen naturgemäß ein wohlüberlegtes Ausschöpfen aller Möglichkeiten.* Durchweg gilt es hier, weiter auszuholen und in die psychologische Tiefe hineinzuforschen. Daher ist die Arbeit an ihnen oft langwierig. Denn der Mensch ist nun einmal ein vielschichtiges Wesen und zugleich ein in sich geschlossenes Ganzes, in dem sich die Veränderung eines Teils immer irgendwie auch auf das Ganze auswirkt.

Bei den meisten dieser notwendigerweise systematischen Untersuchungen ergeben sich *drei oft wiederkehrende Leitlinien,* deren Verfolgung durchweg zu erfreulich klaren Ergebnissen führt. Natürlich verläuft jeder einzelne Fall nach seiner eigenen Gegebenheit und der darin liegenden Gesetzlichkeit. Das führt zu unzähligen Variationen dieser drei Grundlinien oder Leitwege. Es ändert aber nichts an ihrem Wert. Er liegt darin, dass sie im Allgemeinen dafür sorgen, dass nichts Wesentliches außer Acht gelassen wird, wenn man sich trotz notwendiger Variationen im Großen gesehen an ihren Verlauf hält.

Diese drei Leitlinien unterscheiden sich *nach der Zielsetzung von drei großen Gruppen von Pendelaufgaben:* je nachdem, ob es geht:

- um nur körperliche Gesundheit,
- um seelisch-geistige Gesundheit im weiten Sinn des Wortes
- oder um psychologische Menschenbetrachtung und Wesenserkennung im Zuge von besonderen menschlichen Problemen und Krisen. Sie kommen im Verlauf wohl eines jeden Lebens gelegentlich oder auch häufiger auf. Ich werde diese drei Leitlinien im Folgenden in ihrem immer wiederkehrenden Verlaufsschema aufzeigen.

Die gemeinsame Ausgangsbasis für die folgenden drei Leitlinien

Doch zuvor lohnt es sich, *die ihnen allen dreien gemeinsame Ausgangsbasis* zu erkennen. *Sie ergibt sich aus der Natur des Menschen,* der in allen auftretenden Fällen, so verschieden sie auch sein mögen, doch immer der gleiche ist. Es geht um das Fundament der Persönlichkeit, ihre wesentlichen Grundgegebenheiten oder Grundlagen für die jeweils besondere Wesensart. Dieses Fundament spiegelt sich dann in vielen so genannten Charaktereigenschaften und Verhaltensweisen. Wer diese Basis eines Menschen klar erkannt hat, der hat dessen Wesenskern und damit oft genug das Geheimnis seiner Persönlichkeit erkannt. Es lohnt sich also sehr, dass wir uns diesen gemeinsamen Ausgangspunkt für unsere Untersuchungen als Erstes erarbeiten. Von ihm aus spalten sich dann die drei Leitlinien in mehr oder minder verschiedene Richtungen oder Wege auf.

Es handelt sich dabei im Wesentlichen um die folgenden *drei wahrhaft fundamentalen Grundlagen oder Schlüsseleigenschaften:*

1. *Die Lebenskraft LK,* abzulesen auf der 100 %-Skala ②, und zwar in der doppelten Form:

a) *Das Maß der ursprünglichen, in die Wiege gelegten Lebenskraft.* Sie ist das oberste Maß ihrer individuellen Verfügbarkeit. Der Maßstab ist wie immer 100 % als das absolut mögliche Höchstmaß des Menschen überhaupt.

b) *Das Maß der derzeitig verfügbaren Lebenskraft,* das in gewissen Grenzen schwanken mag, aber fast ausnahmslos tiefer liegt. Der Grund: Kaum ein Mensch ist innerlich so total frei, ohne irgendwelche Hemmungen, dass er von seiner ursprünglichen Lebenskraft restlos Gebrauch machen könnte.

In der Tat ist der Unterschied zwischen a) und b) von größter Bedeutung. Er ist ein Schlüsselbegriff für die innere Freiheit eines Menschen: Je geringer die Differenz, umso freier, je größer die Differenz, um-

so gehemmter, unter äußeren und/oder inneren Schwierigkeiten und Nöten leidend, umso mehr auf sich selbst zurückgeworfen ist der Betreffende. Das Kontrollpendeln über die Artung seines Selbstgefühls auf den Übersichten ⑫ und ⑬ wird es sogleich bestätigen.
Die knappste und ganz klare Notiz durch das einfache Kurzzeichen lautet dann etwa LK 80/65 (der menschliche Durchschnitt dürfte bei etwa 70 liegen). Die Lebenskraft ist die heute am meisten missverstandene Kraft, wie schon bemerkt, und dabei so entscheidend für die Belastbarkeit des Menschen und für seine Gesundheit.

2. *Der Spannungszustand der Lebenskraft,* ein zweiter Schlüsselbegriff für das Fundament der Persönlichkeit, abzulesen auf dem Schema »Das rechte Maß« ④ und ebenso in doppelter Form:

a) *Der Spannungszustand der Lebenskraft in der ursprünglichen Konstitution* des Menschen, als er in diese Welt eintrat, die ihm also von seinem Ursprung her zu eigen ist.
b) *Der momentane Spannungszustand der Lebenskraft.*

Die Differenz zwischen beiden Werten ist wiederum von der allergrößten Bedeutung. Wechselte der Betroffene etwa vom anlagemäßig ungefähren Spannungsausgleich (in der goldenen Mitte zwischen Spannung und Lösung seiner Energie) beträchtlich, vielleicht ganze 25 % hinüber auf die Seite der Spannung, von YANG, dann fängt er schon an, in stresshafter Überspannung zu sein. Oder ist er heute ein gutes Stück auf der Seite der Lösung, von YIN, etwa gar der Über- oder Auflösung seiner Lebensenergie? Dann haben Sie im Extrem einen laschen Charakter vor sich, der sich meist gehen lässt und von dem Sie nicht viel erwarten dürfen.

Über diese lebenswichtige Seite unserer Wesensart, die in ihrer Bedeutung kaum zu überschätzen ist und doch nur von wenigen in ihrer Wurzel gesehen wird, sollte sich jeder mit Menschen ständig Umgehende klar sein.[89] Sein Spannungszustand begegnet uns bei jedem Menschen sozusagen auf Schritt und Tritt. Wir müssen

nur die Augen haben, ihn zu sehen, und schon haben wir ein Kernstück seiner Persönlichkeit erfasst.
Die knappe und klare Notiz zum Festhalten für weitere Untersuchungen lautet etwa 5 a/25 a oder 5 a/25 i, wie früher dargelegt (»a« steht für YANG, also auf Seite der Spannung, »i« für YIN, also auf Seite der Lösung). In dem Kapitel »Das rechte Maß« im psychologischen Teil können Sie nochmals Genaueres dazu lesen.

3. *Die Gefühlstiefe GT,* abzulesen wiederum auf der 100 %-Skala ②: die Flachheit oder Tiefe des Gefühls, des emotionalen Lebens. Es geht um die Verankerung der Gefühle mit den ihnen zugrunde liegenden Erlebnissen in den tiefen Schichten der Persönlichkeit. Je tiefer ein Gefühl, umso nachhaltiger sind die sich daraus ergebenden positiven und natürlich auch negativen Folgen. Und der Gefühlsflache mit seinem relativ schnellen Wechsel in seinem Gefühlserleben ist ungleich lebhafter, fixer und zugleich oberflächlicher und fahriger. Es lohnt sich gewiss, wenn Sie sich auch mit diesem dritten Schlüsselbegriff gründlich auseinandersetzen. Im Kapitel »Gefühlstiefe« im psychologischen Buchteil finden Sie knapp und übersichtlich das Wesentliche darüber.
Die knappe Notiz für Ihr weiteres Vorgehen kann ganz einfach zum Beispiel das Kurzzeichen und die gependelte Zahl GT 73 sein. (Der allgemeine menschliche Durchschnitt liegt hier bei etwa 65.)

Mit diesen drei Schlüsselbegriffen sollten wir jedes psychologische Pendeln einleiten, auch jede der drei vorhin angeführten Leitlinien. Sie geben uns in der Tat drei Schlüsselwerte an die Hand, die für die Prägung der Gesamtpersönlichkeit von ausschlaggebender Bedeutung sind. Sie wirken sich in allem aus, was jemand erlebt, fühlt, redet und tut. In meinen Pendelseminaren konnte ich immer wieder erleben, wie sehr noch so kritische Teilnehmer wie Psychotherapeuten, Ärzte und Heilpraktiker, Lehrkräfte – vom Hauptschullehrer zum akademischen Professor – zunächst erstaunt und dann gepackt sind von dem großen Wert dieser drei Schlüsselwerte für die Einschätzung und Beurteilung von Menschen.

Zur möglichen Ergänzung, die vom einzelnen Fall abhängt, möchte ich schon hier auf folgende Punkte hinweisen, die Sie dann auch in den folgenden drei »Wegweisern« aufgeführt finden:

- Die relativ grobe, aber vielfach ausreichende Einteilung der Menschen in vier prinzipielle Typen, vom groben Materialisten bis zum ethisch Hochgeistigen, Tabelle ⑤.
- Die ungleich feinere und sorgsame Aufgliederung in 21 seelisch-geistige Entwicklungsstufen, vom geistig völlig Unwissenden bis zum Höchstgereiften, Tabelle ⑥.
- Die Frage nach dem Grad des wirklich bewussten Lebens = BL ㊷, einfach zu erfragen auf der 100 %-Skala ②. Sie erinnern sich: Den allgemeinen menschlichen Durchschnitt können Sie hier bei etwa 45 ansetzen.
- Die Betrachtung des ganzheitlichen Menschen, die uns den Schwerpunkt seiner Verankerung in einer bestimmten Persönlichkeitsschicht aufzeigt, Tabelle (58).
- Das Gleiche hinsichtlich der vorwiegenden Verwurzelung seines Wesens in den für ihn wesentlichen Kerneigenschaften, Tabelle ⑭.
- Das Gleiche hinsichtlich seiner Fundierung in den sieben Energiezentren oder Chakren, Tabelle ⑮.

Wenn Sie bei einer bestimmten Untersuchung den Eindruck haben, dass Ihnen der eine oder andere dieser ebenfalls in der Tiefe des Menschen fundierten Punkte von vorneherein eine nennenswerte Hilfe für Ihre Bemühungen sein kann, dann können Sie selbstverständlich auch gleich zu Beginn an diese Fragen herangehen. Besonders die Übersichten ⑤ und (58) oder ⑭ werden sich da zuweilen anbieten.

Noch einige Bemerkungen zu den folgenden drei Leitlinien:

- *Wenn in einer Übersicht auf eine andere verwiesen wird,* die in den folgenden drei Aufstellungen nicht enthalten ist, muss diese natürlich auch zu Rate gezogen werden. Zum Beispiel: Die befragte Übersicht ⑰ verweist auf geopathische Belastung, dann dürfen die dafür zuständigen Tabellen (59) und (60) nicht vergessen werden.

- *Die im Folgenden aufgeführten Hinweise erledigen sich des Öfteren von selbst,* wenn Ihnen bereits eine früher befragte Übersicht indirekt schon gesagt hatte, dass Sie die später angegebene Tabelle vergessen können. Zeigt Ihnen zum Beispiel die Pendeltafel (17) außergewöhnliche Lebensbelastung auf, dann gehen Sie dieser sofort in (46) nach; zeigt (17) Ihnen diese außergewöhnliche Lebensbelastung nicht auf, dann können Sie (46) später getrost übergehen, wenn Sie noch einen Hinweis darauf vorfinden sollten. Mit steigender Einarbeitung in den praktischen Gebrauch dieser Tabellen werden Sie das bald selbst feststellen.
- *Wenn Sie zu einem bestimmten Punkt (noch) keine innere Beziehung haben,* z. B. zu den Chakren (15), dann übergehen Sie einfach das Arbeiten mit dieser Tabelle. Sie sollten aber bemüht sein, sich diesen für Sie zunächst noch kritischen Beurteilungspunkt recht bald ordentlich zu erarbeiten. Denn jeder hat seine Berechtigung und seine manchmal große Bedeutung.
- *Das mag Ihnen jetzt alles kompliziert vorkommen:* Sie werden schon bald sicher sein in Ihrem jeweiligen Vorgehen, wenn Sie nur ernsthaft in die Praxis hineingehen und ganz einfach pendeln, ohne zu viel Nachdenken über das einzig richtige Verfahren. Das gibt es gar nicht. »Viele Wege führen nach Rom.« Deshalb muss man bei einer so verantwortungsvollen Sache ja nicht gleich unüberlegt vorgehen. Auch hier gilt: Die Praxis macht vieles rasch klar, und »Übung macht den Meister.«
- *Machen Sie sich sogar frei von vorgegebenen Verfahrensmustern,* auch in gewissem Sinn von diesen drei »Wegweisern«: Lernen Sie – was nur durch Übung zu erreichen ist – mit allen Tabellen zu »spielen«, ganz nach den Notwendigkeiten des einzelnen Falles. Aber bleiben Sie immer bemüht, die reichen Erkenntnismöglichkeiten voll auszuschöpfen! Sonst wären vorschnelle Fehlinterpretationen gar nicht zu vermeiden.

1. Überprüfung von körperlichen Störungen oder Erkrankungen

Beginnen Sie, wie soeben ausgeführt, *mit der sorgfältigen Klärung der drei wesentlichen Grundlagen der Persönlichkeit:*

1. Lebenskraft ursprünglich und jetzt ②,
2. Spannungszustand ursprünglich und jetzt ④,
3. Gefühlstiefe ②. – (Bewusstes Leben ㊷ ②).

Im Anschluss daran sind die folgenden Tabellen wichtig:
⑱ Welcher Körperbereich ist betroffen?
⑲ Wo liegt eine organische Störung vor?
⑳ Welcher Art ist sie? – Bei Hinweis auf »seelisch-geistige Blockade« s. ㊷!
㉑ Ist eine tiefer liegende Ursache gegeben, die bis jetzt noch nicht bekannt ist? – Wenn »seelisch bedingt«, dann auch nach der folgenden Leitlinie »Überprüfung einer seelisch-geistigen Störung oder Erkrankung« verfahren!
⑰ Ist die eine oder andere wesentliche Voraussetzung für die Erhaltung der Gesundheit vernachlässigt?
㊷ Liegt eine unbewusste Energieblockierung vor, die die Gesundheit beeinträchtigt?
㊻ Liegt eine außergewöhnliche Lebensbelastung vor, die dic Gesundheit beeinträchtigt?
⑯ Ist die Störung oder Erkrankung in einer bestimmten Persönlichkeitsschicht (mit)begründet?
⑭ Ist die Störung oder Erkrankung in einer bestimmten Kerneigenschaft (mit) begründet?

Oft wird auf die folgenden Tabellen verwiesen. Sie können natürlich auch direkt befragt werden:
㉒ Skelett, Knochen, Gelenke
㉓ Bauch- und Verdauungsorgane
㉔ Drüsen
㉕ Kopf

㉖ *Zähne*
㉛ Ernährungstherapie: Zusammensetzung der Nahrung
㉗ Hauptnährstoffe
㉘ Hauptgruppen der Nahrungsmittel
㉚ Ernährungsart, Diät
㉙ Zubereitungsarten
㉜ pH-Wert
㉝–㉟Vitalstoffe: Vitamine, Spurenelemente, Mineralstoffe
㊸ Giftstoffe
㊹, ㊺ Elektrosmog

2. Überprüfung von seelisch-geistigen Störungen oder Erkrankungen

Auch hier beginnen Sie mit der sorgfältigen Klärung der drei wesentlichen Grundlagen: siehe 1.

Im Anschluss daran sind die folgenden Tabellen wichtig:
⑤ Welcher der vier prinzipiellen Menschentypen bzw. welche Mischung von zweien liegt hier vor?
⑥ Welche seelisch-geistige Entwicklungsstufe weist dieser Mensch auf?
⑮ Wie sieht die Entwicklung oder Öffnung der einzelnen Chakren oder Energiezentren aus? Ihre Auswirkung?
⑩ Welche Bedürfnisse und Antriebskräfte herrschen hier vor?
㊳/㊴ Welche seelisch-geistige Störung liegt hier vor, und was ist ihre Ursache?
⑯ Welche Persönlichkeitsschicht ist im Besonderen betroffen (oft nur Kontrollfrage)?
⑰ Fehlt es an einer der wesentlichen Voraussetzungen für die Erhaltung der seelischen Gesundheit?
㊽/㊾ Spielen die Berufswahl und/oder die Art der Erfüllung der Lebensaufgabe mit?
㊷ Wo liegt eine unbewusste Energieblockierung vor?
㊻ Spielt eine außergewöhnliche Lebensbelastung mit?

㊱ Ist im Besonderen ein Schlafproblem gegeben?
⑫ Überwiegt das echte Selbstwertgefühl oder der Selbstschätzungstrieb?
⑬ Wie weit ist das Selbstwertgefühl gesund bzw. zerrüttet?
⑨ Wie weit spielt ein eheliches oder partnerschaftliches Problem mit?
㊿ In welchem Lebensbereich (oberer Teil) und in welcher Persönlichkeitsschicht (unterer Teil) liegt das vorliegende Problem begründet?
⑭ In welchem Eigenschaftsbereich wirkt sich das vorliegende Problem besonders aus?

Je nach Sachlage können auch die folgenden Tabellen noch wertvolle Hinweise geben:
51–53 Spielt hier der Alterungsprozess eine nennenswerte Rolle?
54–57 Wie weit wird die Persönlichkeit von ihrer Befriedigung eines erfüllten Lebens getragen, oder fehlt es daran?

3. Psychologische Menschenbetrachtung und Wesenserkennung

Es dürfte Ihnen aufgefallen sein, wie oft Tabellen-Nummern der ersten Aufstellung auch in der zweiten aufgeführt sind. Das ist gewiss kein Zufall. Denn der Mensch ist eine untrennbare Ganzheit. *Die körperlichen Schwierigkeiten sind doch auf das engste mit den seelisch-geistigen gekoppelt,* ja oft nur deren äußeres Erscheinungsbild. Wenn die Seele mit einer schweren Belastung auf die Dauer nicht fertig wird, dann strömen die in Konflikten gestauten Energien nun einmal in den Körper und verursachen dann hier Störungen und Erkrankungen. An diesem engen Zusammenhang von Leib und Seele kann heute nur noch derjenige zweifeln, der ihn ganz einfach nicht wahrhaben will.

Wenn wir nun einen Menschen psychologisch, d. h. in seiner seelischen Artung kritisch betrachten, wenn wir sein nur für ihn höchstpersönlich ausgeprägtes einmaliges Wesen erkennen wollen – sind wir da nicht *bei denselben Beurteilungspunkten wie bei der Überprüfung seiner seelisch-geistigen Gesundheit?* Die seelisch-geistige Störung oder gar Erkrankung ist doch nichts anderes als die negative Seite der Gesundheit, wenn wir diesen Begriff im neutralen Sinn des Alltags nehmen, wie etwa in der bekannten Frage »Wie steht es mit Ihrer Gesundheit?«. Diese einfache Überlegung macht es einleuchtend, dass wir für diese dritte große Gruppe von Pendelaufgaben – die ich vor kurzem unterschied – in der Tat bereits die vollgültige Leitlinie, den vollgültigen »Wegweiser« für unser Vorgehen in der zuletzt erarbeiteten Aufstellung aller dafür wichtigen Pendeltafeln vor uns haben.

Selbstverständlich beginnen wir auch hier, wie dort verzeichnet, *mit der gewissenhaften Klärung der drei wesentlichen Persönlichkeitsgrundlagen.*

Dann können wir getrost *den zuletzt aufgezeigten Weg der Überprüfung seiner seelisch-geistigen Gesundheit* verfolgen. *Dabei beachten wir:*

- *den kleinen Unterschied,* dass wir die Übersichten ㊳ und ㊴ »Seelisch-geistige Störungen und ihre Verursachung« nur überprüfen, wenn sich ein besonderer Anlass dazu ergibt, und
- *auf jeden Fall den großen Unterschied, dass sich unser Blickpunkt jetzt auf die psychologische Seite, auf die innere seelisch-geistige Wesensart des Überprüften richtet,* auf alle seine wichtigen Charakterzüge und -eigenschaften, auch auf alle in ihm möglicherweise vorhandenen besonderen menschlichen Probleme und Krisen, die für ihn selbst und für die Menschen seiner Lebensumgebung wichtig sind oder wichtig sein können.

Wenn es bei einer Untersuchung etwa um die besondere »Tüchtigkeit« oder Leistungsfähigkeit geht, dann überprüfen Sie die jahrzehntelang bewährte Aufstellung von deren Voraussetzungen ⑪.

In vielen Fällen empfiehlt es sich, bei einer solchen vorurteilslosen Betrachtung des besonderen Wesens eines Menschen auch zu denken

- an irgendwelche Persönlichkeitskrisen wie Pubertät, Wechseljahre, die »Mittlebenskrise«
- und besonders auch an ihre mehr oder minder schwerwiegenden Auswirkungen auf das Selbstbewusstsein,
- speziell an Partnerprobleme,
- an Schwierigkeiten der Kindererziehung mit ihren Rückwirkungen auf die Eltern und andere Angehörige,
- an die heute schon sprichwörtliche Überlastung (»Stress«),
- zuweilen an besondere krisenhafte Erscheinungen wie allgemeine Arbeits-, ja Lebensunlust,

um nur einige Beispiele zu nennen, mit allen oft schwerwiegenden Hintergründen und Folgen.

Schließlich sollte man nie vergessen, im Bedarfsfall Hinweise zu geben für eine allgemeine körperlich-seelische Stabilisierung oder Ertüchtigung, soweit sie sich aus den gewonnenen Erkenntnissen ableiten lassen. Sie geben einer solchen Betrachtung oft erst den großen, manchmal den erstmaligen und entscheidenden Wert für den betroffenen Menschen. Was nützen die schönsten Erkenntnisse über missliche Umstände als solche, wenn man von keiner Hilfe, von keiner Erleichterung, von keinem Ausweg aus der Not erfährt!

4. Zusätzlich Lebensstatus: Ganzheitliches Erfassen der individuellen Lebenssituation

Die gelegentliche gründliche Erstellung eines Lebensstatus will den *gegenwärtigen Standort eines Menschen im Rahmen seines Lebensablaufs* so klar wie nur möglich erfassen. Für viele war und ist die Bemühung darum so etwas Ähnliches wie eine Sternstunde in ihrem Dasein. Sie hilft dem Betreffenden, sich selbst zu erkennen und nach dem Sinn seines Lebens, seines Denkens und Hoffens und Tuns in nachdrücklicher Weise zu fragen. Das selbstverständlich mit dem Ziel, sein Leben noch besser in die Bahn zu lenken, in der man sich von Grund auf wohl und »glücklich« fühlen kann, in dem tiefen inneren Wissen, eingebettet zu sein in die über allem stehende große Ordnung. *Es handelt sich hier um eine Grundfrage von größter Bedeutung für alle,*

- die nicht nur mehr oder weniger gedankenlos durch dieses Leben hindurchtrotten und es von einem Tag zum anderen gleichsam nur so über sich hinweggehen sehen,
- die ihr Leben in voller Verantwortung selbst im rechten Sinn gestalten wollen,
- die in vollem Bewusstsein innerlich wachsen und zu einem vollen Menschentum heranreifen möchten und die jeden Tag als Übung dazu empfinden,
- die am Ende ihrer Tage im Rückblick darauf in die geistige Welt zurückkehren möchten in dem Bewusstsein, ein wirklich erfülltes, sinnvolles Leben gelebt zu haben.

Wo stehe ich in dem sich ständig wandelnden und immer fortschreitenden Prozess meines Lebens und meiner Lebenserfüllung? Wie kann ich, wie muss ich meine derzeitige persönliche Lebenssituation in diesem sich unaufhörlich weiterentwickelnden Prozess sehen? Auf welchem Weg bin ich, und wo ist mein Standort? Darum geht es bei der Erstellung eines solchen Lebensstatus. Selbstverständlich gilt es dabei, möglichst *sämtliche dafür wesentlichen Punkte zu bedenken und zu überprüfen:*

- *Die drei Grundfragen:* Lebenskraft, Spannungszustand, Gefühlstiefe ②, ④, ②.
- *Die äußere Gesundheit:* Liegen nennenswerte körperliche Störungen oder Erkrankungen vor, besonders solche, die auf ein inneres Problem verweisen? Siehe die Aufstellung zur Überprüfung von körperlichen Störungen ⑯–㉖, ㉗–㉟, ㊱.
- *Die innere Gesundheit:* Gibt es irgendwelche seelischen Störungen oder Erkrankungen, wenn ja, welche, und was ist ihr Hin-

tergrund? Siehe die Aufstellung zur Überprüfung von seelisch-geistigen Störungen (38)–(42).

- *Die innere Entwicklung:* In welcher Seinsebene ist der Mensch vorwiegend gebunden, wo ist sein geistig-spiritueller Standort? Siehe besonders die Tabellen (5), (6), (16), (58), (14), (15).
- *Das Lebensziel und die Lebensaufgabe:* Was ist vorhanden, und woran fehlt es beim Denken an ein erfülltes Leben? Siehe die Tabellen (54) und im Detail (55)–(57) sowie (10) und (49).
- *Speziell der Beruf als* die eine der zwei wichtigsten Lebensentscheidungen: Ist er der richtige oder nur einer von mehreren möglicherweise noch besseren? Siehe den Absatz über »Tüchtigkeit oder Leistungsfähigkeit« im vorigen Kapitel (48), (11), auch die Tabellen (42) und (46).
- *Speziell die Partnerschaft* als die andere der zwei wichtigsten Lebensentscheidungen: Ist es die richtige? Siehe die Tafel (9) – Wenn nicht, was ist zu tun? Im eindeutig negativen Fall Trennung oder bei noch erträglichem Zustand: sich irgendwie positiv »zusammenraufen«? Siehe auch (42) und (46).
- *Positive oder negative Beeinflussung durch die Umwelt:* durch Eltern, Kinder, sonstige Verwandte, Lehrkräfte, Hausgenossen und Nachbarn, Mitschüler, Mitstudenten, im Beruf usw.? Zum richtigen Einschätzen siehe (2).
- *Sind Alterungsprobleme aktuell* (51)–(53)?

Den heutigen Zustand mit dem früheren zu vergleichen, ist oft sehr hilfreich zum besseren Verständnis einer momentanen Situation von problematischem Charakter: Sie können auf der 100 %-Skala (2) (100 % = der jetzige Zustand) den Vergleichszustand zu jedem früheren Zeitpunkt erfragen. Dabei gibt der Bezug auf irgendein markantes Geschehen in der Vergangenheit, auf irgendein wichtiges oder einschneidendes Ereignis wie Beendigung der Schule, der Ausbildung, des Studiums, Änderung des Wohnortes, auf einen Berufswechsel, ein besonderes Familienfest, Verheiratung, besonderen Urlaub usw. immer einen eindeutigen Zeitpunkt an.

Die Arbeit mit dem Pendel bei diesen Untersuchungen

Jetzt haben wir uns klargemacht, worauf es inhaltlich bei den beschriebenen vier gründlichen Untersuchungen bzw. Überprüfungen ankommt. Nun wollen wir uns dem Vorgehen bei der Arbeit mit dem Pendel zuwenden. *Verstehen Sie den Begriff Leitlinie bitte im rechten Sinn.* Es geht nicht darum, dass diese »Linien« Sie exakt in allen Einzelheiten »leiten« sollen. Es geht vielmehr darum, dafür zu sorgen, dass Sie

1. einen klaren Überblick über alle möglicherweise wichtigen Teilaspekte haben und
2. bei Ihrem Vorgehen nichts Wesentliches davon übersehen können, wenn Sie sich an diese Aufstellungen halten.

Das gilt für alle vier Teilgebiete in gleicher Weise.

Sie gehen am besten immer von den drei fundamentalen Grundlagen oder Schlüsseleigenschaften aus (wie ich sie eben genannt habe):

- der Lebenskraft (LK) im ursprünglichen und im heute verfügbaren Maß mit seinem bedeutungsvollen Unterschied ②, der die gesamte Persönlichkeit kennzeichnet,
- dem Spannungszustand (a/i) im ursprünglichen und im heute gegebenen Wert, wiederum mit seinem bedeutungsvollen Unterschied ④,
- der Gefühlstiefe (GT), vielleicht ergänzt durch die Ausgeprägtheit des ganz bewussten Lebens (BL) ②.

Dann fragen Sie auf der jeweiligen Pendeltafel eine Position nach der anderen ab. *Das ist der eine Weg,* bei dem Sie keinerlei Gefahr laufen, etwas Wesentliches auszulassen oder zu überspringen, wenn Sie sorgfältig arbeiten. Sie halten den Pendel direkt über das jeweilige Wort, auf das Sie sich innerlich ganz sammeln und fragen: »Ist dieses Wort, ist dieser Begriff, der sich jetzt unter meinem Pendel befindet, für mein Vorhaben von Bedeutung: ja oder nein?« Entsprechend verhalten Sie sich dann.

Sie können auch einen zweiten Weg wählen: Nach der Feststellung der drei soeben nochmals aufgezählten Schlüsseleigenschaften gehen Sie von der Frage aus:

- »Welcher der auf dieser Tafel aufgeführten Punkte kann mir von vorneweg auf einfachste und treffsichere Weise die Erfassung der körperlichen bzw. seelisch-geistigen Problematik bzw. der allgemeinen Persönlichkeitsproblematik von mir, von X, ermöglichen? Das für mich, für X, dabei wichtigste Moment bitte ich möglichst an erster Stelle anzuzeigen.«
- Beim Fortgang der Untersuchung fragen Sie sinngemäß nach dem zweitwichtigsten Punkt usw., nach dem im vorliegenden Fall am wenigsten aktuellen.
- Notfalls können Sie durch eine Kontrollfrage – wie Sie das ja kennengelernt haben – die Rangordnung der Bedeutung der einzelnen Auskünfte für die überprüfte Wesensart noch einmal sicher- bzw. klarstellen.
- Ganz am Schluss ist eine Kontrollfrage des Inhalts nie falsch: »Wenn ich einen für meine Fragestellung nennenswert bedeutungsvollen Punkt übersehen haben sollte, so bitte ich, diesen jetzt noch anzuzeigen.«

Dieser zweite Weg ist im Allgemeinen kürzer und führt Sie rascher zu einem klaren Ergebnis. Er verlangt nur einige Erfahrung. Deshalb rate ich Ihnen, am Anfang den ersten, etwas umständlicher erscheinenden Weg zu wählen. Sie werden es später nicht zu bereuen haben.

Manchmal werden Sie einen klaren Pendelhinweis zuerst nicht verstehen und sich fragen, was er eigentlich soll, weil Sie ihn aus Ihrer derzeitigen Kenntnis der Dinge für gegenstandslos oder gar abwegig und unsinnig halten. Trotzdem folgen Sie bitte dem aufgezeigten Weg: Sie werden in nicht wenigen Fällen später den beachtlichen

Wert dessen erkennen, was Ihnen dieser vermeintliche Umweg an Einsicht und Verständnis brachte.

Zu 1. – Die körperliche Überprüfung ⑧①

Auf dieser Pendeltafel finden Sie alle für die Überprüfung von körperlichen Störungen oder Erkrankungen wesentlichen Momente verzeichnet. Das Vorgehen ist wie eben beschrieben.

Zu 2. und 3. – Die seelisch-geistige und die psychologische Überprüfung ⑧②

Auch hier ist das Vorgehen das gleiche. Die auf dieser Pendeltafel ⑧② aufgeführten Punkte sind zutreffend sowohl für die Überprüfung von seelisch-geistigen Störungen oder Erkrankungen als auch für die psychologische Menschenbetrachtung und Wesenserkennung ganz allgemein. Das liegt in der Natur der Sache und braucht wohl nicht lange erläutert oder begründet zu werden.

Selbstverständlich *scheiden bei einer psychologischen Untersuchung eine Reihe von Kontrollpunkten von vorneherein aus,* wenn es sich um einen seelisch durchaus gesunden oder nur mäßig gestörten Menschen handelt. Aber: Wer von uns Menschen ist schon total ungestört? Den können wir wohl nirgends finden. Das versteckte Problem ist hier durchweg das der Gewichtung der einzelnen Momente in ihren vielen, vielen Variationen. Da hilft Ihnen die Tatsache, dass der Pendel von ganz verschiedenen Seiten her durch die Auswertung der verschiedenen Übersichten einzelne Punkte mehrfach verstärkt bzw. abschwächt oder gleich eine ganz bestimmte »Färbung« oder »Qualität« erkennen lässt. Dem brauchen Sie nur nachzugehen.

Zudem können Sie über die 100 %-Skala ② und das Schema »Das

rechte Maß« ④ die Gewichtung einzelner Momente präzise erfragen. Versäumen Sie diese kleine Mühe nicht: Gerade die Tabelle ④ bringt oft tiefe Einsichten.

Zu 4. – Erstellen des Lebensstatus (83)

Auch hier treffen die obigen Ausführungen voll und ganz zu und bedürfen keiner weiteren Darlegung. Gehen Sie – wie auch bei den soeben besprochenen Pendeltafeln – den jeweils zu einem bestimmten Teilgebiet zugeordneten Pendeltabellen (z. B. hier »Äußere Gesundheit«) systematisch nach: Sie werden bald die »Schlüsseltabelle« finden, die das Überprüfen anderer, die nur begrenzte Teilbereiche erfassen, überflüssig macht. (Z. B. begrenzt die Befragung und volle Auswertung der Tabelle ⑱ Ihre weiteren Bemühungen sofort auf vielleicht nur ein einziges oder auf ganz wenige Momente aus hier insgesamt acht mit allen ihren jeweiligen Folgeübersichten.) Es handelt sich bei allen diesen Pendeltafeln ja um »Leitlinien«, die zugleich Kontrolllisten zur Sicherstellung aller wesentlichen Punkte und damit zur Vermeidung von immer bedenklichen Versäumnissen sind. Was im individuellen Fall nicht zutrifft, wird eben ausgesondert.

Allgemeine Übersichts- und Suchtafel (84)

Diese Pendeltafel dient einer doppelten Aufgabe:

1. Sie *ist eine allgemeine Übersicht über sämtliche Pendeltafeln dieses Buches.* Deshalb habe ich die 83 Nummern der einzelnen Tabellen der Reihe nach in die Gruppen der Hauptanwendungsgebiete gegliedert, im Uhrzeigersinn angeordnet. Sie werden besonders in der Anfangszeit Ihres Arbeitens mit diesem Buch oft eine bestimmte Übersicht suchen. Hier werden Sie sie rasch finden und in den größeren Zusammenhang einzuordnen lernen. Wenn Ihnen dann die Tabellen mit ihren Nummern im-

mer geläufiger werden, werden Sie mit allen diesen Tabellen bald »spielen« können.

2. *Darüber hinaus ist die Tabelle (84) auch eine Suchtafel,* die Sie ausnahmsweise zu Rate ziehen können, wenn Sie nicht wissen, wie Sie weiter vorgehen sollen. Das sollte aber wirklich auf diesen seltenen Fall beschränkt sein und auf keinen Fall zur bequemen Gewohnheit werden. Ich bin mir recht sicher, dass sich Ihnen die geistige Kraft, die hinter dem Pendel steht, sonst verweigern würde.

Um sich ausnahmsweise aus einer solchen Hilflosigkeit zu befreien, können Sie auf dieser Tabelle fragen: »Welche der hier aufgeführten Pendeltafeln bzw. welche Tabellengruppe kann mir den richtigen Ansatzpunkt dazu aufweisen, dass ich die gesuchte Hilfe finde, die mich zu einem treffenden Ergebnis meiner Bemühungen führt?« Kurz: »Auf welcher Übersicht finde ich die gesuchte Hilfe? Womit bzw. wo soll ich anfangen?« Sinngemäß bei später eintretender Ratlosigkeit über *den Fortgang einer Untersuchung:* »Welche dieser Tafeln bzw. Tafelgruppen kann mich weiterbringen in meinen Bemühungen, mir (oder X) zu einem guten, zu einem wertvollen Ergebnis zu verhelfen?« Es ist nie falsch, wenn einem die Sache wirklich am Herzen liegt, die Bitte anzuschließen: »Ich bitte inständig und demütig um diese Hilfe.«

Wie schon früher mehrfach herausgestellt, kommt es bei all diesen gründlichen Arbeiten und Untersuchungen mit dem Pendel in erster Linie darauf an, dass Sie mit Ihren Fragen so weit wie möglich *auf alle bedeutungsvollen Lebensumstände, Bedingungen und Voraussetzungen ausholen.* Seien Sie in jedem einzelnen Fall bemüht, den psychologischen Hintergrund zu erfassen, worauf ich ja schon mehrfach hingewiesen habe. Und nutzen Sie bitte in Ihrem eigenen Interesse alle Möglichkeiten, Ihr Wissen in dieser Richtung zu erweitern und zu vertiefen. Ich habe Ihnen eine ganze Reihe präzise aufgewiesen.

So können Sie sich mit der Zeit einen soliden Fundus an psychologischem Wissen und Können erarbeiten und Ihr psychologisches Feingefühl weiterentwickeln. Das *alles wird sich gewiss lohnen durch die innere Bereicherung,* die Sie erfahren, durch Ihr steigendes Verständnis für alle noch so verschiedenen Erscheinungsformen dieses so vielfältig schillernden Wesens Mensch mit allen seinen Hintergründigkeiten, seinen Stärken und seinen Schwächen. Und Sie werden dabei im Sinne Ihrer eigenen Lebensbestimmung weiter wachsen und reifen. Ganz bewusst wiederhole ich zum Abschluss dieses letzten Buchteils noch einmal *die für jeden geistig Pendelnden so entscheidenden Grundsätze:*

- Vergessen Sie nie, wie Thomas Carlyle es so schön ausdrückte, das Geheimnis einer jeden Persönlichkeit mit Achtung zu behandeln und in ihr inneres Heiligtum nicht ehrfurchtslos einzudringen.
- Verharren Sie bei allen Ihren Bemühungen, weiter zu wachsen und zu reifen in ein volles Menschentum hinein, in Selbstbescheidung und Demut vor der großen, über uns stehenden Kraft. Sie lebt, so wie in Ihnen selbst, auch in jedem Ihrer Mitmenschen. Wie könnte sich derjenige über eines jeden Menschen Schwächen erheben, der sich seiner eigenen Mängel und Fehler bewusst ist? »Wir sind allzumal Sünder«, sagt Martin Luther ungeschminkt. Da kann es wahrhaftig keinen Grund geben zu Überheblichkeit jedweder Art.
- Und lernen Sie zu schweigen: Nur dem gegenüber, den es angeht, darf das Schweigen durchbrochen werden, und auch das nur insoweit, als es zu seinem Besten ist. »In der Stille liegt alle Kraft« (Bernhard von Clairvaux).

Schlusswort:
Alles muss reifen können

»Mitten im Leben sollt Ihr Gott ergreifen.«
Meister Eckhart

Wenn ich nun in diesem Buch die Quintessenz aus fast 4 Jahrzehnten zielbewussten Pendelns nach bestem Wissen und Gewissen dargelegt habe, so tut sich die Frage auf: *Was ist letztlich das Geheimnis der treffsicheren Pendler?* Ich getraue mir heute die Feststellung: Es ist gewiss keine von außen kommende Gottesgabe für besonders begnadete Menschen. Die Antwort liegt ganz in der eigenen Persönlichkeit des Pendelnden begründet. Schon lange wird von erfahrenen Könnern als eine wesentliche Voraussetzung hingewiesen auf das Freisein von Egoismus, von Geltungsdrang, von jeglichem Schielen nach außen.

Schürfen wir ein Stück tiefer. *Extreme Strahlenfühligkeit, also die Aufgeschlossenheit für allerfeinste Schwingungen* lässt zunächst an die uns eigene Zwiespältigkeit unserer menschlichen Natur denken: die vitale Basis der animalischen Triebe und der Emotionen im Gegensatz zum nüchternen Verstand, zur Ratio. Es ist, schlicht gesagt, der Widerstreit von Herz und Kopf. Das Entscheidende: Nicht die so gespaltene, sondern nur die innerlich geschlossene Persönlichkeit hat die »Stoßkraft« und zugleich die Kraft der Nachhaltigkeit, sich in dem Meer der vielfältigen Schwingungen restlos auf die eine, ganz spezifische Schwingung der dem Pendel gestellten Frage einzustellen. Nur mit ihrer Hilfe können die in uns schlummernden instinktiven Kräfte des Unbewussten die gesuchte eine und einzige Schwingung aus diesem Millionenmeer herauspicken. Ob es sich dabei um noch so weit ausgreifende Zusammenhänge handelt oder um verborgene psychologische Vorgänge im Herzen eines Menschen irgendwo in der Welt, ist gleichgültig.

Um es so auszudrücken: Ist der Pendler innerlich hundertprozentig zielgerichtet auf seine ganz spezifische Frage gesammelt, ist er also *in der ganzen Weite seines persönlichen Geistes wahrhaft eins geworden mit der gesuchten allerfeinsten Schwingung,* die das seiner Frage innewohnende Problem »trägt«, die sein Kern ebenso ist wie sein Ausfluss – dann, und nur dann, liegen ihm sämtliche in dem gefragten Zusammenhang wichtigen Momente: Beziehungen, Gedanken, Daten, Ereignisse ganz offen zu Tage, und er braucht sie durch klug gezieltes, nachfassendes Fragen sozusagen nur abzuschöpfen.

Hervorragende Pendel- und Rutenfähigkeit verlangt – wenn wir es nun psychologisch zu Ende denken – darüber hinaus letztlich also die Fähigkeit, *ganz eins zu sein, ganz im Reinen zu sein mit sich selbst.* Es gilt beim »mentalen Arbeiten« auch nicht eine Spur »außer sich«, sondern stets in der Mitte zwischen Spannung und Lösung seiner Lebensenergie ganz harmonisch, ausgewogen, ja geborgen zu sein. Den seelischen Hintergrund dazu zeigt unser Buch »Lebenskraft – Im Einklang mit sich selbst durch Eutonie und Zen« (siehe Literaturverzeichnis) in seinen ersten Kapiteln klar auf und damit zugleich das Persönlichkeitsproblem ungezählter Menschen. Wer das erkannt hat und entsprechend an sich selbst arbeitet, der kann als Radiästhet gar nicht anders, als sich in seinen Ergebnissen ständig zu steigern und zu vervollkommnen. Das Problem, das es zu lösen gilt, die Sache, der er dient, hat ihn hundertprozentig gepackt, und da ist keinerlei Raum für störende, letztlich egoistische Nebengedanken, seien sie bewusst oder auch nur unbewusst in ihm wirksam.

Alles und jedes in unserer Welt ist schwingende, fließende Energie, mit ihren je nachdem heilsamen oder schädlichen Strahlungen. Das in der Tiefe der Persönlichkeit begriffen zu haben, hilft gar manche so genannten Geheimnisse des Lebens zu durchschauen. Denn sie sind in Wahrheit oft nur gesetzmäßige Folgen dieser Tatsache. Jeder, der bei seinen radiästhetischen Bemühungen im aufgezeigten Sinn zu Werke geht, der wird es erleben und erfahren. Und sein Leben wird sich in zuvor ungeahnter Weise bereichern.

Am Ende dieses Buches kann ich es nicht unterlassen, nochmals einige gewichtige Warnungen auszusprechen. Ich tue es, um Sie vor unnötigen Rückschlägen, Enttäuschungen oder gar vor Schaden zu bewahren.

Haben Sie nicht zu früh überspannte Erwartungen auf in die Augen fallende, ungewöhnliche Pendelerfolge! Beginnen Sie mit einfachen Aufgaben. Langsam, Schritt für Schritt kommen Sie am besten voran. Auch der beste Pendler hat sich nur so zu seinem besonderen Können hinaufgearbeitet. Wenn die Zeit für Sie reif sein wird, werden Sie es spüren.

Pendeln Sie nicht in die Zukunft! Weil die Verlockung dazu nicht gering ist, muss ich auch das nochmals wiederholen. Sicherlich aus gutem Grund ist sie uns Menschen verschlossen. Der Pendel würde Sie zur Warnung auch nur an der Nase herumführen.

Werden Sie nicht in falscher Weise abhängig vom Pendel! Dieser Gefahr können Sie leicht zum Opfer fallen. Er kann uns zur Seite stehen, wenn wir bei unserem täglichen Denken und Mühen mehr oder minder hilflos sind. Uns jedoch in den alltäglichen kleinen lebenspraktischen Entscheidungen an ihn zu binden, wäre in dieser selbst auferlegten sklavischen Abhängigkeit geradezu menschenunwürdig und das Letzte, was ich mit den Ausführungen dieses Buches bezwecken wollte.

Lassen Sie sich nicht überreden, anderen etwas vorzupendeln, anderen zu zeigen, was Sie können: Es bringt nichts ein. Aus welchem Grund sollten Sie sich etwa »testen« lassen? Weshalb sich von schwatzenden Neugierigen umringen lassen? Wie viele aus bloßer Neugier oder seichter Sensationslust geborene Schwingungen sind da im Raum! Meiden Sie jede Öffentlichkeit, und arbeiten Sie allein für sich in der Abgeschiedenheit der Stille.

Und vergessen Sie nie: Jeder Gedanke ist eine Kraft. Und jedes Tun setzt die Ursache für Wirkungen. Anderen Menschen in ihren Leiden und Nöten zu helfen, ist das Schönste, was wir tun können. Tun wir es im Verborgenen und nicht einer Anerkennung oder eines Lobes willen. Es wird zurückwirken auf unser eigenes Inneres und es zu einem erfüllten Menschentum reifen lassen. Umso dankbarer können wir den unsichtbaren Kräften sein, die uns mit der Weisheit unseres Pendels dabei helfen.

Diese Welt, in der wir leben, ist die Welt der Materie. Erheben wir uns über die materielle Ebene und überlassen wir uns unserem eigenen Geist, lernen wir, ihm in der Tiefe zu vertrauen! Von klein auf sind wir dieser materiellen Welt preisgegeben und verhaftet, sind wir blind für die gewaltigen Kräfte des Geistes. So wie unsere dafür blinden Augen die Ausstrahlungen der Lebenskraft, den Strom der Lebensenergie nicht sehen, der jede lebende Zelle beseelt, den jede Zelle ausstrahlt nach allen Seiten. Und doch ist er der Träger des Lebens auch eines jeden von uns.[90] Wir brauchen fast so etwas wie Mut dazu, das trotz der vordergründigen Widerspenstigkeit des Intellekts zu erkennen und es in seiner ganzen Bedeutung zu erfassen.

»Materie an sich gibt es nicht, es gibt nur den belebenden, unsichtbaren, unsterblichen Geist als den Urgrund der Materie …, den ich mich nicht scheue, Gott zu nennen«, sagte der große Naturwissenschaftler Max Planck. Stellen wir uns ein auf die Schwingungen der allgegenwärtigen, alles schaffenden und erhaltenden Schöpfungskraft Gottes, des Geistes, der kosmischen Urenergie, oder wie immer wir

sie sonst nennen. Ja, wir schwimmen in einem Meer von Energie und wollen es nur nicht so recht glauben, nur weil unsere beschränkten Sinne sie nicht wahrnehmen. Dabei ist sie es, die unser Leben prägt.

Und doch sind die geistigen Kräfte, die diese alles schaffende Energie steuern, Schwingungen, die wir erfahren können in der Tiefe unseres Wesens. Wenn wir unseren Geist und unser Bewusstsein ganz in sich selbst sammeln, wenn wir getragen sind von der tiefen Ruhe und der Geborgenheit in der Schöpfung, wenn wir im Innersten ganz frei, gelöst und geöffnet sind für die unendlichen Schwingungen allen Seins: Dann kann uns unser Pendel die geheimen Kräfte jenseits der Welt des äußeren Scheins erkenntlich machen. Denn dann schöpfen wir aus der unserem kleinen Verstand unfassbaren Welt der ewig schwingenden, fließenden Energie, die alles geschaffen hat, was geschaffen ist, und ohne die – wie es zu Beginn des Johannes-Evangeliums heißt – nichts geschaffen ist von allem, was geschaffen ist.

Dann öffnet sich uns die Erkenntnis der Einheit des Seins, der einen und einzigen Urquelle alles Existierenden, die innere Verbindung zu allem, was es da gibt in unserer Welt. In Ehrfurcht und Demut vor der großen, allgewaltigen Kraft können wir uns allen unseren Mitgeschöpfen in Liebe zuwenden. Denn sie sind alle Teil unserer eigenen Kraft, Teil unserer selbst. Und zugleich erwachsen uns der Mut und die Kraft dazu, ohne Scheu vor denen, die sich ihm verschließen, unseren eigenen WEG zu gehen, an dessen Ende wir das volle Wiedereinswerden mit der großen unendlichen Kraft ersehnen: die »Erlösung« aus den Beschränktheiten, Nöten und Leiden dieser Welt.

Zum Schluss die ganz herzliche Bitte: *Der Verfasser kann nicht für Sie pendeln, und er kann Ihre Pendelprobleme nicht lösen.* Denn kein Mensch kann für einen anderen Erfahrungen machen. Das können nur Sie selbst tun. Er kann auch nicht verantwortlich sein für das, was Sie als Leser dieses Buches von sich aus bei Ihren eigenen Pendelbemühungen aus seinem Inhalt machen.
Alles für Sie Wesentliche steht in diesem und den anderen Büchern des Verfassers bzw. seiner Frau. Verzichten Sie daher bitte auf weitere Anfragen oder Ersuchen um zusätzliche Auskünfte oder gar um Nachpendelung Ihrer Ergebnisse. Wegen Überlastung mit anderen Arbeiten ist das leider nicht möglich. Haben Sie dafür bitte Verständnis!

Anmerkungen

1 Siehe auch A. Stangl »Urschöpfungskraft und Freie Energie – Heilsame Energieschwingungen sinnvoll anwenden«, 2001 bzw. 2004.
2 Siehe das in Anm. 1 genannte Buch, Seite 166–174.
3 Die Erkenntnis dessen kann uns auf den wahren Boden unseres Seins zurückführen.
4 DAS FORUM, 2/1992, Seite 60.
5 Siehe Werner Gross »Was erlebt ein Kind im Mutterleib?«, Herder Verlag, Freiburg 1983.
6 Laut FAZ vom 22. 6. 1983.
7 Laut RGS Nr. 126: Zeitschrift der Schweizerischen Gesellschaft für Radiästhesie, Geopathie und Strahlenbiologie, St. Gallen (abgedruckt im Buch von Georg Kirchner, s. Lit.-Verz.).
8 Siehe Dr. Alfred Bierach (Lit.-Verz.).
9 Laut »Der Spiegel«, Nr. 49/1974.
10 Genaueres finden Sie in dem Buch der Anm. 1 und im Lit.-Verz.
11 Siehe das in Anm. 1 genannte Buch.
12 Genaueres in: A. + ML. Stangl »Lebenskraft – Im Einklang mit sich selbst durch Eutonie und Zen«, 2004.
13 Siehe das Buch der Anm. 12. Daher sind Eutonie und Zen-Meditation mit ihrer ständigen Erziehung zur Achtsamkeit eine so große Hilfe für erfolgreiches Pendeln!
14 Siehe das Buch der Anm. 12, vor allem im zweiten Buchteil.

15 Siehe das Buch »Lebenskraft«, besonders im ersten Buchteil, wo dieser für unseren Organismus und unsere Gesundheit fundamentale Zusammenhang behandelt ist.

16 Genaueres über diesen eben beschriebenen, wichtigen Zusammenhang und über Zen überhaupt können Sie dem Buch »Lebenskraft«, 4. Teil, entnehmen.

17 In Anlehnung an das Buch von Mlaker (S. 125) und von Jakob (S. 24) (Lit.-Verz.), erweitert durch einige mir wesentlich erscheinende Punkte.

18 Wer das bezweifelt; der lese z. B. das Buch des amerikanischen Arztes Carl Wickland »Dreißig Jahre unter den Toten« (Lit.-Verz.), wo anhand einer ganzen Reihe von Fällen minutiös beschrieben wird, wie er schizophrene Menschen mittels seiner medial begabten Frau durch Überzeugung solcher Geister heilte, dass sie in den von ihnen »besessenen« Menschen nichts zu suchen hätten und in ihre jetzt für sie zuständige geistige Welt weitergehen sollten.

19 Siehe im Buch der Anm. 12 und A. Stangl »Hoffnung auf Heilung«, S. 39–48 bzw. 54 (derzeit vergriffen, antiquarisch über Internet).

20 Die zentrale Bedeutung der Gefühle für uns Menschen ist in dem Buch »Lebenskraft« herausgearbeitet, wo die einseitige Überschätzung des Verstandes mit ihren verheerenden Folgen deutlich wird.

21 In »Die Grundlagen der Charakterkunde«, Kap. VII.

22 Im ersten Teil des Buches »Lebenskraft« und in »Hoffnung auf Heilung« (bezüglich der lebenswichtigen Auswirkungen auf Gesundheit und Krankheit), Anm. 19.

23 Bei der Erstellung des zuständigen Schemas hielt ich mich an die Anregungen bei Mlaker, siehe Lit.-Verz.

24 Das in der vorigen Anmerkung Gesagte trifft auch für dieses ausführliche Schema zu.

25 Siehe »Lebenskraft«, Seite 196, als wesentliche Hilfe für uns westliche Menschen in der Zen-Meditation.

26 Siehe »Lebenskraft«, Seite 67/68, bzw. noch genauer ausgeführt in »Hoffnung auf Heilung«, Seite 126 ff.

27 Genaueres zu diesen so wichtigen Fragen, die im täglichen Leben kaum auseinandergehalten werden, was zu großen Schwierigkeiten führen kann: siehe »Die vergessene Welt der Gefühle« (derzeit vergriffen, antiquarisch über Internet).

28 Siehe »Die vergessene Welt der Gefühle«, S. 106–118.

29 Siehe »Die vergessene Welt der Gefühle«, S. 141–148.
30 Siehe »Hoffnung auf Heilung«, S. 39–54.
31 Im 11. Kapitel »Wie Selbstgefühl und Selbstbewusstsein die Menschen prägen und ihr Leben formen«, S. 119–131.
32 In »Die Grundlagen der Charakterkunde«, im Kap. IX.
33 Derzeit vergriffen, Neuerscheinung wahrscheinlich bald.
34 Siehe im Buch »Hoffnung auf Heilung«, besonders S. 38 ff.
35 »Psychologie Heute«, 2/94, S. 25.
36 Siehe das Buch der Anm. 19.
37 FAZ, 27. 4. 1994. Überschrift dieses Berichtes: »Mehr Ärzte – mehr Kranke?«
38 »Raum und Zeit«, 67/94, S. 86.
39 Siehe den ersten Teil des Buches »Lebenskraft«.
40 Siehe »Hoffnung auf Heilung«, 1. Teil, Übersicht S. 34.
41 Siehe »Die vergessene Welt der Gefühle«, 10. Kap.
42 FAZ, 27. 4. 1994
43 Alle diese Feststellungen beruhen auf zumeist langjährigen Untersuchungen und sind so gut wie ausnahmslos Ansicht aller Fachleute. Ein guter Teil von ihnen ist in »Psychologie Heute«, 12/1993, S. 20–29, detaillierter dargestellt.
44 Diese drei Punkte gemäß Bericht in »Psychologie Heute«, 11/1993, S. 58–63.
45 Gemäß Brockhaus 19. Bd. 1974 und Tutsch »Taschenlexikon der Medizin«, siehe Lit.-Verz.
46 Gemäß Brockhaus, 17. Bd., 1973, siehe Lit.-Verz.
47 Gemäß »Der Neue Weg zur Gesundheit« (s. Lit.-Verz.), S. 769 ff. Hier sind in knapper Form auch die wichtigen Details für die richtige Einnahme aufgeführt, über die jeder gute Apotheker ebenso Auskunft geben kann.
48 In »Psychologie Heute«, 3/1994, Bericht von Stefan König.
49 In unserem Buch »Lebenskraft«, wo ich die Kraft der Vorstellung und die Wirksamkeit des gesteuerten reflektorischen Ablaufs in unserem Nervensystem behandle, S. 65–76.
50 »Der Schwingpendel als Energiesensor – Energieschwingungen erkennen und auswerten«, 2006.
51 In »Hoffnung auf Heilung«, S. 82–84 sowie S. 122–126, die Hilfen insbesondere für den Schwerkranken aufzeigen. Im Übrigen haben wir den ganz engen Zusammenhang von Gesundheit und Krankheit mit unse-

rem inneren Spannungszustand in dem Buch »Lebenskraft«, S. 45–50, aufgewiesen.

52 FAZ, 3. 7. 1992.

53 Siehe Anm. 12. Hier liegt die Wurzel von Krankheit und Gestörtheit so vieler Menschen!

54 Siehe das Buch »Lebenskraft« im 4. Teil.

55 Noch einmal weise ich auf S. 122 ff. unseres Buches »Hoffnung auf Heilung« hin, wo das alles im Einzelnen dargelegt ist.

56 Siehe das Buch »Hoffnung auf Heilung«: die zusammenfassende Übersicht auf Seite 169 über die konkreten Ansatzpunkte zur Stärkung der körpereigenen Abwehr- und Heilungsenergien.

57 Zum Teil entnahm ich diese Punkte unserem Buch »Hoffnung auf Heilung« auf Seite 185/186, wo es um die Frage geht: Was steht eigentlich hinter meiner Erkrankung, welche Botschaft will sie mir geben? Sie können dort noch weitere in Einzelheiten gehende Hinweise zum vorliegenden Problem finden.

58 In A. Stangls »Die geheime Kraft in uns«, S. 77–87, speziell S. 85–87, und im Buch A. Stangls »Buddhismus«, S. 107–137, speziell S. 107–109. Beide Bücher sind vergriffen, antiquarisch über Internet.

59 Siehe die faszinierende Untersuchung der amerikanischen Psychologin Gina Cerminara »Erregende Zeugnisse von Karma und Wiedergeburt« (Lit.-Verz.).

60 Siehe die Anm. 17.

61 Im Buch »Lebenskraft«, S. 57–59.

62 »Die vergessene Welt der Gefühle«, S. 106–118. Hier finden Sie lebensnahe Beispiele und die »Technik« der wirkungsvollen Motivation in Erziehung und Menschenführung.

63 Gemäß Betty Friedan »Mythos Alter«, S. 612 ff.

64 Leider habe ich seinerzeit versäumt, mir die Quelle zu notieren, als ich diese Zusammenfassung in meine Wissenskartei aufnahm.

65 Siehe das Buch »Die vergessene Welt der Gefühle«, besonders das 2. und 9. Kapitel sowie S. 145/146, und »Lebenskraft«, besonders den 1. Buchteil.

66 Siehe Anm. 62. Dort finden Sie eine Reihe von bewährten Hilfen.

67 Siehe unser Buch »Lebenskraft«, 3. Teil: Eutonie, und »Jede Minute sinnvoll leben – Vertrauen zu sich selbst gewinnen« von M.-L. Stangl als im Alltag ohne jeden Zeitverlust praktisch anzuwendende Eutonie.

68 Das Wort »Christusbewusstsein« hat mit einer formal-religiösen Institu-

tion nichts zu tun. Es bezieht sich ausschließlich auf die Lehre von Jesus.

69 Im 1. Teil des Buches »Lebenskraft« finden Sie dazu viele Einzelheiten.

70 »Erdstrahlen als Krankheits- und Krebserreger« bzw. »Erfahrungen einer Rutengängerin – Geobiologische Einflüsse auf den Menschen«, siehe Lit.-Verz.

71 Zum Beispiel in der Zeitschrift »Implosion«, Heft 99, Sept. 1985 (Bezug: Schanzenweg 86, 42111 Wuppertal).

72 Laut Prof. Waltraud Wagner »Reizende Erde: Elektromagnetische Felder in unserer Umwelt ...«, siehe Lit.-Verz.

73 Laut P. G. Rademacher und A. Bachmann in der Zeitschrift »Raum und Zeit«, Heft 22, Juni 1986, Seite 27: »Der biophysikalische Nachweis von Störfeldern«.

74 Genauere Hinweise anhand präzise aufgeführter Beispiele aus England finden Sie im letzten Teil des Buches von Tom Graves »Pendel und Wünschelrute«, siehe Lit.-Verz.

75 Genaueres zu diesem außerordentlich wichtigen Problem ist im Buch »Hoffnung auf Heilung« ausgeführt, siehe dessen Inhaltsverzeichnis.

76 Wie das im Buch »Lebenskraft« von der Wurzel her dargestellt ist.

77 Genaueres im Buch »Urschöpfungskraft und Freie Energie«, S. 166–179.

78 Dieser in seinem Aufsatz »Physikalische Phänomene und ihre biologischen Wirkungen über geopathogenen Störzonen« in der Zeitschrift wie Anm. 73, Seite 32.

79 In seinem Physiologischen Institut an der Ruhr-Universität Bochum, berichtet in der Schrift »Psychoenergetik Teil I: Das Testen und Ausgleichen der eigenen Energiesysteme« von Bärbel Pegels, Rolf Tuczynski, Walter Niesel, 5. Aufl./1986, Seite 101, zu beziehen bei ihm.

80 Siehe Lit.-Verz.

81 Gemäß Hans Höting in seinem Buch (mit genauer Aufgliederung der genannten Substanzen, S. 62–65), s. Lit.-Verz.

82 Siehe zum Beispiel »Die Runen und ihre bioenergetische Wirkung« von Adolf und Edith Traunbauer in der Zeitschrift »Raum und Zeit«, 66/93, S. 5–9. Eine knappe, übersichtliche Einführung gibt z. B. Reinhard Florek in seinem Buch »Das Runenhandbuch«, siehe Lit.-Verz.

83 Entnommen aus »Das Große Ravensburger Buch für Hobbymaler« von Ursula Kaiser, siehe Lit.-Verz.

84 Das Buch der beiden amerikanischen EEG-Forscher Tompkins und

Bird »Das geheime Leben der Pflanzen« (s. Lit.-Verz.) wird Ihr Verständnis dafür von Grund auf wecken können.

85 Dazu empfiehlt sich nach wie vor das Originalbuch von Dr. Edward Bach »Blumen, die unsere Seelen heilen«. Über die zahlreiche Literatur des heutigen Büchermarkts kann Sie jeder gute Buchhändler beraten.

86 Den Gesamtbereich finden Sie in meinem Buch »Hoffnung auf Heilung«, S. 166–174, knapp und doch umfassend dargestellt, ohne unnötige Verkomplizierungen.

87 Genaueres siehe »Hoffnung auf Heilung«, Seite 48.

88 Entnommen aus Claus C. Schnorrenberger »Chen-Chim«, Seite 56.

89 Siehe Anm. 22.

90 Der Strom der Biophotonen, wie der heute weltbekannte Professor Dr. Pritz-Albert Popp diese das Leben tragenden Strahlungen der Lebensenergie nennt.

Literaturhinweise

Der besseren Übersicht halber ist das Literaturverzeichnis nach Wissensgebieten aufgegliedert, soweit das möglich ist. Der besonders interessierte Leser findet noch reichhaltigere Literaturangaben zu den speziellen Themen der verschiedenen Bücher des Verfassers und seiner Frau direkt in diesen, vor allem im Buch »Lebenskraft«, wo über 300 einschlägige Titel aufgeführt sind.

Zum geistigen Hintergrund dieses Buches

Andreas, Peter, und Kilian, Caspar: Die Phantastische Wissenschaft. Düsseldorf 1973

Aronson, Elliot, Pines, Ayala M. und Kafry, Ditsa: Ausgebrannt. Vom Überfluss zur Selbstentfaltung. Stuttgart 1983

Bierach, Dr. Alfred: Bioelektrizität. Die geheimnisvollen Kräfte in unserem Körper. München 1984

Boras, Ladislaus: Phasen des Lebens. Wie der Mensch sein Dasein erfüllt. München 1971

Gross, Werner: Was erlebt ein Kind im Mutterleib? Freiburg 1983

Hills, Christopher: Supersensonics. The Science of Radiational Paraphysics, Boulder Creek, Cal. 2. Aufl. 1978

Knapp, Dieter: Gesundheit – Erkenntnis des Lebens. Aktuelle Informationen aus der Bio-Physik. Heidelberg 2. Aufl. 1986

Pegels, Bärbel, Tuczynski, Rolf, und Niesel, Walter: Psychoenergetik Teil I: Das Testen und Ausgleichen der eigenen Energiesysteme. Bochum 5. Aufl. 1986

Spiesberger, Karl: Die Aura des Menschen. Freiburg 1973

Stangl, Anton und Marie-Luise: Lebenskraft. Im Einklang mit sich selbst durch Eutonie und Zen. Neuausgabe Darmstadt 2004, 2. Aufl. 2005

–: Hoffnung auf Heilung. Seelisches Gleichgewicht bei schwerer Krankheit. Düsseldorf 3. Aufl. 1991 (vergriffen, antiquarisch über Internet)

Stangl, Anton: Die vergessene Welt der Gefühle. Düsseldorf 6. Aufl. 1995 (vergriffen, antiquarisch über Internet)

Stangl, Anton: Die geheime Kraft in uns. Ursprünge unserer Lebensenergie. Düsseldorf 1992 (vergriffen, antiquarisch über Internet)

Stangl, Marie-Luise: Jede Minute sinnvoll leben. Vertrauen zu sich selbst gewinnen. Neuausgabe Darmstadt 2007

Stark, Walter: Marah. Die Bibel weist modernster Wissenschaft den Weg. Genf 1975

Tompkins, Peter und Bird, Christopher: Das geheime Leben der Pflanzen, Bern 1973

Wagner, Waltraud: Reizende Erde: Elektromagnetische Felder in unserer Umwelt und ihre Wirkung auf den Menschen. Stuttgart o. J.

Weinreb, Friedrich: Vom Sinn des Erkrankens. Gesundsein und Krankwerden. Bern 1979

Radiästhesie

Bachler, Käthe: Erfahrungen einer Rutengängerin. Geobiologische Einflüsse auf den Menschen. Linz-Wien-Passau 5. Aufl. 1981

Bachler, Käthe: Der gute Platz. Linz 3. Aufl. 1986

Bhattacharyya, B.: Magnet Dowsing or The Magnet Study Of Life. Calcutta 1976

Farkas, Boris: Angewandte Radiästhesie. Pendel und Wünschelrute in der Praxis. Freiburg 1989

Florek, Reinhard: Das Runenhandbuch – Erkenntnis und Lebenskraft aus den geheimnisvollen Worten und Zeichen. Aintrang 2. Aufl. 1992

Graves, Tom: Pendel und Wünschelrute: Radiästhesie. Theorie und praktische Anwendung. München 3. Aufl. 1984

Hartmann, Ernst: Krankheit als Standortproblem. Heidelberg o. J.

Hills, Christopher: Supersensonic Instruments Of Knowing. Boulder Creek, Cal. 1975

Hoch, Ernst: Strahlenfühligkeit – Umgang mit Rute und Pendel, Linz-Wien-Passau 2. Aufl. 1983

Jakob, Dr. med. Georg: Das Medizinische Pendelbuch. Bietigheim 1973

Jürgens, Heinrich: Die Wünschelrute und ihr Gebrauch. Freiburg 7. Aufl. 1983

Juriaanse, D.: Das praktische Pendelbuch. München 1985

Kirchner, Georg: Pendel und Wünschelrute. Handbuch der modernen Radiästhesie. Genf 5. Aufl. 1981

Mlaker, Rudolf: Geistiges Pendeln. Forschungsergebnisse. Berlin 3. Aufl. 1973

Nielsen, Greg: Beyond Pendulum Power Entering Energy World. Reno/Nevada 1988

Oberbach, Dr. Josef: Feuer des Lebens. Grünwald 1980

von Pohl, Gustav Freiherr: Erdstrahlen als Krankheits- und Krebserreger. Feucht 1978

Schneider, Reinhard: Leitfaden und Lehrkurs der Ruten- und Pendelkunst. Einführung in die Radiästhesie. Wertheim 1980

Spiesberger, Karl: Der erfolgreiche Pendelpraktiker. Freiburg 8. Aufl. 1978

Stangl, Anton: Urschöpfungskraft und Freie Energie. Heilsame Energieschwingungen sinnvoll anwenden. Darmstadt 3. Aufl. 2006

–: Der Schwingpendel als Energiesensor. Energieschwingungen erkennen und auswerten. Darmstadt 2. Aufl. 2006

Wetzel, Claus-Michael: Pendel und Rute für Sie. München 1989

Zeitschrift Raum und Zeit, Wolfratshausen: laufend fundierte Veröffentlichungen

Psychologie

Bastine, Reiner, Fiedler, Peter A., Grawe, Klaus, Schmidtchen, Stefan, Sommer, Gert: Grundbegriffe der Psychotherapie. Weinheim-Deerfield Beach, Florida-Basel 1982

Benesch, Hellmuth: Wörterbuch zur Klinischen Psychologie, Band 1: Abnormalität – Komplexe Psychologie. München 1981

Drever, James, und Fröhlich, Werner D.: Wörterbuch zur Psychologie. München 1968

Friedan, Betty: Mythos Alter. Reinbek 1995

Hofstätter, Peter R.: Psychologie. Frankfurt 18. Aufl. 1972

Klages, Ludwig: Die Grundlagen der Charakterkunde. Leipzig 7. und 8. Aufl. 1936

–: Vom Wesen des Rhythmus. Zürich 1944

Müller, Wilhelm und Enskat, Alice: Graphologische Diagnostik. Bern-Stuttgart-Wien 2. Aufl. 1973
Riemann, Fritz: Grundformen der Angst. Eine tiefenpsychologische Studie. München 1961
Rogen, Carl R.: Der neue Mensch. Stuttgart o. J.
–: Entwicklung der Persönlichkeit. Stuttgart 1973
Stangl, Anton: Die Sprache des Körpers. Menschenkenntnis für Alltag und Beruf. Düsseldorf-Wien 7. Aufl. 1994 (vergriffen)
–: siehe den 1. Teil dieses Lit.-Verz.
von Weizsäcker, Victor: Körpergeschehen und Neurose. Stuttgart 1947
–: Klinische Vorstellungen. Stuttgart 1943
Wickland, Dr. med. Carl: Dreißig Jahre unter den Toten. Remagen 6. Aufl. 1957

Gesundheit

Beck, Dieter: Krankheit als Selbstheilung. Wie körperliche Krankheiten ein Versuch zu seelischer Heilung sein können. Frankfurt/Main 1981
Cousins, Norman: Der Arzt in uns selbst. Anatomie einer Krankheit aus der Sicht des Betroffenen, die Geschichte einer erstaunlichen Heilung gegen alle düsteren Prognosen. Reinbek 1981
Dethlefsen, Thorwald und Dahlke, Rüdiger: Krankheit als Weg. Deutung und Bedeutung der Krankheitsbilder. München 1983
Groddeck, Georg: Krankheit als Symbol. Schriften zur Psychosomatik. Frankfurt/Main 1983
Hoffmann-LaRoche AG und Urban und Schwarzenberg (Hrsg.): Roche Lexikon Medizin. München-Wien-Baltimore o. J.
Kurtz, Ron und Prestera, Hector: Botschaften des Körpers. Bodyreading: ein illustrierter Leitfaden. München 1979
Meyer, Dr. med. Wilhelm: Der neue Weg zur Gesundheit. Ein medizinisches Hausbuch für jedermann. Gütersloh 1969
Reger, Karl Heinz und Reger-Nowy, Dr. med. Sibylle: Taschenlexikon der Medizin. München 1983
Selye, Hans: Stress beherrscht unser Leben. Düsseldorf 1957
Simonton, O. Carl, Matthews-Simonton, Stephanie und Creighton, James: Wieder gesund werden. Eine Anleitung zur Aktivierung der Selbstheilungskräfte für Krebspatienten und ihre Angehörigen. Reinbek 1982

Stangl, Marie-Luise und Anton: Hoffnung auf Heilung. Siehe unter dem 1. Teil dieses Lit.-Verz.

Tutsch, Dagobert: Taschenlexikon der Medizin. München-Berlin-Wien 2. Aufl. 1974

Elektrosmog

Becker, Robert Q.: Der Funke des Lebens. Elektrizität und Lebensenergie. Bern 2. Aufl. 1991

Steinig, Heinz: Elektrosmog, der unsichtbare Krankmacher. Freiburg 1996

Verbraucherzentrale Niedersachsen: Wir reden von Elektrosmog. Hannover 1995

Wagner, Waltraud: Reizende Erde: Elektromagnetische Felder in unserer Umwelt und ihre Wirkung auf den Menschen. Stuttgart 1977

Im Besonderen: Geistiges Heilen

Burke, Abbot George: Magnetic Therapy, Healing In Your Hands. Oklahoma City 1980

Edwards, Harry: Geistheilung. Freiburg 1975

–: Praxis der Geistheilung. Freiburg o. J.

John (Günther E. Schwarz): Geistige Selbstheilung. Krün 1974

Murphy, Josef: Die Macht Ihres Unterbewusstseins. Genf 1975

Schmidt, K. O.: So heilt der Geist. Engelberg 1978

Stangl, Anton: Heilen aus geistiger Kraft. Düsseldorf 6. Aufl. 1995 (vergriffen)

Taniguchi, Masaharu: Die geistige Heilkraft in uns. Freiburg 1976

–: Leben aus dem Geiste. Freiburg 1976

Sonstige spezielle medizinische Gebiete

a) *Bach-Blütentherapie:*

Bach, Edward: Blumen, die unsere Seele heilen. Die wahre Ursache von Krankheit, Diagnose und Therapie. München o. J.

Katz, Richard und Kaminski, Patricia: Blütenessenzen – Repertorium ihrer Wirkungsweisen. München 3. Aufl. 1991

Scheffer, Mechthild: Die Bach-Blütentherapie. Theorie und Praxis. München 1981.

b) *Fußreflextherapie:*

Marquardt, Hanne: Reflexzonenarbeit am Fuß. Heidelberg 1975

c) *Kartoffeldiät:*

Kusztrich, Imre: Kartoffeldiät. Die ideale Schlankheitskur. München 1980

d) *Kuhnesches Reibesitzbad:*

Backhaus, Anita: Heilen ohne Pillen und Spritzen. Freiburg 5. Aufl. 1973

e) *Liegen auf schiefem Brett:*

Rofidal, Jean: Do-in. Asiatische Selbstmassage zur vollständigen Regeneration von Körper und Geist. Freiburg 1980

f) *Homöopathie:*

Boerike, M. D. William: Homöopathische Mittel und ihre Wirkungen. Leer 3. Aufl. 1986

Deutsche Homöopathie-Union: Homöopathisches Repetitorium. Karlsruhe

Jakob, Dr. med. Georg: Das medizinische Pendelbuch. Bietigheim 1973

Maesim und Dr. med. B. Panos und Heimlich, Jane: Homöopathische Hausapotheke, Alternative Heilmethoden und natürliche Arzneimittel. München 1984

g) *Eigenharntherapie:*

Allmann, Ingeborg: Die Heilkraft der Eigenharntherapie. Königstein/Ts. 4. Aufl. 1994

Herz, Kurt und Abele, Johann: Die Eigenharnbehandlung. Heidelberg 9. Aufl. 1994

Höting, Hans: Lebenssaft Urin – Die heilende Kraft. München 1994

Thomas, Carmen: Ein ganz besonderer Saft – Urin. Köln 5. Aufl. 1993

Chakren

Johari, Harish: Das große Chakra-Buch. Freiburg o. J.

Johnston, Brenda: New Age Healing. Havant, Hants, England 1983

Leadbeater, C. W: Die Chakras. Eine Monographie über die Kraftzentren im menschlichen Ätherkörper. Freiburg 1965

Stangl, Marie-Luise: Die Welt der Chakren. Praktische Übungen zur Seins-Erfahrung. Düsseldorf 10. Aufl. 1995 (vergriffen, Neuausgabe wahrscheinlich)

Edelsteine

Gienger, Michael: Lexikon der Heilsteine – von Achat bis Zoisit. Saarbrücken 1995

Hertzka, Dr. Gottfried und Strehlow, Dr. Wighard: Die Edelsteinmedizin der heiligen Hildegard. Freiburg 1985

Methusalem Edition: Das große Lexikon der Heilsteine, Düfte und Kräuter. Neu-Ulm 1994

Palmer, Magda: Die verborgene Kraft der Kristalle und der Edelsteine. München 1989

Schumann, Walter: Steine und Mineralien. Mineralien und Edelsteine, Gesteine, Erze. Über 300 Farbfotos. München 1982

–: Mineralien aus aller Welt. Mit Schnellbestimmungssystem. München 1990

Uyldert, Mellie: Verborgene Kräfte der Edelsteine. München 2. Aufl. 1985

Farbtherapie

Eberhard, L.: Heilkräfte der Farben. Engelberg-München 3. Aufl. 1974

Kaiser, Ursula: Das große Ravensburger Buch für Hobbymaler. Zeichnen, Malen, Erkennen, und ein Lexikon für Material, Technik und Fachbegriffe. Ravensburg 2. Aufl. 1973

von Langsdorff, Dr. med. Georg: Die Licht- und Farbengesetze und deren therapeutische Anwendung. Niedernhausen 1977

Riedel, Ingrid: Farben. In Religion, Gesellschaft, Kunst und Psychotherapie. Stuttgart 2. Aufl. 1983

Schiegl, Heinz: Colortherapie Heilung durch Farbenkraft. Wirksame Selbstbehandlung bei vielen Beschwerden. Freiburg 1979

Karma und Wiedergeburt

Bock, Emil: Wiederholte Erdenleben. Die Wiederverkörperungsidee der deutschen Geistesgeschichte. Frankfurt/Main 1981

Cerminata, Gina: Erregende Zeugnisse von Karma und Wiedergeburt. Freiburg 1978

Challoner, K. H.: Das Rad der Wiedergeburt. Ein Bericht über frühere Inkarnationen. München 1976

Humphreys, Christmas: Karma und Wiedergeburt. München 1974

Pryse, James Morgan: Reinkarnation im Neuen Testament. Interlaken 1981

Stangl, Anton: Buddhismus: Buddhas Lehre und das Christentum. Düsseldorf 3. Aufl. 1994 (vergriffen)

Stevenson, Jan: Reinkarnation. Der Mensch im Wandel von Tod und Wiedergeburt. Freiburg 1977

Magnete

Holzapfel, Dr. Evelyne, Crépon, Pierre, Philippe, Claude: Magnettherapie. Eine neue Behandlungsmethode vereint die heilenden Kräfte von Magnetismus und Akupunktur. Freiburg 1982

Stark, Dr. Walter O.: Magnetismus in der Therapie. Magliaso 1980

Metalle

Huibers, Jaap: Gesund sein mit Metallen. Alternativ heilen – neue Mittel und Wege. Freiburg 1979

Pelikan, Wilhelm: Sieben Metalle. Vom Wirken des Metallwesens in Kosmos, Erde und Mensch. Dornach 4. Aufl. 1981

Sterben, Tod, Nachtod

Delacour, Jean-Baptiste: Aus dem Jenseits zurück. Berichte von Totgeglaubten. Düsseldorf 1973

Hampe, Johann Christoph: Sterben ist doch ganz anders. Stuttgart 1977

Jacobson, Nils-Olof: Leben nach dem Tod? Über Parapsychologie und Mystik. Düsseldorf o. J.

Kübler-Ross, Elisabeth: Interviews mit Sterbenden. Stuttgart 1977

–: Verstehen, was Sterbende sagen wollen. Einführung in ihre symbolische Sprache. Stuttgart 1981

Moody, Raymond A.: Leben nach dem Tod. Reinbek 1977

Steinpach, Dr. Richard: Wieso wir nach dem Tode leben und welchen Sinn das Leben hat. Stuttgart 6. Aufl. 1984

Wiesenhütter, Eckart: Blick nach drüben. Bielefeld 1974

Traum

Alt, Franz: C. G. Jung/Von Traum und Selbsterkenntnis. Einsichten und Weisheiten. Olten und Freiburg 1986

Doucet, Friedrich W. Traum und Traumdeutung. Träume, nach den neuesten psychologischen Erkenntnissen gedeutet und erklärt. München 10. Aufl. 1982

von Franz, Marie-Louise: Traum und Tod. Was uns die Träume Sterbender sagen. München 1984

Garfield, Patricia: Kreativ träumen. Schwarzenburg 1980

Holzer, Hans: Träume und ihre Botschaft. München o. J.

Sechrist, Elsie: Cayce Traumbuch. Praktische Anleitung zur Trauminterpretation. München 1983

Sachregister

84 Pendeltafeln

①

Fehlerquellen

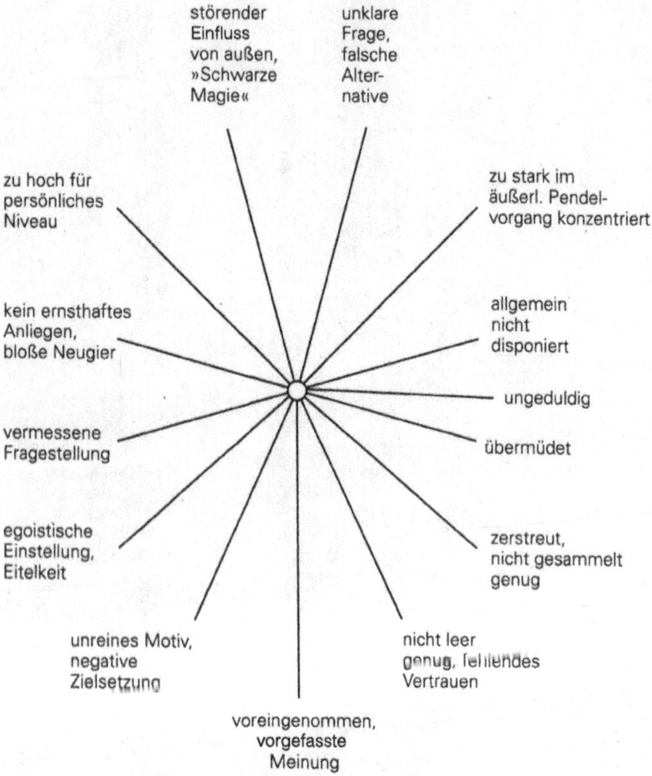

②
100-%-Skala

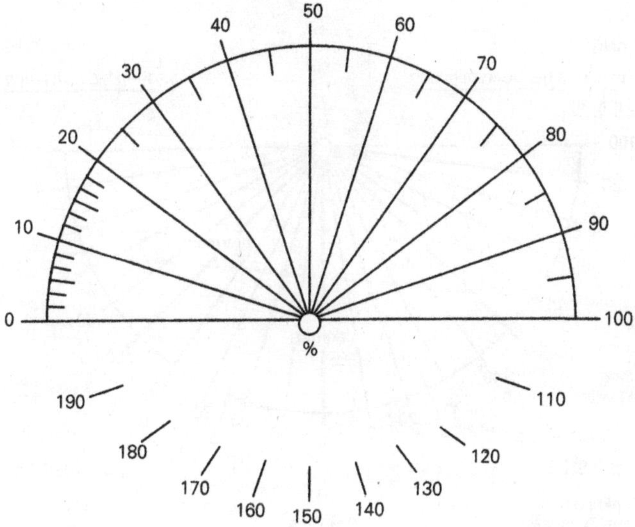

③
A-B-Schema

<u>gemischt</u>

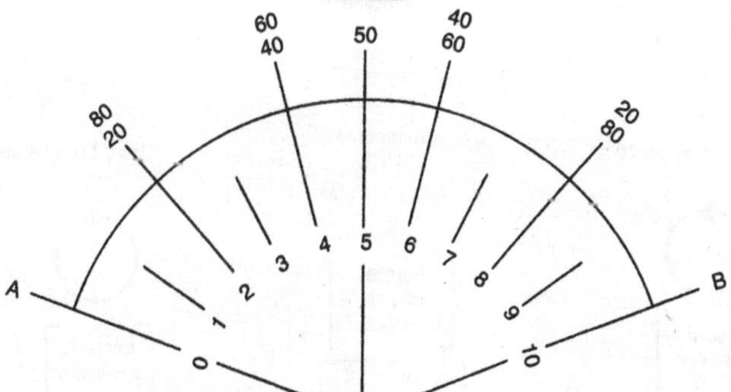

④

Schema: Das rechte Maß

YANG	%	YIN
Spannung bis Überspannung der Kraft		Lösung bis Auflösung der Kraft

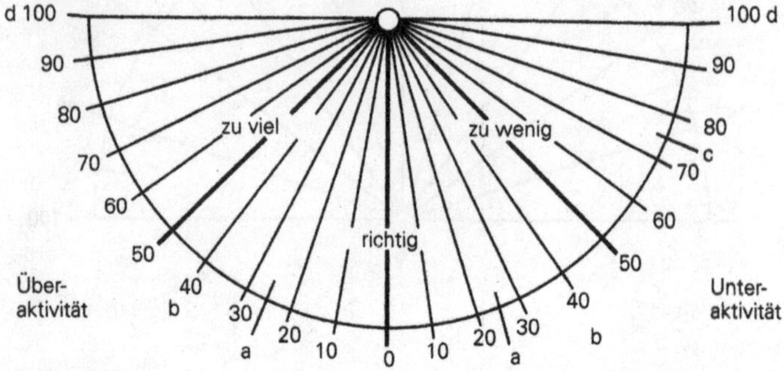

Überfunktion		Unterfunktion
Funktions-beschleunigung	SATTWA HARA	Funktions-hemmung
+		–
bewegt	Spannungs-ausgleich	beruhigt
regt an	Gleichgewicht	bremst
kräftigt	Harmonie	schwächt, löst
gibt Spannung	höchste Verfügbarkeit aller Kräfte	gibt Ruhe
führt Energie zu	bei innerer RUHE	baut Energie ab

sauer pH-Wert 0–6	normal neutral pH-Wert 7	basisch pH-Wert 8–14
	a–d: zu I K siehe Text Seite 136!	

⑤

Vier prinzipielle Menschentypen

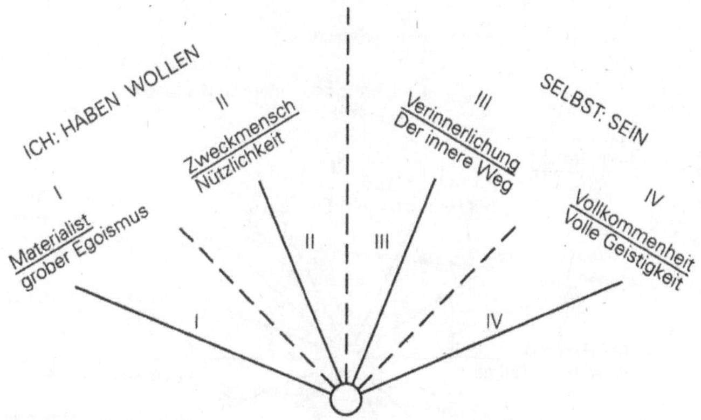

⑥

Seelisch-geistige Entwicklungsstufen

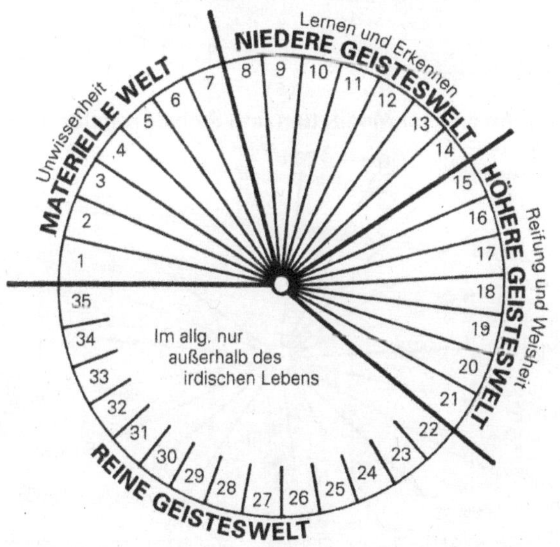

⑦

Auswertung von Träumen (u. Visionen)

1) Wie zu verstehen?

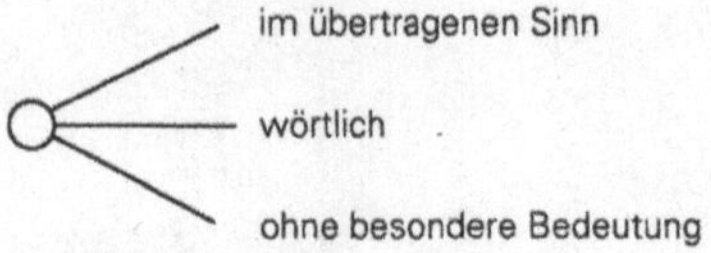

2) Welche Bedeutung?

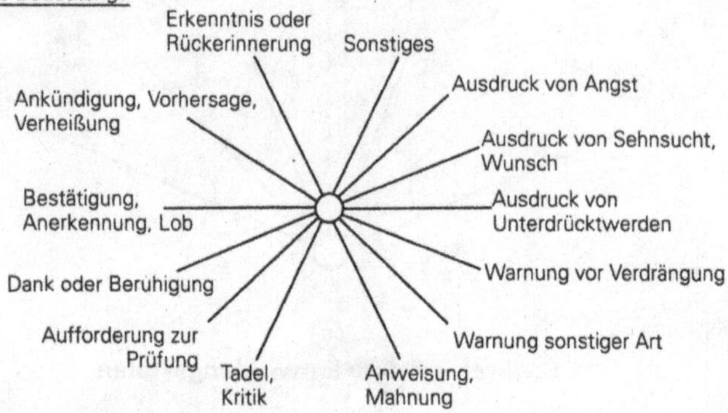

⑧

Kennworte für Meditation und Selbstbeeinflussung

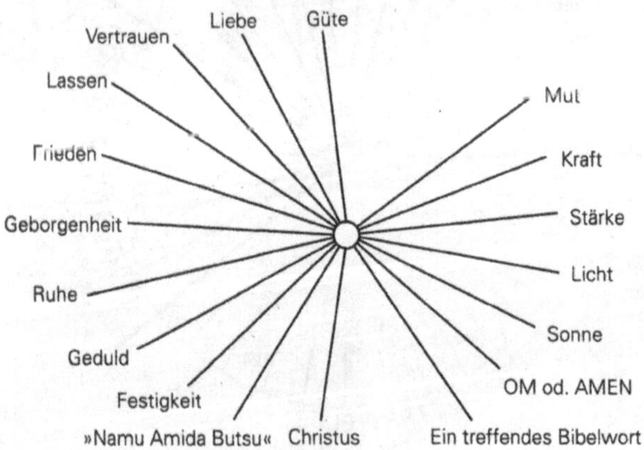

⑨

Eheliche bzw. partnerschaftliche Übereinstimmung

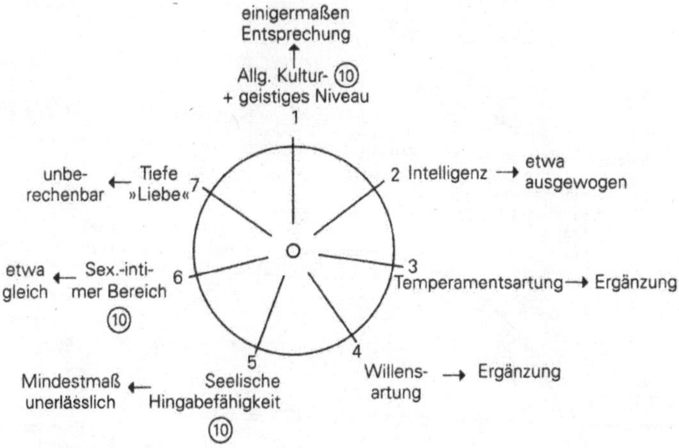

⑩

Bedürfnisse und Antriebskräfte (Interessen)

⑪

Hintergründe der Leistungsfähigkeit

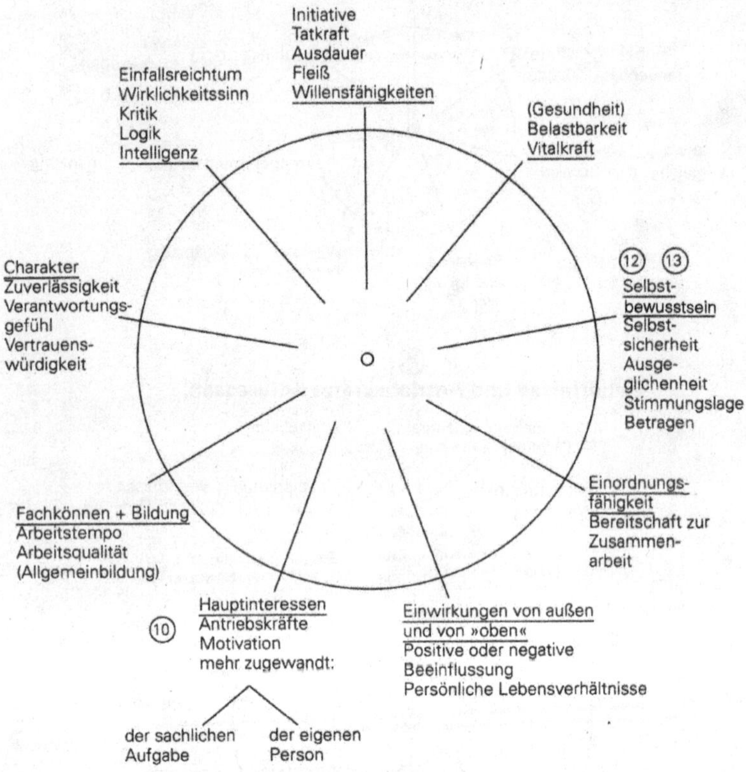

⑫

Die zwei Säulen des Selbstgefühls

Selbstwertgefühl		Selbstwertverlangen Selbstschätzungstrieb	
–	+	+	–
Selbstüberschätzung Selbstgerechtigkeit Selbstherrlicheit	Selbstvertrauen Selbstsicherheit Selbstbewusstsein (i. e. S.)	Verlangen nach Anerkennung und Bejahung Ehrgefühl Sachlicher Ehrgeiz	Geltungsbedürfnis Eitelkeit, Angeberei Selbstbespiegelung
Arroganz aus zuviel Selbstwertgefühl			Arroganz aus Überkompensation von eigenen Schwächen

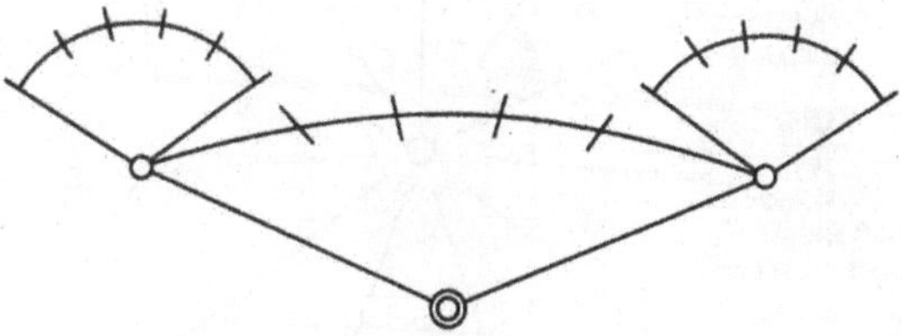

⑬

Aufbau + Zerrüttung des Selbstwertgefühls und damit der Persönlichkeit

Sich oft wiederholende

Aufbau	Zerrüttung
Erfolgserlebnisse	Misserfolgserlebnisse
↓	↓
Selbstbestätigung	Verunsicherung
↓	↓
Kräftigung des Selbstvertrauens	Angst
↓	↓
Steigerung der Selbstsicherheit	Resignation
↓	↓
Lebensfreude Aktiver Einsatz Leistungssteigerung	Unlust, Zwangsatmosphäre Eher passives Abwarten Leistungsminderung bis -schwund

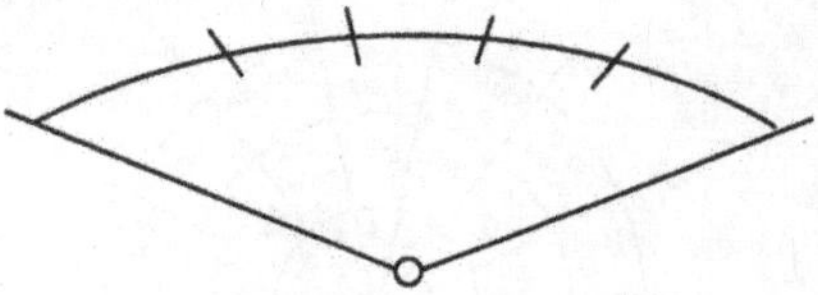

(14)

Der ganzheitliche Mensch in seinen Kerneigenschaften

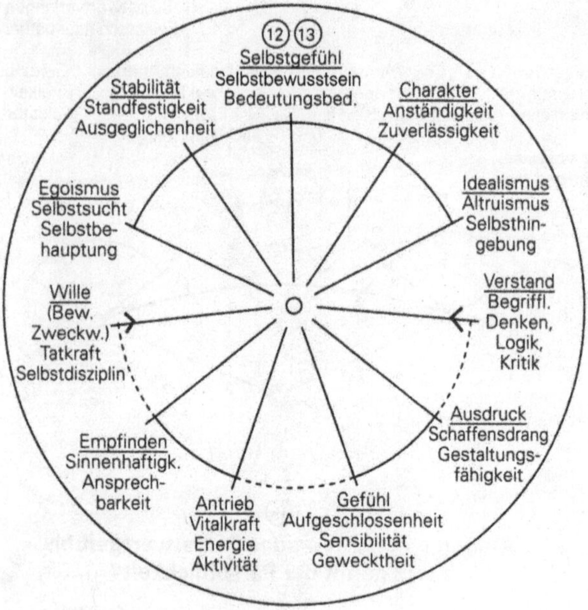

(15)

Die Chakren oder Energiezentren

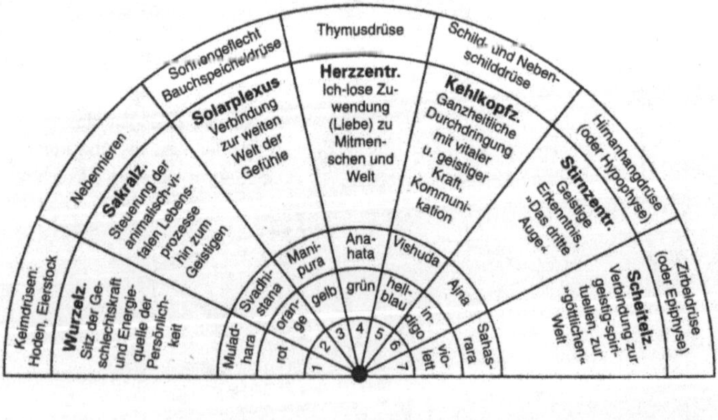

⑯

Die vier prinzipiellen Persönlichkeitsschichten

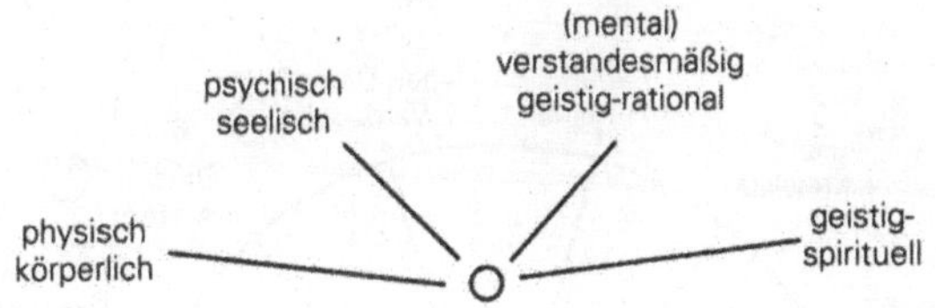

⑰

Wesentliche Voraussetzungen für die Erhaltung der Gesundheit

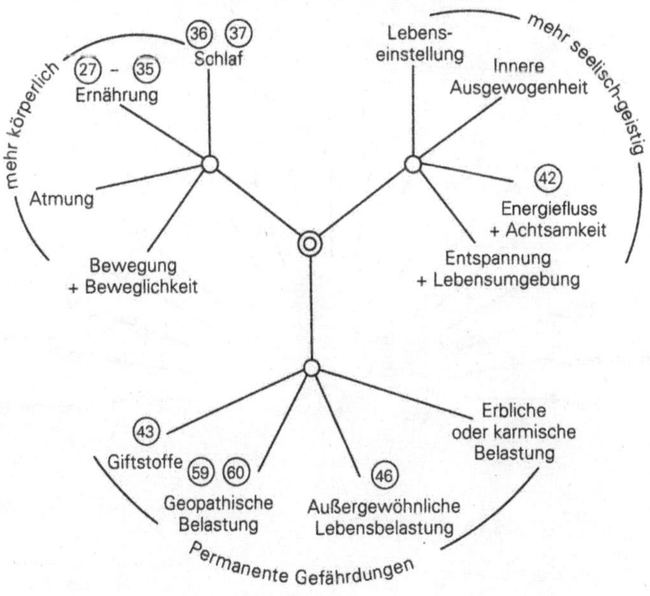

(18)

Die verschiedenen Körperbereiche

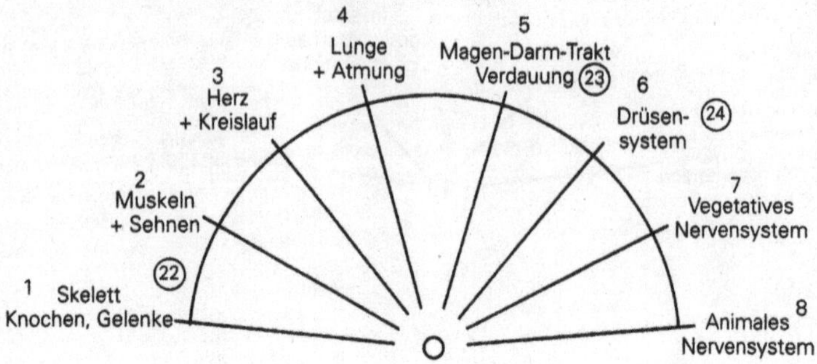

(19)

Wo ist die organische Störung?

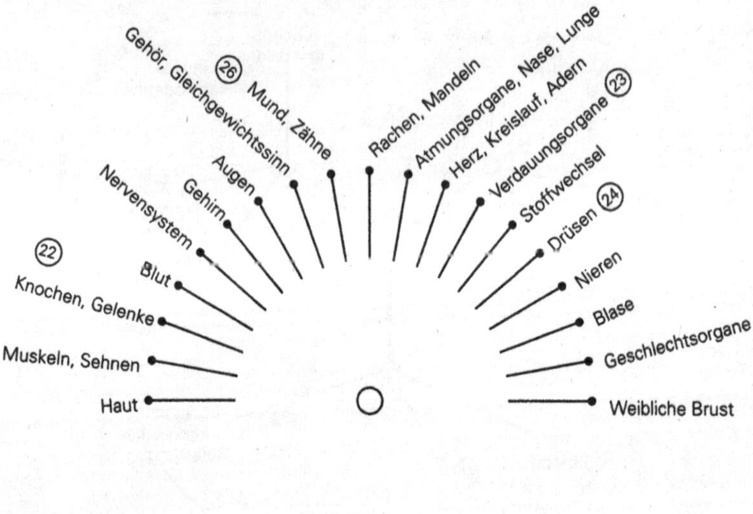

(20)
Art der organischen Störung

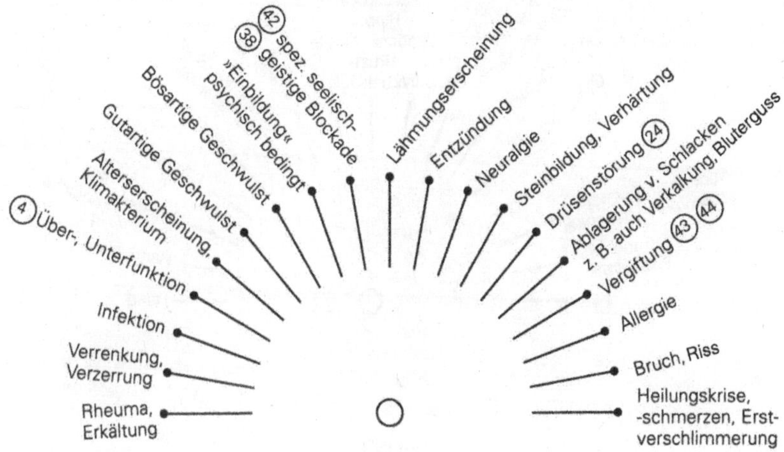

(21)
Tiefer liegende Ursachen

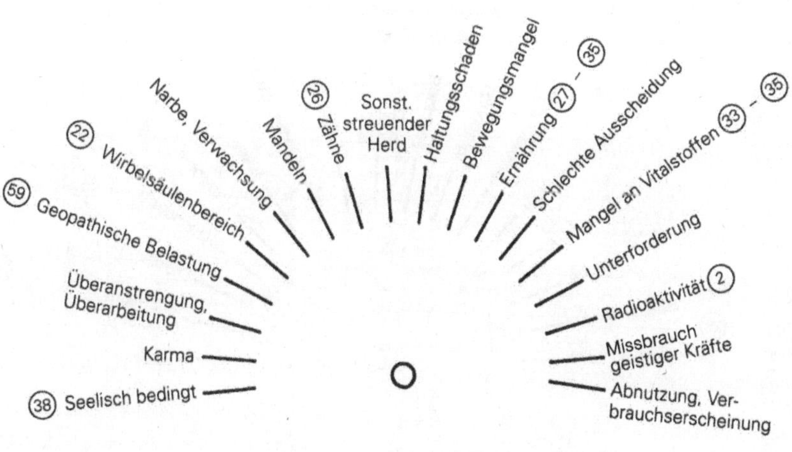

㉒

Skelett, Knochen, Gelenke

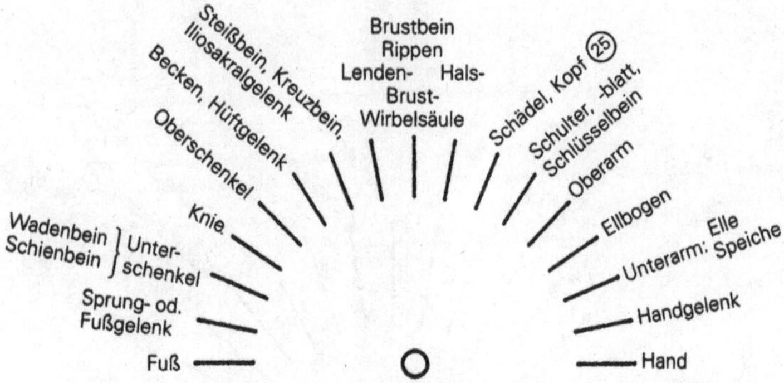

㉓

Bauch- und Verdauungsorgane

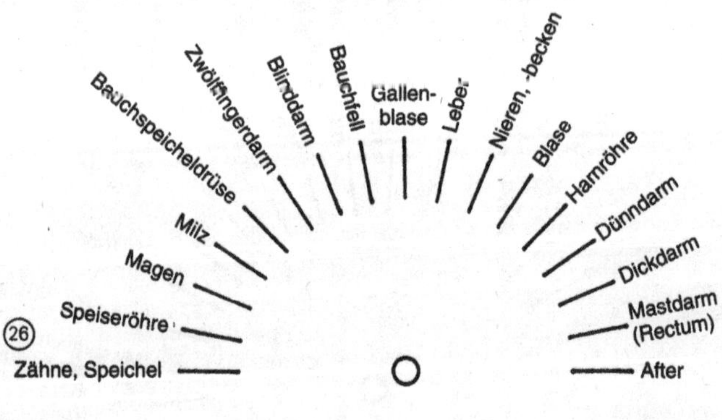

(24)
Drüsen

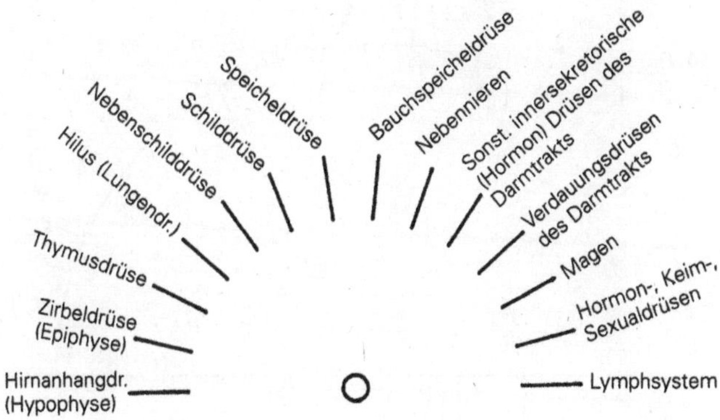

(25)
Kopf

㉖
Zähne

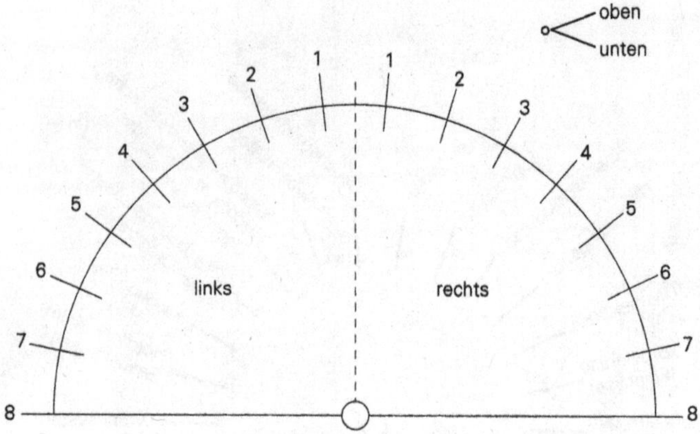

㉗
Hauptnährstoffe

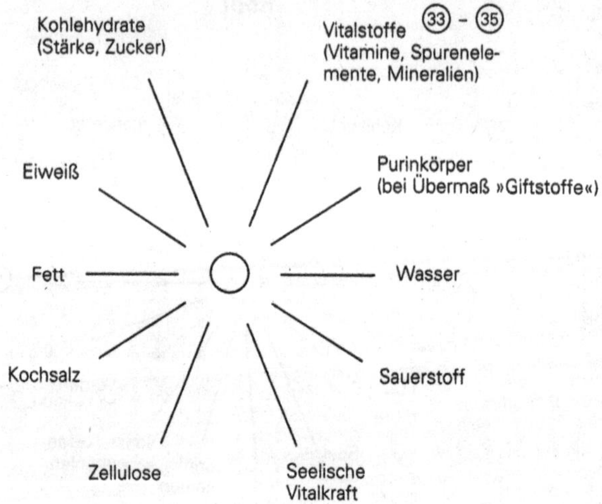

(28)

Hauptgruppen der Nahrungsmittel

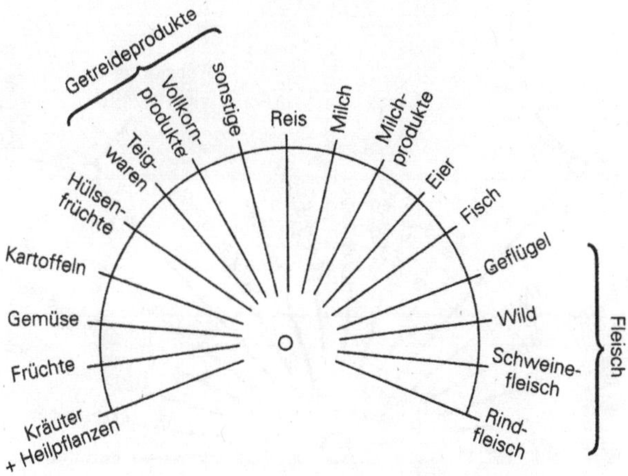

(29)

Zubereitungsarten

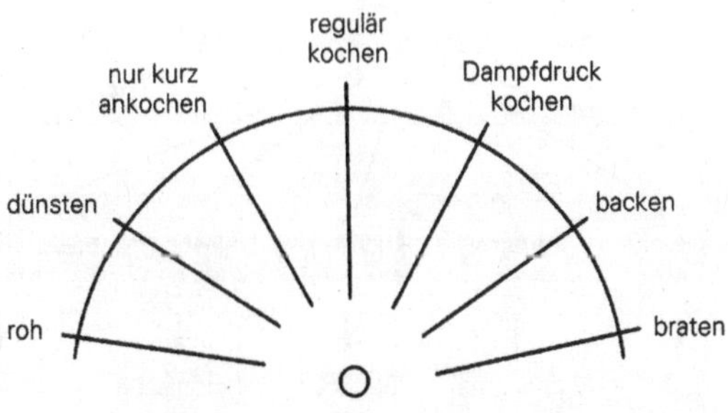

(30)

Ernährungsart/Diät

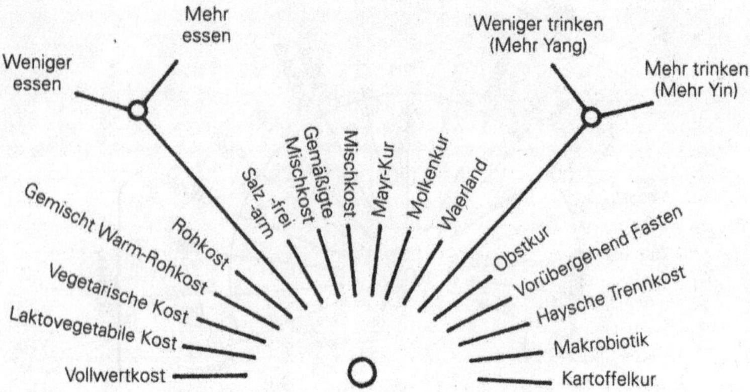

(31)

Ernährungstherapie: Zusammensetzung der Nahrung

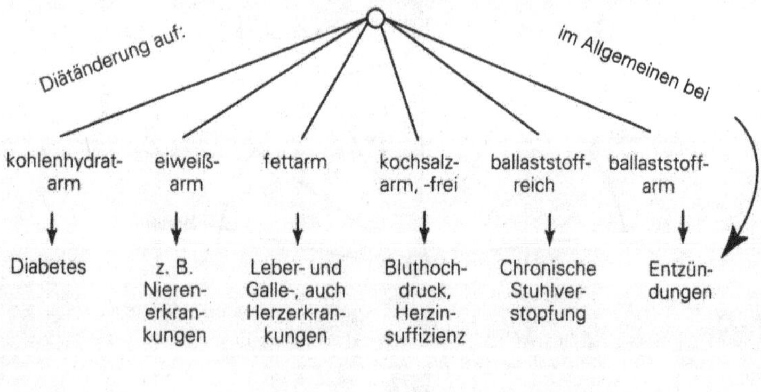

(32)

pH-Wert

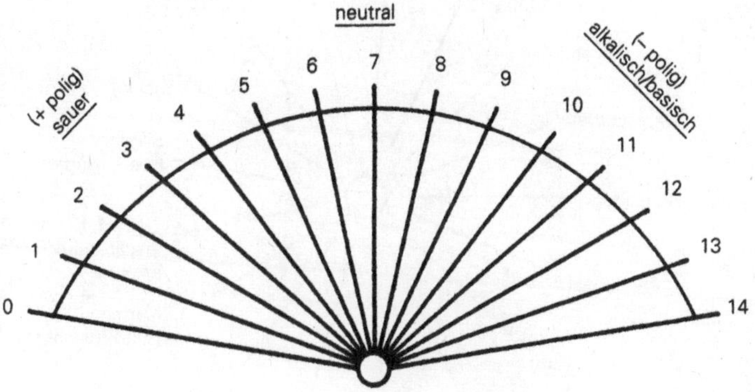

(33)

Vitamine

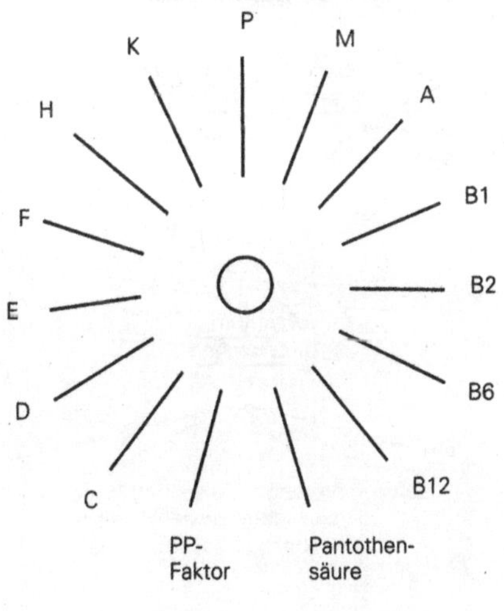

(34)

Spurenelemente

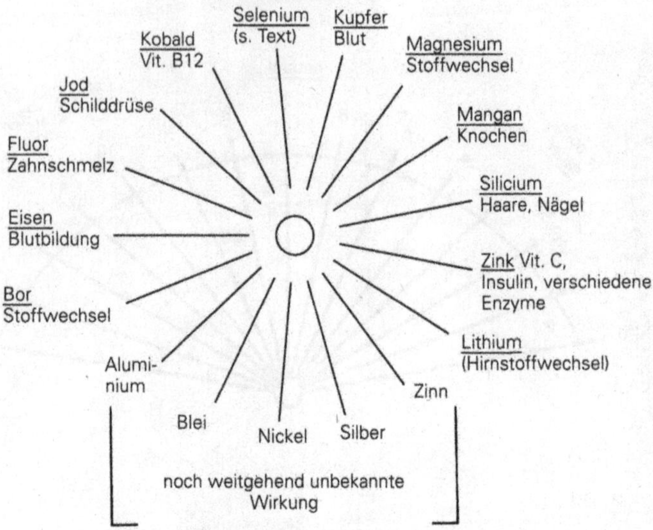

(36)

Schlaflosigkeit

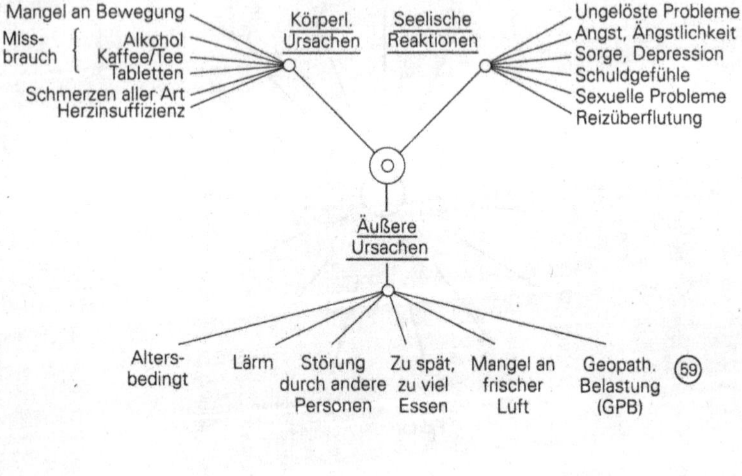

(59)

35

Mineralstoffe oder -salze
gemäß Dr. Schüßler

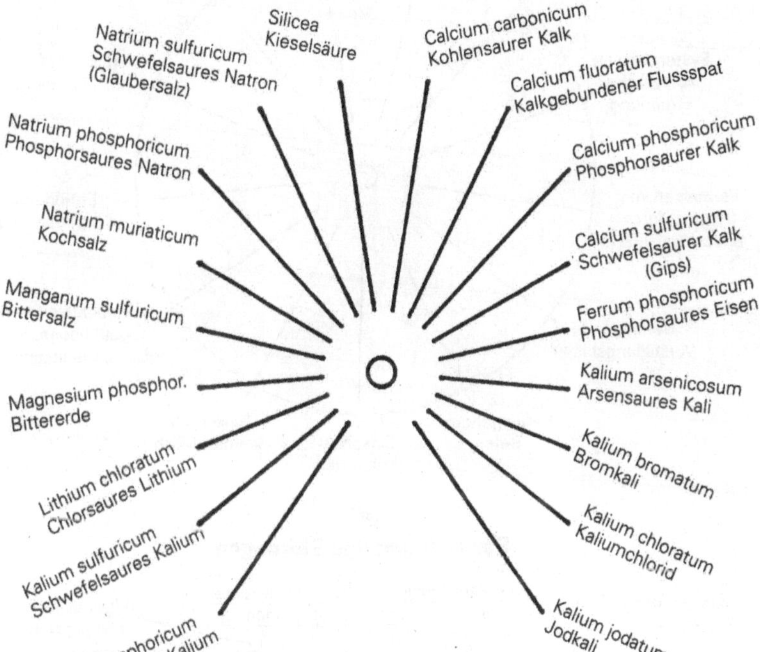

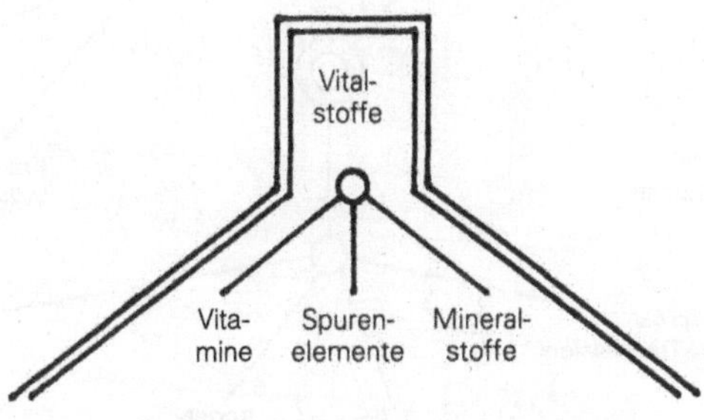

(37)

Schlafhilfen

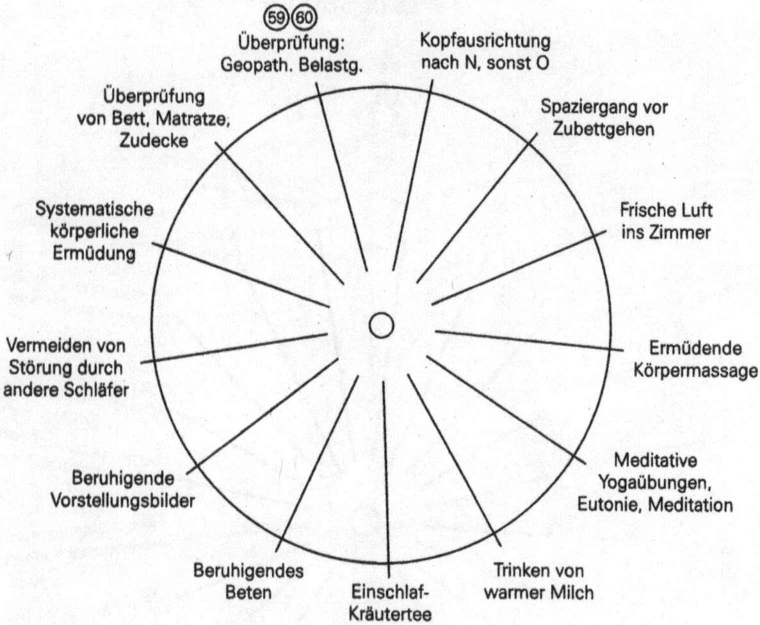

(38)

Seelisch-geistige Störungen

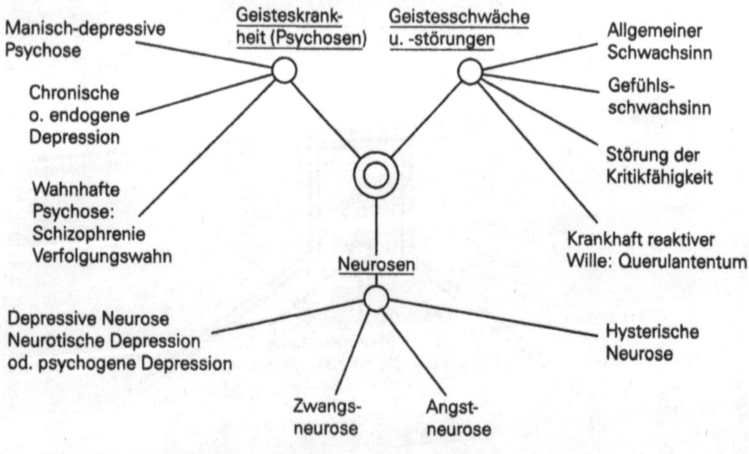

(39)

Allg. Ursachen von seel.-geistigen Störungen

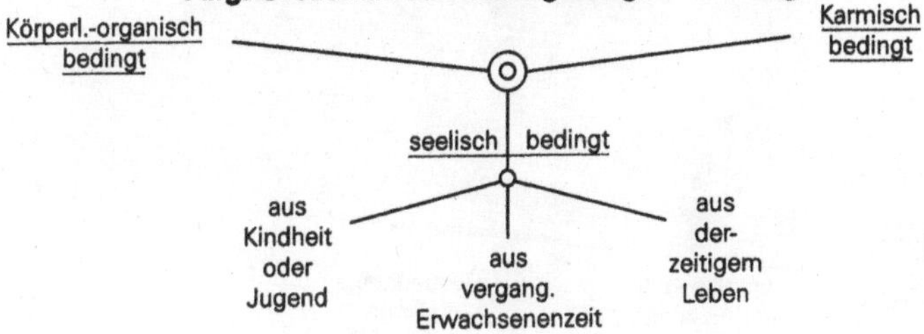

(40)

Die besondere Ursache

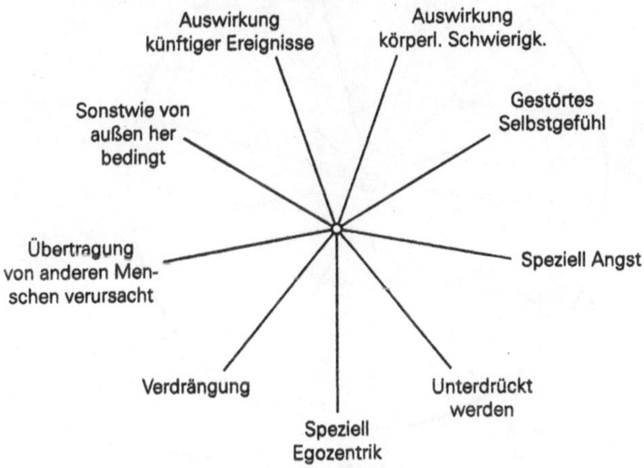

(41)

Seitherige Folgen

(42)

Unbewusste Energieblockierung

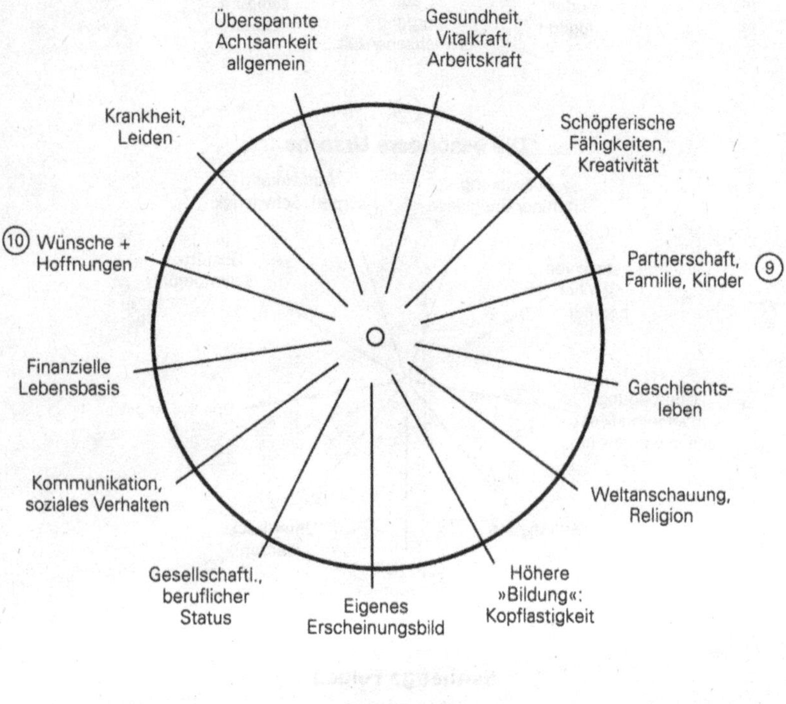

43

Giftstoffe

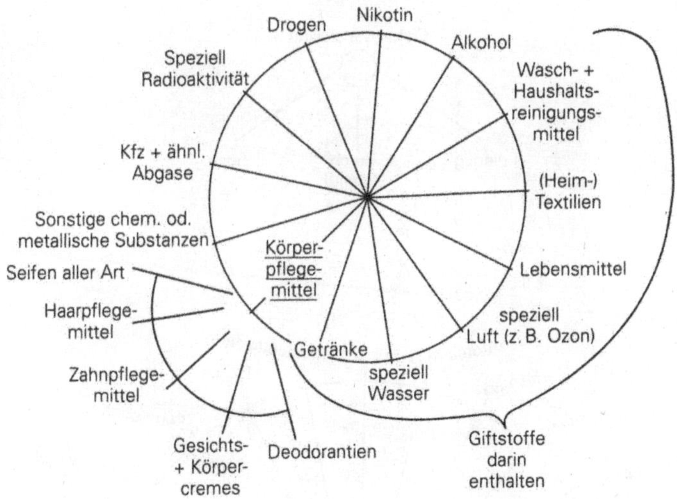

44

Elektrosmog: Die elektrischen Felder

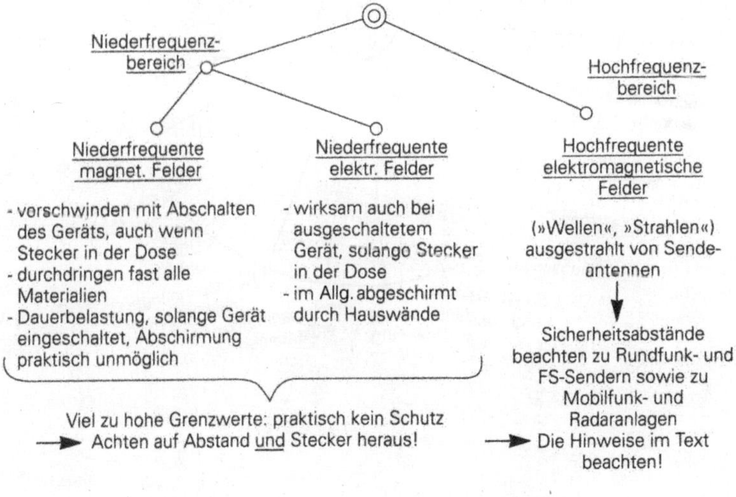

45

Verursacher von Elektrosmog

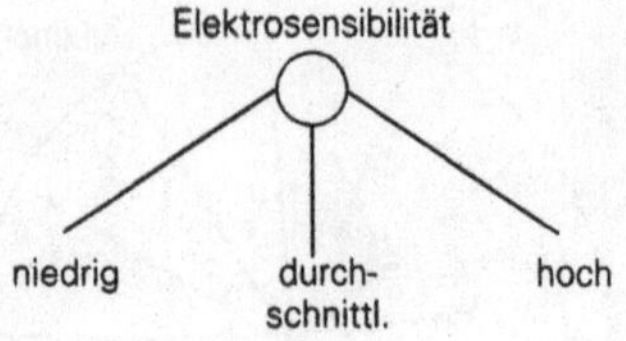

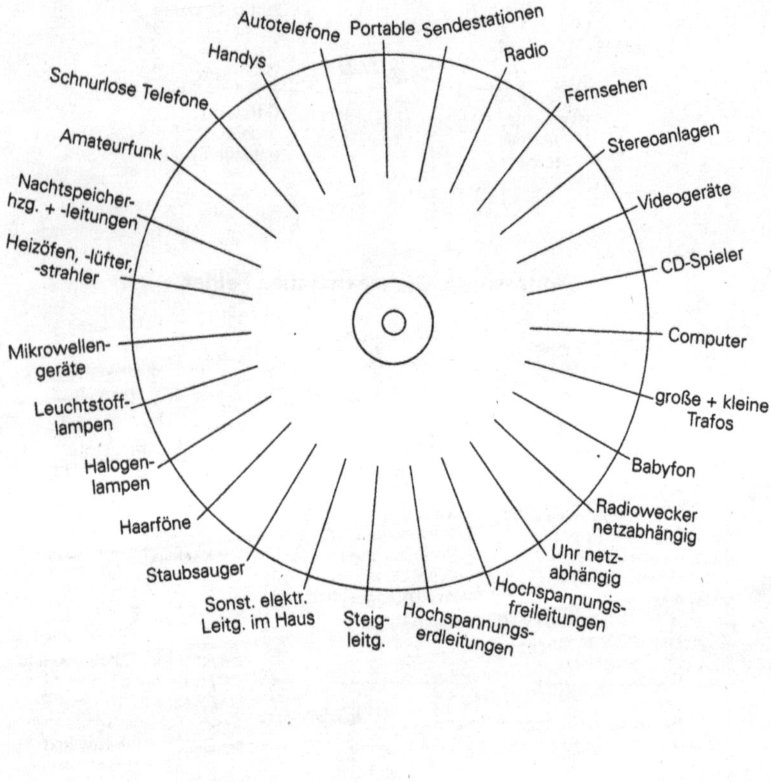

(46)

Außergewöhnliche Lebensbelastungen

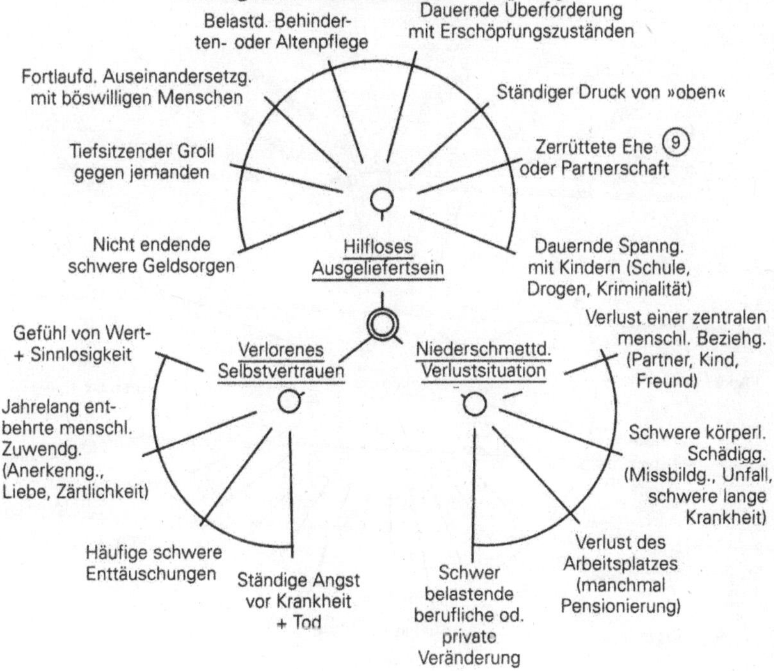

(47)

Gesuchtes finden

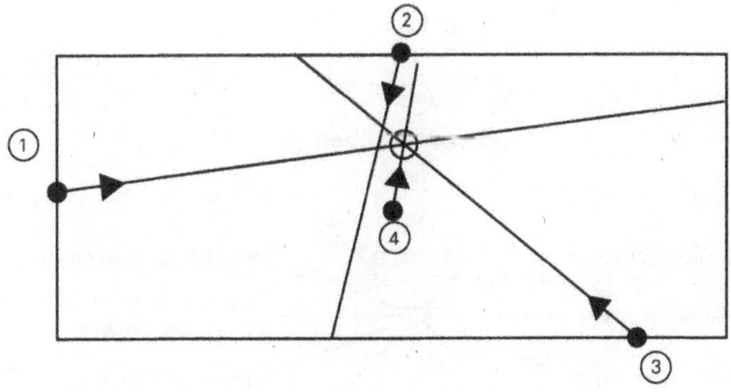

(48)

Berufswahl

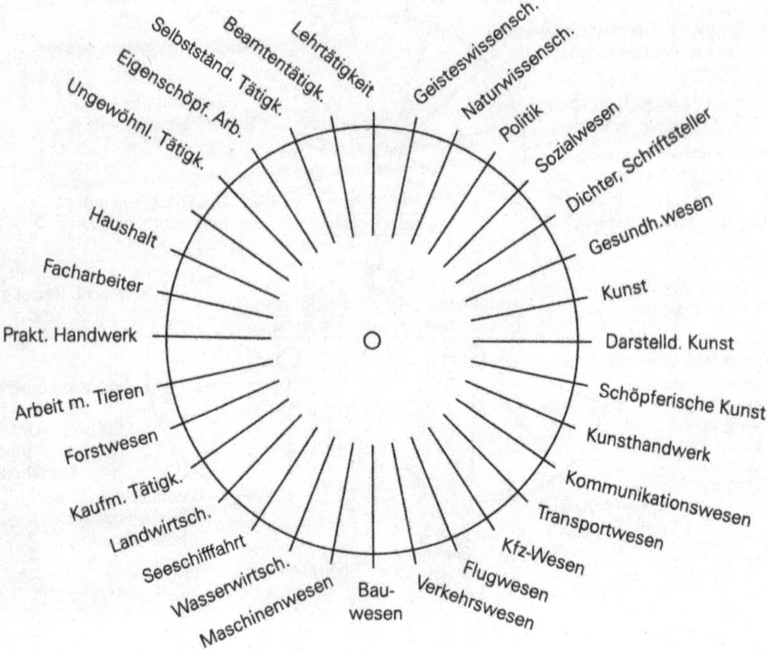

(49)

Lebensaufgaben

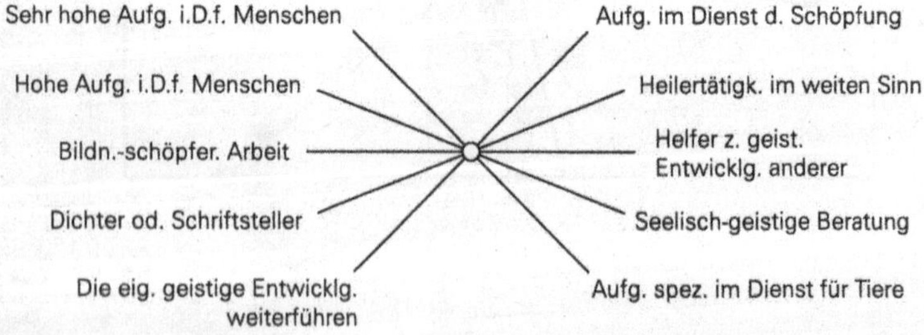

(50)

Alphabet

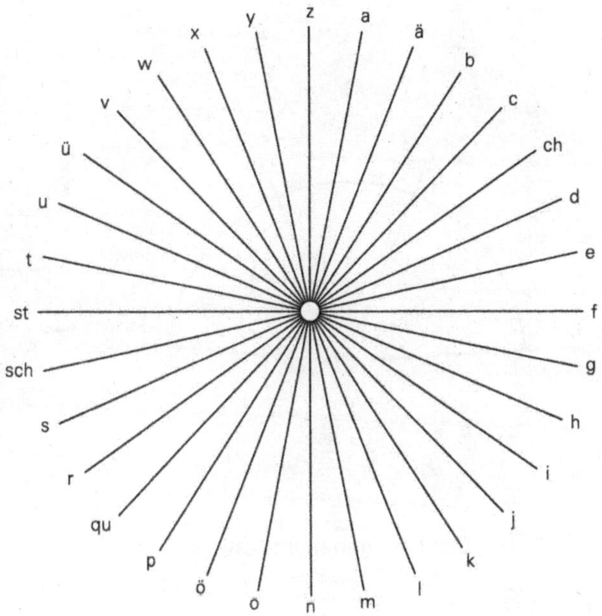

(51)

Das psychologische Alter

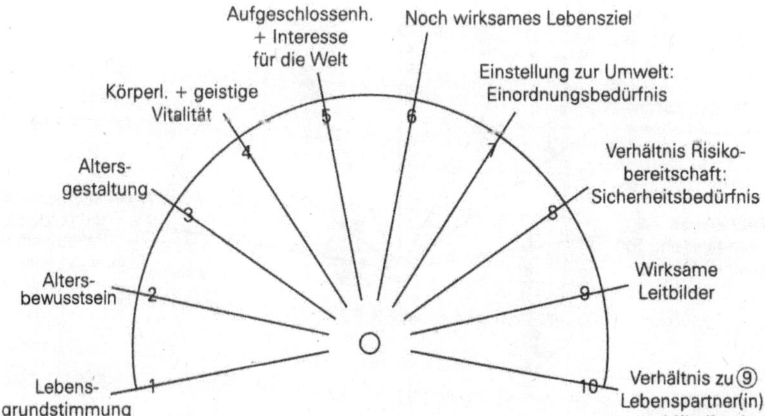

(52)

Die Faktoren des Alterungsprozesses

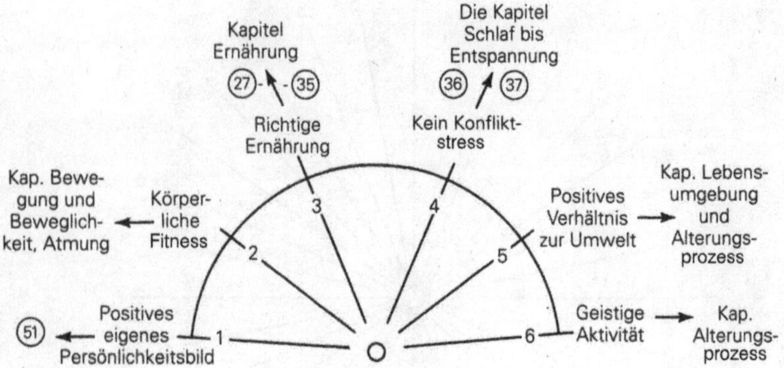

(53)

Die 7 Aufgaben im Alter

(C. G. Jung)

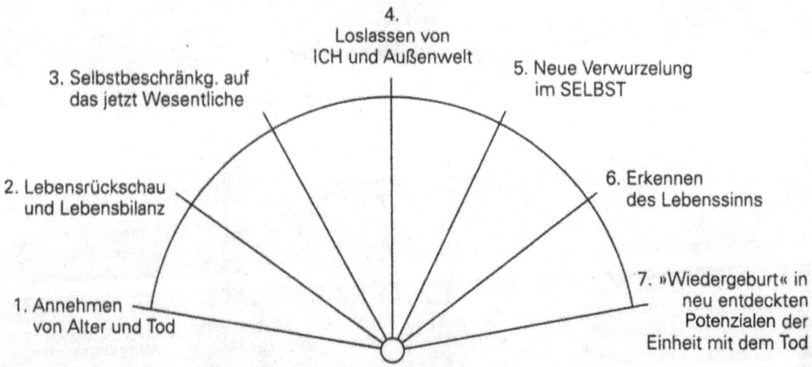

(54)

Voraussetzungen eines erfüllten Lebens

(Übersicht)

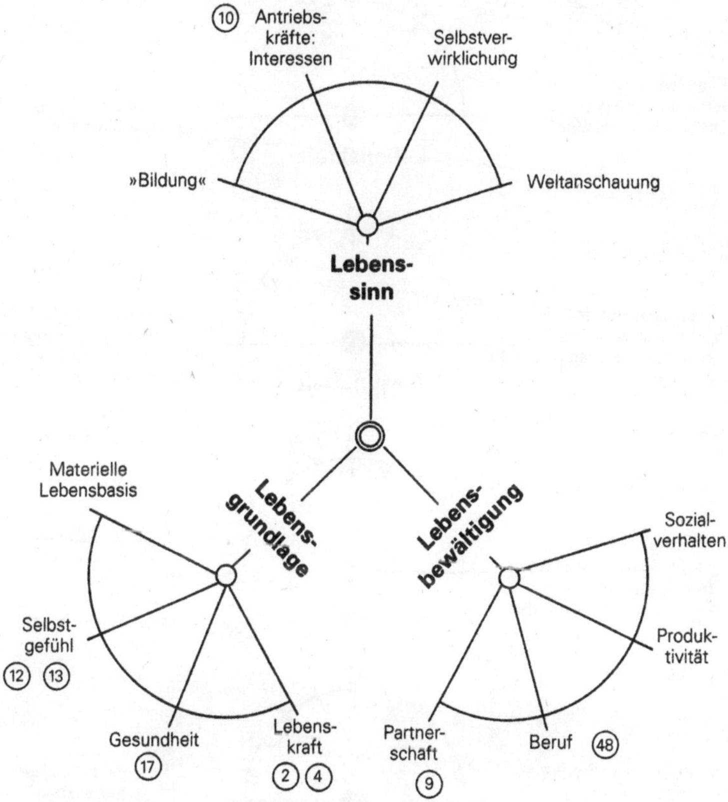

(55)

Voraussetzungen eines erfüllten Lebens

1.

Lebensgrundlage

+ ausgeprägt		– mangelnd
Vitalkraft, Regenerationskraft, Durchhaltevermögen	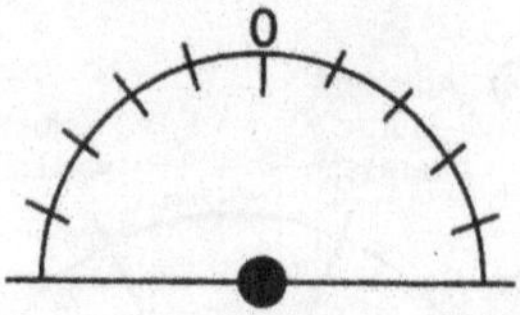 **Lebenskraft** (2) (4)	Lebensschwäche, kein Stehvermögen, rasches Ermatten
Körperliche Robustheit, Spannkraft, dynamisches ganzheitliches Gleichgewicht	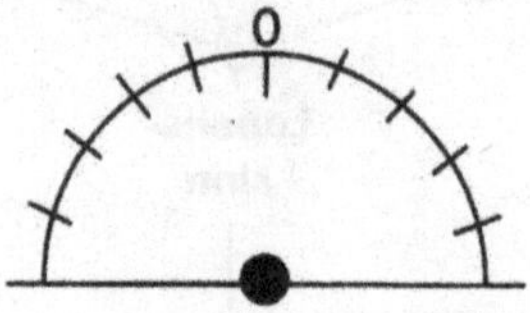 **Gesundheit** (17)	Krankheit, häufige Gesundheitsstörungen, Mangel an innerem Gleichgewicht
Entwickeltes Selbstwertgefühl, Selbstbewusstsein, »Persönlichkeit«, innere + äußere Sicherheit	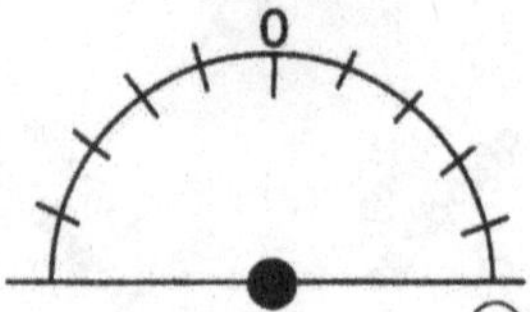 **Selbstgefühl** (12) (13)	Mangel an Selbstvertrauen und Sicherheit, Vernachlässigung der eigenen Persönlichkeit, Minderwertigkeitsgefühle, Lebensangst
Ausreichender Erwerb von Besitz, Geld und Sicherheiten	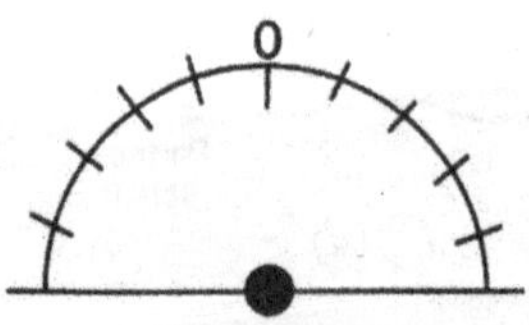 **Materielle Lebensbasis**	Gleichgültigkeit gegenüber materieller Lebenssicherung, Nichtausnutzung vorh. Möglichkeiten

(56)

Voraussetzungen eines erfüllten Lebens

2.

Lebensbewältigung

+ ausgeprägt		– mangelnd
Eingehen auf den Mitmenschen, Entgegenkommen, Güte, tätige »Liebe«	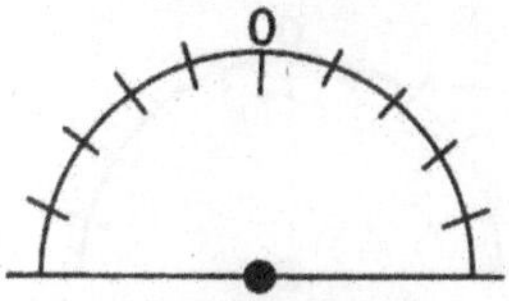 **Sozialverhalten**	In-sich-selbst-gefangen-Sein, egozentr. Abgrenzg. von den Mitmenschen, narzisstische Nabelschau
Hohe Schaffenskraft im Alltag, Produktivität, Kreativität	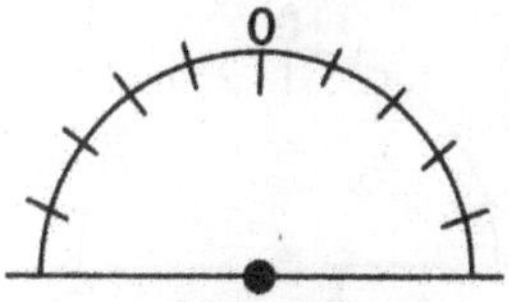 **Produktivität**	Schwache oder schwankende Arbeitskraft, Mangel an Produktivität und Kreativität
»Richtiger« Beruf, positiver beruflicher gesellschaftlicher Status, Zielbewusstsein	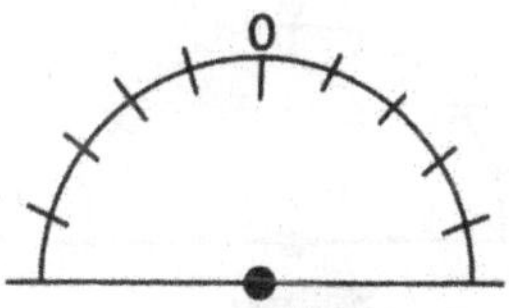 **Beruf** (48)	Mangel an beruflichem Erfolg, entsprechende Missachtung, Mangel an Zielklarheit
»Glück« der vollen Erfüllung, Familie (Kinder)	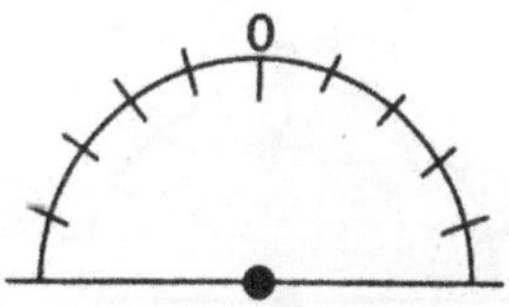 **Partnerschaft** (9)	Partnerschaftsprobleme, Störung durch Fremdbeziehung(en)

(57)

Voraussetzungen eines erfüllten Lebens

3.

Lebenssinn

+ ausgeprägt		– mangelnd
Höhere »Bildung«, vertiefte Gedankenwelt, verarbeitete Lebenserfahrung, Blick für das Wesentliche	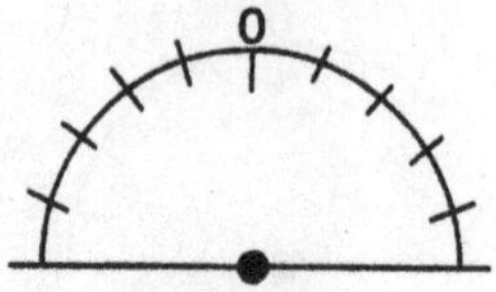 **»Bildung«**	Oberflächliches Denken, blindes Handeln, kein richtiges Verarbeiten von Erfahrungen (enger seelischer Horizont)
Über das ICH hinausgehende Interessen und Wünsche, Idealismus, Bindung an echte Werte	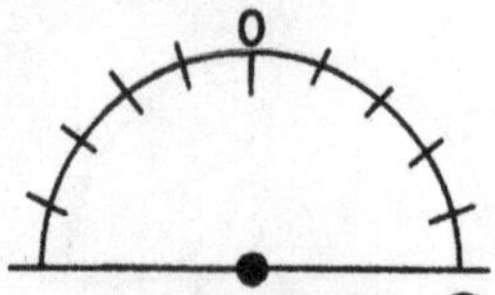 **Antriebskräfte** (10)	Blindes, meist ICH-bestimmtes Begehren, nur oberflächliche Interessen, Egoismus
Lebensgestalterische Befriedigung, produktiver Beitrag zur Lösung mitmenschlicher Probleme	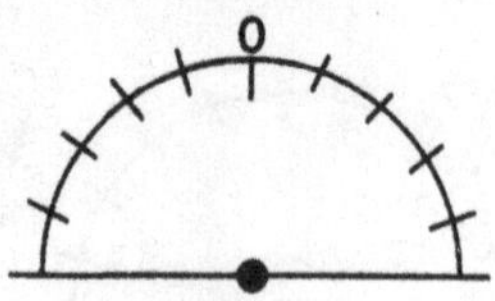 **Selbstverwirklichung**	Keine eigengestalterischen Bemühungen, Versinken im Alltagstrott
Echte philosophisch-religiöse Bemühungen, geistig-spirituelles Getragensein (Religion)	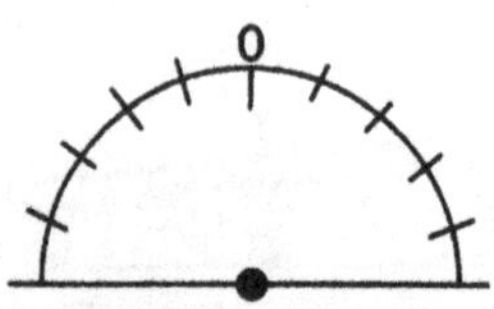 **Weltanschauung**	Gedankenloses In-den-Tag-Hineinleben, primitiv-materielle Einstellung

(58)

Der ganzheitliche Mensch in seiner Persönlichkeitsschichtung

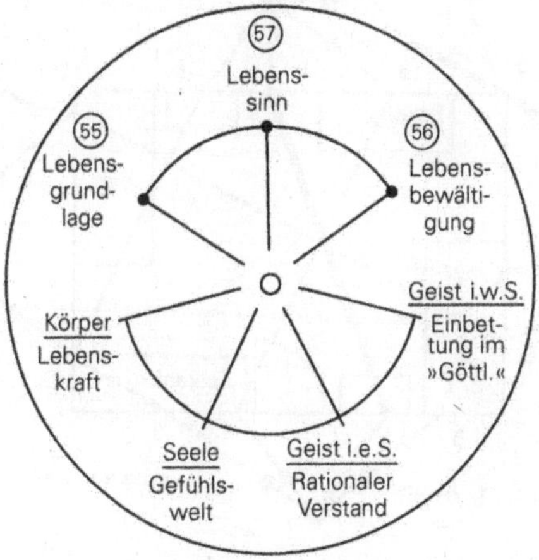

(59)

Geopathische Belastung

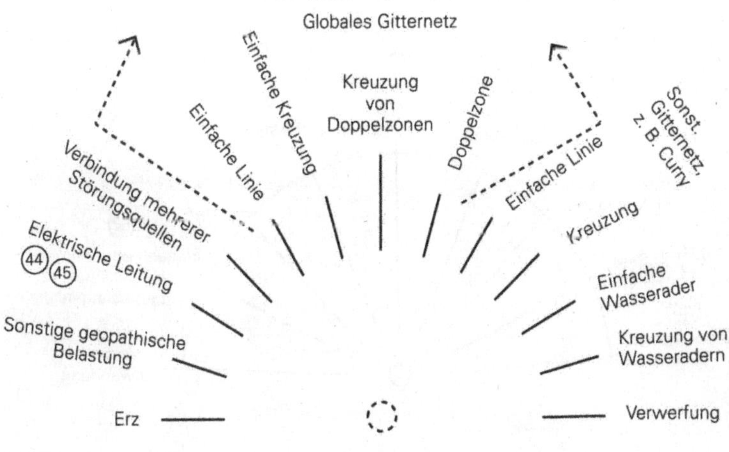

(60)

Ermitteln geopathischer Störfelder (Schema)

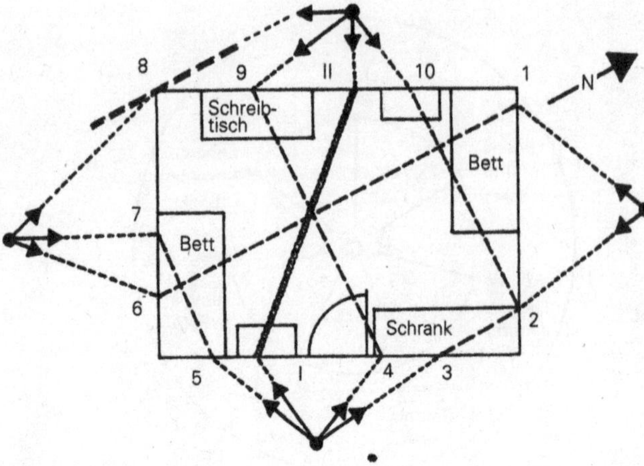

(61)

Übersicht:
Einfache Hilfen zur Selbsthilfe

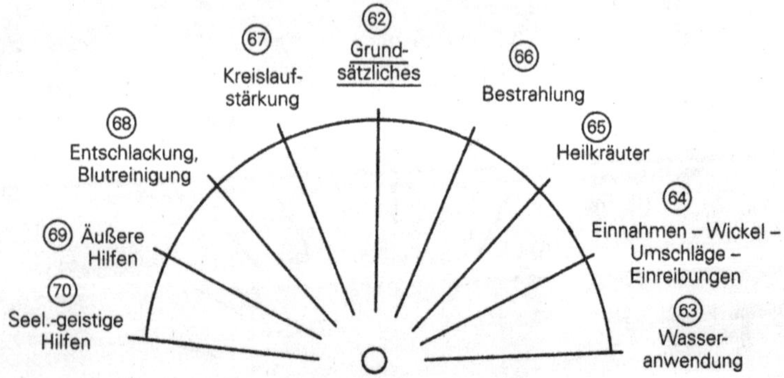

62

Grundsätzliches

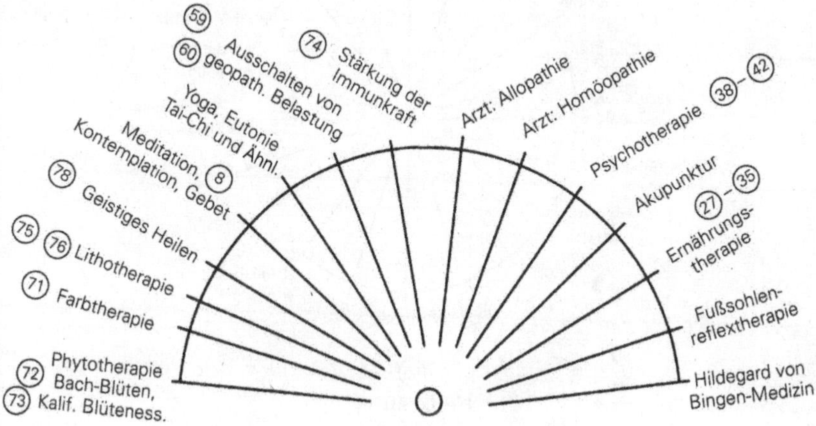

63

Wasseranwendung

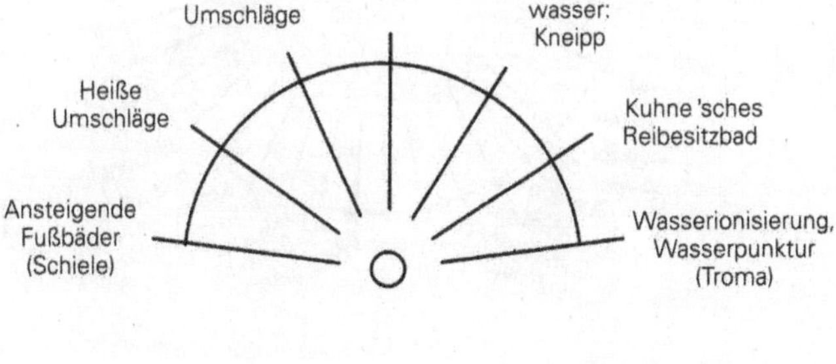

(64)
Einnahmen – Wickel – Umschläge – Einreibungen

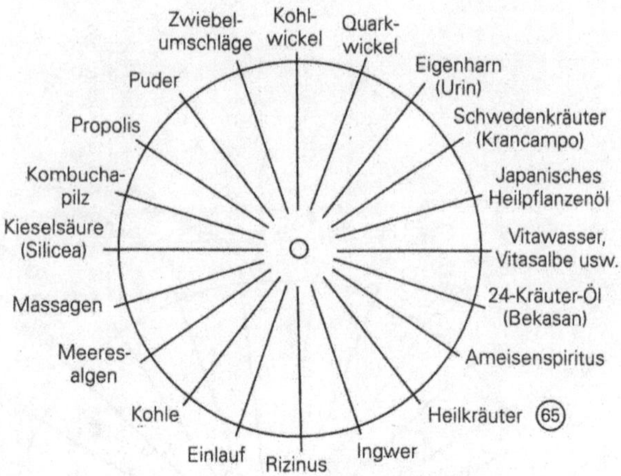

(65)
Heilkräuter

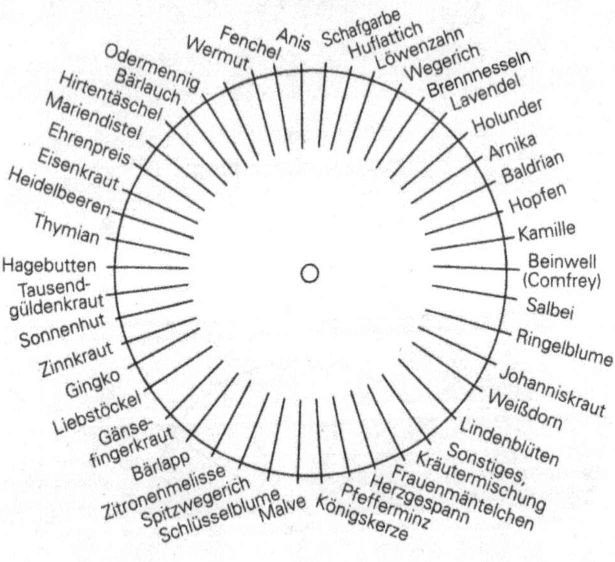

66

Bestrahlung

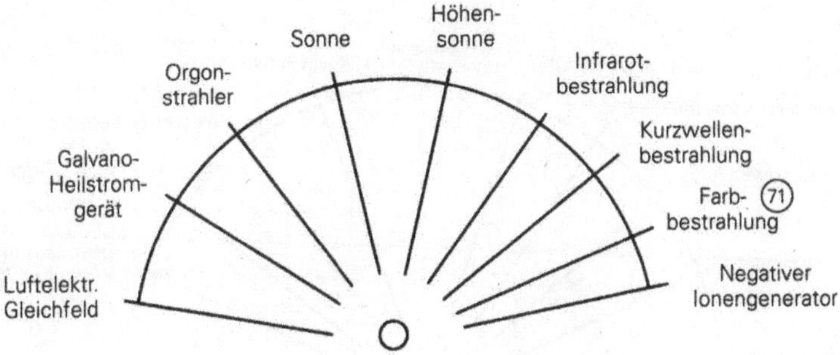

67

Kreislaufstärkung

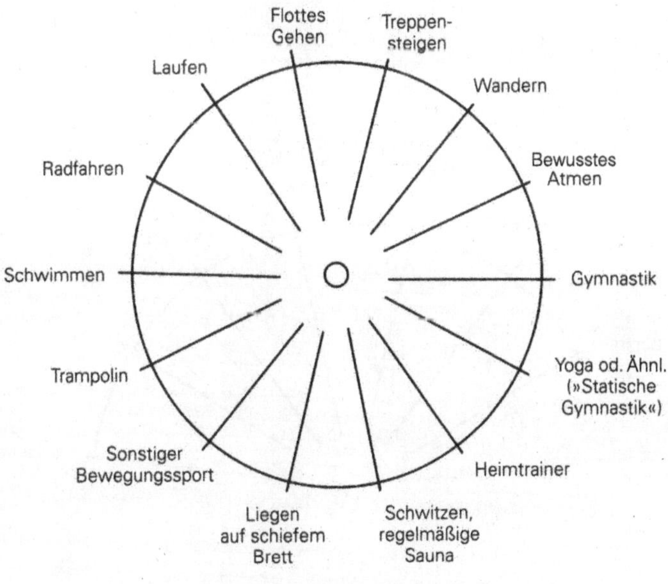

68

Entschlackung, Blutreinigung

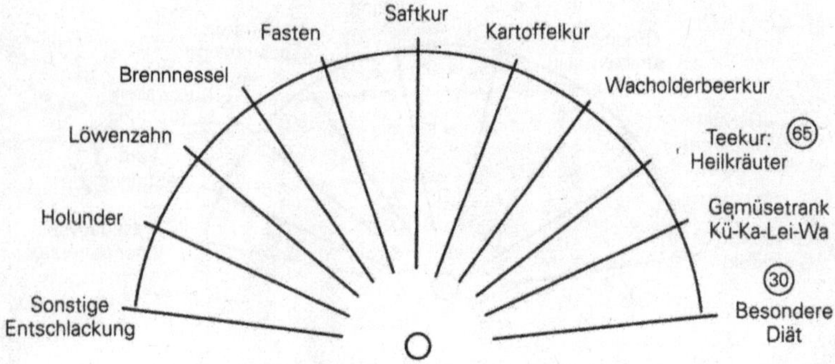

69

Äußere Hilfen

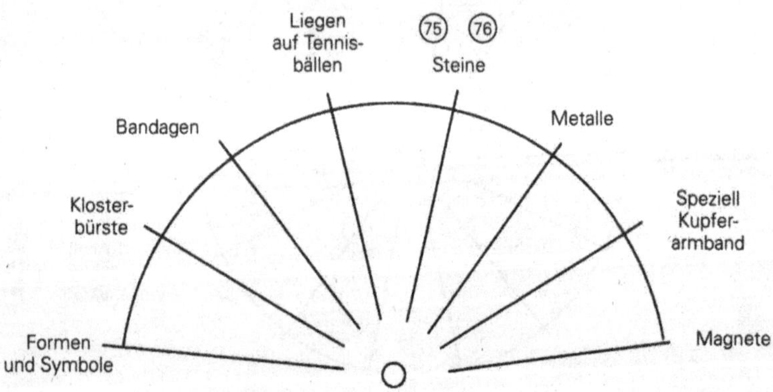

⑦⓪

Seelisch-geistige Hilfen

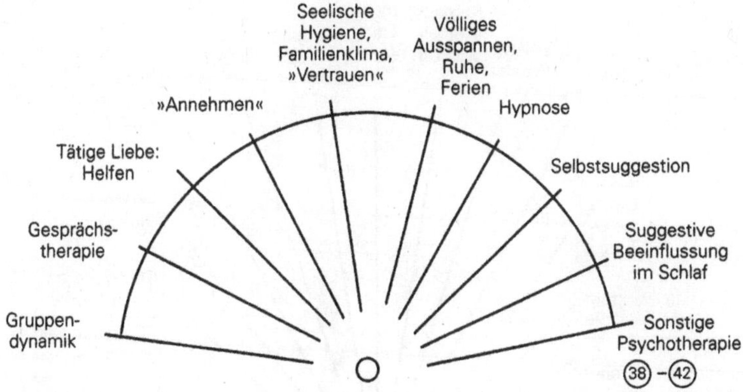

⑦①

Farbtherapie

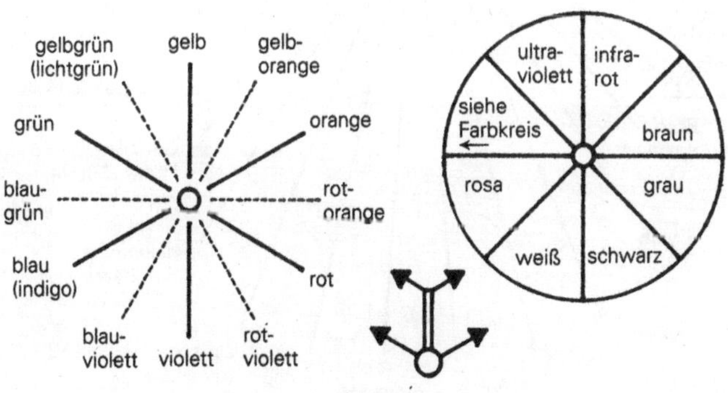

(72)

Bach-Blütentherapie

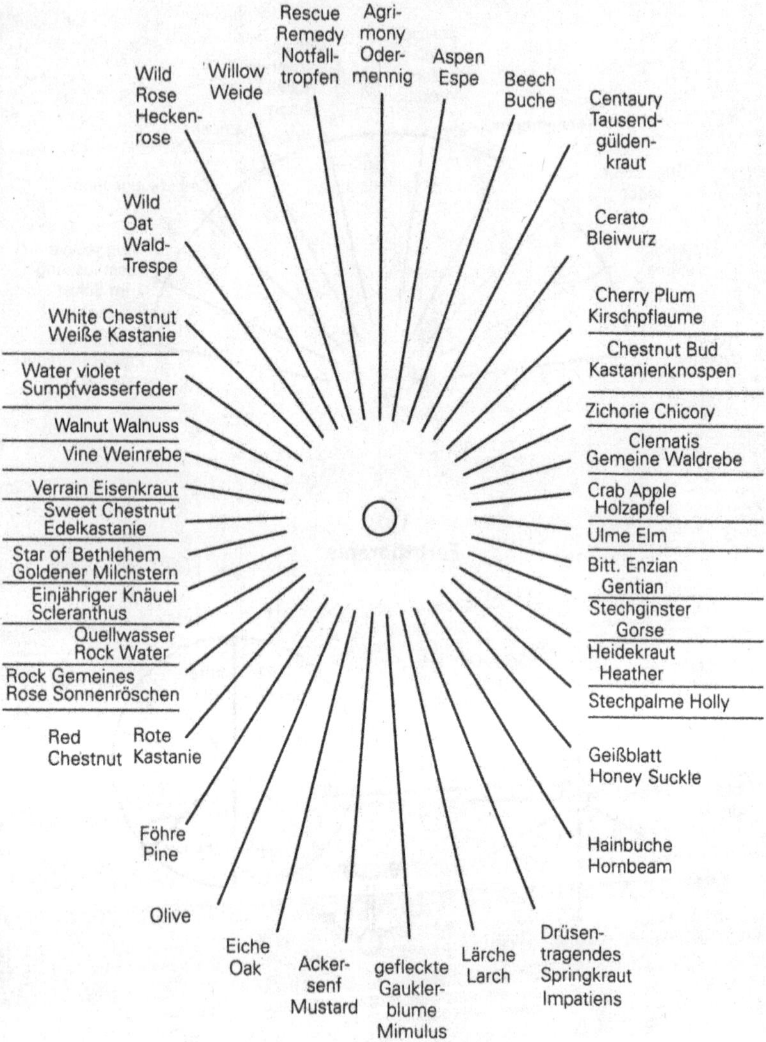

(74)

Aktivierung der Immunkraft

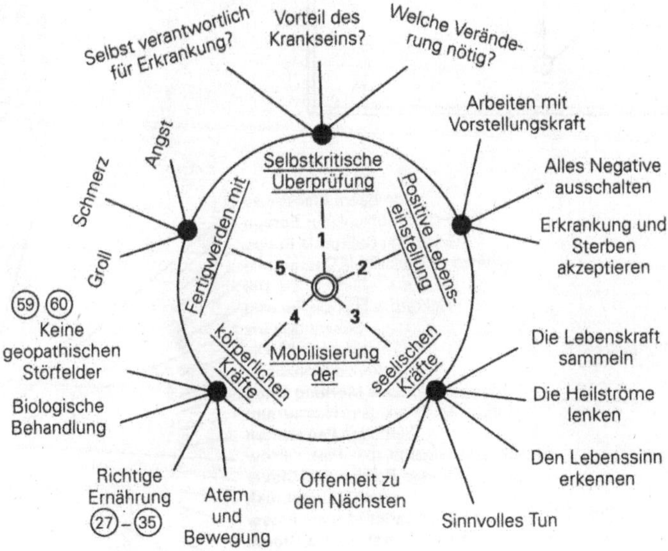

(75)

Sieben Heilungssteine

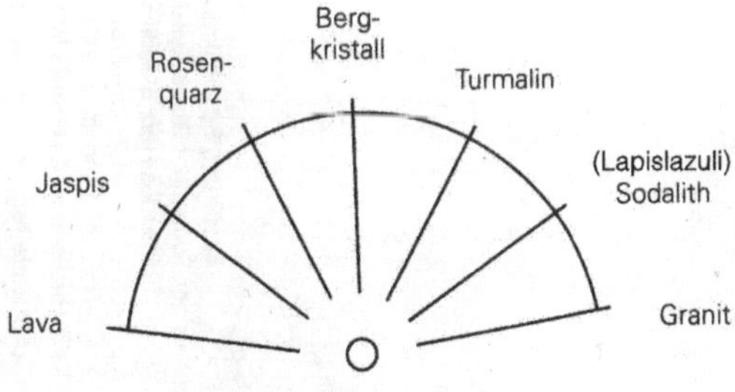

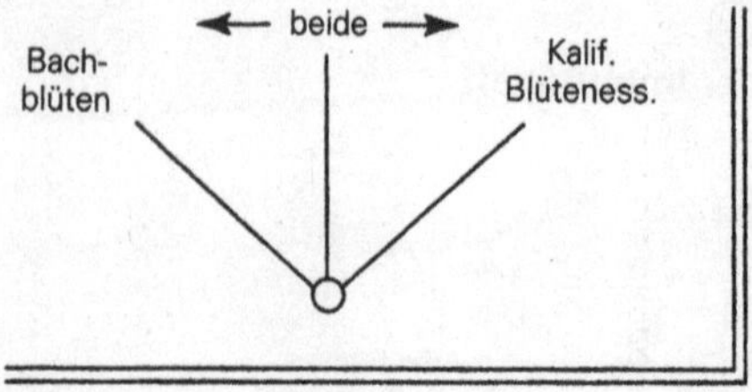
beide
Bach-
blüten
Kalif.
Blüteness.

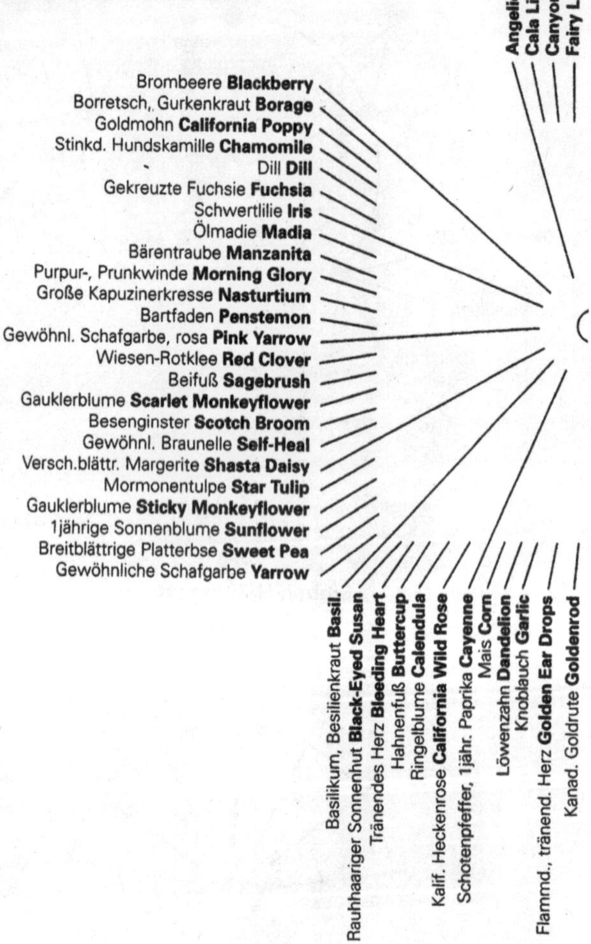
Angelica Engelwurz
Cala Lily Zimmer-Calla
Canyon Dudleya Nabelkraut
Fairy Lantern Mormonentulpe
Brombeere Blackberry
Borretsch,. Gurkenkraut Borage
Goldmohn California Poppy
Stinkd. Hundskamille Chamomile
Dill Dill
Gekreuzte Fuchsie Fuchsia
Schwertlilie Iris
Ölmadie Madia
Bärentraube Manzanita
Purpur-, Prunkwinde Morning Glory
Große Kapuzinerkresse Nasturtium
Bartfaden Penstemon
Gewöhnl. Schafgarbe, rosa Pink Yarrow
Wiesen-Rotklee Red Clover
Beifuß Sagebrush
Gauklerblume Scarlet Monkeyflower
Besenginster Scotch Broom
Gewöhnl. Braunelle Self-Heal
Versch.blättr. Margerite Shasta Daisy
Mormonentulpe Star Tulip
Gauklerblume Sticky Monkeyflower
1jährige Sonnenblume Sunflower
Breitblättrige Platterbse Sweet Pea
Gewöhnliche Schafgarbe Yarrow
Basilikum, Besilienkraut Basil.
Rauhhaariger Sonnenhut Black-Eyed Susan
Tränendes Herz Bleeding Heart
Hahnenfuß Buttercup
Ringelblume Calendula
Kalif. Heckenrose California Wild Rose
Schotenpfeffer, 1jähr. Paprika Cayenne
Mais Corn
Löwenzahn Dandelion
Knoblauch Garlic
Flammd., tränend. Herz Golden Ear Drops
Kanad. Goldrute Goldenrod

(73)

Die kalifornischen Blütenessenzen

Forget-Me-Not Wald-Vergissmeinnicht
Hibiscus Hibiskus
Pink Monkeyflower Gauklerblume
Poison Oak Sumach
Rosemary Rosmarin
Sage Garten-, Echter Salbei
Yarrow Special Formula Gewöhnl. Schafgarbe + Keltisches Meersalz

Aloe Vera Aloe
Arnica Arnika
California Pitcher Plant Kalif. Kobrapflanze
Chaparral Jochblattgewächs
Deer Brush Säckelblume
Dogwood Hornstrauch
Filaree Schierlingsblättr. Reiherschnabel
Hound's Tongue Große Hundszunge
Indian Pink Kalif. Leimkraut
Mallow Malve
Mariposa Lily Mormonentulpe
Mountain Pennyroyal Pferdeminze, Monarie
Mountain Pride Bartfaden
Mugwort Beifuß
Mullein Kleinblütige Königskerze
Oregon Grape Berberitze, Sauerdorn
Peppermint Pfefferminze
Quince Zierquitte
Shooting Star Götterblume, Riesenzyklame
Star Thistle Sonnwend-Flockenblume
Tansy Rainfarn
Tiger Lily Lilie
Trillium Dreiblatt, Waldlilie
Violet Veilchen

Maulbeergew. **Indian Paintbrush**
Rittersporn **Larkspur**
Lavendel **Lavender**
Lotosblume **Lotus**
Granatapfel **Pomegranate**
Großes Zittergras **Quaking Grass**
Korbblütler **Rabbitbrush**
Riesensäulenkaktus **Saguaro**
Johanniskraut **Saint John's Wort**
Trompetenblume, Klettertrompete **Trumpet Vine**
Heiliges Kraut **Yerba Santa**
Zinnie **Zinnia**

76

Edelsteine

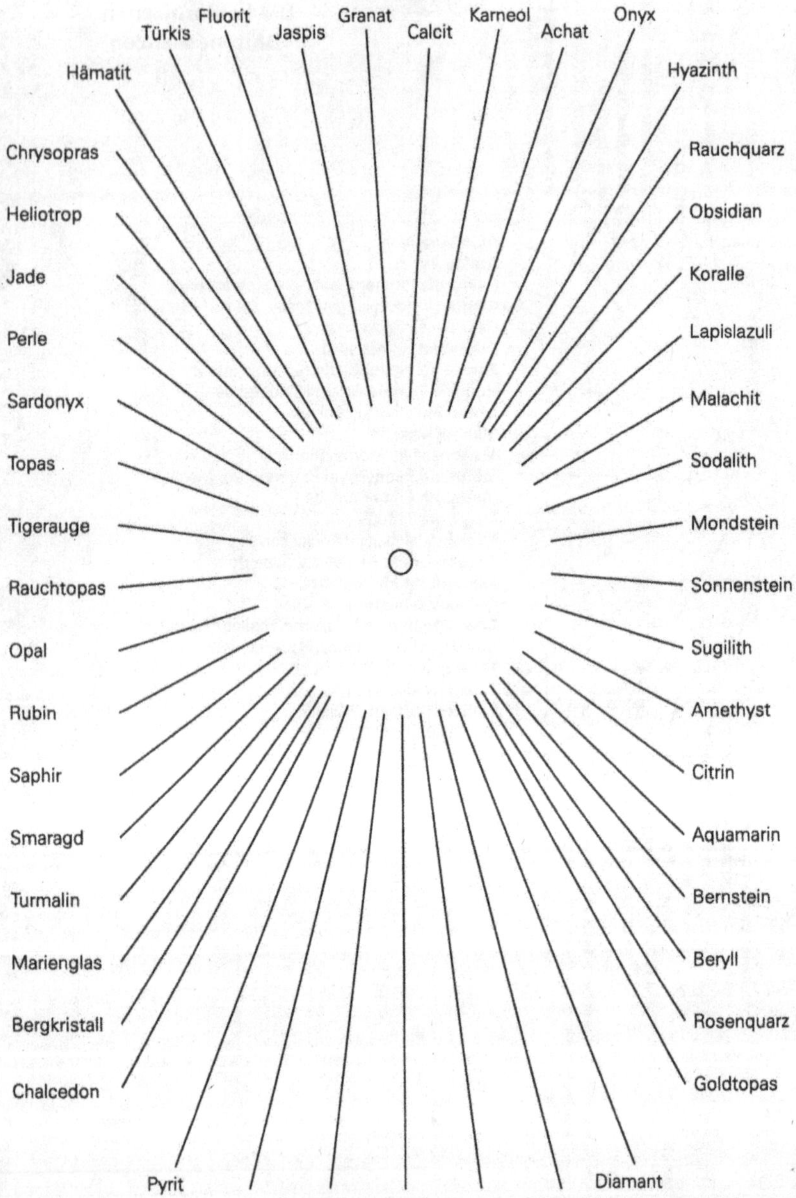

⑦⑦

Auflegepunkte bei Kopfschmerzen

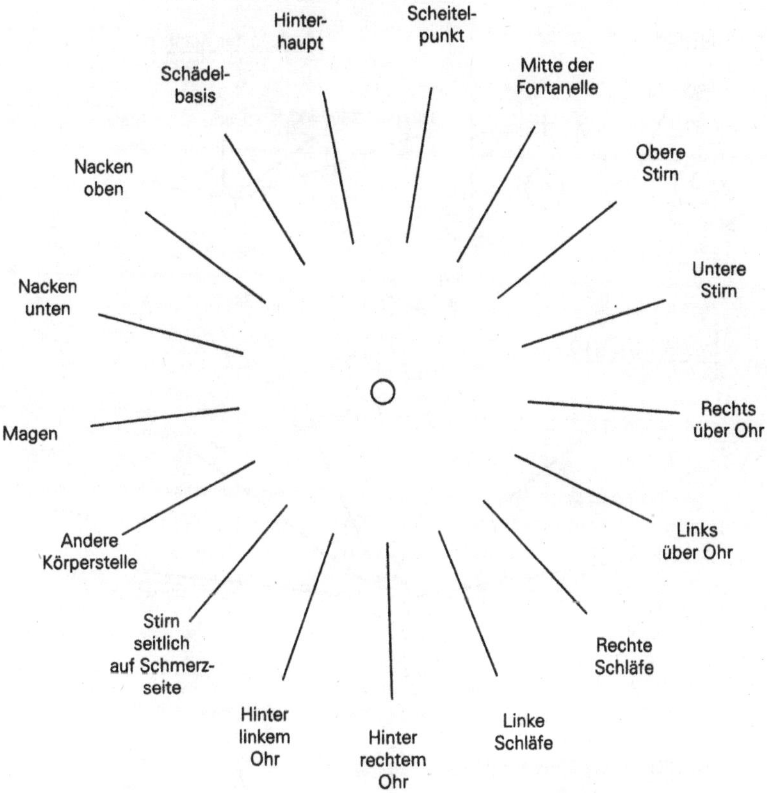

78

Geistiges Heilen

Energie

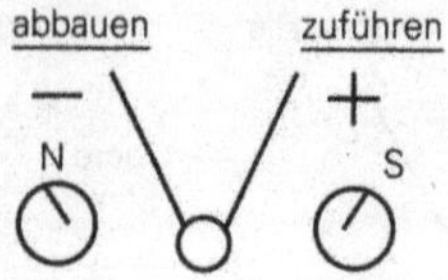

Haltung des Kranken

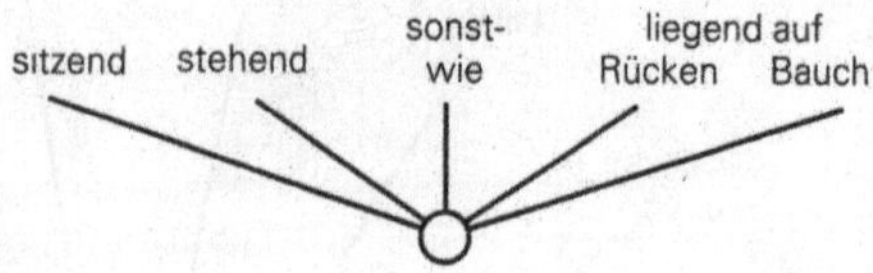

Einwirkung des Helfers von

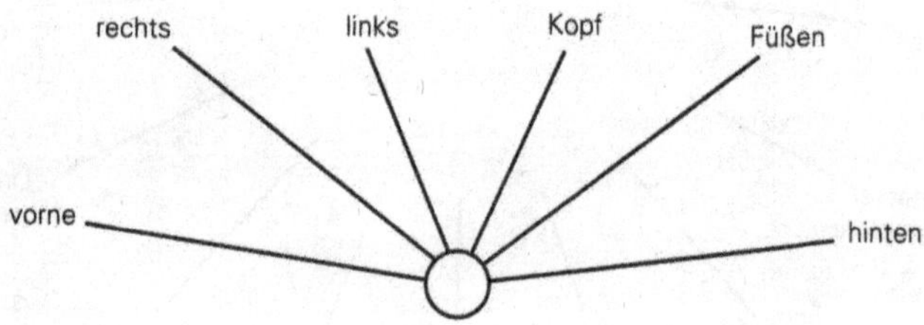

Genaue Handhaltung am/über Körper

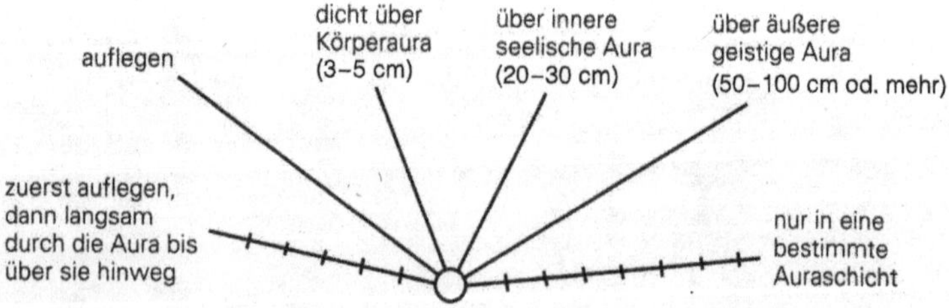

79

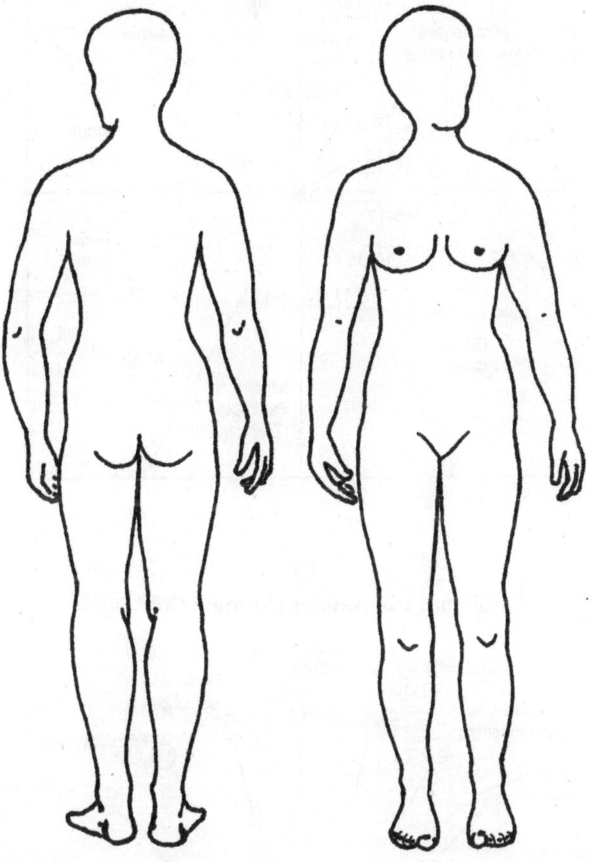

(80)

Organuhr

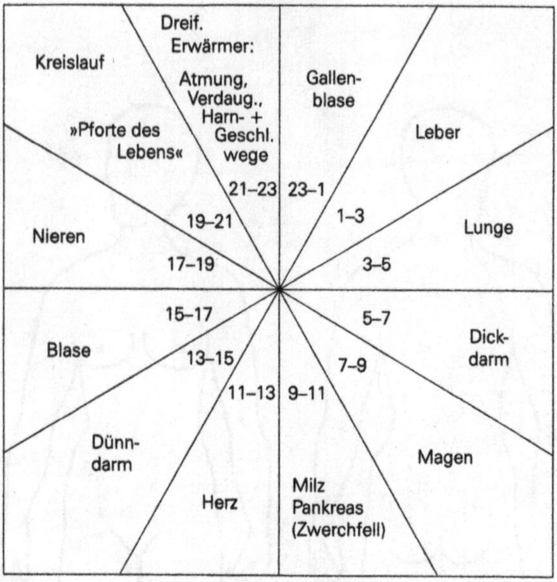

(81)

Leitlinien: Überprüfung körperl. Störungen

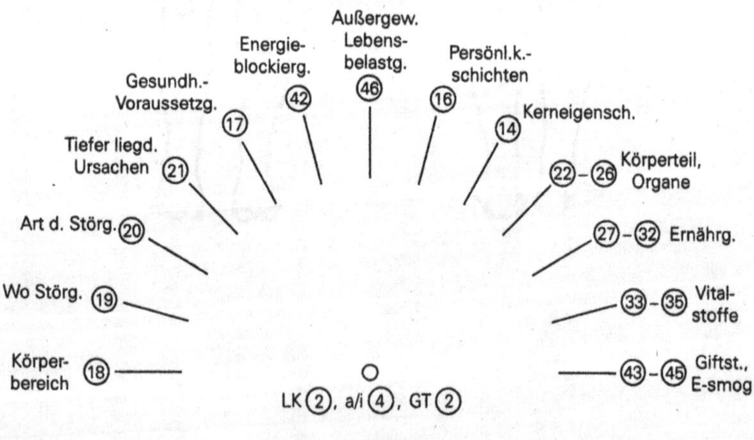

(82)

Leitlinien: Überprüfung seel.-geist. Störungen und psychologische Menschenbetrachtung

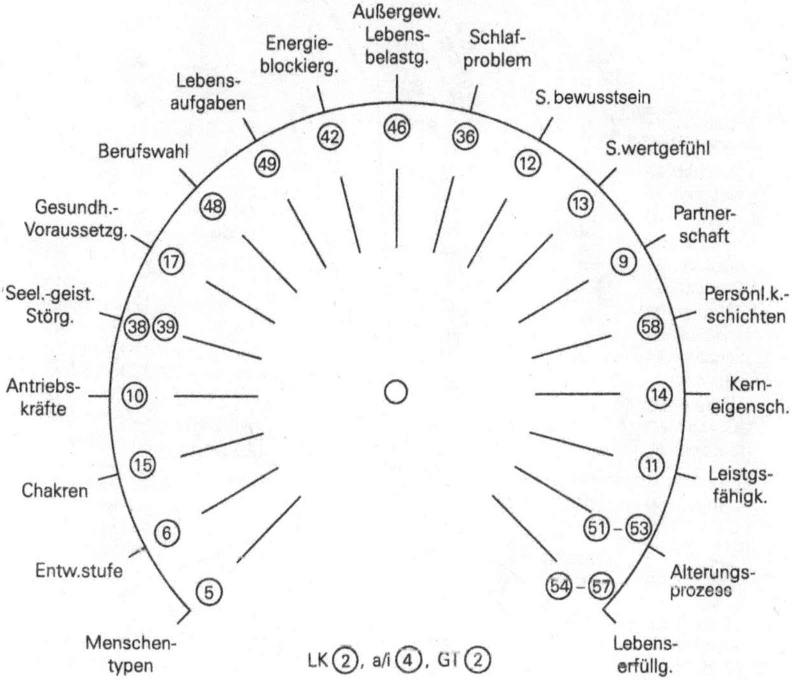

(83)

Leitlinien: Lebensstatus

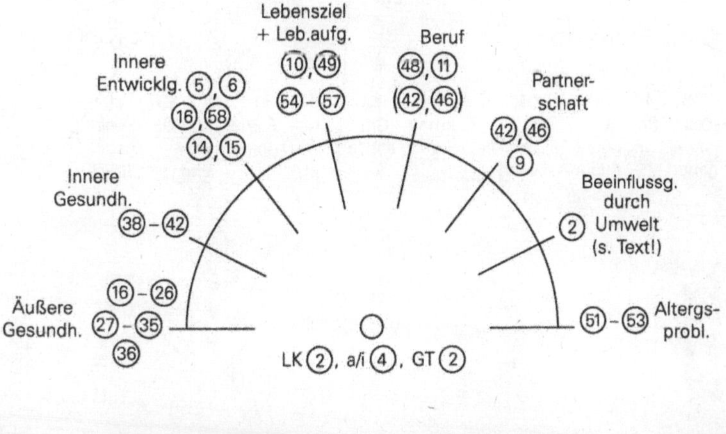

(84)

Allg. Übersichts- und Suchtafel

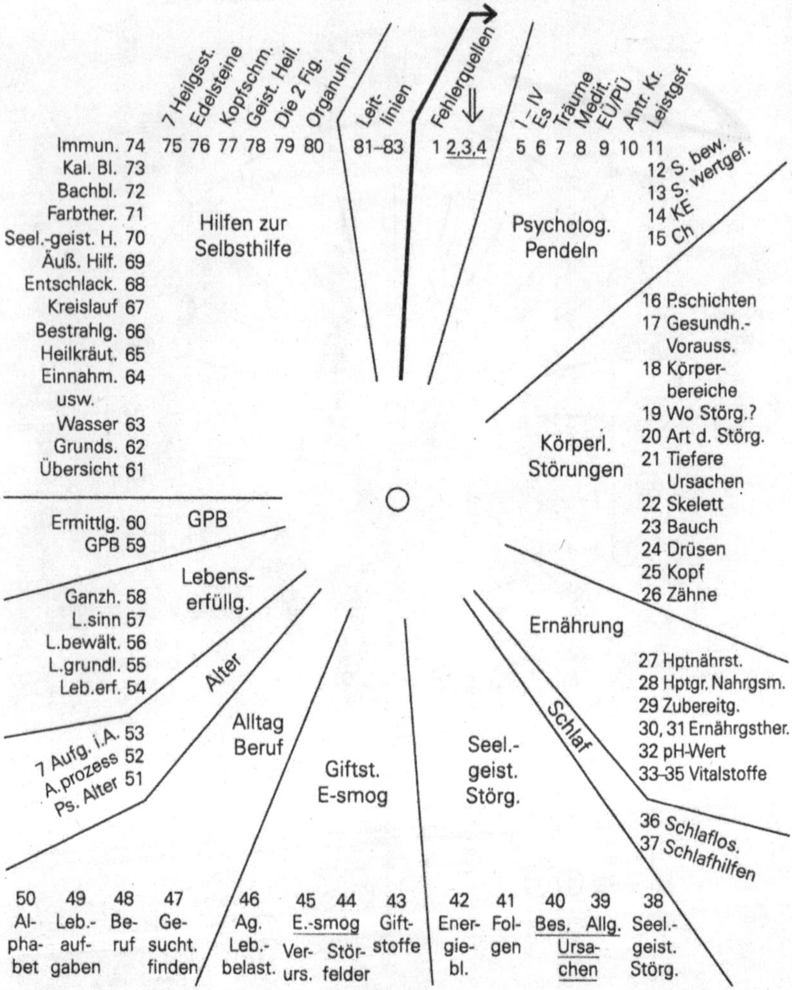